★★★★★
독학용 EBS 국어
분석 끝판왕!
실전 국어 전형태

01 논문을 통한 출제 포인트 분석
02 과외식 해설로 친절한 설명
03 연계 기출 문제로 실전 훈련

EBS 수특 국어
완벽 대비

모든 작품 전문 수록

나 없이
EBS
풀지 마라

KB208824

고전시가

1 콘텐츠가 강하다!
실전 국어 전형태

megastudy

01.

나BS는 치밀하고 철저합니다.

모든 지문의 구조 분석, 작품 해제와 주요 시어의 의미가 담겼습니다.이토록 치밀하고 철저한 EBS 분석은 수험생이 수능을
완벽하게 준비하기를 바라는 **전형태 선생님의 피나는 노력입니다.**

(가)

■ : 계절적 배경(봄)을 알려 주는 시어

매화 옛 등걸에 **봄철**이 돌아오니
① 매화나무
② 화자

초장 : 매화의 나무 밑동에 돌아온 봄

예 피던 가지에 핌즉도 하다마는

중장 : 가지에 꽃이 피기를 기대함.

눈이나 꽃잎 따위가 흩날리어 어지러우니

춘설(春雪)이 난분분(亂紛紛)하니 필동 말동 하여라
① 매화가 피는 것을 방해하는 장애물   영탄법 → 안타까움의 정서 강조
② 다른 여인
③ 화자의 백발

종장 : 꽃이 피지 못하는 상황에 대한 안타까움

- 매화 -

⇒ 매화(가 피었던) 오래된 나무 밑동에 봄철이 돌아오니

⇒ 그 전에 (꽃이) 피던 가지에 (다시 꽃이) 필 법도 하지만

⇒ 봄눈이 흩날리어 어지러우니 (꽃이) 필지 말지 모르겠구나

과외식 해설

매화 옛 등걸에~핌즉도 하다마는 → 화자는 새봄을 맞아 매화나무의 '가지'에 다시금 꽃이 피기를 기대하였으나, 화자의 기대와 달리 매화는 피지 않았음을 알 수 있다. 한편, 이 작품이 자신이 모시던 평양 감사가 춘설이라는 젊은 기생을 가까이하였음을 원망한 기생 매화가 지은 시조임을 고려해 볼 때, '매화 옛 등걸'은 늙어 버린 화자의 처지를 드러낸 것이라 할 수 있다.

춘설이 난분분하니 필동 말동 하여라 → 영탄적 어조를 사용하여 '춘설'로 인해 꽃을 피우지 못하는 매화나무에 대한 안타까움의 정서를 강조하고 있다. 한편 작품의 창작 배경을 고려할 때, 매화가 피는 것을 방해하는 '춘설'은 임이 만나는 다른 여인 또는 나이가 든 화자의 백발을 의미한다고 볼 수 있다. 또한 '필동 말동 하여라'는 다른 여인 때문에 혹은 나이가 들어 임의 사랑을 받지 못하는 자신의 처지를 한탄한 것으로 해석할 수 있다.

---

01 | 주제

사우(소나무, 국화, 매화, 대나무)의 덕성 예찬

02 | 특징

① 자연물이 지닌 속성에서 발견한 정신적 가치를 예찬하는 대상 중심의 시
② 대조의 방식을 사용하여 자연물이 지닌 속성을 강조함.
③ 자연물을 의인화하여 가치 있는 덕성을 효과적으로 부각함.
④ 설의적 표현을 사용하여 화자의 태도를 강조함.

03 | 작품 해제

이 작품은 곧고 강직한 성품을 가진 작가 이신의가 광해군의 어머니인 인목왕후를 대비에서 폐하는 것에 대한 반대 상소를 올렸다가, 회령으로 유배되어 지은 총 4수의 연시조이다. 화자는 소나무와 국화, 매화, 대나무를 네 벗(사우)으로 칭하고, 혹독한 외부 상황 속에서도 불변하는 이들의 속성을 통해 선비가 지녀야 할 올곧은 기상과 절개를 드러낸다. 화자는 사우를 통해 각각의 자연물이 지닌 속성에서 인간이 지녀야 할 바람직한 덕성을 이끌어 내며, 출세와 이익을 위해 절개를 꺾는 속된 선비들이 속출했던 불안정한 정치 상황 속에서 이를 따르지 않겠다는 자신의 고고한 절개를 보여 주고 있다. 따라서 이 작품에는 당쟁으로 인해 혼란을 겪어야만 했던 당시의 현실에 대한 작가의 생각과 태도가 잘 녹아 있다고 할 수 있다.

02.

나BS에는 평가원 기출이 있습니다.

나BS에는 평가원 선지가 수록되었습니다. 평가원의 개념으로 EBS를 분석할 수 있도록, 평가원 기출 선지로 O.X 문제를 구성했습니다.

OX문제

01 (가)와 (다)는 영탄적 표현을 통해 대상의 속성을 예찬하고 있다. [2018학년도 6월]	(O / X)
02 (가)는 계절을 나타내는 어휘를 활용해 애달픈 정서를 부각하고 있다. [2024학년도 수능]	(O / X)
03 (나)의 화자는 '녹양'의 수많은 가지가 '가는 춘풍'을 '잡아'맬 수 있다고 생각한다.	(O / X)
04 (나)는 대구를 사용하여 대조적 대상의 속성을 드러내고 있다. [2024학년도 9월]	(O / X)
05 (다)의 화자는 '온 바다를 두루 덮는 그물'과 '골골이 뻗어 가는' 넝쿨과 같이 '임'을 넓고 끝없이 사랑하고 있다.	(O / X)

03.

나BS에는
논문을 담았습니다.

출제자는 전공자의 논문을 통해 보기와 선지를 구성합니다.
나BS [고전문학편]과 [현대문학편]은 수많은 논문을 인용하여 EBS를 분석합니다.
출제자의 시선으로.

정과정곡의 '접동새'와 망제 이야기의 '접동새'

옛 중국 촉나라에는 망제라는 왕이 있었다. 평소에 아랫사람들에게 잘해 주던 망제는 배신을 당해 나라 밖으로 쫓겨나고 촉나라로 돌아가지 못하여 불여귀(돌아가지 못한다는 뜻)를 부르짖으며 울다가 죽어서 접동새(=귀촉도)가 되었다는 설화가 있다. 정서는 「정과정곡」에서 설화 속 접동새의 이미지를 가져와 자신의 처지를 접동새와 동일시하였다. 이때 나라를 빼앗기고 타향에서 죽음을 맞이한 망제의 넋이 새가 되어 나타난 접동새와 조정의 동료들로부터 질투와 시기를 받아 귀양 간 정서의 억울함이 담긴 접동새는 동일한 선상에서 이야기될 수 있다. 정서가 접동새를 자신과 동일시한 이유는 접동새가 지니고 있는 억울함에서 출발한 것이고, 접동새의 울음소리가 피를 토하듯 슬프고 처절하다는 데 있었을 것이다. 그런데 정치적으로 미숙한 처신으로 말미암아 발생한 억울함과 원망은, 사람에 대한 믿음에서 배신을 당하여 나라를 빼앗기고 타향에서 죽음을 맞이하여 발생한 한, 억울함과는 결이 다르다는 점에서 두 접동새는 차이를 보인다.

'잔월효성'의 의미

자신은 결백하다는 화자의 주장을 보증하는 것이 '잔월효성'이다. 정치적 반대파의 말을 믿고 있는 '임(임금)'을 설득하여 마음을 돌리려면 무엇인가 절대적 근거를 마련해야 하는데, 하늘의 이치를 따르는 달과 별이 바로 그에 적절했던 것이다. 천체로서 달과 별은 하늘의 떳떳한 운행을 증명하는 사물이고, 더욱이 밤새껏 '임'을 그리워하는 화자의 모습을 지켜본 초월적 존재이기에 화자의 심정을 속속들이 아는 존재이다. 화자는 이와 같은 '잔월효성'이라는 존재를 증인으로 삼아 '임'이 들은 참소의 말이 잘못된 것이며 자신은 결백하다는 것을 간절하게 호소하고 있는 것이다.

04.

나BS에는
실전 문제가
있습니다.

철저한 작품 분석, 평가원 개념
적용을 통해 이해한 내용을 확인할
수 있도록 실전 문제와 자세한
해설을 수록했습니다.

다음 글을 읽고 물음에 답하시오. [교육청 기출 변형]

> (가)
>
> 바위에 섰는 솔이 늠연(凜然)한* 줄 반가온며
> 풍상(風霜)을 겪어도 여위는 줄 전혀 업다
> 어쩌다 봄 빛을 가져 변한 줄 모르나니   〈제1수〉
>
> 동리(東籬)에* 심은 국화(菊花) 귀(貴)한 줄 뉘 아나니
> 춘광(春光)을 번폐하고* 엄상(嚴霜)에* 혼자 피니
> 어즈버 청고(淸高)한 내 벗이 다만 넨가 하노라   〈제2수〉
>
> 꽃이 무한호되 매화를 심은 뜻은
> 눈 속에 꽃이 퓌어 한 빛*인 줄 귀하도다
> 하물며 그윽한 향기를 아니 귀(貴)코 어이리   〈제3수〉
>
> 백설이 잦은 날에 대를 보려 창을 여니
> ㉠ 온갖 꽃 간 데 업고 대숲이 푸르러세라
> 어쩌서 청풍(淸風)을 반겨 흔덕흔덕 하나니   〈제4수〉
>
> - 이신의, 「사우가(四友歌)」 -
>
> *늠연한 : 위엄 있고 당당한.
> *동리에 : 동쪽 울타리에.
> *번폐하고 : 번거롭게 가리고, 마다하고.
> *엄상 : 된서리.
> *한 빛 : 같은 색의 빛.

07. 〈보기〉를 참고하여 (가)를 감상한 내용으로 적절하지 않은 것은?

> ─〈보기〉─
>
> 이 작품은 작가가 광해군의 폭정에 상소하였다가 함경북도 회령에 유배되었을 때 창작되었다. 이 작품에서 작가는, 당시 정치 상황에 굴복하고 자신의 뜻을 바꾸는 속된 선비들과는 달리 시류에 영합하지 않겠다는 고고한 정신을 드러냈다. 또한 유배지에서 힘든 생활을 했음에도 불구하고 자신의 삶에 대한 자부심과 씩씩한 기상을 드러냈다. 작품에 사용된 소재들은 당대의 상황과 이에 따른 작가의 삶의 자세를 보여 준다고 할 수 있다.

① '솔'이 '풍상'을 겪는 모습을 통해 당시 정치 상황 속에서 시련을 겪는 작가의 상황을 짐작할 수 있군.

② '봄 빛'은 자신의 뜻을 바꾸는 속된 선비들에게서는 찾을 수 없는, 작가가 지니고자 하는 삶의 자세라 할 수 있군.

③ '춘광(春光)'을 마다하고 피는 '국화'를 '청고한 내 벗'이라고 표현한 것에서 시류에 영합하지 않겠다는 작가의 고고한 정신을 느낄 수 있군.

④ '눈 속'에서 핀 '매화'가 눈과 '한 빛'이라고 표현한 것에서 당대의 정치 현실에 변화가 나타나고 있음을 알 수 있군.

⑤ '대'나무가 '백설이 잦은 날' 부는 찬바람을 '청풍'이라 여기고 이를 반긴다고 표현한 것에서 작가의 씩씩한 기상을 엿볼 수 있군.

CONTENTS 이 책의 순서

Part 01 | 고전시가

나 없이
EBS
풀지마라

EBS 수특 국어
완벽 대비!

Part 01
고전시가

1 | 매화 옛 등걸에, 녹양이, 사랑

STEP 01 OX 문제를 통한 지문 이해 훈련

나BS 수능특강 | 고전문학 ●

(가)
매화 옛 등걸에 봄철이 돌아오니
예 피던 가지에 핌즉도 하다마는
춘설(春雪)이 난분분(亂紛紛)하니 필동 말동 하여라

- 매화 -

(나)
녹양(綠楊)이 천만사(千萬絲)인들 **가는 춘풍 잡아**매며
탐화봉접*인들 지는 꽃을 어이하리
아무리 사랑이 중한들 가는 임을 잡으랴

- 이원익 -

*탐화봉접(探花蜂蝶) : 꽃을 찾아다니는 벌과 나비.

(다)
사랑 사랑 고고히 맺힌 사랑 **온 바다를 두루 덮는 그물**같이 맺힌 사랑
왕십리 답십리라 참외 넝쿨 수박 넝쿨 얽어지고 틀어져서 **골골이 뻗어 가는** 사랑
아마도 이 **임**의 사랑은 끝 간 데를 몰라 하노라

- 작자 미상 -

OX문제

01	(가)와 (다)는 영탄적 표현을 통해 대상의 속성을 예찬하고 있다. [2018학년도 6월]	(O / X)
02	(가)는 계절을 나타내는 어휘를 활용해 애달픈 정서를 부각하고 있다. [2024학년도 수능]	(O / X)
03	(나)의 화자는 '녹양'의 수많은 가지가 '가는 춘풍'을 '잡아'맬 수 있다고 생각한다.	(O / X)
04	(나)는 대구를 사용하여 대조적 대상의 속성을 드러내고 있다. [2024학년도 9월]	(O / X)
05	(다)의 화자는 '온 바다를 두루 덮는 그물'과 '골골이 뻗어 가는' 넝쿨과 같이 '임'을 넓고 끝없이 사랑하고 있다.	(O / X)

STEP 02 지문 분석

(가)

▨ : 계절적 배경(봄)을 알려 주는 시어

매화 옛 등걸에 **봄철**이 돌아오니
① 매화나무
② 화자

초장 : 매화의 나무 밑동에 돌아온 봄

예 피던 가지에 핌즉도 하다마는

중장 : 가지에 꽃이 피기를 기대함.

눈이나 꽃잎 따위가 흩날리어 어지러우니
춘설(春雪)이 난분분(亂紛紛)하니 필동 말동 하여라
① 매화가 피는 것을 방해하는 장애물   영탄법 → 안타까움의 정서 강조
② 다른 여인
③ 화자의 백발

종장 : 꽃이 피지 못하는 상황에 대한 안타까움

- 매화 -

⇒ 매화(가 피던) 오래된 나무 밑동에 봄철이 돌아오니

⇒ 그 전에 (꽃이) 피던 가지에 (다시 꽃이) 필 법도 하지만

⇒ 봄눈이 흩날리어 어지러우니 (꽃이) 필지 말지 모르겠구나

(나)

잎이 푸르게 우거진 버드나무   계절적 배경(봄)
「**녹양(綠楊)**이 천만사(千萬絲)인들 가는 춘풍 잡아매며
과장법 → 버드나무의 수많은 가지를 천만 개의 실에 비유함.

초장 : 버드나무 가지가 많아도 봄바람은 잡지 못함.

탐화봉접인들 지는 꽃을 **어이하리**」 「 」: 대구법
▨ : 설의적 표현

중장 : 벌과 나비도 지는 꽃은 막지 못함.

아무리 사랑이 중한들 가는 임을 **잡으랴**
체념적 태도

종장 : 사랑이 커도 떠나는 임을 잡지 못함.

- 이원익 -

⇒ 버드나무가 천만 개의 실이라고 한들 가는 봄바람을 (어떻게) 잡아매며

⇒ 꽃을 찾아다니는 벌과 나비인들 지는 꽃을 어찌 하겠는가

⇒ 아무리 사랑이 크다고 한들 떠나가는 임을 잡을 수 있겠는가

(다)

「 」: aaba 구조 → 의미 강조, 운율 형성
『**사랑 사랑 고고히 맺힌 사랑**』 온 바다를 두루 덮는 그물같
매우 높게   과장법 → 임의 넓은 사랑 강조
▨ : 임의 사랑을 구체적으로 형상화

이 맺힌 사랑

초장 : 높고 넓은 임의 사랑

왕십리 답십리라 **참외 넝쿨 수박 넝쿨** 얽어지고 틀어져서 골
구체적인 지명 열거 → 사실감 ↑

골이 뻗어 가는 사랑
과장법 → 길게 이어진 임의 사랑 강조

중장 : 길게 이어진 임의 사랑

아마도 이 임의 사랑은 끝 간 데를 몰라 하노라
영탄법 → 영원한 임의 사랑을 예찬함.

종장 : 끝이 보이지 않는 임의 사랑

- 작자 미상 -

⇒ 사랑 사랑 높게 맺힌 사랑 온 바다를 두루 덮는 그물같이 맺힌 사랑

⇒ 왕십리 답십리라 참외 넝쿨 수박 넝쿨처럼 얽어지고 틀어져서 골짜기마다 뻗어 가는 사랑

⇒ 아마도 이 임의 사랑은 끝이 있는 줄을 몰라 하노라

매화 옛 등걸에~핌즉도 하다마는 → 화자는 새봄을 맞아 매화나무의 '가지'에 다시금 꽃이 피기를 기대하였으나, 화자의 기대와 달리 매화는 피지 않았음을 알 수 있다. 한편, 이 작품이 자신이 모시던 평양 감사가 춘설이라는 젊은 기생을 가까이하였음을 원망한 기생 매화가 지은 시조임을 고려해 볼 때, '매화 옛 등걸'은 늙어 버린 화자의 처지를 드러낸 것이라 할 수 있다.

춘설이 난분분하니 필동 말동 하여라 → 영탄적 어조를 사용하여 '춘설'로 인해 꽃을 피우지 못하는 매화나무에 대한 안타까움의 정서를 강조하고 있다. 한편 작품의 창작 배경을 고려할 때, 매화가 피는 것을 방해하는 '춘설'은 임이 만나는 다른 여인 또는 나이가 든 화자의 백발을 의미한다고 볼 수 있다. 또한 '필동 말동 하여라'는 다른 여인 때문에 혹은 나이가 들어 임의 사랑을 받지 못하는 자신의 처지를 한탄한 것으로 해석할 수 있다.

녹양이 천만사인들~꽃을 어이하리 → 버드나무의 가지가 아무리 많더라도 가는 봄바람을 잡아서 묶어 둘 수는 없으며, 꽃을 찾아다니는 벌과 나비도 '지는 꽃'을 막을 수는 없다는 자연의 이치를 대구를 통해 나타내고 있다. 이때 천만 개의 실을 뜻하는 '천만사'는 버드나무의 수많은 가지를 과장하여 표현한 시어이다.

아무리 사랑이 중한들 가는 임을 잡으랴 → 자연 현상으로부터 인간 삶의 이치를 유추하여, 자신의 사랑이 아무리 크더라도 떠나는 임을 잡을 수 없다는 깨달음을 드러내고 있다. 또한 설의적 표현을 통해 임과의 이별에 대한 체념적 태도를 강조하고 있다.

사랑 사랑~뻗어 가는 사랑 → 임의 사랑을 '그물'이라는 인공물과 '참외 넝쿨', '수박 넝쿨'이라는 자연물에 빗대어 구체적으로 형상화하고 있다. 또한 과장법을 통해 '온 바다를 두루 덮'을 정도로 넓고 포용력 있는 임의 사랑, 넝쿨들이 '얽어지고 틀어져서' '뻗어 가'는 것처럼 길게 이어진 임의 사랑을 강조하고 있다.

STEP 03 작품 해제

01 | 주제

(가) 봄눈으로 인해 꽃을 피우지 못하는 매화나무에 대한 안타까움 / 늙음에 대한 한탄
(나) 피할 수 없는 임과의 이별
(다) 임의 지극한 사랑에 대한 예찬

02 | 특징

(가)
① 늙어버린 자신의 처지에 대한 한탄을 드러낸 화자 중심의 시
② 계절을 드러내는 시어를 사용하여 시적 분위기를 조성함.
③ 영탄적 표현을 사용하여 안타까움의 정서를 강조함.

(나)
① 임과의 이별에 대한 체념적 태도를 드러낸 화자 중심의 시
② 자연의 이치로부터 인간의 삶을 유추하여 시상을 전개함.
③ 대구와 과장, 설의적 표현을 통해 시적 의미를 강조함.

(다)
① 넓고 끝없는 임의 사랑에 대한 예찬적 태도를 드러낸 화자 중심의 시
② 비유를 통해 추상적인 개념을 구체적으로 형상화함.
③ 영탄적 표현을 사용하여 예찬적 태도를 드러냄.

03 | 작품 해제

(가) 이 작품은 봄이 왔음에도 꽃을 피우지 못하는 매화나무에 대한 안타까움을 읊은 시조이다. 한편, 이 작품을 기생인 작가의 삶에 초점을 맞추어 보면, 나이가 들어 임의 총애를 받지 못하는 자신의 처지에 대한 한탄을 드러낸 것으로 볼 수도 있다.

(나) 이 작품은 조선 중기의 문신이었던 이원익이 지은 시조이다. 버드나무 가지가 아무리 많아도 가는 봄바람을 붙잡아 둘 수 없고, 꽃을 찾아다니는 벌과 나비도 지는 꽃은 막을 수 없다는 자연의 이치를 인간사에 적용하여 사랑하는 임과의 이별에 대한 체념의 정서를 드러내고 있다.

(다) 이 작품은 넓고 끝없는 임의 사랑에 대해 예찬하고 있는 작자 미상의 사설시조이다. 화자를 향한 임의 사랑을 여러 가지 사물에 빗대어 표현함으로써 시각적으로 형상화하고, 이를 통해 끝이 없는 임의 사랑을 예찬하고 있다.

2 득오, 모죽지랑가

STEP 01 OX 문제를 통한 지문 이해 훈련

나BS 수능특강 | 고전문학 ●

간 봄 그리매
모든 것사 우리 시름
아름 나토샤온
즈싀 살쯈 디니져
눈 돌칠 ᄉ이예
맛보ᅀᆞᆸ디 지소리
낭(郎)이여 그릴 ᄆᆞᅀᆞᄆᆡ 녀올 길
다봇 ᄆᆞ술히 잘 밤 이시리

간 **봄** 그리워함에
모든 것이 서러워 시름하는데
아름다움을 나타내신
얼굴이 **주름살**을 지으려 하옵니다
눈 돌이킬 사이에나마
만나 뵙도록 하리이다
낭이여 **그리운 마음의 가는** 길이
다북쑥 우거진 마을에 잘 밤이 있으리이까

〈현대어 역〉

OX문제

01 반복적 호명을 통해 중심 대상으로 초점을 모으고 있다. [2018학년도 9월] (O / X)

02 영탄적 어조를 사용하여 시적 대상에 대한 화자의 깨달음이 부정되고 있음을 나타내고 있다. [2021학년도 9월] (O / X)

03 화자는 '주름살'이 생긴 자신의 처지를 한탄하며 '아름다'웠던 '봄'을 그리워하고 있다. (O / X)

04 '그리운 마음의 가는 길'은 '낭'을 향한 화자의 그리움을 구체적으로 형상화한 표현이다. (O / X)

05 설의적 표현을 사용하여 화자의 정서를 강조하고 있다. [2024학년도 9월] (O / X)

과외식 해설

모죽지랑가 → '모(慕)'는 '그리워하다, 사모하다'의 뜻으로, '모죽지랑가'라는 작품의 제목은 '죽지랑'을 그리워하고 사모하는 노래라는 의미이다. 작품의 창작 시기를 죽지랑의 생전으로 보면 죽지랑과 함께 보냈던 젊은 시절의 봄을 그리워하는 노래로, 죽지랑의 사후로 보면 죽은 죽지랑을 추모하는 노래라고 볼 수 있다. 향가는 학자들에 따라 다양하게 해석되므로 함께 출제된 〈보기〉 등을 기준으로 판단하면 된다.

간 봄 그리매
지나간 봄 → '죽지랑'과 함께 보낸 젊은 시절 / '죽지랑'이 살아 있었을 때
　　　　　울어 시름에 잠김.

⇒ 지나간 봄을 그리워함에

모든 것사 우리 시름
감정 이입의 대상
　　　　　　1~2구 : 죽지랑과 함께였던 과거에 대한 그리움

⇒ 모든 것이 서러워 시름하는데

간 봄 그리매 / 모든 것사 우리 시름 → '죽지랑'과 함께였던 과거의 '봄'을 떠올리며 그를 그리워하는 화자의 모습이 나타나고 있다. 화자는 이에 '모든 것'이 서러워 시름한다며 '죽지랑'의 늙음 혹은 부재로 인한 자신의 슬픈 감정을 세상의 모든 존재에 투영하여 강조하고 있다.

아름 나토샤온

⇒ 아름다움을 나타내신

즈시 살쯈 디니져
　　주름살
　　　　　　3~4구 : 죽지랑의 모습을 떠올림.

⇒ 얼굴이 주름살을 지으려 하옵니다

아름 나토샤온 / 즈시 살쯈 디니져 → 외모도 심성도 아름다웠던 '죽지랑'의 인품을 찬양하고 있는 부분이다. 얼굴에 주름살이 생겼다는 것에서 늙어 가는 죽지랑에 대한 안타까움, 세월의 무상감을 표현한 것으로 해석하기도 한다.

눈 돌칠 스이예
　눈 깜짝할 사이에

⇒ 눈 돌이킬 사이에나마

맛보옵디 지소리

⇒ 만나 뵙도록 하리이다

　　■ : '죽지랑'을 가리킴. → 예찬의 대상　　5~6구 : 죽지랑과의 재회를 소망함.

낭(郎)이여 그릴 무수미 녀올 길
돈호법, 영탄법
국화과의 여러해살이풀
다봊 무술히 잘 밤 이시리
① 삭막한 이승
② 무덤(저승)　　　설의법 → 화자의 정서 강조
　　　　　　7~8구 : 한탄과 재회에 대한 소망.

⇒ 낭이여 그리운 마음의 가는 길이

⇒ 다북쑥 우거진 마을에 잘 밤이 있으리이까

낭이여~잘 밤 이시리 → '다봊 무술'은 다북쑥이 우거진 마을이라는 뜻으로, 삭막한 이승(현실)으로 보는 입장도 있지만, 일반적으로 무덤(저승)으로 해석된다. 따라서 '다봊 무술히 잘 밤 이시리'는 죽지랑을 이승에서 다시 볼 수 없는 것에 대한 한탄과 저승에서 재회하고자 하는 화자의 소망을 드러내는 구절이라 이해할 수 있다.

01 | 주제

① 죽지랑에 대한 그리움 ② 죽지랑에 대한 추모

02 | 특징

① 죽지랑에 대한 그리움의 정서를 노래한 화자 중심의 시
② 영탄법, 설의법을 사용하여 화자의 정서를 강조함.
③ 주술성과 종교적 색채가 적으며, 순수한 정서를 드러냄.

03 | 작품 해제

이 작품은 죽지랑에 대한 사모의 정을 노래한 8구체 향가이다. 화랑 죽지랑의 무리에 속해 있던 작가 득오가 무리한 부역을 감당하고 있다는 것을 알게 된 죽지랑이 그를 구해 줬다는 이야기가 전해지며, 죽지랑의 탁월한 인품과 덕을 사모하는 정이 작품의 주를 이루고 있다. 이 작품은 같은 시기의 다른 작품에 비해 주술성이나 종교적인 색채가 현저하게 적어 순수 서정시라는 평을 받는다.

「모죽지랑가」의 시간성

「모죽지랑가」의 1~2구는 현재 시점에서 발화된다. 1구의 후반부인 '그리워함에'에서 알 수 있는 것은 '간 봄'이 현재의 시점과 단절되어 있다는 사실이다. 여기서 '간 봄'은 현재와 연속성을 갖지 못하는 과거로서, '그리움'의 대상이 되는 시간이다. 이렇듯 과거로부터 단절된 현재는 '모든 것이 서러워 시름하는' 부정적 의미를 띠게 된다. 과거와 단절된 현재의 시간 속에서 '시름'이라는 정서가 유발되고 있는 것이다. 이와 같이 「모죽지랑가」의 처음 1~2구는 과거와 단절된 현재라는 문제적 시간을 형상화하고 있다. 이어지는 3~4구에서도 시간은 문제적으로 그려진다. 3~4구는 아름다웠던 죽지랑의 얼굴이 해가 감에 따라 쇠하는 상황을 제시한 것으로 볼 수 있다. 여기서 시간은 존재를 죽음으로 이동시키며 부정적으로 변질시키는, 존재의 유한성을 유발하는 조건으로 그려진다. 이와 같이 작품 전반부의 1~4구에서 시간은 모두 부정적인 양상으로 나타나고 있다. 현재는 과거와 단절된 부정적 시간이며, 또한 시적 화자와 대상을 노쇠와 죽음으로 몰아가는 파괴적 시간이다. 이렇듯 두 차례에 걸쳐 일어난 시간의 문제성을 「모죽지랑가」에서는 앞으로 닥쳐올 일, 즉 미래에 대한 기다림을 통해 극복하며 이는 작품 후반부의 5~8구에 걸쳐 나타난다.
5~6구는 죽지랑을 내세(죽은 뒤에 다시 태어나 산다는 미래의 세상)에서 다시 만나보리라는 다짐을 표현하고 있으며, 7~8구에서는 죽지랑을 그리워하는 지극한 마음을 드러내고 간절한 기다림의 삶을 예견하고 있다. 이는 시적 화자가 1~4구에서 표현된 시간의 부정성, 즉 과거와 단절된 현재의 문제를 극복하기 위하여 미래의 시간을 불러온 것이라 할 수 있다. 그 시간은 죽지랑과의 재회를 꼭 이룰, 열렬한 기다림의 의지적 시간이며, 그 시간 속에서 시간의 부정성이 일으킨 공허감과 허무, 슬픔은 극복된다.

3 | 이익, 화왕가

STEP 01 OX 문제를 통한 지문 이해 훈련

나BS 수능특강 | 고전문학

전각이 깊고 엄숙한데 신하가 앞에 있어	殿閣深嚴臣在前
임금을 위해서 **화왕가**를 노래했네	爲君王歌花王歌
화왕이 봄 나라를 다스리고 있으니	花王鎭在艶陽國
진홍색 연자색 꽃이 가지마다 분분했소	深紅淺紫紛枝柯
싱긋 한번 웃음에 온갖 교태 생겨나니	嫣然一笑生百態
임금의 마음이 쉬이 잘못될까 염려했소	却恐宸心易流訛
누가 알리오 골짝 속의 **머리 허연 백두옹**이	誰知谷裏頭雪白
노성한* 군자와 같은 부류인 것을	老成君子還同科
봄이 와 온갖 잡초에 함께 뒤덮여서	春來百草共蕪沒
천거할 길이 없으니 그것을 어이하오	薦進無路其奈何
나라를 이룰지 엎을지를 일찍 구별해야 하니	城成城傾宜早別
색황*이 어찌 현인을 가까이하는 것만 하리오	色荒何似親賢多
이 한마디에 미혹 풀린 신라의 임금이	一語解惑尼師今
계림*을 **풍동***시켜 태화를 이루었네	風動雞林變太和
산과 들을 다 다녀 꽃향기를 모으니	凌山搜野採芳馨
난손과 두약*이 빽빽하게 늘어섰네	蘭蓀杜若森相羅
훌륭해라 당시의 **설총** 스승이여	美哉當時薛夫子
보물 피리 소리에 온갖 풍파가 멎었구나	寶笛聲中息萬波

*노성한 : 많은 경험을 쌓아 세상일에 익숙한.
*색황 : 여색에 빠져 타락함.
*계림 : 신라의 다른 이름.
*풍동 : 백성들이 스스로 좇아서 감화됨을 비유적으로 이르는 말.
*난손과 두약 : 난초와 향초의 한 종류.

OX문제

01	의인화된 청자에게 말을 건네는 방식을 활용하고 있다. [2009학년도 9월]	(O / X)
02	'머리 허연 백두옹'의 이야기를 들은 '화왕'은 '계림'에 선정을 베풀었다.	(O / X)
03	색채의 대비를 통해 새롭게 나타난 것들의 가치를 강조하고 있다. [2016학년도 9월AB]	(O / X)
04	화자는 '설총'의 '화왕가' 덕분에 어지럽던 나라가 안정되었다고 생각한다.	(O / X)
05	영탄적 표현을 통해 대상을 예찬하고 있다. [2018학년도 6월]	(O / X)

STEP 02 지문 분석

전각이 깊고 엄숙한데 신하가 앞에 있어 / 殿閣深嚴臣在前
궁궐 *설총*

임금을 위해서 화왕가를 노래했네 / 爲君王歌花王歌
작품을 쓴 목적 → 임금에 대한 권계

1~2행 : 신하가 임금을 위해 '화왕가'를 노래함.

꽃의 왕, 설총의 「화왕계」에 나오는 왕
화왕이 봄 나라를 다스리고 있으니 / 花王鎭在艷陽國
꽃을 의인화함.

███ ↔ ███ : 간신과 충신의 색채 대비

진홍색 연자색 꽃이 가지마다 분분했소 / 深紅淺紫紛枝柯
겉모습만 화려한 장미 → 간신

싱긋 한번 웃음에 온갖 교태 생겨나니 / 嫣然一笑生百態
아양을 부리는 태도 → 임금을 현혹시키는 간신의 모습

임금의 마음이 쉬이 잘못될까 염려했소 / 却恐至心易流訛
'화왕'이 간신의 교태에 넘어갈까 봐 걱정하는 모습

3~6행 : 임금의 판단에 대한 염려

누가 알리오 골짝 속의 머리 허연 백두옹이 / 誰知谷裏頭雪白
내적으로 성숙한 할미꽃 → 충신

행실이 점잖고 어질며 덕과 학식이 높은 사람
노성한 군자와 같은 부류인 것을 / 老成君子還同科
많은 경험을 쌓아 세상일에 익숙한

봄이 와 온갖 잡초에 함께 뒤덮여서 / 春來百草共蕪沒
충신이 드러나지 못하는 현실

천거할 길이 없으니 그것을 어이하오 / 薦進無路其奈何
인재를 어떤 자리에 추천할 *→ 화자가 설화 속 상황에 개입함.*

나라를 이룰지 엎을지를 일찍 구별해야 하니 / 城成城傾宜早別

여색에 빠져 타락한 사람
색황이 어찌 현인을 가까이하는 것만 하리오 / 色荒何似親賢多
어질고 총명하여 성인에 다음가는 사람

7~12행 : 임금에게 충심으로 간청함.

무엇에 홀려 정신을 차리지 못함.
이 한마디에 미혹 풀린 신라의 임금이 / 一語解惑尼師今
나라를 위한 간언

백성들이 스스로 좇아서 감화됨을 비유적으로 이르는 말
계림을 풍동시켜 태화를 이루었네 / 風動雞林變太和
신라의 다른 이름 *큰 화합, 태평시절*

산과 들을 다 다녀 꽃향기를 모으니 / 凌山搜野採芳馨
인재들을 두루 등용함. → 선정을 베푸는 왕의 모습

난손과 두약이 빽빽하게 늘어섰네 / 蘭蓀杜若森相羅
난초와 향초의 한 종류 → 뛰어난 인재를 상징

13~16행 : 신하의 충언을 수용한 임금과 태평성대

과외식 해설

전각이 깊고 엄숙한데~노래했네 → 이 작품의 바탕이 되는 설화 「화왕계」(꽃을 의인화하여 임금의 도리를 강조하는 내용)의 배경을 고려해 볼 때, '신하'는 설총을, '임금'은 신라의 신문왕을 가리킨다. 궁중 안에서 설총이 신문왕에게 나라를 걱정하는 마음으로 '화왕가'를 지어 올리는 장면이 묘사되고 있다.

화왕이 봄 나라를 다스리고 있으니~임금의 마음이 쉬이 잘못될까 염려했소 → 화려한 외양의 장미와 검소한 차림의 늙은 할미꽃이 화왕을 모시겠다고 하자, 장미에게 마음이 끌렸던 화왕에게 할미꽃이 간언을 하였다는 「화왕계」의 내용이 활용된 부분이다. 여기에서 '화왕'은 '임금'을, '진홍색 연자색'의 장미꽃은 간신을 의미한다. 화자는 '화왕'이 장미꽃의 외적인 화려함과 '교태'에 마음이 흔들릴까 봐 걱정하는 마음을 보이고 있다. 이는 임금이 간신의 말에 현혹되어 나라의 일을 그르칠 것을 염려하는 충심에서 비롯된 것이라 할 수 있다.

누가 알리오 골짝 속의 머리 허연 백두옹이~그것을 어이하오 → '머리 허연 백두옹', 즉 할미꽃이 '온갖 잡초'에 뒤덮여서 드러나지 않음을 안타까워하고 있다. 이는 능력 있는 충신 군자가 존재하지만 간신에 의해 눈에 띄게 드러나지 못하는 부정적인 현실을 보여 주고 있는 것이다.

나라를 이룰지 엎을지를~가까이하는 것만 하리오 → 간신과 충신 중 어떤 신하를 선택하는가에 따라 나라가 망할 수도, 흥할 수도 있다는 것을 언급하고 있다. 또한 설의법을 통해 나라를 이루기 위해서는 '현인', 즉 충신을 가까이 해야 함을 강조하고 있다.

이 한마디에 미혹 풀린 신라의 임금이~태화를 이루었네 → 설총의 이야기를 듣고 난 임금이 백성의 마음을 움직일 만큼 선정(백성을 바르고 어질게 잘 다스리는 정치)을 베풀었음을 알 수 있다.

산과 들을 다 다녀~빽빽하게 늘어섰네 → 깨달음을 얻은 화왕이 각지에서 꽃들을 모은 것과 같이, 임금이 각지의 인재들을 조정으로 불러들여 조정에 많은 인재가 모인 모습을 비유적으로 표현하고 있다. 즉, 임금의 선정으로 인해 신라에 '난손과 두약'과 같은 뛰어난 인재가 많아졌다는 의미이다.

훌륭해라 당시의 설총 스승이여   美哉當時薛夫子

설총에 대한 예찬적 태도   영탄적 표현

보물 피리 소리에 온갖 풍파가 멎었구나   寶笛聲中息萬波

나라 안의 모든 근심을 멈추게 하는 소리
→ 설총이 왕에게 바친 「화왕계」의 충언   **17~18행 : 설총을 예찬함.**

훌륭해라~풍파가 멎었구나 → '보물 피리 소리'는 만파식적(신문왕 때의 전설상의 피리로, 이것을 불면 나라의 모든 근심과 걱정이 사라졌다고 함)의 소리를 의미한다. 화자는 설총의 「화왕계」가 '보물 피리 소리'처럼 나라의 위기를 극복할 수 있게 하였다며 설총의 업적을 예찬하고 있다.

16   2026 나BS 수능특강

STEP 03 작품 해제

01 | 주제

임금이 바른 도리로 나라를 이끌 수 있게 한 설총에 대한 예찬

02 | 특징

① 임금과 신하의 올바른 도리에 대한 교훈을 전하는 전달 중심의 시
② 설총의 「화왕계」를 모티프로 함.
③ 자연물을 의인화하여 인간 세계에 빗댐.
④ 색채의 대비를 통해 대조적인 인물상을 표현함.

03 | 작품 해제

이 작품은 『삼국사기』의 설총에 대한 기록에서 전해지는 「화왕계」를 바탕으로 지은 한시이다. 「화왕계」는 '꽃'을 의인화하여 왕의 마음가짐을 경계하는 설화인데, 「화왕가」에는 신라 시대 때 설총이 신문왕에게 「화왕계」를 지어 올린 일화가 담겨 있다. 우화의 기법을 사용하여 왕은 바른 도리로 정치를 해야 한다는 교훈적 주제를 전달하는 「화왕계」의 내용과 형식은 이익의 「화왕가」에도 이어져 왕에게 충심으로 간청하는 신하와 충신의 말을 겸허히 수용하는 왕의 모습이 작품에 잘 나타난다. 이렇듯 작가는 「화왕계」를 활용하여 왕도 정치와 충신의 모습에 대한 교훈을 효과적으로 전달하고 있다. 이는 백성과 나라를 생각한 충신 설총에 대한 작가의 존경심을 표현하면서, 당시의 임금에게도 이 내용을 전해 주고 싶다는 창작 의도가 녹아 있는 것이라고 볼 수 있다.

STEP 04 논문으로 만나는 출제자의 시선

▶ 설총의 「화왕계」와 이익의 「화왕가」

신라 시대 때 유학의 발전에 공헌한 설총은 조선 시대에 이르기까지 유학자들에게 공경을 받았다. 왕의 도리에 대한 충언을 우의적으로 담은 설총의 「화왕계」는 후대 문학에 많은 영향을 끼쳤다. 이에 따라 설총과 그가 지은 「화왕계」에 영향을 받은 작품들이 조선 후기까지 지속적으로 창작되었다. 「화왕계」에 등장하는 강직한 신하의 모습과 그의 충언을 받아들이는 왕의 모습이 백성을 위한 정치를 하는 군주와 신하의 모습에 부합했기 때문에 「화왕계」는 이러한 이상을 따르고자 한 후대 유학자들의 독서 문화와 글쓰기 문화에 영향을 끼친 것이다.

이익의 『해동악부』에 실려 있는 「화왕가」는 서두 부분에 『삼국사기』에 실린 설총의 기록을 그대로 따온 작품이다. 1~2행에서는 화자가 설총과 신문왕이 만나는 장면과 설총이 「화왕가」를 노래한 장면을 묘사하고 있다. 즉 도입부는 노래의 시작으로, 『삼국사기』에 실린 설총의 기록 중 궁중 안에서 설총이 임금을 만나 「화왕계」를 올리는 장면까지 제시되고 있는 것이다.

13~16행을 보면, 이전까지는 임금이 마음을 다잡지 못하였다. 그러나 설총의 이야기를 듣고 난 뒤 임금이 마음을 다잡았다. 이 점이 설총의 「화왕계」에 나타난 정신과 일치한다. 이렇게 되니 '계림을 풍동시켜 태화'를 이루었다. '태화'라는 말은 『주역』에 나오는데, 음양이 모여 조화로운 기운을 뜻한다. 이 말은 곧 임금이 신라 백성들을 교화하여 그들의 마음을 움직였다는 의미이다. 뿐만 아니라 임금은 신라 각지 구석구석에서 향기로운 풀과 같은 훌륭한 인재를 찾아낸다.

17~18행에서는 화자의 생각을 기술하고 있다. 설총의 「화왕계」가 만파식적처럼 나라 안의 온갖 풍파를 멈추게 하였다며 설총의 위대함을 묘사하고 있는 것이다. 이처럼 이익의 「화왕가」는 구성이나 그 안에 녹아 있는 화자의 지향 의식이 설총의 「화왕계」와 많이 닮았다.

4 | 정서, 정과정곡

수능 국어 대비
실전 국어 전형태

STEP
01 OX 문제를 통한 지문 이해 훈련

나BS 수능특강 | 고전문학

내 **임**을 그리워해 우니나니
산(山) 접동새 난 이슷하요이다*
아니며 거짓인 줄 아으
잔월효성(殘月曉星)*이 아시리이다
넋이라도 임과 한곳으로 가고 싶어라 아으
우기던 이 누구였습니까
과(過)도 **허물**도 천만 없소이다
무리들의 말이랍니다
슬프도다 아으
임이 나를 하마 잊으셨나이까
아아 임아 돌이켜 들어서 사랑해 주소서

*이슷하요이다 : 비슷합니다.
*잔월효성 : 새벽녘의 달과 별.

OX문제

01 대상에 감정을 이입하여 화자의 애상감을 심화하고 있다. [2014학년도 9월AB]   (O / X)

02 화자는 '임'을 '잔월효성'에 비유하여 '임'에 대한 변함없는 애정을 드러내고 있다.   (O / X)

03 말을 건네는 방식을 통해 화자의 요구를 전달하고 있다. [2025학년도 9월]   (O / X)

04 의문형 어미를 활용하여 화자의 정서를 강조하고 있다. [2019학년도 9월]   (O / X)

05 화자는 '우기던 이'가 가진 '허물'을 지적하며 그를 원망하고 있다.   (O / X)

STEP 02 지문 분석

L|BS 수능특강 | 고전문학

내 임을 그리워해 우니나니
　　　　　울며 지내더니

산(山) 접동새 난 이슷하요이다
　　　　　　　비슷합니다

아니며 거짓인 줄 아으
모함이 사실이 아니며

잔월효성(殘月曉星)이 아시리이다
새벽녘의 달과 별

□ : 감정 이입의 대상(객관적 상관물)

▨ : 여음구

▨ : 화자의 결백함을 알고 있는 초월적 존재(천지신명)

1~4행(기) : 임에 대한 그리움과 결백

넋이라도 임과 한곳으로 가고 싶어라 아으

우기던 이 누구였습니까

「만전춘별사」의 3연과 유사한 부분

과(過)도 허물도 천만 없소이다
　　　자신의 결백을 주장함.

▨ : 화자를 모함한 존재 → 원망의 대상

무리들의 말이랍니다

슬프도다 아으

임이 나를 하마 잊으셨나이까
　　　　　　벌써

아아 임아 돌이켜 들어서 사랑해 주소서
10구체 향가의 특징
→ 낙구 첫머리에 감탄사가 나타남.

5~10행(서) : 자신의 결백함을 토로함.

11행(결) : 자신의 결백을 알아달라고 임에게 애원함.

과외식 해설

내 임을 그리워해 우니나니 → '임'은 표면적으로 화자가 사랑하는 대상으로 볼 수 있다. 하지만 이 작품의 작가인 정서가 참소(남을 헐뜯어서 죄가 있는 것처럼 꾸며 윗사람에게 고하여 바침)를 받아 고향인 동래로 유배 생활을 할 때 지어졌다는 점을 고려하면, 여기서 '임'은 고려의 왕 의종이라 할 수 있다. 한편, 「정과정곡」은 귀양 간 신하와 임금의 관계를 임과 이별한 여인과 사랑하는 임의 관계로 나타내는 '충신연주지사'에 해당한다.

산 접동새 난 이슷하요이다 → 화자는 자신의 처지가 '접동새'와 비슷하다고 말하고 있다. 고전 문학에서 흔히 '접동새'가 한의 정서를 상징하는 자연물로 나타나는 점을 고려할 때, 화자는 시적 대상인 '접동새'에 자신의 감정을 이입하여 임에 대한 그리움과 한을 드러내고 있는 것이라고 할 수 있다.

잔월효성이 아시리이다 → '잔월효성'은 화자가 결백하다는 것을 아는 초월적 존재, 천지신명에 해당한다고 볼 수 있다. 화자는 자신의 결백을 명백하게 알고 있는 존재 '잔월효성'을 통해 자신에 대한 모함이 사실이 아님을 주장하고 있는 것이다.

넋이라도 임과 한곳으로 가고 싶어라 아으 / 우기던 이 누구였습니까 → 화자는 비록 자신이 '임'과 몸은 떨어져 있지만 '넋'이라도 '임'과 함께하고 싶다는 소망을 드러내는 동시에 자신을 모함한 존재인 '우기던 이'에 대한 원망을 나타내고 있다. 한편, 이 부분은 다른 고려 가요인 「만전춘별사」의 3연과 매우 유사하다. 고려 가요가 민요를 기반으로 한다는 점을 고려할 때, 이는 정서가 당시 사람들 사이에 구전되어 유행하던 민요의 곡이나 노랫말을 자신의 작품에 첨가한 것으로 이해할 수 있다.

임이 나를 하마 잊으셨나이까 / 아아 임아 돌이켜 들어서 사랑해 주소서 → 화자는 자신을 다시 불러 주지 않는 임에 대한 원망과 함께 다시 자신을 사랑해 주기를 바라는 소망을 전하고 있다.

STEP 03 작품 해제

01 | 주제

임에 대한 변함없는 충정과 자신의 결백 주장

02 | 특징

① 임에 대한 그리움과 자신의 결백을 호소한 화자 중심의 시
② 객관적 상관물에 감정을 이입하여 정서를 강조함.
③ 3단 구성, 낙구의 감탄사 등 향가의 흔적이 남아 있음.
④ 왕에 대한 신하의 충정을 여성 화자의 목소리로 대신 전달한 충신연주지사임.

03 | 작품 해제

이 작품은 20년 가까이 억울한 유배 생활을 한 정서가 자신의 억울함과 결백을 호소하기 위해 지은 고려 가요이다. 정서가 참소를 입고 고향인 동래로 유배를 떠나기 전에 자신을 곧 부르겠다고 약속했던 의종이 시간이 지나도 소식이 없자 자신의 심정을 노래로 담아 표현한 것이다. 형식상 기, 서, 결의 3단 구성을 가지고 있으며, 길이가 짧은 8행과 9행을 하나의 행으로 볼 경우, 총 10행으로 이루어져 있어 10구체 향가와 그 형식이 유사하다고 볼 수 있다. 또한 11행의 '아아'는 10구체 향가의 특징인 낙구 첫머리의 감탄사와 유사하다. 이런 점에서 「정과정곡」은 향가에서 고려 가요로의 발전 과도기에 창작된 작품으로 분류할 수 있다. 또한 내용상 유배를 간 화자가 자신의 억울함을 호소하고 임금의 인정을 바란다는 점과 군신 관계를 남녀 관계로 나타낸다는 점에서 '충신연주지사'로 분류할 수 있다. 이후 유배 문학과 '충신연주지사'는 정철의 「사미인곡」, 「속미인곡」 등으로 그 전통을 이어 가게 된다.

STEP 04 논문으로 만나는 출제자의 시선

정과정곡의 '접동새'와 망제 이야기의 '접동새'

옛 중국 촉나라에는 망제라는 왕이 있었다. 평소에 아랫사람들에게 잘해 주던 망제는 배신을 당해 나라 밖으로 쫓겨나고 촉나라로 돌아가지 못하여 불여귀(돌아가지 못한다는 뜻)를 부르짖으며 울다가 죽어서 접동새(=귀촉도)가 되었다는 설화가 있다. 정서는 「정과정곡」에서 설화 속 접동새의 이미지를 가져와 자신의 처지를 접동새와 동일시하였다. 이때 나라를 빼앗기고 타향에서 죽음을 맞이한 망제의 넋이 새가 되어 나타난 접동새와 조정의 동료들로부터 질투와 시기를 받아 귀양 간 정서의 억울함이 담긴 접동새는 동일한 선상에서 이야기될 수 있다. 정서가 접동새를 자신과 동일시한 이유는 접동새가 지니고 있는 억울함에서 출발한 것이고, 접동새의 울음소리가 피를 토하듯 슬프고 처절하다는 데 있었을 것이다. 그런데 정치적으로 미숙한 처신으로 말미암아 발생한 억울함과 원망은, 사람에 대한 믿음에서 배신을 당하여 나라를 빼앗기고 타향에서 죽음을 맞이하여 발생한 원한, 억울함과는 결이 다르다는 점에서 두 접동새는 차이를 보인다.

'잔월효성'의 의미

자신은 결백하다는 화자의 주장을 보증하는 것이 '잔월효성'이다. 정치적 반대파의 말을 믿고 있는 '임(임금)'을 설득하여 마음을 돌리려면 무엇인가 절대적 근거를 마련해야 하는데, 하늘의 이치를 따르는 달과 별이 바로 그에 적절했던 것이다. 천체로서 달과 별은 하늘의 떳떳한 운행을 증명하는 사물이고, 더욱이 밤새껏 '임'을 그리워하는 화자의 모습을 지켜본 초월적 존재이기에 화자의 심정을 속속들이 아는 존재이다. 화자는 이와 같은 '잔월효성'이라는 존재를 증인으로 삼아 '임'이 들은 참소의 말이 잘못된 것이며 자신은 결백하다는 것을 간절하게 호소하고 있는 것이다.

다음 글을 읽고 물음에 답하시오. [교육청 기출 변형]

(가)

내 님믈 그리ᅀᅡ와 우니다니
산(山) 졉동새 난 이슷ᄒᆞ요이다
아니시며 거츠르신 ᄃᆞᆯ 아으
잔월효성(殘月曉星)이 아ᄅᆞ시리이다
넉시라도 님은 ᄒᆞᆫᄃᆡ 녀져라 아으
벼기더시니* 뉘러시니잇가
과(過)도 허믈도 천만(千萬) 업소이다
ᄆᆞᆯ힛마리신뎌*
ᄉᆞᆯ읏븐뎌* 아으
니미 나ᄅᆞᆯ ᄒᆞ마 니ᄌᆞ시니잇가
아소 님하 도람 드르샤 괴오쇼셔

- 정서, 「정과정(鄭瓜亭)」 -

*벼기더시니 : 우기던 사람이.

*ᄆᆞᆯ힛마리신뎌 : 뭇 사람의 헐뜯는 말이로다.

*ᄉᆞᆯ읏븐뎌 : 슬프구나.

(나)

의복을 돌아보니 한숨이 절로 난다
남방염천(南方炎天) 찌는 날에 빨지 못한 누비바지
땀이 배고 때 오르니 굴뚝 막는 덕석인가
덥고 검기 다 버려도 내음새는 어찌하리
어와 내 일이야 가련이도 되었고나
손잡고 반기는 집 내 아니 가옵더니
등 밀어 내치는 집 구차하게 빌어 있어
옥식진찬(玉食珍饌)* 어디 가고 맥반염장(麥飯鹽藏)* 되었으며
금의화식(錦衣華飾)* 어디 가고 현순백결(懸鶉百結)* 되었는고
이 몸이 살았는가 죽어서 귀신인가
말하니 살았는가 모양은 귀신일다
한숨 끝에 눈물 나고 눈물 끝에 어이없어
도로혀 웃음 나니 미친 사람 되겠구나
어와 보리가을 맥풍(麥風)이 서늘하다
앞산 뒷산에 황금을 펼쳤으니
지게를 벗어놓고 앞 산을 굽어보며
한가히 베는 농부 묻노라 저 농부야
밥 위에 보리 단술 몇 그릇 먹었느냐
청풍에 취한 얼굴 깨본들 무엇하리
연년(年年)이 풍년 드니 해마다 보리 베어

마당에 두드리고 용정(舂精)*에 쓸어내니
일분(一分)은 밥쌀하고 일분(一分)은 술쌀하여
밥 먹어 배부르고 술 먹어 취한 후에
함포고복(含哺鼓腹)하고 격양가(擊壤歌)를 부르는 양
농가의 좋은 흥미 저런 줄 알았다면
공명을 탐치 말고 농사에 힘쓸 것을
백운(白雲)이 즐기는 줄 청운(靑雲)이 알 양이면
꽃 탐하는 벌나비 그물에 걸렸으랴

- 안조원, 「만언사(萬言詞)」 -

*옥식진찬, 금의화식 : 좋은 음식과 의복.

*맥반염장, 현순백결 : 빈약한 음식과 누더기 옷.

*용정 : 곡식을 찧음.

01. (가)와 (나)에 공통적으로 나타나는 화자의 태도는?

① 현실에 대해 냉소하고 있다.
② 상대방을 원망하고 있다.
③ 부당한 현실에 대해 항의하고 있다.
④ 현재의 상황에 만족하지 못하고 있다.
⑤ 자신의 과거를 돌아보며 반성하고 있다.

02. 〈보기〉를 참조하여 (나)를 감상한 내용으로 적절하지 않은 것은?

━━━━ 〈보기〉 ━━━━

작품의 창작 및 향유 상황을 고려할 때, 유배 가사를 단순히 유배지에서의 삶을 그린 가사로 보기는 어렵다. 유배 가사는 작가가 유배지에서 풀려날 목적으로 임금에게 자신의 목소리가 전달되기를 기대하며 지은 것이 대부분이다. 따라서 이러한 목적 의식을 가지고 지었다고 가정했을 때, 작품에 대한 이해와 감상이 더욱 정교해지고 풍부해질 수 있다.

① 자신을 '벌나비'에 빗댄 것은 자신의 죄를 유혹에 약한 인간 본성의 탓으로 돌리려는 것이 아니었을까?
② 죄에 대한 벌을 충분히 받고 있다는 점을 드러내기 위해 유배지에서의 고난을 과장했을 가능성이 있겠군.
③ 자신을 '미친 사람'이라고 인식한 것은, 유배로 인한 심리적 고통을 전달하기 위한 것으로 볼 수 있지 않을까?
④ '그물에 걸렸다'는 표현을 사용한 것은 작가가 죄를 지으려는 의지가 없었다는 점을 강조하기 위한 전략일 수도 있겠군.
⑤ 공명에 대한 욕심이 사라졌다고 하는 것으로 보아, 작가가 유배에서 풀려나면 벼슬길에 다시는 나아가지 않겠군.

STEP 01 OX 문제를 통한 지문 이해 훈련

ㅣBS 수능특강 ┃ 고전문학

거미야, 부탁하고 부탁하노니	再三珍重請蜘蛛
앞길에 거미줄을 쳐 두었다가	須越前街結網圍
나를 등지고 날아가는 꽃 위의 저 나비	得意背飛花上蝶
거미줄에 걸리게 해 제 허물을 뉘우치게 해 다오	願令粘住省愆違

〈제6장〉

OX문제

01	대상을 의인화하여 세태를 비판하고 있다. [2013학년도 9월]	(O / X)
02	자연물에 빗대어 화자의 움직임을 드러내고 있다. [2022학년도 6월]	(O / X)
03	화자는 '거미'에게 '앞길에' 친 '거미줄'을 치워 달라고 '부탁하고' 있다.	(O / X)
04	화자는 자신을 떠난 '나비'가 '거미줄에 걸'려 '허물을 뉘우치'길 바라고 있다.	(O / X)
05	명시적 청자에게 말을 건네는 방식으로 화자의 감정을 드러내고 있다. [2024학년도 수능]	(O / X)

[EBS에 나오지 않은 파트까지 모두 넣은 전문 분석]

정인을 보려는 생각이 있다면
사랑하는 사람

情人相見意如存

황룡사 문 앞으로 와야 한다네
'정인'을 만날 수 있는 구체적 장소

須到黃龍佛寺門

빙설 같은 얼굴은 비록 보지 못하더라도
　　직유법

氷雪容顏雖未覩

그래도 목소리는 어렴풋이 들을 수 있을 테니

聲音仿佛尙能聞

제1장 : '정인'에 대한 그리움 〈제1장〉

물거품을 물 가운데서 거두어서

浮漚收拾水中央

거칠고 성긴 베자루에 쏟아붓는다
　　사이가 뜬

터무니없는 행동을 하는
시적 대상의 모습을 묘사함.

瀉入鬺疏經布囊

어깨에 메고 오는 그 모습

擔荷肩來其樣範

세상사 허황한 것과 꼭 같네그려
　　헛되고 황당하며 미덥지 못한

恰如人世事荒唐

제2장 : 세상사의 덧없음. 〈제2장〉

■ : 임을 위험하게 만드는 요인들

먹구름에 다리도 끊어져 더욱 위태로운데

黑雲橋亦斷還危

물결이 고요한 때 은하수에 밀물이 일어나네
　　견우와 직녀를 갈라놓은 은하수를 통해 화자와 대상의 처지를 암시

銀漢潮生浪靜時

이처럼 깜깜하고 깊은 밤에
　　　　시간적 배경

如此昏昏深夜裏

진창길 미끄러운데 어디로 가려 하는가
땅이 질어서 질퍽질퍽한 길

街頭泥滑欲何之

제3장 : 떠나려는 임에 대한 걱정 〈제3장〉

소악부 → '소악부'는 당대 유행하던 노래들을 한시의 형태로 담아낸 것으로, 각 장의 내용이 유기적으로 연결되지 않는다. 다중적 화자를 지닌 민요처럼 다양한 삶의 이야기가 들어 있고, 민중의 사랑과 이별, 삶의 애환이나 인생무상 등의 내용이 주를 이룬다.

정인을 보려는 생각이~들을 수 있을 테니 → 해당 부분은 화자를 어떻게 상정하느냐에 따라 해석이 달라질 수 있다. 화자가 임에 대한 그리움을 노래한 것으로 볼 수도 있고, '정인'을 그리워하는 대상에게 화자가 말을 건네고 있는 것으로 해석할 수도 있다. 이런 경우 제시되는 〈보기〉에 따라 해석하면 된다. '황룡사'가 만남의 공간임을 고려할 때, 화자 혹은 화자가 주목한 대상이 임과 이별한 상황임을 알 수 있다. 또한 '문 앞'에서 '정인'의 어렴풋한 '목소리'라도 듣고자 하는 모습에서 '정인'에 대한 간절한 그리움이 드러나고 있다.

물거품을 물 가운데서~허황한 것과 꼭 같네그려 → 인간은 유한한 존재이기에 아무리 많은 재화를 가지고 있어도 죽을 때는 빈손으로 무덤에 가게 된다. 화자는 이처럼 죽은 후에는 아무것도 남지 않는다는 세상사의 덧없음을 표현하기 위해서, '거칠고 성긴 베자루'에 '물거품'을 '쏟아붓'고 '어깨에 메는 것과 같은 터무니없는 행동을 제시한 것이다. 즉, 화자는 시적 대상의 황당한 행동을 제시하여 '세상사 허황한 것과 꼭 같다고 이야기함으로써 인생무상의 정서를 드러내고 있다.

먹구름에 다리도 끊어져~어디로 가려 하는가 → '어디로 가려 하는가'라는 표현을 통해 임이 떠나려고 하는 상황임을 알 수 있다. 화자는 '먹구름', '밀물', '깜깜하고 깊은 밤', '진창길'과 같이 임을 위험에 빠뜨릴 수 있는 요인들을 언급하며 떠나려는 임을 걱정하고 만류하는 태도를 보이고 있다.

삼장사에 등불 켜러 갔더니   三藏精廬去點燈
공간적 배경

주지가 가녀린 내 손을 잡네   執吾纖手作頭僧
절을 주관하는 승려

이 말이 만약 절문 밖으로 새어 나간다면   此言老出三門外
화자와 주지가 사랑을 나눈 것

이는 반드시 상좌의 말 때문이리   上座閑談是必應
         불도를 닦는 사람 / 목격자

      제4장 : 상좌에게 주지 스님과의 일을 발설하지 말라고 당부함. 〈제4장〉

청실 홍실 초록 실   ■ : 정절을 잃음.   紅絲綠線與青絲
              ↕ : 정절을 지킴.

 여러 가지 색이 뒤섞인 색
갓가지 잡색 실을 어디다 쓸까   安用諸般雜色爲
      설의법 → '잡색 실'에 대한 화자의 부정적 태도 강조

내가 물들이고 싶을 때 마음대로 물들이니   我欲染時隨意染

내겐 하얀 실이 가장 좋구나   素絲於我最相宜
         영탄법

        제5장 : 여성이 지켜야 할 덕목인 정절 〈제5장〉

        반복법
거미야, 부탁하고 부탁하노니   再三珍重請蜘蛛
돈호법, 의인법

앞길에 거미줄을 쳐 두었다가   須越前街結網圍
       화자의 부탁

나를 등지고 날아가는 꽃 위의 저 나비   得意背飛花上蝶
         다른 여인   임

거미줄에 걸리게 해 제 허물을 뉘우치게 해 다오   願令粘住省愆違
       자신을 떠난 임이 잘못을 뉘우치고 돌아오기를 바람.

      제6장 : 자신을 버리고 떠난 임에 대한 원망과 화자의 바람 〈제6장〉

삼장사에~상좌의 말 때문이리 → 고려 가요 「쌍화점」의 2연을 한시로 번역한 부분으로, '삼장사'에 '등불'을 '켜러 갔'다가 '주지'와 사랑을 나누게 된 화자의 상황이 드러나고 있다. 화자는 이를 알고 있는 '상좌'에게 '이 말이 만약 절문 밖으로 새어 나간다면' 그것은 반드시 너의 '말 때문'일 것이니 발설하지 말라며 당부하고 있다.

청실 홍실 초록 실~내겐 하얀 실이 가장 좋구나 → 고려 가요 「안동자청」이 원문이라 추정되는 한시이다. 「안동자청」은 여성의 정절을 강조하는 노래라고 전해지는데, 이를 고려하면 여러 색이 뒤섞인 '잡색 실'은 몸가짐을 바르게 하지 않은 아녀자를, '하얀 실'은 정숙한 여인상을 비유한 표현이라 할 수 있다. '잡색 실'과 '하얀 실'을 대비하여 여성의 정절을 강조하고 있는 것이다.

거미야, 부탁하고~뉘우치게 해 다오 → 화자는 '꽃 위의 저 나비'가 '거미줄에 걸'려 자신의 '허물을 뉘우'칠 수 있도록 '거미'에게 '거미줄을 쳐' 줄 것을 부탁하고 있다. 이때 '저 나비'가 '나를 등지고 날아' 갔다는 표현으로 보아, '저 나비'는 화자를 버리고 떠난 임을, '꽃'은 다른 여인을 상징한다고 볼 수 있다. 즉, 화자는 자신을 버리고 떠난 임을 원망하면서도 임이 반성하고 자신에게 다시 돌아오기를 바라고 있는 것이다.

나 없이 EBS 풀지마라

STEP 03 작품 해제

나BS 수능특강 | 고전문학 ●

01 | 주제

남녀 간의 사랑, 인생무상 등

02 | 특징

① 임에 대한 그리움, 원망 등과 같은 정서를 노래한 화자 중심의 시
② 자연물을 활용하여 화자의 정서를 드러냄.
③ 유행했던 우리말 노래들을 한시로 옮긴 것으로, 6수의 작품이 각각 개별성을 가짐.

03 | 작품 해제

이 작품은 고려 후기의 문인 민사평이 지은 소악부(우리나라의 노래를 번역한 칠언 절구의 한시)로, 당시 유행하던 민요를 한문체로 기록한 것이다. 『급암시집』에 총 6수가 실려 있으며, 주로 백성의 삶과 남녀 사이의 애정 등을 주제로 하고 있다. 우리말로 이루어진 노래를 개작한 것이기에 고려 시대의 사회상과 백성들의 삶을 살펴볼 수 있다는 의의가 있다. 〈제6장〉에서는 떠난 임에 대한 원망을 자연물을 활용하여 표현하고 있으며, 반복법, 돈호법 등과 같은 표현법을 사용하여 화자의 정서를 강조하고 있다.

STEP 04 논문으로 만나는 출제자의 시선

나BS 수능특강 | 고전문학 ●

고려 말 소악부의 창작

우리나라에서의 소악부는 고려 말 익재 이제현과 급암 민사평에 의해 처음 창작되었다. 소악부는 고려 가요와 민요 등 우리말로 가창되는 노래를 소재로 하였으며, 한시의 형식으로 창작된 시가 문학이다. 1357년 말에 「소악부」와 몇 가지의 시를 지은 이제현은 이를 민사평에게 보내 화답하도록 하였다. 이에 민사평은 1358년 여름에 화답의 시를 지어 보냈으며, 여기에는 「소악부」 6수가 포함되었다.

한편, 이제현과 민사평은 백성들의 생활과 세태의 변화를 알기 위한 의도를 가지고 소악부를 창작하였다. 이들은 당시 유행하던 고려 가요나 민요를 7언 절구의 형식으로 번역하여 소악부를 창작하였는데, 이때 고려 가요나 민요의 내용과 소악부가 지니고 있는 내용 사이에는 큰 차이가 없다. 특히 민사평은 당대 민중들이 갖고 있던 감정의 흐름을 정확하게 파악하면서 작품을 창작하였기 때문에, 민사평의 소악부에는 남녀 간의 연정을 다룬 것이 많으며 사회 풍자적인 성격이 훨씬 적게 나타났다.

고려 말 이제현과 민사평에 의해 창작된 소악부는 고려 시대 가요들을 잘 간직하고 있으며, 그러면서도 하나하나가 독립된 새로운 시로써 존재하고 있다. 이는 우리말로 된 노래를 정착시켰다는 것 이외에 당대 평민이 지니고 있던 규범과 가치 등을 짐작할 수 있게 한다는 점에서도 큰 의의가 있다.

6 〈보기〉 작품 모음

STEP 01 OX 문제를 통한 지문 이해 훈련

(가)

매일같이 **임** 생각에 옷깃이 젖어	憶君無日不霑衣
흡사 봄산에 접동새 같네	政似春山蜀子規
옳고 그릇됨을 묻지를 마오	爲是爲非人莫問
응당 **잔월효성**은 알리라	只應殘月曉星知

- 이제현 -

(나)

장삿배 한데 모여 강의 신령에 굿을 하니	商船蝟集賽江神
하늘이 낸 효녀는 육신을 팔기 원했다네.	天孝兒娘願賣身
재물은 천지조화에 참여하여	貨貨能令參造化
죽은 자 환생하고 맹인이 눈 뜨게 했네.	死人活後開盲人

- 이유원 -

(다)

효성스런 딸이 아비의 가난으로 육신을 바치기 원하니	娥孝爺貧愿捨身
장삿배 따라가 물의 신령에게 시집보내졌다네.	去隨商舶妻波神
꽃봉오리 **하늘**이 **보호**하여 **황후가** 되고	花房天護椒房貴
잔치가 끝나자 맑은 눈동자* **아비**를 알아보았네.	宴罷明眸始認親

- 송만재 -

*맑은 눈동자 : 미인의 아름다운 눈을 뜻하는 말로, 여기서는 심청을 가리킴.

OX문제

01	(가)는 화자의 인식을 자연물에 투영하여 시적 정서를 환기하고 있다. [2019학년도 6월]	(O / X)
02	(가)의 화자는 '잔월효성'에게 '임'과의 재회를 기원하고 있다.	(O / X)
03	(가)와 (나)는 어조의 변화를 통해 긴장감을 조성하고 있다. [2023학년도 6월]	(O / X)
04	(나)와 (다)는 과거 시제를 사용하여 서사적 사건을 들려주는 형식을 취하고 있다. [2019학년도 수능]	(O / X)
05	(다)의 '효성스런 딸'은 '하늘'의 '보호'로 '황후가 되'어 '아비'를 만나게 되었다.	(O / X)

STEP 02 지문 분석

(가)

계절적 배경(봄)
매일같이 임 생각에 옷깃이 젖어 / 흡사 봄산에 접동새 같네   憶君無日不霑衣 / 政似春山蜀子規
눈물로 옷이 젖음. → 임과 이별한 상황임.   한의 상징 / 감정 이입의 대상

당연히
옳고 그릇됨을 묻지를 마오 / 응당 잔월효성은 알리라   爲是爲非人莫問 / 只應殘月曉星知
명령형 어조 → 자신의 결백 주장   새벽녘의 달과 별

■■ : 화자의 결백을 증명해 줄 초월적 존재(천지신명)

- 이제현 -

(나)

장삿배 한데 모여 강의 신령에 굿을 하니   商船蝟集賽江神
장삿배의 안전을 신에게 기원하는 굿

하늘이 낸 효녀는 육신을 팔기 원했다네.   天孝兒娘願賣身
자신을 제물로 바쳐 공양미를 마련하고자 함.

■■ : 심청

재물은 천지조화에 참여하여   貲貨能令參造化
하늘과 땅이 일으키는 여러 가지 신비스러운 조화

죽은 자 환생하고 맹인이 눈 뜨게 했네.   死人活後開盲人
심 봉사

- 이유원 -

(다)

효성스런 딸이 아비의 가난으로 육신을 바치기 원하니   娥孝爺貧愿捨身
심 봉사   자신을 제물로 바쳐 공양미를 마련하고자 함.

장삿배 따라가 물의 신령에게 시집보내졌다네.   去隨商舶妻波神
심청이 인당수에 몸을 던진 것을 비유함.

꽃봉오리 하늘이 보호하여 황후가 되고   花房天護椒房貴
심청이 인간 세상에 돌아올 때 담겨 있던 연꽃

아버지인 심 봉사를 찾기 위해 심청이 벌인 맹인 잔치
잔치가 끝나자 맑은 눈동자 아비를 알아보았네.   宴罷明眸始認親
미인의 아름다운 눈을 뜻하는 말로, 여기서는 심청을 가리킴.

- 송만재 -

매일같이 임 생각에 옷깃이 젖어 → 화자가 '매일같이 임 생각에 옷깃이 젖'을 정도로 울고 있다는 점에서 사랑하는 '임'과 이별한 상황임을 알 수 있다. 이 작품이 정서의 「정과정곡」을 바탕으로 창작된 것임을 고려한다면, 화자는 모함을 받고 귀양을 간 신하를, '임'은 임금을 의미한다고 볼 수 있다.

옳고 그릇됨을~잔월효성은 알리라 → 화자는 다른 사람들에게 '옳고 그릇됨을 묻지' 않아도 '잔월효성', 즉 천지신명은 자신이 죄가 없음을 당연히 알 것이라며 자신의 결백을 강하게 주장하고 있다.

장삿배 한데 모여~팔기 원했다네. → 이 작품은 「심청가」를 소재로 하여 창작된 한시로, 심 봉사가 딸 심청의 효심으로 눈을 뜨게 된 내용을 다루고 있다. '하늘이 낸 효녀'인 심청이 '맹인'인 아버지의 눈을 뜨게 하고자, '장삿배'의 안전을 '강의 신령'에게 기원하는 '굿'에 자신의 '육신'을 제물로 바쳐 공양미 삼백 석을 받으려 했음이 나타나 있다.

재물은 천지조화에~눈 뜨게 했네. → '재물'이 된 심청이 신비로운 '조화'를 일으켜 인당수에 몸을 던졌음에도 '환생하고', '맹인'이었던 심 봉사가 '눈 뜨게' 되었음을 알 수 있는 부분이다.

효성스런 딸이~시집보내졌다네. → 이 작품은 「심청가」를 소재로 하여 창작된 한시로, 심 봉사의 눈을 뜨게 하고자 인당수에 몸을 던진 딸 심청이 황후가 되어 아버지와 재회하게 된 내용을 다루고 있다. '물의 신령에게 시집보내졌다네.'는 심청이 '아비'의 눈을 뜨게 하고자 자신의 몸을 인당수에 던진 것을 비유한 표현이다.

꽃봉오리 하늘이 보호하여~아비를 알아보았네. → '꽃봉오리'는 옥황상제의 명을 받은 용왕이 심청을 인간 세상에 돌려보내기 위해 사용했던 연꽃으로, 여기서는 심청을 상징한다. '하늘의 보호' 속에 인간 세상으로 돌아온 심청이 '황후가 되고', '아비'인 심 봉사를 찾기 위해 벌인 맹인 '잔치'에서 심 봉사와 재회하는 장면이 나타나 있다.

STEP 03 작품 해제

01 | 주제

(가) 임을 향한 변함없는 사랑과 자신의 결백 호소
(나) 아버지의 눈을 뜨게 한 심청의 효심
(다) 심청의 지극한 효심

02 | 특징

(가)

① 임에 대한 그리움을 호소하고 자신의 결백을 주장하는 화자 중심의 시
② 비유를 통해 자신의 처지를 형상화함.
③ 명령형 어조를 사용하여 자신의 결백을 강하게 드러냄.

(나)

① 맹인인 아버지의 눈을 뜨게 한 심청의 지극한 효심에 대해 노래한 대상 중심의 시
② 과거 시제를 사용하여 서사적 사건을 들려주는 형식을 취함.

(다)

① 아버지를 위해 인당수에 몸을 던진 심청의 지극한 효심을 노래한 대상 중심의 시
② 과거 시제를 사용하여 서사적 사건을 들려주는 형식을 취함.

03 | 작품 해제

(가) 이 작품은 고려 후기 문신이었던 이제현이 정서의 「정과정곡」의 뜻을 풀어 쓴 한시이다. 임의 마음을 되돌리고자 하는 바람을 직접적으로 드러낸 「정과정곡」과 달리, 임에 대한 그리움과 자신의 결백을 주장하는 화자의 심정만이 드러나 있다는 점이 특징적이다.

(나) 이유원이 판소리를 대상으로 지은 한시인 「관극팔령」 중 제7령 「화중아」는 「심청가」를 소재로 하여 창작되었다. 「심청가」의 서사 중 맹인인 심 봉사가 딸 심청의 효심으로 눈을 뜨게 되는 신이한 사건을 부각하여 심청의 효성에 대해 노래하였다.

(다) 「관우희」는 송만재가 지은 50수의 한시로, 그 중 제15수는 「심청가」를 소재로 하여 창작되었다. 「심청가」의 서사 중 인당수에 몸을 던진 딸 심청이 인간 세상으로 다시 돌아와 황후가 된 후 아버지인 심 봉사와 재회하게 된 사건을 부각하여 심청의 지극한 효심에 대해 노래하였다.

STEP 04 논문으로 만나는 출제자의 시선

「정과정곡」을 바탕으로 한 이제현의 한시

익재 이제현의 한시는 정서의 「정과정곡」을 바탕으로 창작되었다. 이 시는 「정과정곡」과 달리 '나'를 드러내지 않은 채 내용을 전개하고 있다. 또한 「정과정곡」에서는 '내 임을 그리워해 우니나니'라며 '나'가 우는 정황을 직접적으로 표현하였으나, 이제현은 한시에서 임을 그리워하며 우는 것을 '옷깃이 젖은' 상태로 바꾸어 은유적으로 드러내었다. 그리고 「정과정곡」의 '산'을 '봄산'으로 번역하면서 계절적 배경을 구체적으로 제시하였다. 한편, 이제현이 쓴 한시의 3~4행은 거의 직역에 가깝지만 3행에 옳고 그름을 판별하려는 사람을 상정하고, 다음 행에 '잔월효성'을 제시하여 이 두 존재를 대비함으로써 시상을 집약시켰다.

송만재와 이유원의 시 세계

이유원과 송만재는 창극 공연을 본 뒤 각각 「관극팔령」 8수, 「관우희」 50수를 지었는데, 이는 모두 판소리 공연을 악부시(한시 형식의 하나)로 다시 쓴 작품에 해당한다. 두 사람은 모두 유학을 주업으로 삼아 공부하던 훌륭한 가문의 자손이었지만, 민속이나 민간 예술에 대해 많은 관심을 가지고 있었다. 이유원은 「해동악부편」에 우리나라의 시가, 음악 등의 발달 과정을 악부 형식으로 기록해 놓았고, 송만재는 단가와 판소리 열두 마당, 줄타기와 땅재주 등의 다양한 민간 예술을 작품의 소재로 삼았다.

이들이 공연을 통해 받은 감동은 동일한 소재의 작품을 통해 각각 다르게 표현되고 있었다. 「춘향가」를 소재로 삼은 작품에서 이유원은 아름다운 춘향과 풍류 어사 이도령이 이별하는 장면을, 송만재는 춘향가에서 모든 고난과 역경을 딛고 극적으로 만나는 춘향과 이도령의 모습을 그렸다. 한편 「심청가」를 소재로 삼은 작품에서 이유원은 심청의 효심으로 심 봉사가 눈을 뜨게 된 사건을 부각한 반면, 송만재는 심청이 아버지인 심 봉사와 헤어졌다가 황후가 되어 상봉한 사건을 부각하였다. 또한 「흥보가」를 소재로 삼은 작품에서 이유원은 제비와 박의 묘사를 통해 인생은 본래 정해진 운명이 있으니 서로 시기하지 말고 받아들이며 살라는 내용을 쓴 반면, 송만재는 작품의 주제인 인과응보에 초점을 맞춘 내용을 썼다. 즉 이유원은 전 창극 작품이 함의하는 주제를 자기 식으로 해석하여 내면화시킨 경향이, 송만재는 전 작품의 표면적인 주제를 그대로 표현하는 경향이 있었던 것이다.

STEP 01 OX 문제를 통한 지문 이해 훈련

나BS 수능특강 | 고전문학

(가)
귀거래* 귀거래 말뿐이오 갈 이 없어
전원이 장무(將蕪)*하니 아니 가고 어쩔고
초당에 청풍명월이 나명 들명 기다리나니

- 이현보 -

*귀거래 : 돌아가리라. 중국의 시인 도연명이 지은 시의 한 구절.
*장무 : 바야흐로 거칠어져 감.

(나)
강산 좋은 경을 힘센 이 다툴 양이면
내 힘과 내 분으로 어이하여 얻을쏘니
진실로 금할 이 없을새 나도 두고 노니노라

- 김천택 -

(다)
　　공명을 헤아리니 영욕이 반이로다
　　동문에 괘관하고* 전려*에 돌아와서 성경현전* 헤쳐 놓고 읽기를 파한 후에 앞내에 살진 고기도 낚고 뒷뫼에 엄긴* 약도 캐다가 임고원망*하여 임의소요*하니 청풍이 시지하고* 명월이 자래하니 아지 못게라 천양지간에 이같이 즐거움을 무엇으로 대할쏘니
　　평생에 이리저리 즐기다가 노사태평(老死太平)하여 승화귀진*하면 긔 좋은가 하노라
　　　　　　　　　　　　　　　　- 작자 미상 -

*괘관하고 : 동쪽 성문에 관을 벗어 걸고. 벼슬을 그만두고. / *전려 : 농사를 짓기 위해 임시로 들에 지은 집. 시골.
*성경현전 : 성현들이 지은 훌륭한 책들. / *엄긴 : 싹이 길게 자란.
*임고원망 : 높은 곳에 올라 먼 곳을 바라보는 것. / *임의소요 : 마음 내키는 대로 거니는 것.
*시지하고 : 때마침 불고. / *승화귀진 : 자연에 순응하여 살다가 생명을 다할 때 자연의 귀결에 맡기는 것.

OX문제

01	(가)와 (다)는 설의적 표현을 통해 추구하고자 하는 삶의 태도를 제시하고 있다. [2022학년도 6월]	(O / X)
02	(가)는 대상을 의인화하여 화자와 자연의 유대감을 나타내고 있다. [2025학년도 9월]	(O / X)
03	(나)의 화자는 '힘센 이'와 '강산 좋은 경'을 두고 다툴 경우 자신이 이길 것이라고 생각하고 있다.	(O / X)
04	(다)의 '전려에 돌아'온 화자는 '동문에 괘관'한 것을 후회하고 있다.	(O / X)
05	(다)는 화자의 현재 상황에 대한 만족감을 바탕으로 자연물에 대한 연민을 드러내고 있다. [2022학년도 6월]	(O / X)

나BS _ 나 없이 EBS 풀지마라

(가)

귀거래 귀거래 말뿐이오 갈 이 없어
돌아가리라

     초장 : 돌아가리라 말하지만 행동하지 않는 세태
논과 밭
전원이 장무(將蕪)하니 아니 가고 어쩔고
       바야흐로 거칠어져 감.   설의적 표현

     중장 : 전원으로 돌아가고자 하는 이유를 제시함.
초가집
초당에 청풍명월이 나명 들명 기다리나니
           의인법

        종장 : 전원생활에 대한 기대감
                     - 이현보 -

⇒ (관직을 버리고 고향으로) 돌아가리라 돌아
가리라 (다들) 말뿐이오 (실제로) 가는 사람
이 없어

⇒ 논과 밭이 바야흐로 거칠어져 가니 (고향으
로) 아니 가고 어찌 하겠는가

⇒ 초가집에 맑은 바람과 밝은 달이 들락거리
며 (나를) 기다리니 (어찌 돌아가지 않겠는
가)

(나)

                      ▨ : 권력과 부귀를 가진 자
강산 좋은 경을 힘센 이 다툴 양이면 ↕
     경치   모양   ▨ : 권력도 부귀도 없는 자

     초장 : 자연의 경관을 두고 다투는 상황을 가정함.
내 힘과 내 분으로 어이하여 얻을쏘니
        분수   설의적 표현

        중장 : 자신의 처지에 대해 인식함.
진실로 금할 이 없을새 나도 두고 노니노라
           자연을 마음껏 즐기려는 태도

        종장 : 누구나 누릴 수 있는 자연을 즐기려고 함.
                     - 김천택 -

⇒ 강과 산의 좋은 경치를 힘 센 사람들이 (서
로 자기 것으로 만들고자) 다툴 것 같으면

⇒ 내 힘과 내 분수로 어떻게 (자연을) 얻을
수 있겠는가

⇒ 진실로 (자연을 사랑하는 것을) 막을 사람
이 없으므로 나도 두고 노니노라

(다)

공명을 헤아리니 영욕이 반이로다
        영예와 치욕

        초장 : 공명의 영예로움과 치욕
동문에 괘관하고 전려에 돌아와서 성경현전 헤쳐 놓고
     농사를 짓기 위해 임시로 들에 지은 집(시골)
   ▨ : 벼슬을 하던 공간(속세) ↔ ▨ : 자연을 즐기는 공간
읽기를 파한 후에 앞내에 살진 고기도 낚고 뒷뫼에 엄긴
    집이나 마을 앞을 흐르는 내   싹이 길게 자란
                             때마침 불고
약도 캐다가 임고원망하여 임의소요하니 청풍이 지지하고

⇒ 세속의 명예를 생각하니 영광스러운 명예와
치욕이 반반이로다

⇒ 동쪽 성문에 관을 벗어 걸고 시골에 돌아와
서 성현들이 지은 훌륭한 책들을 펼쳐 놓고
읽기를 마친 후에 집 앞에 흐르는 냇가에서
살찐 물고기도 낚고 뒷산에서 싹이 길게 자
란 약초도 캐다가 높은 곳에 올라 먼 곳을
바라보며 마음이 내키는 대로 거니니 맑은
바람이 때마침 불고 밝은 달이 스스로 돋아
오니 알지 못하겠구나 이 세상에 이같이 즐
거움을 무엇으로 대신할까

귀거래 귀거래 말뿐이오 갈 이 없어 → 관직을 버
리고 고향으로 돌아가겠다고 말만 할 뿐 실제로 가
는 사람은 없는 상황을 지적하고 있다. 이는 말과
행동이 다른 당시 관리들의 이중성을 드러낸 것이
라 볼 수 있다.

전원이 장무(將蕪)하니 아니 가고 어쩔고 → 중국의
시인 도연명의 「귀거래사」 첫 구절을 그대로 인용
한 부분이다. 「귀거래사」는 도연명이 13년간의 관
리 생활을 마친 후, 고향으로 돌아가 은자로서의
생활을 할 것이라는 선언을 담아낸 작품이다. 화자
는 이 작품의 구절을 그대로 인용하여 자신이 고향
으로 돌아가고자 하는 이유를 드러내고 있다.

초당에 청풍명월이 나명 들명 기다리나니 → 의인
법을 사용하여 자연물인 '청풍명월'이 '초당'에서 자
신을 기다린다고 표현하고 있다. 이를 통해 자연에
대한 친근감과 고향으로 돌아가 한가하게 지내는
생활에 대한 기대감을 드러내고 있다.

강산 좋은 경을 힘센 이 다툴 양이면 / 내 힘과 내
분으로 어이하여 얻을쏘니 → 자연은 사적인 소유
의 대상이 아님을 드러낸 부분이다. 화자는 자연의
아름다운 경치를 두고 '힘센 이'와 다투는 상황을
가정한 후, 설의법을 통해 '힘'과 '분'이 없는 자들도
자연을 즐길 수 있음을 강조하고 있다. 또한 '힘과
분'이 없는 화자와 권력과 부귀를 모두 가진 '힘센
이'를 대비하여 표현한 것에서 자신의 처지에 대해
인식하고 있는 화자의 모습을 확인할 수 있다.

공명을 헤아리니 영욕이 반이로다 → 당시 유학자
들의 궁극적 목표였던 '공명'에 대한 내적 갈등이
제시되고 있다. 화자는 세속의 명예를 위해 관직에
나가 공을 세우고 이름을 날려 영예(영광스러운 명
예)를 얻더라도, 그것이 치욕(수치와 모욕)의 빌미가
될 수도 있음에 대해 갈등하고 있다.

동문에 괘관하고 전려에 돌아와서 → 화자가 '동문'
에 자신의 관을 벗어 걸고 '전려'로 돌아왔다는 것
은, 벼슬에서 물러나 자연으로 돌아왔음을 의미한
다. 속세와 자연의 공간을 대비하여 표현한 점에서,
화자가 자신의 내적 갈등을 해소하기 위해 자연의
공간을 선택했음을 알 수 있다.

명월이 자래하니 아지 못게라 천양지간에 이같이 즐거움
　　　스스로 오니　　　　　하늘과 땅 사이라는 뜻으로, 이 세상을 의미함.

을 무엇으로 대할쏘니
　　　　설의적 표현

중장 : 전원생활에서의 유유자적함.

평생에 이리저리 즐기다가 노사태평(老死太平)하여 승화
　　　　　　　태평하게 지내다가 늙어 죽음.

귀진하면 긔 좋은가 하노라
자연에 순응하여 살다가 생명을 다할 때 자연의 귀결에 맡기는 것

종장 : 자연에서의 삶에 대한 만족감

- 작자 미상 -

⇒ 평생을 이리저리 즐기다가 늙어 죽을 때까지 큰 탈 없이 평온하게 지내면서 자연에 순응하여 살다가 생명을 다할 때 자연으로 돌아가면 그것이 좋은가 하노라

성경현전 헤쳐 놓고~이같이 즐거움을 무엇으로 대할쏘니 → 화자가 자연을 즐기는 모습이 제시되고 있다. 화자는 독서를 한 후에 낚시를 하고, 약초를 캐다가 자연을 감상하며 산책을 하는 등 자연 속에서 유유자적한 삶을 살아가고 있다. 화자는 이 세상에 '이같이 즐거움을 무엇으로'도 대신할 수 없다며 자연에서의 삶에 대한 만족감을 드러내고 있다.

평생에 이리저리 즐기다가~긔 좋은가 하노라 → 늙어 죽을 때까지 자연에서 태평하게 지내고 싶은 화자의 소망이 드러나고 있다. 또한 자연에서 지내다가 죽어서 자연으로 돌아가는 것을 긍정적으로 인식하는 것에서, 화자가 자연을 근원적 공간으로 여기고 있음을 확인할 수 있다.

STEP
03 작품 해제

01 | 주제

(가) 벼슬을 그만 두고 고향으로 돌아가 전원생활을 즐기고 싶은 마음
(나) 자연의 아름다움과 자연을 즐기는 삶
(다) 자연에서의 삶에 대한 지향과 그에 대한 만족감

02 | 특징

(가)
① 고향으로 돌아가고자 하는 소망을 드러낸 화자 중심의 시
② 설의적 표현을 통해 화자의 정서를 강조함.
③ 의인법을 통해 자연에 대한 친근감을 드러냄.
(나)
① 자연의 경치를 즐기며 사는 삶의 태도를 드러낸 화자 중심의 시
② 영탄적 어조를 통해 자연을 즐기고자 하는 화자의 태도를 강조함.
(다)
① 자연 속에서 지내는 삶에 대한 만족감을 드러낸 화자 중심의 시
② 열거를 통해 자연에서의 생활을 드러냄.
③ 영탄적 어조를 통해 자연에서의 삶에 대한 만족감을 드러냄.

03 | 작품 해제

(가) 이 작품은 작가가 귀향하는 길에 도연명의 「귀거래사」를 본받아 지은 시조로, 전원에서의 한가로운 삶에 대한 작가의 소망이 잘 드러나 있다.
(나) 이 작품은 평민 출신의 가객인 김천택이 지은 시조로, 자신의 처지와 분수로 인해 많은 제약을 받을 수밖에 없는 현실과 달리 자연에서는 자연을 마음껏 누릴 수 있음을 노래하고 있다.
(다) 이 작품은 세속적 공명에 대한 내적 갈등을 드러내며 전원에서의 삶에 대한 지향을 드러낸 사설시조로, 전원에서의 한가로운 삶과 삶의 마지막까지 자연에 몸을 맡기고 살아가는 모습을 긍정적으로 그려 내고 있다.

LIBS _ 나 없이 EBS 풀지마라

STEP 04 논문으로 만나는 출제자의 시선

농암 이현보와 도연명

농암 이현보는 32세의 나이에 문과에 급제한 뒤 벼슬길에 올라 예문관 검열, 춘추관 기사관 등의 관직을 거쳐 38세 때 사간원 정언이 되었다가, 갑자사화(조선 연산군 10년에 폐비 윤씨와 관련하여 많은 선비들이 죽임을 당한 사건) 직전에 안동으로 유배되었다. 40세 때 중종반정(조선 중종 1년에 성희안, 박원종 등이 연산군을 몰아내고 성종의 둘째 아들인 진성 대군, 곧 중종을 왕으로 추대한 사건)으로 복직되어 호조 참판까지 관직에 올랐으나, 76세의 나이에 병을 이유로 중종에게 사직의 뜻을 밝힌 후 귀향하였다. 그가 관직을 떠나 한강에서 배를 타고 고향으로 갈 때, 배위에서 지은 작품이 「효빈가」이다. 이 작품의 중장에서 도연명의 「귀거래사」의 첫 구절인 '돌아가자 전원이 바야흐로 황폐해지려는데 어찌 돌아가지 않으리오.'라는 부분을 그대로 사용하였다.

사실 농암이 도연명의 '귀거래'를 동경하여 그를 따르고자 하는 뜻은 이 시의 서문에서도 분명히 드러내고 있는데, 그 내용은 다음과 같다.

가정 임인년(1542년, 중종 37년) 가을에 농암 늙은이가 비로소 벼슬을 그만두고 도성 문을 나섰다. 돌아갈 배를 빌려 한강에서 전별연을 하고 배 위에 취해 누우니 달이 동산에 떠오르고 미풍이 언뜻 불어 도연명의 "배가 흔들흔들 가볍게 떠나고, 바람이 펄렁펄렁 옷깃을 날리네."라는 한 구절을 읊조렸다. 돌아가는 흥취가 더욱 무르익자 스스로 흐뭇하게 웃으며 이 노래를 지었다. 노래는 도연명의 「귀거래사」를 본떠 지었으므로 「효빈가」라 하였다.

김천택 시조에 나타나는 '자연'

김천택은 최초의 가집인 『청구영언』을 편찬한 가집 편찬자로서만뿐만 아니라 시조 작가로서도 뛰어난 역량을 보여 주었다. 김천택은 신분적 한계가 존재했던 현실의 억압과 갈등을 작품 속에 드러내어 이에 대한 해결을 시도하고자 하였지만 현실에서의 해결을 이끌어 낼 수 없기에 결국 현실로부터 도피할 수밖에 없었다. 따라서 이때 김천택이 선택한 자연은 인간이 만든 차별적 질서가 존재하지 않는 평등의 공간이라는 의미를 내포하고 있다고 볼 수 있다.

가객들의 강호 자연에 대한 지향은 표면적으로 사대부의 의식 세계와 일정 부분 일치한다. 하지만 사대부 시조에서 학문을 연구하고 선정을 충전시키는 것과는 분명한 차이가 존재한다. 가객들의 삶의 조건에 비추어 보았을 때, 자연은 그들의 울분을 보듬어 주고 잊게 해 주는 체념과 치유의 공간이었다. 즉 강산이라는 공간을 사회적 불평등이 없는 조화의 공간으로 보아, 스스로를 위로하는 공간이자 스스로 다짐하고 위안함으로써 심리적 해결을 도모하는 공간으로 인식했던 것이다.

동쪽 울에 심은 **국화** 귀한 줄을 누가 아나
봄볕을 마다하고 **찬 서리**에 혼자 피니
어즈버 청고한 내 벗이 다만 너인가 하노라

〈제2수〉

OX문제

01 설의적 표현으로 현실에 대한 화자의 안타까움을 드러내고 있다. [2019학년도 6월] (O / X)

02 식물의 연약한 속성을 활용하여 화자의 위태로운 상황을 드러내고 있다. [2019학년도 수능] (O / X)

03 따뜻한 '봄볕'과 대조되는 '찬 서리'는 부정적인 의미를 가진다. (O / X)

04 화자는 '국화'보다 '봄볕'에 피는 꽃을 더욱 귀하게 여기고 있다. (O / X)

05 자연물을 의지를 지닌 존재로 묘사하여 화자와 자연의 유대감을 나타내고 있다. [2025학년도 9월] (O / X)

STEP 02 지문 분석

[EBS에 나오지 않은 파트까지 모두 넣은 전문 분석]

바위에 서있는 **솔**이 늠름한 게 반갑구나
소나무

■ : 사우. 화자가 네 벗으로 삼은 예찬의 대상
→ 지조와 절개를 지닌 충신의 이미지

풍상 겪어도 시드는 일 전혀 없네
바람과 서리

■ : 시련, 고난

어쩌다 봄빛을 가져 <u>고칠 줄 모르나니</u>
소나무의 푸른빛   '봄빛'이 변하지 않음. → 소나무의 불변성

제1수 : 풍상에도 시들지 않는 소나무 〈제1수〉

동쪽 울에 심은 **국화** 귀한 줄을 누가 아나
울타리   설의적 표현 → 남들과 달리 국화의 가치를 잘 안다는 화자의 자부심이 드러남.

봄볕을 마다하고 **찬** 서리에 혼자 피니
늦가을의 차가운 서리

맑고 고결한
어즈버 청고한 내 벗이 다만 너인가 하노라
감탄사(영탄법)   국화

제2수 : 매서운 서리 속에 혼자 피는 국화 〈제2수〉

꽃이 무한하나 **매화**를 심은 뜻은
무수히 많으나

눈 속에 꽃이 피어 한 빛으로 귀하구나
눈과 같은 색의 흰빛

하물며 <u>그윽한 향기를 아니 귀하다 어이하리</u>
암향(매화의 향기)   설의적 표현 → 매화의 향기는 귀하다는 화자의 인식이 드러남.
→ 후각적 이미지

제3수 : 눈 속에 피어 그윽한 향기를 풍기는 매화 〈제3수〉

백설이 잦은 날에 **대**를 보려 창을 여니
흰 눈   대나무

온갖 꽃 간데없고 대숲이 푸르렀구나
다른 꽃들 → 한겨울에도 푸름을 잃지 않는 대나무와 대비됨.

어찌한 맑은 바람을 반겨 흔덕흔덕 하나니
큰 물체 따위가 둔하게 자꾸 흔들리는 모양(음성 상징어)

제4수 : 흰 눈 속에 푸르른 대나무 〈제4수〉

과외식 해설

사우가 → '사우'는 네 가지 벗이라는 의미로, 이 작품에서 소나무, 국화, 매화, 대나무를 가리킨다. 이들은 고전 작품에서 관습적으로 지조와 절개를 상징한다.

바위에 서있는 솔이~고칠 줄 모르나니 → 화자는 바람과 서리와 같은 시련에도 '늠름한' 기상을 잃지 않고 늘 '봄빛', 즉 푸른빛을 보이는 소나무의 모습을 예찬하고 있다. 이는 화자가 소나무를 시련에도 변함없는 절개와 지조를 지닌 대상으로 인식하고 있음을 보여 준다. 자연물을 의인화하고, 자연물이 지닌 속성에서 정신적 가치를 발견하는 화자의 모습이 드러난다.

봄볕을 마다하고 찬 서리에 혼자 피니 → 따뜻한 '봄볕'과 차가운 '서리'의 대조적 이미지를 제시하여 서늘한 가을에 피어나는 국화의 속성을 드러내고 있다. 대부분의 꽃이 개화하는 봄이 아닌 가을에 피어나는 국화의 속성을 강조한 것이다.

어즈버 청고한 내 벗이 다만 너인가 하노라 → 화자는 '국화'에 인격을 부여해 '너'라고 지칭하며, '봄볕을 마다하고 찬 서리'를 맞으며 홀로 피어나는 '청고한' 모습을 예찬하고 있다. 이는 화자가 '국화'를 지조와 절개라는 내면적 가치를 지닌 대상으로 인식하고 있음을 보여 준다.

꽃이 무한하나 매화를 심은 뜻은~하물며 그윽한 향기를 아니 귀하다 어이하리 → '매화'는 겨울과 봄 사이에 피는 꽃으로, '눈'이라는 시련과 고난을 이겨내고 피어난다. 화자는 차가운 눈 속에 꽃을 피우고 그윽한 향기를 내뿜는 매화의 고매한 인품과 지조를 예찬하고 있다.

백설이 잦은 날에 대를 보려 창을 여니~어찌한 맑은 바람을 반겨 흔덕흔덕 하나니 → 화자는 차가운 눈 속에서도 꼿꼿이 서서 변함없는 푸르름을 간직하고 있는 대나무의 맑고 곧은 지조와 절개를 예찬하고 있다. 또한 모습이 변하는 다른 '온갖 꽃'을 변함없이 푸른 대나무와 대비하여 대나무의 지조와 절개를 강조하고 있다.

STEP 03 작품 해제

01 | 주제

사우(소나무, 국화, 매화, 대나무)의 덕성 예찬

02 | 특징

① 자연물이 지닌 속성에서 발견한 정신적 가치를 예찬하는 대상 중심의 시
② 대조의 방식을 사용하여 자연물이 지닌 속성을 강조함.
③ 자연물을 의인화하여 가치 있는 덕성을 효과적으로 부각함.
④ 설의적 표현을 사용하여 화자의 태도를 강조함.

03 | 작품 해제

이 작품은 곧고 강직한 성품을 가진 작가 이신의가 광해군의 어머니인 인목왕후를 대비에서 폐하는 것에 대한 반대 상소를 올렸다가, 회령으로 유배되어 지은 총 4수의 연시조이다. 화자는 소나무와 국화, 매화, 대나무를 네 벗(사우)으로 칭하고, 혹독한 외부 상황 속에서도 불변하는 이들의 속성을 통해 선비가 지녀야 할 올곧은 기상과 절개를 드러낸다. 화자는 사우를 통해 각각의 자연물이 지닌 속성에서 인간이 지녀야 할 바람직한 덕성을 이끌어 내며, 출세와 이익을 위해 절개를 꺾는 속된 선비들이 속출했던 불안정한 정치 상황 속에서 이를 따르지 않겠다는 자신의 고고한 절개를 보여 주고 있다. 따라서 이 작품에는 당쟁으로 인해 혼란을 겪어야만 했던 당시의 현실에 대한 작가의 생각과 태도가 잘 녹아 있다고 할 수 있다.

STEP 04 논문으로 만나는 출제자의 시선

작가 이신의와 유배 시가

이신의는 인목 대비 폐비 사건으로 인해 오랜 기간 회령과 흥양으로 유배를 당하였다. 그는 이때 「사우가」와 「단가」를 창작하면서 17세기 시가사에 발자취를 남겼다. 이신의의 유배 생활은 광해군 정권으로 인한 것이며, 시조에 나타난 주제 의식 또한 정치적 관계에서 이해되었다. 이러한 과정에서 작품에 나타난 이념성은 광해군 정권을 향한 비판적 시선으로 해석되었고, 「사우가」는 유배 시가의 전형을 드러낸 작품으로서 그 위상이 정립되었다.

「사우가」 : 자연물의 항상성과 독존성

「사우가」는 『석탄집』의 기록에 근거하여 이신의의 회령 유배 직후 창작된 작품으로 평가받고 있다. 「사우가」는 소나무, 국화, 매화, 대나무를 소재로 하는 연시조이다. 화자가 이들을 벗의 범주에 포함하는 이유는 시련에도 변하지 않는 항상성에 있다. 이때 작품의 주제 의식과 관련하여 '풍상(된서리), 눈' 등과 같은 부정적인 상황을 전제하고 있다는 점을 주의할 필요가 있다. 화자에게 '사우(四友)'란 시련의 상황 속에서도 변하지 않는 항심(늘 지니고 있는 떳떳한 마음)을 지닌 존재로 인식됨을 보여 주기 때문이다. 이와 더불어 「사우가」에는 부정적 상황에 대한 시름이나 고통 등이 작품 전면에 드러나 있지 않다는 점도 주목된다. 부정적 상황은 오직 작품의 주제 의식을 강조하는 시적 매개로서 기능할 뿐이다. 「사우가」에서 화자는 사우를 향한 시선 속에서 부정적인 상황에 초연한 채 이념의 문제와 관련한 항상적 태도를 강조하는 모습으로 나타난다.

「사우가」의 〈제1수〉는 소나무를 향한 화자의 시선으로 시작한다. 화자가 소나무를 반기는 이유는 바람과 서리를 겪어도 변하지 않는 모습 때문이다. 이는 소나무를 소재로 한 고전 시가의 관습적 표현이기도 하다. 그런데 〈제1수〉는 이에 그치지 않고 종장에 이르러 '봄빛'에 초점을 맞추고 있다. '봄빛'은 '풍상'으로 대변되는 늦가을의 시기와 대립적 구도를 설정하면서 동시에 소나무가 여위지 않는 모습, 즉 항상성을 드러내는 표지로 설정되어 있다.

〈제2수〉에서 화자는 늦가을 서리 내린 시기에 홀로 피어나는 국화의 청고한 모습을 노래한다. 〈제1수〉가 소나무의 항상성에 초점을 맞춘 것이라면, 〈제2수〉는 국화의 홀로 핌, 즉 독존성에 초점을 맞추고 있다. 또한 국화를 향한 화자의 인식은 봄볕을 마다한 상황에 기인하며, 앞서 봄빛이 소나무의 항상성을 드러내는 표지로서 기능한다는 점을 보면, 〈제1수〉~〈제2수〉에 연속되는 시상을 가늠할 수 있다.

〈제3수〉에서 화자는 매화를 심고 있는 모습으로 나타난다. 꽃에 대한 시각적 이미지는 〈제2수〉에서부터 이어지는데, 〈제3수〉는 여기서 그치지 않고 '그윽한 향기', 즉 후각적 이미지로 확대된다. 그리고 이러한 이미지의 확장은 중장과 종장의 말미에 '귀하다'라는 표현의 반복을 통해서 매화가 지니는 이념적 상징에 대한 강조의 의미를 지니는 것으로 판단된다.

〈제3수〉에서 드러난 눈 속에 피어난 매화의 독존성은 〈제4수〉에서 대나무로 이어진다. 초장과 중장에서 '백설이 잦은 날'과 '온갖 꽃 간데없고'가 그것이다. 즉 독존성과 항상성이 결합되는 시상의 흐름이 확인된다는 것이다. 아울러 〈제4수〉에서 대나무가 모든 꽃이 사라진 상황에서 홀로 푸르름을 유지하고 있음을 감탄하는 화자의 발화는, 눈보라라는 시련의 계절조차 대상의 푸름을 오히려 강조할 수 있는 시기임을 드러낸다.

다음 글을 읽고 물음에 답하시오. [교육청 기출 변형]

(가)

녜는 양쥬(楊州)] 쏘올히여

디위예 신도형승(新都形勝)이샷다*

ㄱ]국셩왕(開國聖王)이 셩ㄷ](聖代)를 니르어샷다

잣다온뎌* 당금셩(當今景) 잣다온뎌

셩슈만년(聖壽萬年)ㅎ샤 만민(萬民)의 함락(咸樂)이샷다*

아으 다롱다리

알픈 한강슈(漢江水)여 뒤흔 삼각산(三角山)이여

덕듕(德重)ㅎ신 강산(江山)즈으메 만셰(萬歲)를 누리쇼셔

                                  - 정도전, 「신도가(新都歌)」 -

*신도형승이샷다 : 새 도읍의 뛰어난 경치로다.

*잣다온뎌 : 도성답구나.

*함락이샷다 : 함께 즐거워하도다.

(나)

바위에 섰는 솔이 늠연(凛然)한* 줄 반가온뎌

풍상(風霜)을 겪어도 여위는 줄 전혀 업다

어쩌다 봄빛을 가져 고칠 줄 모르나니

                                      〈제1수〉

동리(東籬)에 심은 국화(菊花) 귀(貴)한 줄을 뉘 아나니

춘광(春光)을 번폐하고* 엄상(嚴霜)에 혼자 피니

어즈버 청고한 내 벗이 다만 넨가 하노라

                                      〈제2수〉

꽃이 무한(無限)호되 매화(梅花)를 심은 뜻은

눈 속에 꽃이 피어 한 빛인 줄 귀하도다

하물며 그윽한 향기(香氣)를 아니 귀(貴)코 어이리

                                      〈제3수〉

백설(白雪)이 잦은 날에 대를 보려 창(窓)을 여니

온갖 꽃 간 데 업고 대숲이 푸르러셰라

어째서 청풍(淸風)을 반겨 흔덕흔덕* 하나니

                                      〈제4수〉

                                  - 이신의, 「사우가(四友歌)」 -

*늠연한 : 위엄이 있고 당당한.

*번폐하고 : 마다하고.

*흔덕흔덕 : 흔들흔들.

(다)

숨이 턱에 닿고 온몸이 땀에 멱을 감는 한 시간 남짓의 길을 허비하여 나는 겨우 석굴암 앞에 섰다. 멀리 오는 순례자를 위하여 미리 준비해 놓은 듯한 석간수는 얼마나 달고 시원한지! 연거푸 두 구기를 들이키매, 피로도 잊고 더위도 잊고 상쾌한 맑은 기운이 심신을 엄습하여 표연히 티끌 세상을 떠난 듯도 싶다. 돌층대를 올라서니 들어가는 좌우 돌벽에 새긴 인왕과 사천왕이 흡뜬 눈과 부르걷은 팔뚝으로 나를 위협한다. 어깨는 엄청나게 벌어지고, 배는 홀쭉하고, 사지는 울퉁불퉁한 세찬 근육! 나는 힘의 예술의 표본을 본 듯하였다.

한번 문 안으로 들어서매, 석련대(石蓮臺) 위에 올라앉으신 석가의 석상은 그 의젓하고도 봄바람이 도는 듯한 화한 얼굴로 저절로 보는 이의 불심을 불러일으킨다. 한군데 빈 곳 없고, 빠진 데 없고, 어디까지나 원만하고 수려한 얼굴, 알맞게 벌어진 어깨, 슬며시 내민 가슴, 통통하고도 점잖은 두 팔의 곡선미, 장중한 그 모양은 천추에 빼어난 걸작이라 하겠다.

좌우 석벽의 허리는 열다섯 간으로 구분되었고, 각 간마다 보살과 나한의 입상을 병풍처럼 새겼는데, 그 모양은 다 각기 달라, 혹은 어여쁘고, 혹은 영성궂고, 늠름한 기상과 온화한 자태는 참으로 성격까지 빈틈없이 표현하였으니, 신품(神品)이란 말은 이런 예술을 두고 이름이리라.

(중략)

그러나 앞문은 지금 손질이 많았지만 정작 굴 속은 별로 수선한 것이 없고, 아직도 옛 윤곽이 뚜렷이 남았음은 불행 중 다행이라 할까. 그 안에 모신 부처님, 관세음보살, 나한님네들의 좌상과 입상이 어느 것 하나 세상에 뛰어나는 신품이 아님이 없다는 것은 좀된 붓 끝이 적이 끄적거린 바로되, 석가님이 올라앉으신 돌 연대도 훌륭하거니와, 더구나 천장의 장치에 이르러서는 정말 찬란하다 할밖에 없다. 하늘 모양으로 궁륭상(穹窿狀)*을 지었고, 그 복판에 탐스러운 연꽃 모양을 떠 놓은 것은 또 얼마나 그 의장이 빼어나고 솜씨가 능란한가? 온전히 돌이란 한 가지의 원료로 이렇도록 공교하고 굉걸하고 아름다운 건축물을 낳아 낸 것은, 모르면 몰라도 동양, 서양의 건축사에 가장 영광스러운 한 장을 점령할 것이다.

굴문을 나서니, 밖에는 선경이 또한 나를 기다린다. 훤하게 터진 눈 아래 어여쁜 파란 산들이 띄엄띄엄 둘레둘레 머리를 조아리고 그 사이사이로 흰 물줄기가 굽이굽이 골안개에 싸이었는데, 하늘 끝 한 자락이 꿈결 같은 푸른빛을 드러낸 어름이 동해 바다라 한다. 오늘같이 흐리지 않은 날이면 동해 바다의 푸른 물결이 공중에 달린 듯이 떠 보이고, 그 위를 지나가는 큰 돛까지 나비의 날개처럼 곰실곰실 움직인다 한다. 더구나 이 모든 것을 배경으로 아침 햇발이 둥실둥실 동해를 떠오르는 광경은 정말 선경 중에서도 선경이라 하나, 화식(火食) 먹는 나 같은 속인엔 그런 선연(仙緣)이 있을 턱이 없다.

                                  - 현진건, 「불국사 기행」 -

*궁륭상 : 활이나 무지개같이 한가운데가 높고 길게 굽은 형상. 또는 그렇게 만든 천장이나 지붕 모양.

01. (가)~(다)에 대한 설명으로 가장 적절한 것은?

① (가)~(다)는 모두 대상을 예찬하는 태도를 나타내고 있다.
② (가)~(다)는 모두 공간의 이동을 통해 대상의 면모를 드러내고 있다.
③ (가)와 (나)는 이상과 현실 사이의 괴리감을 드러내고 있다.
④ (가)와 (다)는 새로운 문물과 제도에 대한 위용을 드러내고 있다.
⑤ (나)와 (다)는 사라져 가는 대상에 대한 화자의 안타까움을 드러내고 있다.

02. (나)와 (다)에 대한 이해로 적절하지 않은 것은?

① (나)의 '늠연한 줄 반가온뎌'는 자연물에 대한, (다)의 '정말 찬란하다 할밖에 없다'는 인공물에 대한 감탄을 표현하고 있다.
② (나)의 '여위는 줄 전혀 업다'는 변화가 없음을 강조하고 있고, (다)의 '지금 손질이 많았지만'은 변화가 있었음을 밝히고 있다.
③ (나)의 '그윽한 향기'와 (다)의 '어여쁜 파란 산들'에는 모두 대상에 대한 호감이 담겨 있다.
④ (나)의 '대숲이 푸르러셰라'는 원하는 사물을 보았음을, (다)의 '그런 선연이 있을 턱이 없다'는 원하는 광경을 보지 못했음을 표현하고 있다.
⑤ (나)의 '청풍을 반겨'와 (다)의 '상쾌한 맑은 기운이 심신을 엄습하여'는 모두 청빈한 삶에 대한 지향을 드러내고 있다.

04. (나)의 표현 방식에 대한 이해로 가장 적절한 것은?

① 〈제1수〉와 〈제4수〉에서는 모두 음성 상징어를 활용해 '사우'의 동작을 묘사하고 있다.
② 〈제2수〉와 〈제3수〉에서는 각각 상승과 하강의 이미지를 교차하여 '사우'의 모습을 부각하고 있다.
③ 〈제3수〉와 〈제4수〉에서는 각각 색채 대비를 통해 '사우'의 장단점을 제시하고 있다.
④ 〈제1수〉부터 〈제4수〉까지 모두 반어적 표현을 통해 '사우'의 특성을 강조하고 있다.
⑤ 〈제1수〉부터 〈제4수〉까지 모두 계절감을 활용해 '사우'의 긍정적 속성을 드러내고 있다.

03. 〈보기〉를 바탕으로 (가)를 감상한 내용으로 적절하지 않은 것은?

―――――〈보기〉―――――

조선의 개국 주도 세력은 건국 후 한양이 풍수지리상 배산임수(背山臨水)의 조건을 갖춘 지덕(地德)이 성한 터라 주장하며, 구시대를 상징하는 개경을 떠나 한양으로 천도할 것을 결정했다. 도성 건설을 주관한 정도전은 「신도가」를 지어 개국을 송축하고 새로운 도성을 만들었다는 자부심을 나타내었다. 또한 임금의 만수무강을 바라며 궁극적으로 조선 왕조의 무궁한 번영을 기원하는 의도를 드러내고 있다. 이런 점에서 이 작품에는 과거, 현재, 미래에 대한 화자의 인식이 담겨 있다고 볼 수 있다.

① '녜는 양쥬ㅣ 꼬올히여'는 한양의 과거 지명과, '당금셩'은 한양의 현재 풍경과 관련된 것이로군.
② '신도형승이샷다'에는 새로운 도성 건설을 주관한 작가의 자부심이 담겨 있겠군.
③ '긔국셩왕이 셩ᄃᆡ를 니르어샷다'는 조선의 개국을 송축하며 임금의 말씀을 전하는 것이로군.
④ '알ᄑᆞ 한강슈여 뒤흔 삼각산이여'는 풍수지리상 지덕이 성한 터임을 알려 주는군.
⑤ '만셰를 누리쇼셔'는 궁극적으로 미래를 염두에 두고 조선 왕조의 무궁한 번영을 기원하는 것이겠군.

05. 〈보기〉는 (다)를 읽고 학생이 쓴 감상문의 일부이다. 감상의 내용으로 적절하지 않은 것은?

―――――〈보기〉―――――

「불국사 기행」은 석굴암과 그 주변에서 본 것들에 대해 공간의 이동에 따라 서술하고 있다. 먼저 석굴암 입구에서는 ㉠ 좌우 돌벽에 새긴 인왕과 사천왕의 생생한 이미지를 전달하고 있고, 굴 안으로 이동한 후에는 ㉡ 석가상의 온화한 얼굴을 묘사하며 그것을 바라볼 때 생기는 효과까지 제시하고 있다. ㉢ 다양한 모습을 지닌 좌우 석벽의 보살과 나한 입상에 대한 감동을 하나의 단어로 집약하는 것이나, ㉣ 석굴암 천장 장치의 예술적 기교를 건축사의 위대한 업적으로 평가하는 부분이 인상적이었다. 그리고 굴 밖으로 나와서 ㉤ 주위의 절경과 동해의 수평선을 바라보며 신선이 된 것 같다고 느끼는 부분을 읽으며 글쓴이가 부러웠다.

① ㉠　　② ㉡　　③ ㉢　　④ ㉣　　⑤ ㉤

다음 글을 읽고 물음에 답하시오. [교육청 기출 변형]

(가)

바위에 섰는 솔이 늠연(凛然)한* 줄 반가온여
풍상(風霜)을 겪어도 여위는 줄 전혀 업다
어쩌다 봄 빛을 가져 변한 줄 모르나니

〈제1수〉

동리(東籬)에* 심은 국화(菊花) 귀(貴)한 줄을 뉘 아나니
춘광(春光)을 번폐하고* 엄상(嚴霜)*에 혼자 피니
어즈버 청고(淸高)한 내 벗이 다만 녠가 하노라

〈제2수〉

꽃이 무한호되 매화를 심은 뜻은
눈 속에 꽃이 퓌여 한 빛*인 줄 귀하도다
하물며 그윽한 향기를 아니 귀(貴)코 어이리

〈제3수〉

백설이 잦은 날에 대를 보려 창을 여니
㉠ 온갖 꽃 간 데 업고 대숲이 푸르러셰라
어째서 청풍(淸風)을 반겨 흔덕흔덕 하나니

〈제4수〉

- 이신의, 「사우가(四友歌)」 -

*늠연한 : 위엄 있고 당당한.

*동리에 : 동쪽 울타리에.

*번폐하고 : 번거롭게 가리고, 마다하고.

*엄상 : 된서리.

*한 빛 : 같은 색의 빛.

(나)

나무는 덕을 지녔다.

나무는 주어진 분수에 만족할 줄 안다. 나무로 태어난 것을 탓하지 아니하고, 왜 여기 놓이고 저기 놓이지 않았는가를 말하지 아니한다. 등성이에 서면 햇살이 따사로울까, 골짜기에 내려서면 물이 좋을까 하여, 새로운 자리를 엿보는 일도 없다. 물과 흙과 태양의 아들로, 물과 흙과 태양이 주는 대로 받고, 득박*과 불만족을 말하지 아니한다. 이웃 친구의 처지에 눈 떠 보는 일도 없다. 소나무는 소나무대로 스스로 족하고, 진달래는 진달래대로 스스로 족하다.

나무는 고독하다. 나무는 모든 고독을 안다. 안개에 잠긴 아침의 고독을 알고, 구름에 덮인 저녁의 고독을 안다. 부슬비 내리는 가을 저녁의 고독도 알고, 함박눈 펄펄 날리는 겨울 아침의 고독도 안다. 나무는 파리 옴쭉 않는 한여름 대낮의 고독도 알고, 별 얼고 돌 우는 동짓날 한밤의 고독도 안다. 그러면서도 나무는 어디까지든지 고독에 견디고, 고독을 이기고, 고독을 즐긴다.

나무에 아주 친구가 없는 것은 아니다. 달이 있고, 바람이 있고, 새가 있다. 달은 때를 어기지 아니하고 찾고, 고독한 여름밤을 같이 지내고 가는, 의리 있고 다정한 친구다. 웃을 뿐 말이 없으나, 이심전심 의사가 잘 소통되고 아주 비위에 맞는 친구다.

바람은 달과 달라 아주 변덕 많고 수다스럽고 믿지 못할 친구다. 그야

말로 바람장이 친구다. 자기 마음 내키는 때 찾아올 뿐 아니라, 어떤 때는 쏘삭쏘삭 알랑거리고, 어떤 때에는 난데없이 휘갈기고, 또 어떤 때에는 공연히 뒤틀려 우악스럽게 남의 팔자리에 생채기를 내놓고 달아난다. 새 역시 바람같이 믿지 못할 친구다. 자기 마음 내키는 때 찾아오고, 자기 마음 내키는 때 달아난다. 그러나 가다 믿고 와 둥지를 틀고, 지쳤을 때 찾아와 쉬며 푸념하는 것이 귀엽다. 그리고 가다 흥겨워 노래할 때, 노래 들을 수 있는 것이 또한 기쁨이 되지 아니할 수 없다.

나무는 이 모든 것을 잘 가릴 줄 안다. 그러나 좋은 친구라 하여 달만을 반기고, 믿지 못할 친구라 하여 새와 바람을 물리치는 일이 없다. 그리고 달을 유달리 후대하고 새와 바람을 박대하는 일도 없다. 달은 달대로, 새는 새대로, 바람은 바람대로다 같이 친구로 대한다.

(중략)

나무에 하나 더 원하는 것이 있다면, 그것은 천명을 다한 뒤에 하늘 뜻대로 다시 흙과 물로 돌아가는 것이다.

그러나 사람은 가다 장난삼아 칼로 제 이름을 새겨 보고, 흔히 자기 소용 닿는 대로 가지를 쳐 가고 송두리째 베어 가곤 한다. 나무는 그래도 원망하지 않는다. 새긴 이름은 도로 그들의 원대로 키워지고, 베어 간 재목이 혹 자기를 해칠 도끼 자루가 되고 톱 손잡이가 된다 하더라도, 이렇다 하는 법이 없다.

나무는 훌륭한 견인주의자*요, 고독의 철인*이요, 안분지족의 현인이다. 불교의 소위 윤회설이 참말이라면, 나는 죽어서 나무가 되고싶다.

'무슨 나무가 될까?'

이미 나무를 뜻하였으니, 진달래가 될까 소나무가 될까는 가리지 않으련다.

- 이양하, 「나무」 -

*득박 : 얻은 것이나 주어진 것이 적음.

*견인주의자 : 육체적인 욕구를 의지의 힘으로 억제하려는 주의나 주장을 가진 사람.

*철인 : 어질고 사리에 밝은 사람. 철학자.

06. (가)와 (나)의 공통점으로 가장 적절한 것은?

① 자연물을 의인화하여 주제 의식을 드러내고 있다.
② 점층적 표현을 통해 고조된 감정을 나타내고 있다.
③ 반어적 표현을 사용하여 대상의 속성을 강조하고 있다.
④ 설의적 표현을 통해 대상에 대한 관심을 드러내고 있다.
⑤ 과거를 회상하는 표현을 통해 현재 상황에 대한 아쉬움을 드러내고 있다.

07. 〈보기〉를 참고하여 (가)를 감상한 내용으로 적절하지 <u>않은</u> 것은?

———— 〈보기〉 ————

　　이 작품은 작가가 광해군의 폭정에 상소하였다가 함경북도 회령에 유배되었을 때 창작되었다. 이 작품에서 작가는, 당시 정치 상황에 굴복하고 자신의 뜻을 바꾸는 속된 선비들과는 달리 시류에 영합하지 않겠다는 고고한 정신을 드러냈다. 또한 유배지에서 힘든 생활을 했음에도 불구하고 자신의 삶에 대한 자부심과 씩씩한 기상을 드러냈다. 작품에 사용된 소재들은 당대의 상황과 이에 따른 작가의 삶의 자세를 보여 준다고 할 수 있다.

① '솔'이 '풍상'을 겪는 모습을 통해 당시 정치 상황 속에서 시련을 겪는 작가의 상황을 짐작할 수 있군.

② '봄 빛'은 자신의 뜻을 바꾸는 속된 선비들에게서는 찾을 수 없는, 작가가 지니고자 하는 삶의 자세라 할 수 있군.

③ '춘광(春光)'을 마다하고 피는 '국화'를 '청고한 내 벗'이라고 표현한 것에서 시류에 영합하지 않겠다는 작가의 고고한 정신을 느낄 수 있군.

④ '눈 속'에서 핀 '매화'가 눈과 '한 빛'이라고 표현한 것에서 당대의 정치 현실에 변화가 나타나고 있음을 알 수 있군.

⑤ '대'나무가 '백설이 잦은 날' 부는 찬바람을 '청풍'이라 여기고 이를 반긴다고 표현한 것에서 작가의 씩씩한 기상을 엿볼 수 있군.

08. (가)의 ㉠과 〈보기〉의 ㉡을 비교한 내용으로 가장 적절한 것은?

———— 〈보기〉 ————

고즌 므스 일로 퓌며셔 쉬이 디고,
플은 어이ᄒᆞ야 프르ᄂᆞᆫ 둣 누르ᄂᆞ니,
아마도 변티 아닐슨 ㉡ 바회뿐인가 ᄒᆞ노라.

- 윤선도, 「오우가(五友歌)」 中 제3수 -

① ㉠은 가변성을 지닌 존재이고, ㉡은 불변성을 지닌 존재이다.

② ㉠은 강한 생명력을 가진 존재이고, ㉡은 연약한 속성을 지닌 존재이다.

③ ㉠은 그리움을 불러일으키는 존재이고, ㉡은 고독을 느끼게 하는 존재이다.

④ ㉠은 긍정적인 속성을 지닌 존재이고, ㉡은 부정적인 속성을 지닌 존재이다.

⑤ ㉠은 현재를 성찰하게 하는 존재이고, ㉡은 과거를 회상하게 하는 존재이다.

9 | 거문고 술, 어화 세상 벗님네야

STEP
01 OX 문제를 통한 지문 이해 훈련

(가)
거문고 술* 꽂아 놓고 호젓이 낮잠 든 제
사립문에 개 짖으니 반가운 벗 오는구나
아이야 점심도 하려니와 외상 탁주 내어라

- 김창업 -

*술 : 거문고나 향비파를 타는 데 쓰는, 단단한 대나무로 만든 채. 술대.

(나)
　어화 세상 벗님네야 부귀공명 한을 마소 부귀도 뜬구름이요 공명은 풍진(風塵)이라
　백 년도 못 사는 인생으로 구약(求藥)하던 진시황도 여산에 한 뙈기 푸른 무덤 되어 있고 신선 되려 하던 한무제도 분수(汾水)의 가을바람에 백발만 휘날렸다 공도(公道)*라니 백발(白髮)이요 못 면할 손 그 길이라
　우리 같은 초로인생 아니 놀고 무엇 하리

- 작자 미상 -

*공도 : 사회 일반에 통용되는 공평하고 바른 도리.

OX문제

01 (가)의 화자는 '점심'과 '탁주'를 함께 즐길 '벗'을 기다리며 '거문고'를 연주하고 있다. (O / X)

02 (가)와 (나)는 모두 표면에 드러난 청자에게 말을 건네는 방식으로 화자의 생각을 드러내고 있다. [2022학년도 6월] (O / X)

03 (나)의 '공도'는 '부귀공명'을 통해 이룰 수 있는 가치를 의미한다. (O / X)

04 (가)는 명령형 어조를 활용하여 대상의 행동을 유도하고, (나)는 단정적 진술을 활용하여 주제 의식을 드러내고 있다. [2021학년도 6월] (O / X)

05 (가)와 (나)는 모두 영탄적 표현으로 삶의 무상함을 드러내고 있다. [2013학년도 수능] (O / X)

STEP 02 지문 분석

(가)

거문고 술 꽂아 놓고 호젓이 낮잠 든 제
거문고나 향비파를 타는 데 쓰는, 단단한 대나무로 만든 채. 술대.
　　　　　　　초장 : 거문고에 술대를 꽂아 놓고 낮잠에 듦.

⇒ 거문고에 술대를 꽂아 놓고 고요하게 낮잠이 들었을 때

사립문에 개 짖으니 반가운 벗 오는구나
　　　　청각적 이미지　↳ 화자의 정서 → 영탄적 표현
　　　　　　　중장 : 벗이 오는 것에 대한 반가움

⇒ 사립문에서 개가 짖으니 반가운 친구가 오는구나

아이야 점심도 하려니와 외상 탁주 내어라
　　　　　　값은 나중에 치르기로 하고 물건을 사거나 파는 일.
　　　　　　　종장 : 아이에게 벗을 대접하기 위한 준비를 시킴.
　　　　　　　　　　　　　　　　　　- 김창업 -

⇒ 아이야 점심도 (친구와 함께) 먹으려니와 외상으로 막걸리를 내어 와라

▨ : 말을 건네는 방식

▨ : 명령형 어조

(나)

　　불특정 다수(속세 사람들)　　　덧없는 세상일을 비유적으로 이르는 말
어화 세상 벗님네야 부귀공명 한을 마소 「부귀도 뜬구름이요 공명
감탄사(영탄법)　　재산이 많고 지위가 높으며 공을 세워 이름을 떨침.
　　　　　　　　　　　　　→ 세속적 가치

⇒ 어화 세상의 벗님네야. 부귀공명을 (이루지 못하였다고) 한스러워 마소. 부귀는 뜬구름이요, 공명은 바람에 날리는 먼지라

은 풍진(風塵)이라」　　「 」: 대구법
　바람에 날리는 티끌
　　　　　　　　초장 : 부귀공명의 헛됨.

　　　　　　　　약을 구하던
백 년도 못 사는 인생으로 구약(求藥)하던 진시황도 여산에 한 떼
　　　인간의 유한성　　　　　　중국의 산
　　　　▨ : 부귀공명을 누리며 오래 살기를 추구한 인물(고사 인용)

⇒ 백 년 못사는 인생으로 (오래 살기 위해) 불로초를 구하려던 진시황도 여산에 한 덩이의 푸른 무덤이 되었고, 신선이 되려던 한무제도 분수의 가을바람에 백발만 휘날렸다. (모두가) 당연한 이치로 백발이 되는 것이요, (누구나) 피하지 못하는 것이 그 길이라

기 푸른 무덤 되어 있고 신선 되려 하던 한무제도 분수(汾水)의 가을
　죽음을 상징함.　　　　　　　　중국 산시성 부근의 강

바람에 백발만 휘날렸다 공도(公道)라니 백발(白髮)이요 못 면할 손
　하얗게 센 머리카락　　　사회 일반에 통용되는 공평하고 바른 도리. 당연한 이치
　→ 나이가 듦을 상징함.

그 길이라
　노화의 필연적 운명
　　　　　　　중장 : 노화와 죽음으로 가는 인생길

　　　설의적 표현 → 덧없는 인생을 즐기기를 권유, 강조
우리 같은 초로인생 아니 놀고 무엇 하리
　　풀잎에 맺힌 이슬과 같은 인생이라는 뜻으로,
　　허무하고 덧없는 인생을 비유적으로 이르는 말.　종장 : 놀면서 인생을 즐기기를 권유함.
　　　　　　　　　　　　　　　　　- 작자 미상 -

⇒ 우리 같은 허무하고 덧없는 인생이 놀지 않고 무엇을 하겠는가

거문고 술 꽂아 놓고 호젓이 낮잠 든 제 → 거문고를 타다가 한가하게 낮잠을 자는 화자의 모습을 통해 풍류를 즐기다 잠드는 여유로운 삶의 모습이 드러나고 있다.

사립문에 개 짖으니 반가운 벗 오는구나 → 개가 짖는 소리를 통해 벗이 오는 것을 알게 된 화자가 반가움을 드러내고 있다. 청각적 심상을 활용해 손님의 방문을 환기하고, 정적이던 공간의 분위기를 동적으로 바꾸고 있는 것이다. 또한 영탄적 어조를 사용해 벗을 맞이하는 반가움과 정겨움을 강조하고 있다.

아이야 점심도 하려니와 외상 탁주 내어라 → '아이야'는 고전 시가에 자주 등장하는 상투적 표현이다. 화자는 아이에게 '반가운 벗'에게 대접할 '점심' 식사와 함께 마실 '탁주'를 '외상'으로 사오라고 명령하고 있다. '벗'과 함께 소박한 음식을 나눠 먹으며 여유를 즐기려는 화자의 모습을 확인할 수 있다.

어화 세상 벗님네야 부귀공명 한을 마소 부귀도 뜬구름이요 공명은 풍진이라 → 화자는 '세상 벗님네'라는 불특정 다수를 청자로 설정하였다. 그리고 이들에게 부귀는 '뜬구름'과 같고, 공명은 '풍진'과 같아 일시적인 허무함에 불과하다며 부귀공명에 대한 미련을 버릴 것을 강조하고 있다.

백 년 못 사는 인생으로~가을바람에 백발만 휘날렸다 → '진시황'은 불로초를 얻어 불로장생을 추구했던 중국 권력자이고, '한무제'는 죽음을 피하고자 신선이 되려 했던 전한의 황제이다. 이러한 인물들의 고사를 인용하여 부귀공명을 누리며 오래 살기를 추구했던 이들도 죽음을 피할 수 없었음을 강조하고 있다.

공도라니 백발이요 못 면할 손 그 길이라 → 화자는 '백발', 즉 인간이 늙는 일은 '공도(당연한 이치)'라며 운명에 순응해야 함을 드러내고 있다. 노화는 누구나 겪는 당연한 이치이며 누구도 거스를 수 없다는 운명론적 인식이 드러난다.

STEP 03 작품 해제

01 | 주제

(가) 한가한 생활과 벗에 대한 반가움
(나) 허무하고 덧없는 인생을 즐길 것에 대한 권유

02 | 특징

(가)

① 소박한 음식을 반가운 벗과 함께 먹고자 하는 마음을 드러낸 화자 중심의 시
② 영탄적 어조를 통해 화자의 정서를 강조함.
③ 아이에게 말을 건네는 방식의 관습적 표현을 활용해 시상을 마무리함.

(나)

① 부귀공명의 헛됨을 깨닫고 인생을 즐기며 살 것을 주장하는 화자 중심의 시
② 고사 속 인물들을 활용하여 주장의 설득력을 높임.
③ 비유와 상징을 통해 시적 상황을 강조함.

03 | 작품 해제

(가) 이 작품은 벼슬자리를 멀리하며 전원에 은거하고자 하였던 작가의 풍류와 여유를 잘 보여 주는 평시조이다. 거문고를 연주하다가 낮잠에 든 화
자의 모습에서 평온함과 한가로움이 느껴지며, 그 가운데 자신을 찾아온 벗에 대한 반가움과 그를 대접하기 위해 음식을 준비하는 정겨움이 잘
드러나고 있다.

(나) 이 작품은 부귀공명의 허망함을 강조하고 인간이 피할 수 없는 삶의 유한성에 대해 한탄하며, 이를 극복하기 위해 인생을 즐길 것을 세상 사람
들에게 권하는 사설시조이다. 세상을 호령하며 최상의 부귀공명을 누린 황제들도 결국에는 늙고 죽게 되었다는 사실을 언급하며 인생을 즐기는
것에 당위성을 부여한 점이 특징적이다.

STEP 01 OX 문제를 통한 지문 이해 훈련

나BS 수능특강 | 고전문학

한 마디도 못 된 풀이 봄 이슬 맞은 후에
잎 넓고 줄기 길어 밤낮으로 불어났다
이 은혜 하 망극하니 갚을 줄을 몰라라
〈제1수-부자〉

이 임이 먹이시고 이 임이 입히시니
열 번을 죽고 산들 임의 덕을 잊을러냐
만일에 대의를 모르면 종놈이나 다르랴
〈제2수-군신〉

두 성이 한데 모여 함께 늙어 죽자 하니
백 년 정호(情好)야 여기에서 더하랴마는
그래도 공경할 줄 모르면 저구 아니 있느냐*
〈제3수-부부〉

먼저 나니 뒤에 나니 차례야 다를지라도
앞뒤에 달려서 한 젖으로 자라났다
사람이 이 뜻을 모르면 금수만도 못하리
〈제4수-형제〉

남으로 생긴 것이 이토록 친후(親厚)할샤
손잡고 말할 제 어깨만 두드리랴
뽕밭이 바닷물 되어도 신(信)을 잊지 말으리라
〈제5수-붕우〉

당우 멀어지고 한당송이 이었으니*
천지 오래거니 세상 도리 아니 변할런가
그래도 일곱 구멍* 가졌으니 오륜이야 모르랴
〈제6수〉

옷밥이 부족하니 예의 차릴 겨를 없어
가숙 당서*를 불관(不關)이 여기느냐*
그래도 보고 들으면 배울 것이 있으리
〈제7수〉

이웃을 미워하지 마라 이웃 미우면 갈 데 없어
한 고을이 버리고 한 나라가 다 버리리
백 년도 못 살 인생이 그르그러 어떠리
〈제8수〉

*저구 아니 있느냐 : 물수리라는 새만도 못하지 않느냐.『시경』에 나오는「관저」의 내용처럼 군자와 요조숙녀가 만나 좋은 짝이 되고 금실 좋게 서로 그리워하며 산다면 공경하는 마음도 생길 것이라는 뜻임.
*당우 멀어지고 한당송이 이었으니 : 요순시대가 멀어지고 문화와 문물이 번성했던 한·당·송나라의 시대가 이어졌으니.
*일곱 구멍 : 눈, 코, 귀, 입.
*가숙 당서 : 글방이나 서당 등의 교육 기관.
*불관이 여기느냐 : 상관이 없다고 여기느냐.

OX문제

01	명령적 어조를 통해 현실에 대한 비판 의식을 드러내고 있다. [2020학년도 6월]	(O / X)
02	대구를 사용하여 대조적 대상의 속성을 드러내고 있다. [2024학년도 9월]	(O / X)
03	화자는 임금의 '은혜'를 '한 마디도 못 된 풀'이 '봄 이슬 맞은 후'에 성장한 것에 빗대어 예찬하고 있다.	(O / X)
04	화자는 '천지'가 '오래'되어 '세상 도리'가 변하여도 '오륜'은 알아야 한다고 이야기하고 있다.	(O / X)
05	설의적 표현을 통해 교훈적 의미를 전달하고 있다. [2022학년도 6월]	(O / X)

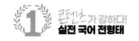
STEP 02 지문 분석

한 마디도 못 된 풀이 봄 이슬 맞은 후에
　　어린 자식　　　　부모의 사랑

⇒ 한 마디도 안 되던 풀이 봄 이슬을 맞은 후에

잎 넓고 줄기 길어 밤낮으로 불어났다
　　　　아주, 몹시

⇒ 잎이 넓어지고 줄기가 길어져 밤낮으로 불어났다

이 은혜 하 망극하니 갚을 줄을 몰라라
부모님의 은혜

⇒ (부모님의) 이 은혜 매우 끝이 없으니 갚을 줄을 모르겠구나

　　　　제1수 : 부모님의 은혜에 대한 감사 〈제1수-부자〉

□ : 임금

이 [임]이 먹이시고 이 [입]이 입히시니
　　　　　대구법

⇒ 임금께서 (우리를) 먹이시고 임금께서 (우리를) 입히시니

열 번을 죽고 산들 [임]의 덕을 잊을러냐

⇒ 열 번을 죽고 산들 임금의 덕을 잊을 수 있겠느냐

만일에 대의를 모르면 종놈이나 다르랴
사람으로서 마땅히 지키고 행해야 할 큰 도리 → 임금에 대한 충성

⇒ 만일에 큰 은혜를 모르면 종놈과 다를 것이 있겠느냐

　　　　제2수 : 잊을 수 없는 임금의 은혜 〈제2수-군신〉

두 성이 한데 모여 함께 늙어 죽자 하니
남성과 여성

⇒ 두 성별이 한곳에 모여 함께 늙어 죽자 하니

백 년 정호(情好)야 여기에서 더하랴마는
　　사귀어 친해진 정이 깊은 사이

⇒ 백 년 동안 깊어진 정이야 여기서 더할 것이 있겠냐마는

그래도 공경할 줄 모르면 저구 아니 있느냐
　　　　　　　　　물수리(수릿과의 새)

⇒ 그래도 공경할 줄 모르면 물수리(새)만도 못하지 않느냐

　　　　제3수 : 부부 간의 공경 〈제3수-부부〉

먼저 나니 뒤에 나니 차례야 다를지라도

⇒ 먼저 태어나니 뒤에 태어나니 순서야 다를지라도

앞뒤에 달려서 한 젖으로 자라났다
　　　　　한 부모 아래서

⇒ 앞뒤에 달려서 한 젖으로 자라났다

사람이 이 뜻을 모르면 금수만도 못하리
　　형제간의 도리　　　짐승

⇒ 사람이 이 뜻(형제간의 도리)을 모르면 짐승만도 못하리라

　　　　제4수 : 형제간 우애의 중요성 〈제4수-형제〉

과외식 해설

오륜가 → 유학에서 말하는, 사람이 지켜야 할 다섯 가지 도리, 즉 오륜(부자유친, 군신유의, 부부유별, 장유유서, 붕우유신)을 바탕으로, 오륜의 당위성과 학업 수양의 중요성 등을 노래한 작품이다. 〈제1수〉~〈제5수〉까지는 오륜의 중요성을 차례로 이야기하고 있으며, 이때 〈제4수〉는 장유유서가 아닌 형제간의 우애를 다루고 있다는 점이 특징적이다.

한 마디도 못 된 풀이~갚을 줄을 몰라라 → 어린 자식이 부모의 사랑을 받고 성장해 가는 것을 '한 마디도' 안 되던 '풀'이 '봄 이슬'을 맞은 뒤 쑥쑥 자라나는 모습에 빗대어 표현하고 있다. 화자는 이러한 부모의 은혜가 끝이 없어 갚기가 어렵다며 부모의 사랑을 예찬하고 있다.

이 임이 먹이시고~종놈이나 다르랴 → 설의적 표현을 사용하여 먹여 주시고 입혀 주신 임금의 덕과 대의, 즉 임금의 은혜를 강조하고 있다. 이를 통해 화자는 임금의 덕을 잊지 않고 임금의 은혜에 충성을 다하는 것에 대한 중요성을 드러내고 있다.

두 성이 한데 모여~저구 아니 있느냐 → 부부간의 두터운 정과 공경의 중요성을 이야기하고 있는 부분이다. 이때 '저구 아니 있느냐'는 '물수리(새)'만도 못하지 않겠냐는 의미로, 암수 물수리의 정다운 모습에 문왕과 후비의 모습을 비유하여 노래한 『시경』의 한 구절을 인용한 것이다. 즉, 화자는 부부가 서로 공경할 줄 모르면 정답게 어울리는 물수리만도 못한 것이라며 부부 사이의 도리를 강조하고 있는 것이다.

먼저 나니 뒤에 나니~금수만도 못하리 → 태어난 순서가 먼저이든 나중이든 간에 '한 젖', 즉 한 부모의 품에서 자라났으니 이를 알고 형제간의 도리를 알아야 함을 전하고 있다. 이때 형제간의 도리란 형제 사이에 돈독히 해야 할 우애를 의미한다.

남으로 생긴 것이 이토록 친후(親厚)할샤
서로 친하여 정이 두텁구나

⇒ 남으로 태어난 것이 이토록 친하여 정이 두
텁구나

손잡고 말할 제 어깨만 **두드리랴**

⇒ 손잡고 말할 때 어깨만 두드리겠느냐

상전벽해(세상일의 변천이 심함을 비유적으로 이르는 말)

뽕밭이 바닷물 되어도 신(信)을 잊지 말으리라
친구에 대한 믿음

⇒ 뽕밭이 바닷물이 되어도 믿음을 잊지 않으
리라

제5수 : 친구 간 신의의 중요성 〈제5수-붕우〉

남으로 생긴 것이~신을 잊지 말으리라 → 설의적,
비유적 표현을 통해 친구 사이의 우정과 믿음의 중
요성을 강조하고 있다. 남으로 태어났으면서도 두터
운 정을 쌓은 친구 사이에 대해 예찬하며, 세상이
아무리 변해도 친구에 대한 믿음을 잊지 않겠다는
다짐을 드러내고 있다.

문화와 문물이 번성했던 한·당·송나라의 시대

당우 멀어지고 한당송이 이었으니
중국의 요순시대

⇒ 요순시대가 멀어지고 한·당·송나라의 시대가
이어졌으니

천지 오래거니 세상 도리 아니 **변할런가**

⇒ 세상이 오래되었으니 세상의 도리가 아니
변하겠느냐

유학에서, 사람이 지켜야 할 다섯 가지 도리

그래도 일곱 구멍 가졌으니 오륜이야 **모르랴**
인간으로 태어났으니

⇒ 그래도 눈, 코, 입, 귀를 가졌으니 오륜이야
모르겠느냐

제6수 : 불변의 도리인 오륜 〈제6수〉

당우 멀어지고 한당송이~오륜이야 모르랴 → '당우'
는 중국 역사에서 이상적인 태평 시대로 꼽히는 요
순시대를 가리키며, '한당송'은 문화와 문물이 번성
했던 한·당·송나라의 시대를 말한다. 또한 '일곱 구
멍'은 눈, 코, 입, 귀를 말하는 것으로, 인간 형상을
의미한다. 즉, 화자는 오랜 세월이 흘러 '세상 도리'
가 변하는 것은 당연함을 전제하면서도 '일곱 구멍'
을 가진 인간으로 태어났다면 '오륜'을 깨쳐 실천
해야 함을 강조하고 있는 것이다.

옷밥이 부족하니~배울 것이 있으리 → 보고 들으면
서 배우려는, 학업 수양의 중요성을 강조하고 있는
부분이다. 화자는 비록 생계가 어려워 예의를 차릴
겨를이 없다고 해서 배움의 태도를 버리면 안 된다
고 이야기하고 있다.

사람으로서 마땅히 지켜야 할 도리

옷밥이 부족하니 예의 차릴 겨를 없어
생계의 어려움 → 도리를 지키기 어렵게 하는 요인

⇒ 옷과 밥이 부족하니 예의를 차릴 겨를이 없
어

관계하지 아니함.

가숙 당서를 불관(不關)이 **여기느냐**
글방이나 서당 등의 교육 기관

⇒ 교육 기관이 (자신과) 상관없다고 여기느냐

그래도 보고 들으면 배울 것이 있으리
학업 수양의 중요성을 강조

⇒ 그래도 보고 들으면 배울 것이 있으리라

제7수 : 학업 수양의 중요성 〈제7수〉

이웃을 미워하지 마라~그러그러 어떠리 → 화자는
이웃을 미워하면 '한 고을'은 물론 '한 나라'에서도
버려질 것이라며 이웃을 사랑해야 함을 전하고 있
다. '백 년도 못 살 인생'이라며 인생의 유한성을
강조함으로써 인생은 이웃을 사랑하며 살기에도 짧
음을 드러내고 있다. 공동체적 삶을 중요시하는 화
자의 가치관이 드러나고 있는 부분이다.

이웃을 미워하지 마라 이웃 미우면 갈 데 없어
명령적 어조 → 이웃과의 좋은 관계를 당부함.

⇒ 이웃을 미워하지 마라 이웃이 미우면 갈 곳
이 없어

한 고을이 버리고 한 나라가 다 버리리
대구법

⇒ 한 고을이 버리고 한 나라가 다 버릴 것이
다

백 년도 못 살 인생이 그러그러 어떠리
그럭저럭 → 이웃과 무난하게 잘 지내는 것

⇒ 백 년도 못 살 인생인데 그럭저럭 살면 어
떠리

제8수 : 이웃을 미워하지 말 것 〈제8수〉

STEP 03 작품 해제

01 | 주제

사람이 지켜야 할 다섯 가지의 도리(오륜)의 중요성

02 | 특징

① 삼강오륜의 내용을 바탕으로 마땅히 지켜야 할 도리에 대한 교훈을 전하는 전달 중심의 시
② 비유법, 설의법 등을 사용하여 주제 의식을 강조함.
③ 1~5수의 본사와 6~8수의 결사로 구성됨.

03 | 작품 해제

　　이 작품은 조선 후기에 박선장이 지은 연시조로, 날로 혼탁해 가는 인심을 안타깝게 여겨 선비들을 교훈하기 위해 지었다고 전해진다. 〈제1수〉에서는 부모의 은혜를, 〈제2수〉에서는 임금의 덕을, 〈제3수〉에서는 부부간의 공경을, 〈제4수〉에서는 형제간의 우애를, 〈제5수〉에서는 친구간의 신의를, 〈제6수〉에서는 세상이 변해도 오륜은 있음을, 〈제7수〉에서는 생계가 어려워도 배움의 태도를 지녀야 함을, 〈제8수〉에서는 이웃을 미워하지 말 것을 이야기하고 있다.

STEP 04 논문으로 만나는 출제자의 시선

「오륜가」의 목적과 내용

　　박선장은 평생 학문을 수양하기를 게을리하지 않았을 뿐만 아니라, 자신이 깨달은 이치를 다른 사람들에게 전하기 위해 노력하였다. 이 과정에서 항상 동네의 선비들을 가르칠 곳이 없는 것이 안타까워 서당을 세워 학문을 배우고 강론하는 곳으로 만들고자 하였다. 그리고 서당이 완성되었을 때 우리말로 「오륜가」를 지었는데, 이를 통해 「오륜가」가 어린 선비들을 위한 강학(학문을 닦고 연구함) 지침을 문학적으로 형상화한 것임을 알 수 있다. 즉, 학문의 목적과 내용이라 할 수 있는 '오륜'의 이념을 우리말 노래인 시조로 형상화한 것이 「오륜가」인 것이다.
　　〈제6수〉에는 인간에게 있어서 '오륜'이 가지는 중요성이 형상화되어 있다. 초장과 중장을 보면 화자는 요순시대가 멀어지고 문화와 문물이 번성했던 한, 당, 송나라의 시대가 이어졌으니, 그만큼 세월이 오래되어 세상의 도리가 변할 수밖에 없다고 전제하였다. 그리고 종장에서 그렇더라도 우리 인간은 눈, 코, 귀, 입의 일곱 구멍을 가지고 있으니 오륜이야 모르겠느냐고 탄식하였다. 이것은 곧 **세상이 아무리 급변한다 하더라도 사람으로 태어났다면 오륜을 깨우쳐 실천해야 한다는 당위적 교훈을 표현한 것이다.** 박선장이 서당을 세운 후 어린 선비들을 위해 이 시조를 지었다는 점을 고려할 때, 오륜 역시 배움을 통해 체득될 수 있는 실천 윤리라는 점을 강조하고 있는 것이다.
　　〈제7수〉를 보면 학문 수양에 있어서 서당 교육의 중요성이 보다 명확하게 드러나 있다. 초장과 중장을 보면 집안 형편이 가난하여 먹고살 걱정에 예의를 차릴 겨를이 없다는 이유로 가숙과 당서를 필요 없다고 여기는 것은 문제가 있음을 밝히고 있다. 그리고 종장에서는 그래도 가숙이나 당서에 가서 보고 들으면 배울 것이 있을 것이라고 하면서 서당 교육의 필요성을 제시하고 있다. '가숙'은 한 가문이나 일가끼리 경영하던 글방을 의미하고, '당서'는 인구에 따라 지방에 세워진 학교를 가리키기 때문에 이는 곧 향촌에 건립된 '서당'으로 해석된다. 따라서 이 시조는 앞서 살핀 바와 같이 박선장이 서당 건립 시점에 서당 교육의 필요성을 강조하기 위해 지어진 것으로 이해할 수 있다.

11 김진형, 북천가

STEP 01 OX 문제를 통한 지문 이해 훈련

나BS 수능특강 | 고전문학 ●

본관과 초면이라 서로 인사 다한 후에 **본관**이 하는 말이
김 교리 이번 유배 죄 없이 오는 줄은
북관 수령 아는 바요 온 백성이 울었으니
조금도 슬퍼 말고 나와 함께 노십시다
악공 기생 다 불러라 오늘부터 놀자꾸나
그러나 이내 몸이 유배 온 사람이라
꽃자리에 손님 대접 기생 풍류 무엇이냐
일일이 물리치고 혼자 앉아 소일하니
경내의 선비들이 소문 듣고 배우기를 청하며
하나 오고 두셋 오니 육십 명 되는구나
책 끼고 와 배움 청하고 글제 내어 골라 달라 부탁하네
북관의 수령 관장 무장만 보다가
문관의 명성 듣고 한사코 달려드니
내 일을 생각하면 남 가르칠 공부 없어
아무리 사양해도 벗어날 길 전혀 없어
밤낮으로 끼고 앉아 글로 세월 보내도다
고향 생각나면 시를 짓고 심심하면 글 외우니
변방의 외로운 몸이나 시와 술에 마음 붙여
문밖으로 안 나가고 편히 편히 날 보내다
가을바람에 놀라 깨니 변방 산에 서리 왔네
남쪽 하늘 바라보면 기러기 처량하고
북방을 굽어보니 오랑캐 땅이로다
개가죽 상하의는 상놈이 다 입었고
조밥 피밥 기장밥은 주민의 양식이네
본관의 큰 은혜와 주인의 정성으로
실낱같은 이내 목숨 한 달 반을 보존했네
                (중략)
이 몸이 이른 곳이 신선의 동굴이라
평생의 인연으로 선계에 자취 남겨

바람에 부친 듯이 이 광경 보는구나
연적봉 지난 후에 선연을 따라가니
연화봉 절바위는 하늘에 솟아 있고
배바위 서책봉은 눈앞에 솟아 있고
생황봉 보살봉은 신선의 동굴이네
매향은 술잔 들고 만장운 한 곡조 부르고
군산월 앉은 모습 분명히 꽃이로다
오동나무 **거문고**에 금실로 줄을 매어
대쪽으로 **타는 모습** 거동도 곱거니와
가냘픈 손결 끝에 오색이 영롱하다
너의 거동 보고 나니 군명이 엄하여도 **반할 뻔**하겠구나
미인 앞에 영웅 열사 없단 말은 역사책에도 있느니라
내 마음 단단하나 너한테야 큰소리치랴
본 것이 큰 병이요 안 본 것이 약일런가
이천 리 변경에서 단정한 몸으로
귀양살이 잘한 것이 모두 다 네 덕이로다
양금 연주 끝낸 후에 절집에 내려오니
산승의 음식 보소 정갈하고 향기롭다
이튿날 돌아오니 회상대서 놀던 일이 전생인가 꿈속인가
하늘 끝 나그네가 이럴 줄 알았던가
흥 다하여 돌아와서 수노 불러 분부하되
칠보산 유산 때는 본관이 보냈기에 기생을 데려갔으나
돌아와 생각하니 호사스러워 불안하다
다시는 기생이 못 오도록 지휘하라
선비만 데리고서 시 짓고 술 마시니
청산은 글이 되어 술잔에 떨어지고
녹수는 그림 되어 종이 위에 단청된다
군산월 고운 모습 꿈에서 깬 듯하다

OX문제

01	말을 건네는 방식을 통해 화자의 요구를 전달하고 있다. [2025학년도 9월]	(O / X)
02	화자는 '악공 기생'을 불러 자신을 위로하려는 '본관'의 호의를 거절하지 못하였다.	(O / X)
03	여정에 따른 공간 변화를 바탕으로 화자의 정서를 다양하게 드러내고 있다. [2014학년도 5월B]	(O / X)
04	빗대어 표현하는 방식으로 화자의 인식을 드러내고 있다. [2025학년도 9월]	(O / X)
05	화자는 '매향'이 '거문고'를 '타는 모습'을 보고 '반할 뻔'했다며 그녀에게 호감을 보이고 있다.	(O / X)

STEP 02 지문 분석

[EBS 파트 분석]

본관과 초면이라 서로 인사 다한 후에 본관이 하는 말이
화자의 유배지인 함경북도 명천의 수령

「김 교리 이번 유배 죄 없이 오는 줄은
화자(유배를 오기 전 홍문관 교리였음.)

「 」: '본관'의 발화 직접 인용
→ 화자에 대한 '본관'의 긍정적 인식이 드러남.

함경도
북관 수령 아는 바요 온 백성이 울었으니
  본관   억울하게 유배 당한 화자의 처지에 대한 공감

조금도 슬퍼 말고 나와 함께 노십시다

악공 기생 다 불러라 오늘부터 놀자꾸나」
음악을 연주하는 사람

그러나 이내 몸이 유배 온 사람이라

▨▨▨ : 유배를 온 화자를 나타내는 표현

꽃자리에 손님 대접 기생 풍류 무엇이냐

일일이 물리치고 혼자 앉아 소일하니
본관의 호의를 거절함.   하는 일 없이 세월을 보내니

경내의 선비들이 소문 듣고 배우기를 청하며
일정한 지역의 안

하나 오고 두셋 오니 육십 명 되는구나
배움을 청하러 온 '선비들'의 수가 점점 늚. → 화자의 학문적 경지가 높음을 보여 줌.

책 끼고 와 배움 청하고 글제 내어 골라 달라 부탁하네
                            글의 제목

                무관으로서의 장수
『북관의 수령 관장 무장만 보다가
          변방을 지키는 장수
                    『 』: '선비들'이 찾아와 배우기를 청하는 이유에 대한 화자의 추측

문관의 명성 듣고 한사코 달려드니』

내 일을 생각하면 남 가르칠 공부 없어
유배 온 일   겸손한 모습

아무리 사양해도 벗어날 길 전혀 없어

밤낮으로 끼고 앉아 글로 세월 보내도다

고향 생각나면 시를 짓고 심심하면 글 외우니

본관과 초면이라~오늘부터 놀자꾸나 → 유배지(함경북도 명천)에 도착한 화자가 '본관'과 인사를 한 후 그와 이야기를 나누는 모습이 나타나 있다. '본관'은 화자가 '죄 없이' 유배를 온 것을 자신도 알고 있고, '온 백성'도 안타까운 마음에 '울었으니 / 조금도 슬퍼'하지 말라며 억울하게 유배를 온 화자의 처지와 슬픔에 공감해 주고 있다. 또한 '본관'은 화자를 위로해 주고자 '악공'과 '기생'을 불러 잔치를 벌이려는 모습을 보이고 있다.

그러나 이내 몸이~혼자 앉아 소일하니 → 화자는 '유배 온 사람'이라는 자신의 처지를 들어 '손님 대접'을 받으며 '기생'과 어울려 '풍류'를 즐길 수 없다며 '본관'의 호의를 거절하고 있다. 설의적 표현을 통해 유배 온 자신의 처지에 걸맞게 행동하려는 화자의 모습이 강조되고 있다.

경내의 선비들이~글제 내어 골라 달라 부탁하네 → 북관의 '선비들'이 홀로 '소일하'고 있는 화자에게 배움을 청하는 모습이 나타나 있다. 화자에게 배움을 청하는 '선비들'의 수가 점점 늘어 '육십 명'이 되었다는 것에서 화자가 학문적으로 높은 경지에 있는 인물임을 알 수 있다.

북관의 수령 관장~한사코 달려드니 → '선비들'이 찾아와 자신에게 배움을 청하는 이유에 대한 화자의 추측이 나타나고 있는 부분이다. 화자는 국경 지방인 '북관'에는 그동안 '수령', '관장'과 '무장' 같은 무관들만 있었기에, '선비들'이 '문관'인 자신에게 물려와 배움을 청하는 것이라 생각하고 있다.

내 일을 생각하면~글로 세월 보내도다 → 화자는 유배 온 처지로서 남을 가르칠 학식이 없다며 겸손한 태도를 보이고 있다. 하지만 '아무리 사양해도 벗어날 수 없게 되자 결국 '선비들'을 '밤낮으로 끼고 앉아 글'을 가르치며 '세월'을 보내게 되었음이 드러나고 있다.

변방의 외로운 몸이나 시와 술에 마음 붙여
　　　　　　유배지에서 회포를 풂.

문밖으로 안 나가고 편히 편히 날 보내다

■■■ : 계절적 배경(가을)을 알려 주는 시어
가을바람에 놀라 깨니 변방 산에 서리 왔네

남쪽 하늘 바라보면 기러기 처량하고
　　　　　　감정 이입

「북방을 굽어보니 오랑캐 땅이로다
높은 위치에서 고개나 허리를 굽혀 아래를 내려다보니

신분이 낮은 남자　　　　　「 」: 북관의 지리적 조건과 백성들의 생활상
개가죽 상하의는 상놈이 다 입었고
추위를 막기 위해 입는 가죽옷

조밥 피밥 기장밥은 주민의 양식이네」

본관의 큰 은혜와 주인의 정성으로
　　　　유배지에서 유배 온 죄인을 맡아 주는 사람

실낱같은 이내 목숨 한 달 반을 보존했네
　　　　　　　　시간의 경과

　　　　　　본사 1 : 유배지에서 비교적 편안하게 생활하며 한 달 반의 시간을 보냄.
　　　　　　　　　　(중략)

이 몸이 이른 곳이 신선의 동굴이라
　　　　　칠보산의 회상대

　　　　어떤 것이 남긴 표시나 자리
평생의 인연으로 선계에 자취 남겨
　　　　　신선이 사는 곳

바람에 부친 듯이 이 광경 보는구나

　　　　　　　　　　■ : 칠보산의 봉우리
연적봉 지난 후에 선연을 따라가니
　　　　　　신선과의 인연 / 여기서는 기생을 의미함.

연화봉 절바위는 하늘에 솟아 있고

배바위 서책봉은 눈앞에 솟아 있고

생황봉 보살봉은 신선의 동굴이네

매향은 술잔 들고 만장운 한 곡조 부르고

군산월 앉은 모습 분명히 꽃이로다

「오동나무 거문고에 금실로 줄을 매어 　「 」: 기생 '군산월'이 거문고를 타는 모습 묘사

변방의 외로운 몸이나~산에 서리 왔네 → 유배지에서 회포를 풀며 '편히' 시간을 보내고 있는 화자의 모습이 드러나 있다. 이때 '변방의 외로운 몸'은 '변방'인 북관으로 유배를 온 화자를 가리키는 표현이다. 한편, '문밖으로' 나가지도 않고 세월을 보내던 화자는 산에 '서리'가 온 것을 보고 가을이 찾아왔음을 깨닫고 있다.

남쪽 하늘 바라보면 기러기 처량하고 → 화자는 자연물인 '기러기'에 자신의 감정을 투영하여 유배지에서 느끼는 외롭고 쓸쓸한 정서를 부각하고 있다.

북방을 굽어보니~주민의 양식이네 → '북방'을 내려다보니 '오랑캐 땅'이라는 것은, 화자가 유배를 온 지역인 북관이 '오랑캐 땅'과 근접해 있는 '북방'의 국경 지대임을 의미한다. 또한 화자는 추위를 막기 위해 '개가죽 상하의'를 입은 '상놈'의 모습과 '조밥 피밥 기장밥'이 '주민의 양식'임을 언급하며 '북관' 백성들의 생활상을 제시하고 있다.

이 몸이 이른 곳이~이 광경 보는구나 → 칠보산을 유람 중인 화자가 자신이 '이른 곳'인 칠보산의 회상대를 '신선의 동굴'에 빗대며 만족감을 드러내고 있다. 한편, 화자는 자신이 신선과의 '인연'이 있어 신선이 사는 곳에 '자취'를 남기고 '바람에 부친 듯' 칠보산에 와 멋진 '광경'을 보게 되었다며 아름다운 풍경에 대한 감탄을 드러내고 있다.

연적봉 지난 후에~신선의 동굴이네 → 칠보산의 여러 봉우리들을 보며 감탄하는 화자의 모습이 드러나 있다. 이때 '선연'은 화자와 함께 칠보산을 유람 중인 기생을 의미한다.

매향은 술잔 들고~오색이 영롱하다 → 기생 '매향', '군산월'과 풍류를 즐기는 화자의 모습을 확인할 수 있다. 특히 화자는 '군산월'의 모습을 '꽃'에 비유하여 그녀의 아름다운 자태를 강조하고 있다. 또한 '군산월'이 거문고를 타는 모습을 자세히 묘사하고, 그 '거동'이 곱다며 '군산월'에 대한 감탄을 드러내고 있다.

대쪽으로 타는 모습 거동도 곱거니와
　　　　　　　　　　몸의 움직임

가냘픈 손결 끝에 오색이 영롱하다」

너의 거동 보고 나니 군명이 엄하여도 반할 뻔하겠구나
'군산월'　　　　　　임금의 명령　　　'군산월'에 대한 화자의 호감

　　　나라를 위하여 절의를 굳게 지키며 충성을 다하여 싸운 사람
미인 앞에 영웅 열사 없단 말은 역사책에도 있느니라
'역사책'에 나온 말 인용 → '군산월'에 대한 자신의 마음을 정당화함.

내 마음 단단하나 너한테야 큰소리치랴

본 것이 큰 병이요 안 본 것이 약일런가

이천 리 변경에서 단정한 몸으로 / 귀양살이 잘한 것이 모두 다 네 덕이로다
　　　　　　　　　　　귀양살이를 잘하고 있는 것을 모두 '군산월'의 공으로 돌림.

양금 연주 끝낸 후에 절집에 내려오니
현악기　　　　　　　공간의 이동(칠보산 → 절집)

산승의 음식 보소 정갈하고 향기롭다
산속의 절에 사는 승려

　　　　　　　　　　　　　　본사 2-1 : 기생들과 함께 칠보산을 유람하며 풍류를 즐김.

이튿날 돌아오니 회상대서 놀던 일이 전생인가 꿈속인가
　　　　　　　　기생들과 함께 칠보산을 유람한 일

하늘 끝 나그네가 이럴 줄 알았던가

흥 다하여 돌아와서 수노 불러 분부하되
　　　　　　　　　　관노의 우두머리

「칠보산 유산 때는 본관이 보냈기에 기생을 데려갔으나
　　　　산으로 놀러 다님.　　　　　　　　「」 : 화자의 발화 직접 인용

돌아와 생각하니 호사스러워 불안하다
　　　　　　　　유배지에서 기생들과 풍류를 즐긴 것에 대한 불안함

다시는 기생이 못 오도록 지휘하라」
　　　　　기생과 어울리지 않을 것을 다짐하는 모습

선비만 데리고서 시 짓고 술 마시니

청산은 글이 되어 술잔에 떨어지고
푸른 산

녹수는 그림 되어 종이 위에 단청된다
맑은 물　　　　　　여러 가지 빛깔로 그린 그림

군산월 고운 모습 꿈에서 깬 듯하다
　　　　'군산월'을 그리워함.

　　　　　　　　　　　본사 2-2 : 기생과 함께하지 않기로 결심한 후 선비들과 시간을 보냄.

너의 거동 보고 나니~역사책에도 있느니라 → '군명이 엄하'더라도 '군산월'에게 반할 정도라며, 그녀의 모습이 아름다움을 강조하고 있다. 또한 '미인 앞에 영웅 열사 없'다는 '역사책'의 말을 인용하여 '군산월'을 향한 자신의 마음을 합리화하고 있다.

본 것이 큰 병이요~다 네 덕이로다 → '군산월'을 '본 것이 큰 병'이 될 지경이며 '안 본 것이 약'일 정도로 그녀의 아름다움에 현혹된 화자의 모습을 확인할 수 있다. 또한 화자는 '귀양살이 잘한 것'이 모두 '군산월 덕분'이라며 그녀에 대한 애정을 드러내고 있다.

흥 다하여 돌아와서~못 오도록 지휘하라 → 칠보산에서 돌아온 화자가 '수노'에게 지시한 내용이 인용되어 있다. 화자는 '기생을 데려'가 칠보산을 유람한 것이 '호사스러워 불안하다'며 '다시는 기생'과 어울리지 않겠다고 다짐하는 모습을 보이고 있다. 이는 유배를 온 죄인인 자신이 기생과 함께 풍류를 즐기며 호화로운 생활을 한 것에 대한 반성을 드러낸 것으로 볼 수 있다.

선비만 데리고서~꿈에서 깬 듯하다 → 기생과 어울리지 않기로 다짐한 화자가 '선비'들과 함께 시와 술을 즐기면서도 한편으로는 '군산월'을 잊지 못하고 그리워하고 있음을 확인할 수 있다.

[EBS에 나오지 않은 나머지 전문]

세상 사람들아 이내 말을 들어 보소 / 과거 시험을 보려거든 젊은 시절에 아니하고
오십에 과거에 급제하여 늙어서 벼슬살이 무슨 일인가
벼슬길이 늦었으면 처세하는 행동이 약삭빨라야 하는데
무모하게 행동해서 간사한 사람의 적이 되어 / 형벌을 무릅쓰고 임금님께 상소를 올리니
이전에는 (나의 행동이) 빛나고도 옳은 일이었지만
혼란스러운 이 세상에서 남다른 행동으로 / 상소 한 장 올라가면서 온 조정이 울컥한다
아아 송구하게도 임금님이 크게 노하셔서
(나의) 관직을 빼앗고 파면하시면서 엄하게 다스리고 꾸중하니
운수가 좋지 못한 이 신세 고향으로 돌아갈 때 / 봄바람에 배를 타고 자연으로 향하다가
남수찬의 상소로 인해 (함경북도) 명천으로 귀양 가게 되니 놀랍도다

〈서사〉

귀양지로 길 떠날 준비하니 한강의 바람과 큰 물결이 이상하게 느껴지는구나
근심과 걱정으로 경황이 없는 행색으로 동문에서 처벌을 기다리니
고향은 적막하고 (유배지인) 명천은 이천 리라
두루마기에 흰 띠를 두르고 (임금님이 있는) 북쪽을 향하여 서니
의지할 만한 곳 없는 몸이 죽은들 그 누가 알까
사람마다 (이런 일을) 당하게 되면 울음이 나기 마련인데
임금님의 은덕을 갚을 길이라 마음이 유쾌하기도 유쾌하구나
(옳은) 신하 되었다가 간사한 사람을 비판하고
임금님의 엄중한 명령을 받들어서 아주 먼, 국경에 가까운 땅으로 가는 사람
오랜 세월 중에 몇 명이 있었으며 우리 왕조에 그 누가 있을까
칼을 짚고 일어서서 술잔을 들고 춤을 추니 / 이천 리 귀양 가는 사람이라 장부도 다 우는구나
좋은 듯이 말을 타니 (유배지인) 명천이 어디쯤에 있는가
더위는 빨갛게 달아오른 화로 같고 장마는 매우 심한데
나장(관원)이 뒤에 서고 관청의 노비를 앞세우고 / 익경원으로 내달아서 다락원에서 잠깐 쉬어
축석령 넘어가니 임금님이 계신 궁궐이 멀어져 간다
슬프다 이내 몸이 영주각 신선으로 / 나날이 책을 끼고 임금님을 모시다가
하루아침에 정을 떼고 하늘의 끝(유배지)으로 가는구나
궁궐을 바라보니 구름과 연기만이 아득하고
남산은 위엄 있게 우뚝 솟아 있어 꿈결같이 아득하다
밥 먹으면 길을 가고 잠을 깨면 길을 떠나 / 물을 건너면 고개를 넘어 십 리 가고 백 리를 가니
양주 땅 지난 후에 포천읍 길가이고 / 철원 지역에 들어선 후에 영평읍을 건너가서
김화 금성 지난 후에 회양읍 맨 끝이라 / 강원도 함경도 길은 듣고 본 것이 같구나
회양에서 점심을 먹고 철령을 향해 가니
아주 험한 청산이요 촉나라 가는 길과 같이 험준한 길이로다
자욱한 구름과 안개 속에 햇빛이 끝이 난다 / 가마를 잡아타고 철령을 넘는구나
(숲에) 나무가 빽빽하여 하늘에 떠 있는 해를 가리고
바윗돌은 빽빽하게 들어서서 엎어질락 자빠질락
중간쯤에도 못 올라서 황혼이 거의 다 되었다
가장 높은 봉우리에 올라서니 (시간은) 초경이 되었구나
일행이 허기져서 기장떡을 사 먹으니 / 떡 맛이 색달라 향기롭고 아름답다
횃불을 조심스럽게 들고, 타는 불을 비추며 내려가니
남쪽과 북쪽을 모르는데 산의 생김새를 어찌 알리
삼경에 산을 내려와 움막에서 잠을 자고 / 이른 새벽에 떠나니 안변읍이 어디인가
하릴없는 내 신세야 북쪽으로 귀양 가는 몸이 되었구나

세상 사람들아~임금님께 상소를 올리니 → 화자가 '세상 사람들'에게 말을 건네며 시상이 전개되고 있다. 화자는 '오십'이라는 적지 않은 나이에 '과거에 급제하여' '벼슬살이'를 하게 된 자신의 처지를 한탄하고 있다. 한편, '벼슬길이 늦었음에도 약삭빠르게 처세하지 않고 '형벌'을 각오한 채 '임금님께' '간사한 사람'의 비행(잘못되거나 그릇된 행위)을 고발한 것에서 화자의 강직한 성품을 엿볼 수 있다. 이때 화자가 고발한 '간사한 사람'은 이조 판서 서기순을 가리킨다.

이전에는 빛나고도~귀양 가게 되니 놀랍도다 → 화자는 서기순의 비행을 고발하는 '상소'를 올린 것이 '빛나고도 옳은 일'이었음에도 세상이 혼란스러워 '온 조정(임금이 나라의 정치를 신하들과 의논하거나 집행하는 곳)'이 술렁였다며, 자신의 뜻이 제대로 받아들여지지 않은 현실에 대해 한탄하고 있다. 한편, 화자의 간언(임금에게 옳지 못하거나 잘못된 일을 고치도록 하는 말)으로 크게 분노한 '임금님'이 화자를 관직에서 쫓아냈고, 이조 판서 서기순의 측근 세력인 '남수찬(수찬 남종수)'의 '상소'로 인해 화자가 결국 함경북도에 위치한 '명천'으로 유배를 가게 되었음을 알 수 있다.

귀양지로 길 떠날~유쾌하기도 유쾌하구나 → '한강의 바람과 큰 물결'은 화자에게 닥친 혼란과 시련을 의미한다. 이는 화자가 홍문관 교리로 있을 때 이조 판서 서기순의 비행을 고발했다가 반대파에 몰려 명천으로 귀양을 가게 된 상황을 가리키는 것으로 볼 수 있다. 화자는 '의지할 만한' 사람이 없는 머나먼 '명천'에서 자신이 '죽은들 그 누가 알'겠냐고 한탄하면서도, 간언한 일에 대해서는 '임금님의 은덕을 갚을 길'이라 여기며 유배를 가는 '마음'이 유쾌하다고 말하고 있다. 이는 형벌의 위험을 감수하고 임금님께 간언함으로써 올곧은 충신으로 남은 자신에 대한 자부심을 드러낸 것으로 볼 수 있다.

더위는 빨갛게~귀양 가는 몸이 되었구나 → '더위', '장마'와 같은 시어를 통해 화자가 유배를 가게 된 계절이 여름임을 알 수 있다. 폭염과 장마로 고생을 하며 유배지인 '명천'으로 향하고 있는 화자의 모습이 나타나 있다. 이때 공간의 이동은 중요한 출제 포인트이므로, 잘 체크해 두어야 한다. 한편, 화자는 '임금님이 계신 궁궐'이 점점 멀어지자 '슬프다'며 자신의 감정을 직접적으로 표출하고 있다. 이때 '영주각 신선'은 홍문관 교리로 벼슬살이를 하던 화자를, '하늘의 끝'은 유배지인 '명천'을 가리킨다. 이는 매일 '임금님을 모시던' 화자의 처지가 급변하였음을 비유적으로 드러낸 것으로 볼 수 있다.

함경도는 초면이요 우리 태조의 고향 땅이구나
산천이 막힌 데 없이 넓고 나무들이 들판에 가득한데
안변읍에 들어가니 본관이 나오면서
앉을 자리 마련하여 방석을 깔고 병풍을 치며 음식을 대접하니
시원하게 잠을 자고 북쪽을 향해 떠나가니 / 원산이 여기인가 사람이 사는 집도 굉장하다
바닷소리 요란한데 물품과 재화도 굉장하네 / 덕원읍에서 점심을 먹고 문천읍에서 묵고
영흥읍에 들어가니 웅장하고 아름답다 / 태조 대왕 태어난 곳으로 복되고 길한 기운뿐이로다
수를 놓은 비단 같이 아름다운 산천을 그린 중에 바다 같은 관사로다
본관이 즉시 나와 위로하고 정성껏 대접하여
점심상 보낸 뒤에 채색 병풍과 꽃자리를 미리 준비하고 기다리니
죄를 받고 있는 몸이라서 감사하다는 뜻을 표하고 돌려보낸 뒤
고원읍에 들어가니 본관 수령 오공신은
대대로 사귀어 온 정이 남달라서 나를 보고 반가워하네
천 리 객지에서 나를 반길 사람은 이 어른분이로다
책방에 맞아들여 음식을 대접하며 / 위로하고 다정하니 객지 슬픔을 잊겠구나
함경북도의 말을 주고 사령을 주고 노잣돈과 의복도 주니
작은 고을의 형편을 생각하니 불안하기 그지없다
새벽에 길을 떠나니 빗물도 괴이하다 / 갈 길이 몇 천리며 온 길이 몇 천리인가
하늘같은 저 철령은 고향을 막아 있고 / 저승 같은 귀문관은 홀로 우뚝이 서 있구나
바람결에 흘러가는 이내 몸은 어디를 향하고 있는가
초원역에서 점심을 먹고 함흥 감영에 들어가니 / 만세교 긴 다리는 십 리를 뻗쳐 있고
끝없이 넓은 바다 아득하여 큰 별판을 둘러 있고
긴 강은 막힘이 없고 기운차 오랜 세월 동안 흘렀구나 / 구름 같은, 성 위의 담을 보소 낙민루 높구나
집집마다 저녁연기는 가을 강의 그림이오 / 서산에 지는 해는 나그네의 시름이라
술 잡고 누각에 올라 칼 만지며 노래하니
무심한 뜬구름은 고향으로 돌아가고 / 강가의 피리 소리 객지에서 느끼는 쓸쓸함을 더하는구나
고향을 그리워하며 흘리는 이내 눈물을 긴 강에 던져두고
백척루 내려와서 성안에서 잠을 자니 / 서울은 팔백 리요 (유배지인) 명천은 구백 리라
비 맞고 비옷 쓰고 함관령을 넘어가니 / 고갯마루도 높거니와 나무들도 더욱 울창하다
가마는 나는 듯 가고 큰길을 구불구불하구나 / 길가에 서 있는 큰 비석의 비각 단청이 아름답다
태조 대왕 젊은 시절에 고려의 장수가 되어
말갈과 싸워 이기고 쌓은 업적과 어진 덕이 어제 같다
역참에 갖추어 둔 말을 잡아타고 홍원읍에 들어가니
끝이 없는 바다가 둘러 있는데 읍 모양이 절묘하다
점심을 먹고 떠났으니 평포역 숙소로다 / 내가 지나온 길을 생각하니 천 리가 되었구나
실 같은 근력이요 거미 같은 목숨이라 / 천천히 길을 가며 살고서 볼 것인데
임금님의 엄중한 명령을 받았으니 잠깐인들 지체하랴
죽기를 가리지 않고 물불을 구분하지 않으니 / 온몸에 땀띠 돋아 종기가 되어 있고
골수에 든 더위는 자고 나면 설사로다
나장이 하는 말이 "나으리 거동 보소 / 숨이 곧 끊어질 듯한 기력이요 위태하신 낯빛이라
하루만 조리하여 북청읍에 묵읍시다"
"무식하다 네 말이야 죄인이 된 몸이라 / 생사를 생각하고 잠깐인들 지체할 수 있겠느냐
사람이 살고 죽는 것은 하늘에 달렸으니 / 네 말이 기특하나 가다가 보자꾸나"
북청에서 숙소하고 남송정에 돌아 들어가니 / 넓은 바다는 아득하여 동쪽 하늘이 끝이 없고
산과 산은 여러 겹으로 쌓여 남쪽 고향이 아득하다 / 마옥역에서 점심을 먹고 마천령에 다다르니
안팎으로 육십 리라 하늘에 맞닿아 있고 / 공중에 걸린 길은 굵은 줄같이 서렸구나

함경도는 초면이요~길한 기운뿐이로다 → 함경도에 도착한 화자가 그곳에서 태어난 '태조' 이성계를 떠올리고 있다. 조선을 개국한 태조 이성계의 고향인 함경도에는 '복되고 길한 기운뿐'이라며 감탄하는 화자의 모습에서 태조를 향한 충성심이 드러나고 있다.

본관이 즉시 나와~객지 슬픔을 잊겠구나 → 영흥읍의 '본관'이 마련해 준 술상을 '죄를 받고 있는 몸'이라며 거절하는 것에서 유배 중인 자신의 처지를 망각하지 않는 화자의 모습이 드러나고 있다. 한편, '고원읍'으로 이동한 화자는 자신과 친분이 있는 '본관 수령 오공신'에게 다정한 위로를 받는다. 고향을 떠나 객수(객지에서 느끼는 쓸쓸함이나 시름)에 젖었던 화자가 본관 수령의 위로로 잠시나마 '슬픔'을 달래고 있음을 알 수 있는 부분이다.

집집마다 저녁연기는~이내 눈물을 긴 강에 던져두고 → '가을 강의 그림'은 '집집마다' 피어오르는 '저녁연기(저녁밥을 지을 때 굴뚝에서 피어오르는 연기)'를 빗댄 표현이다. 화자는 '서산에 지는 해'를 보며 또다시 객수에 젖어 고향을 그리워하는 모습을 보이고 있다. 이때 '고향으로 돌아가'는 '무심한 뜬구름'은 화자의 처지와 대비되는 소재로, 화자의 객수를 심화하는 존재라 할 수 있다.

임금님의 엄중한 명령을~남송정에 돌아 들어가니 → '임금님의 엄중한 명령'을 수행해야 하는 죄인으로서 시간에 쫓기며 '명천'으로 향하다가 몸이 아파 위태로운 지경에 이르는 화자의 모습이 그려지고 있다. "숨이 곧 끊어질" 것 같은 화자의 상태에 화자를 걱정하며 "북천읍"에서 쉬어 가기를 권하는 나장(귀양 가는 죄인을 압송하는 일을 맡아보던 하급 관리)과 "죄인이 된 몸"으로 "잠깐인들 지체할 수" 없다는 화자의 대화 내용을 확인할 수 있다.

다래 덤불 얽혔으니 대낮이 밤이 깊은 때 같고
층을 이루어 험하게 쌓인 바위가 위태하여 머리 위에 떨어질 듯
하늘인가 땅인가 저승인가 이승인가 / 가장 높은 봉우리에 올라서니 보이는 것이 바다이고
넓은 것이 바다라 몇 날을 길에 있어 / 이 고개를 넘었던가 이 고개를 넘은 뒤에
고향 생각 다시없네 햇빛만 은근하여 / 머리 위에 비췄구나 임명역에서 점심을 먹고
길주읍에 들어가니 성곽도 웅장하거니와 / 민가가 더욱 좋다 비 오고 바람이 부니
떠날 길이 아득하다 읍내에서 묵자고 하니 본관에게 끼칠 폐 불안하다
수령이 나오고 책방에 오니 처음 봐도 친구 같다
음식은 먹거니와 자리에 있는 기생은 당치 않다
임금님의 엄중한 명령을 받았으니 꽃자리는 당치 않고
죄명을 가졌으니 기생은 호화롭다 / 복이 없는 이내 신세 보면 상을 당한 상주 같구나
기생을 물리치고 비단 방석을 걷어 내어 / 본관이 하는 말이 "영남 양반 고집스럽다"
비를 무릅쓰고 떠나니 (유배지인) 명천이 칠십 리라
이 땅을 생각하면 묵특의 고향 땅이로다 / 모래 덮인 저 무덤은 왕소군의 무덤이요
팔십 리 큰 연못은 (충신) 소무가 고역을 치른 그 섬을 보는 듯 하구나
이릉묘는 지금도 원통한 누명을 써서 억울하고 / 백용퇴 귀문관은 앞 고개 같고 뒷산 같다
역참에 갖추어 둔 말을 잡아타고 귀양살이하는 곳으로 들어가니
백성은 번성하고 성곽은 웅장하다 / 여관에 들어앉아 배문을 붙인 뒤에
맹도원의 집을 물어 본관에게 전하라 하니 / 본관이 안부를 묻고 공방과 형방이 나오면서
병풍 자리 술상을 주인에게 준비하고 기다리라 하고
풍악 소리 앞세우고 주인으로 나와 앉아 처소에 사람을 시켜
모셔 오라 전해 주니 슬프다 내 일이야 / 꿈에나 들었던가 이곳이 어디인가
주인의 집 찾아가니 / 높은 대문 넓은 사랑방 삼천 석꾼 집이구나

(ebs 파트)

뜻밖에 집에서 보낸 편지를 들고 명록(하인)이 왔단 말인가
놀랍고 반가워라 (너무 반가워서) 미친 사람이 되었구나
변경 지대에 있던 사람이 고향에 돌아온 듯 / 나도 나도 이렇듯이 고향이 있었던가
편지 겉봉을 떼어 보니 정다운 글이 몇 장인가 / 장마다 친척이요 지면마다 고향이라
지면의 글자마다 아들과 조카의 눈물이요 / 옷 위의 그림 빛은 아내의 눈물이라
소식이 아끼던 애첩 조운인가 양대운우 불쌍하다
그 사이 사람이 죽어 갑작스럽게 사라지게 된다는 말인가
명록과 마주 앉아 눈물을 흘리며 묻고 답하니 / 집 떠난 지 오래되었거든 그 후를 어찌 알겠는가
온갖 나무가 우거진 산이 멀고 먼데 네가 어찌 돌아가며
덤덤하게 쌓인 회포를 다 풀어낼 수 있겠느냐
"명록아 말 들어라 무사히 돌아가서 / 우리집 사람에게 살았더라 전하거라
죄명이 가벼우니 풀려나기 쉬우리라"

〈본사 1〉

돌연 추석이라 집집마다 성묘하네 / 여기 명천 사람들도 성묘를 하느니라
본관이 하는 말이 "이곳의 칠보산은 / 북관(함경도)의 명승지로 금강산과 같다고 할 정도이니
칠보산 한 번 가서 산 구경하는 것이 어떠합니까"
나도 역시 좋지만 도리상 난처하다 / 먼 곳으로 쫓겨난 몸이 뛰어난 풍경을 보며 노는 일이
분수에 어긋나 마음이 편치 않고 여러 사람에게는 괴이하게 들릴 것이니
마음은 좋지만 안 가기로 결정하니 / 본관이 하는 말이 "그렇지 아니하다
악양루 황강의 경치를 노래한 것은 왕등의 업적이요
적벽강과 섣달그믐날 밤의 놀이에 대해 구양순과 소식은 좋은 글을 남겼으니
김 교리 당신의 칠보산 구경에 무슨 흠이 있으리요"

명천이 칠십 리라~앞 고개 같고 뒷산 같다 → 화자가 유배지인 '명천'을 생각하며 흉노와 관련된 인물들과 공간들을 언급하고 있다. '명천'은 국경 지대이기에 화자가 '명천'과 인접해 있던 흉노 땅을 떠올리고, 흉노와 관련된 인물과 공간들을 언급한 것으로 볼 수 있다. '묵특'은 중국 전한 시대 흉노의 우두머리이며, '왕소군'은 중국 전한 시대 원제의 궁녀였으나 흉노와의 화친 정책으로 흉노의 왕비가 된 인물이다. '소무'는 흉노에 사신으로 갔다가 붙잡혀 그들에게 복속할 것을 강요당하였으나, 이에 굴하지 않아 19년간 억류되었던 중국 전한 시대의 충신이다. 한편 '이릉'은 중국 전한 시대 장수로, 적은 수의 군사로 수많은 흉노와 싸우다 항복하였는데 흉노의 왕이 그를 공주와 결혼시켰다. 그는 뒷날을 기약하기 위해 모욕을 참고 항복한 것이었으나, 한나라에서는 이러한 사실을 모르고 그의 어머니와 부인을 죽였다. 이에 '이릉'은 항복한 장수 혹은 그 충의를 제대로 인정받지 못한 장수의 대명사로 일컬어진다. '백용퇴'는 중국에 있는 사막 지대이며, '귀문관'은 중국 용주 북쪽에 있는 몹시 험한 곳으로, 귀양 간 사람이 그곳에 마주 선 바위 두 개를 지나서 살아 돌아온 일이 없다고 한 데서 유래한 이름이다. 조선의 '귀문관'은 명천 북쪽에 위치해 있다.

귀양살이하는 곳으로~삼천 석꾼 집이구나 → 화자가 '명천'에 도착하여 '명천'의 '본관'에게 도착 사실을 알리는 모습이 나타나 있다. 이때 '배문'은 죄인을 귀양 보낼 때 형조에서 유배지 관아에 보내던 통지문을 가리킨다. 한편, 화자를 맞이할 '술상' 준비를 명받은 '주인'인 '맹도원'은 유배를 온 화자에게 거처와 음식을 제공해 주는 사람으로, '높은 대문'과 '넓은 사랑방'을 갖추고 곡식 '삼천 석'을 거두어들일 정도로 큰 부자임을 알 수 있다.

뜻밖에 집에서 보낸~양대운우 불쌍하다 → 화자는 하인 '명록'이 '집에서 보낸 편지'를 전해 주러 오자 '놀랍고 반가운' 마음에 '미친 사람이 되었'다며, 집에서 보내온 편지를 받은 기쁨을 강하게 드러내고 있다. 한편, '양대운우'는 중국 초나라의 회왕이 꿈속에서 무산의 여신과 하루를 보냈는데, 여신이 떠나면서 자신은 아침에는 구름이 되고 저녁에는 비가 되어 양대 아래에 있었다고 한 데서 유래한 말이다. 화자는 이러한 고사를 활용하여 아내와 만나지 못하고 있는 상황을 비유적으로 그려 내고 있다.

본관이 하는 말이 "이곳의~무슨 흠이 있으리오" → '악양루'와 '황강'은 경치가 아름답기로 유명한 중국의 명승지이며, '왕등'은 '황강'에 죽루를 지은 인물인 왕우와 '악양루'를 고친 인물인 등자경을 가리킨다. '본관'은 '왕등'과 더불어 시인 '구양순', '소식'의 고사를 활용하여 예전부터 선비들은 명승지에서 자

그 말을 반겨 듣고 서둘러 일어나서 / 나귀에 술을 싣고 칠보산에 들어가니
구름 같은 천만 봉우리는 그림 같은 자연의 모습이라
박달령을 넘어가서 금장동에 들어가니
골짜기마다 들려오는 물소리는 흰 구슬을 깨뜨리는 듯하고
봉우리마다 든 단풍 빛은 수놓은 비단 장막을 두른 것 같구나
가마를 높이 타고 개심사에 들어가니 / 먼 산은 그림이요 앞 봉우리는 온갖 사물의 형상이라
육십 명의 선비들이 앞에 서고 뒤에 서니 / 풍경도 좋거니와 광경이 더욱 좋다
근심과 걱정으로 경황이 없던 지난 회포로 개심사에 들어가서
밤 한 경을 세운 후에 새벽에 일어나서 / 청소하고 문을 여니 기생 둘이 앞에 와서
인사하고 하는 말이 "본관 사또가 분부하되 / 김 교리님 칠보산에 너 없이 놀음이 되겠느냐
그분은 사양하더라도 내 도리에 그럴 수 있겠느냐 / 산신도 섭섭하고 짐승들도 슬프리라
너희 둘을 보내니 나으린들 어찌하겠느냐 / 부디부디 조심하고 칠보산에 같이 가라
사또 분부로 소녀들이 왔습니다" / "우습고 부끄럽다 본관의 정성이여
풍류남자 나그네는 남쪽 지방 출신의 나뿐인데 / 신선이 있는 곳에 와서 너희를 어찌 보내리오
이왕에 너희들이 칠십 리 찾아오니 / 풍류남자 들뜬 마음을 걷잡기 어렵구나"
방으로 들라 하고 이름을 묻고 나이를 물으니 / 하나는 매향인데 방년 열여덟이요
하나는 군산월이고 열아홉 꽃다운 나이로다 / 승려를 불러 음식하고 노래를 시켜 들어 보니
매향의 평우조(노래)는 구름과 비가 흩어지고
군산월의 해금 소리에 깊고 큰 골짜기와 수많은 산봉우리가 푸르구나
길을 안내해 줄 승려를 앞세우고 두 기생을 옆에 끼고
연꽃이 가득한 깊은 골짜기 개심대에 올라가니 / 단풍은 비단이요 물소리는 거문고 소리네
창고봉 노적봉과 만사암 천불암과 / 탁자봉 주작봉은 그림처럼 둘러 있고 그 모양새가 높고 높다
아양곡(노래) 한 곡조를 두 기생이 부르니 / 온 산이 더 높아지고 단풍이 더 붉어지는구나
고운 손으로 양금(악기)을 치니 솔바람 소리인가 물소리인가
군산월의 손길 보소 곱고도 곱구나 / 봄산의 풀순인가 안동 박골의 비단인가
양금 위에 노는 손이 보드랍고 탐스럽다 / 뚜껑 없는 가마 타고 앞을 향해 한 마루 올라가니
아까 보던 산 모양이 순식간에 달리 보여 / 모란봉이 둥그렇고 희던 바위 푸르구나
절벽에 새긴 이름 조정의 모든 벼슬아치 다 있어라 / 산을 안고 들어가니 방선암이 여기로다
기이하게 생긴 바위와 괴상하게 생긴 돌이 연달아 서 있으니 갈수록 황홀하구나
조금 더 들어가니 금강굴이 기이하다 / 높고 험한 굴에 돌의 빛깔이 이끼로 푸르러라
연적봉을 구경하고 회상대를 향하다가 / 두 기생이 간데없어 찾느라 골몰하더니
어디서 들려오는 노랫소리 하늘 한가운데서 내려오니 / 놀라서 바라보니 회상대에 올라앉아
단풍 가지 꺾어 쥐고 푸른 저고리 붉은 치마 입은 고운 몸이
만 길 바위 구름 위에 앉아 사람을 놀라게 하는구나
어와 놀랍구나 이 놀음 놀랍구나
(ebs 파트)

세월이 언제인가 구월 구일 오늘이라 / 옛 중국 시인 왕유와 이백은 용산에 높이 쉬고
조선의 김 학사(화자)는 재덕산에 올랐구나 / 술과 향기로운 꽃을 앞에 놓고 고향 마을을 상상하니
북변산의 단풍 경치는 김 학사의 독차지요 / 고향 집의 노란 국화는 주인이 없겠구나
파리한 늙은 아내는 술을 들고 슬프던가 / 가을 달이 낯 같으니 조운의 회포로다
칠보산에 반한 몸이 소무의 굴을 보려 하고 / 팔십 리 경성 땅의 장연(함경도 지역)으로 들어가니
북쪽 바다의 큰 호수 가운데 (충신 소무가 머물렀던) 간양도는 외로워라
가을빛은 끝이 없는데 갈대꽃이 슬프도다 / 푸른 물결은 아득하여 바다의 경치가 (하늘에) 잇닿아 있고
낙엽은 분분하여 푸른 하늘에 나는구나 / 충신의 높은 자취는 어디 가서 찾아볼까
어와 거룩하다 소중랑(소무) 거룩하구나 / 나도 또한 이럴망정 임금님 곁을 멀리 떠나
멀리 떨어져 있는 지역에 몸을 던져 회포도 슬프더니 / 오늘날 이 섬 위의 흥취가 같구나

연을 즐기며 좋은 업적과 글을 남겼다며 화자에게 '북관의 명승지'인 '칠보산' 유람을 권유하고 있다.

그 말을 반겨 듣고~광경이 더욱 좋다 → '본관'의 계속되는 설득에 '칠보산' 유람을 하기로 마음을 바꾼 화자가 '칠보산'에서 자연의 경치를 보며 감탄하는 모습이 드러나 있다. 다양한 비유법과 감각적 이미지를 활용해 자연의 풍경을 생생하게 묘사하고 있다.

기생 둘이 앞에 와서~사람을 놀라게 하는구나 → '본관'이 보낸 기생 '매향', '군산월'과 함께 '칠보산'을 유람하며 풍류를 즐기는 화자의 모습을 확인할 수 있다.

세월이 언제인가~조운의 회포로다 → 화자가 '재덕산에 올라' '고향'과 '늙은 아내'를 생각하며 시름에 잠겨 있음을 알 수 있다. '단풍', '국화', '가을 달'은 모두 가을의 계절감을 주는 시어에 해당하며, 쓸쓸한 분위기를 환기한다.

칠보산에 반한 몸이~섬 위의 흥취가 같구나 → '칠보산에 반한 몸'은 '칠보산' 유람을 다녀와 그 경치의 아름다움에 빠진 화자를 가리키는 표현이다. 화자는 '소무'가 흉노의 포로가 되어 갇혔던 '굴'을 보기 위해 '장연'으로 들어가고 있다. 한편, '북쪽 바다'에 위치한 '간양도'는 '소무'가 흉노의 포로가 되어 유배를 갔던 곳이다. 화자는 이와 같이 충신인 '소무'의 자취를 계속해서 더듬으며 유배를 당했던 그의 처지와 외로움에 공감하고, 그의 충심을 '거룩하'다며 예찬하고 있다. 또한 '갈대꽃'에 감정을 이입하여 유배를 당한 자신의 슬픈 심정을 드러내고 있다.

지는 해에 칼을 잡아서 들고 글 짓고 돌아서니 / 눈바람 몰아치는 험준한 인생길이로다
귀문관에 돌아드니 음침하고 괴이하다 / 세 겹이나 둘러싸여 있으니 온몸이 두려워 마음이 거북스럽다
길가의 저 무덤은 왕소군의 무덤인가 / 처량한 어린 혼이 흰 들판에 슬프구나
봄바람에 한을 맺고 붉은 뺨을 울렸구나
잘랑잘랑 환패 소리 달밤에 우느니라 / 술 한 잔 가득 부어 꽃다운 넋을 위로하고
유정으로 들어가니 명천읍이 십 리로다 / 길가 주막에 들어가니 경방자가 달려드니
무슨 소식 왔다고 하는가 귀양이 풀려서 고향에 돌아가라는 명령이 내렸도다
임금님의 은혜가 너무 커서 눈물이 비 오듯 흐르는구나
공문서를 손에 쥐고 (임금님이 계신) 남쪽을 향하여 여러 번 절을 하니
같이 길을 가는 사람의 거동 보소 축하해 주는 것도 거룩하다
밥 먹기 전에 말을 달려 주인의 집을 찾아가니
방 안에 모인 사람 전부 축하하여 그 광경을 이루 말할 수 없다
죄명이 없어지니 평범한 사람이 되었구나 / 임금님의 은혜를 크게 입어 세상을 다시 보니
삼천 리 고향 땅이 아주 가까운 거리가 아닐런가
거리를 두고 못 오더니 군산월이 찾아든다 / 꾸밈없는 모습으로 웃으면서 축하하네
"나으리 귀양 풀려 그 얼마나 기쁘실까" / 칠보산의 우리 인연 봄에 꾼 꿈처럼 덧없고 아득하더니
이날에 너를 보니 그것도 임금님의 은덕인가 / 그리워하다가 만난 정이 맛나고 향기롭다
본관의 거동 보소 악공들을 거느리고 / 내가 있는 곳으로 나오면서 축하하고 손잡으며
"김 교리인가 김 학사이신가 임금님의 은덕인가 / 나도 이리 기쁘거든 임자야 오죽할까
홍문관 교리의 정든 사람을 잠시라도 천하게 하랴
지금 바로 죄인의 이름에서 삭제하여 그 길로 나왔노라"
이렇게까지 생각하니 감사하기 그지없다 / 군산월을 다시 보니 새 사람이 되었구나
온갖 가시에 섞인 난초를 옥 화분에 옮겼구나
먼지 속의 빛을 내는 구슬이 견문 넓은 군자를 만났구나
매서운 바람에 묻힌 칼이 누구를 보고 나왔는가 / 꽃다운 어린 자질 임자를 만났구나
임과 보내는 첫날밤에 맑은 바람 불어 달 밝은 날에
글 지으면 화답하고 술 가지면 같이 술잔을 드니
정분도 깊거니와 호화로운 사치도 그지없다 / 시월에 말을 타고 고향을 찾아가니
본관의 덕을 보소 남자 옷 입혀 보내며 / 가마와 이백 냥 여비를 내어 딸려 주며
떠날 적에 하는 말이 "모시고 잘 가거라 / 나으리 서울에서 네게야 내외할까
천 리 강산 큰길 위에 김 학사 꽃이 되어 / 비위를 맞추면서 좋게 좋게 잘 가거라"

〈본사 3〉

가마를 앞세우고 풍류남자 뒤따르니 / 오던 길 넓고 넓어 돌아가는 기쁨이 그지없다
길주읍에 들어가니 본관의 거동 보소 / 비단 자리 넓은 방에 풍악이 가득하다
군산월 하나이나 풍류의 정취가 가득하다 / 아름다운 군산월이 더 빛나게 되었구나
이른 아침에 길을 떠나서 밝을 때 점심을 먹었는데
푸른 바다는 넓고 넓어 동녘 하늘이 그지없다
산들은 병풍같이 겹겹으로 겹쳐 있어 여러 면에 있어 섭섭하다
가을바람에 선녀와 함께 성진에 들어가니 / 북병사 마주 나와 두 문관이 한자리에 같이 앉으니
북방 세 개의 읍 관가의 군병이요 길주 관청의 젊어서 혈색이 좋은 얼굴이구나
촛불이 영롱한데 평사의 호강이라 / 본관이 하는 말이 "학사가 데리고 온 사람의 모양새가 기이하다
서울 사람인가 함경도 사람인가 청지기(몸종)인가 방자인가 / 이름이 무엇이며 나이는 지금 몇 살인가
손 보고 눈매 보니 이런 미남 처음보네" / 웃으며 대답하되 "함경도 아이 데려다가
남도에 옮긴 뒤에 장가들이려 하오" / 자취를 감추고 풍악 중에 앉았더니
평사가 취한 뒤에 소리를 크게 하여 / "김 교리의 청지기야 내 곁에 이리 오라"
(군산월이) 거역하지 못하고 공손히 나아가니 / "손 내어라 다시 보자 어찌 그리 기이한가"

길가의 저 무덤은~꽃다운 넋을 위로하고 → '왕소군'의 무덤을 마주한 화자가 '한을 맺고 붉은 뺨'에 눈물을 흘렸던 그녀의 '꽃다운 넋'을 위로하고 있다. '환패'는 벼슬아치들이 입는 예복의 좌우에 늘어뜨려 차던 옥을 가리킨다. 화자는 '환패'를 차고 움직이는 소리를 '잘랑잘랑'이라는 음성 상징어와 청각적 이미지를 통해 생동감 있게 드러내고 있다.

길가 주막에 들어가니~남쪽을 향하여 여러 번 절을 하니 → '경방자'는 관할 지방 관아에 보내는 공문 따위를 전달하던 하인을 가리킨다. 유배 생활을 하던 화자가 '경방자'로부터 자신의 방면(붙잡아 가두어 두었던 사람을 놓아줌) 소식을 듣고, '임금님의 은혜'에 감사하며 크게 기뻐하는 모습이 묘사되어 있다.

거리를 두고 못 오더니~만난 정이 맛나고 향기롭다 → '칠보산' 유람 이후 화자와 '거리를 두고 못 오'던 기생 '군산월'이 화자를 찾아와 방면을 축하해 주는 모습과 '군산월'과의 만남을 '임금님의 은덕'으로 여길 정도로 기뻐하는 화자의 모습이 나타나 있다.

본관의 거동 보소~기쁨이 그지없다 → '본관'의 배웅 속에 서울로 향하는 화자의 모습이 묘사되고 있다. 또한 '본관'의 명으로 '남자 옷'을 입고 화자를 따르는 '군산월'의 모습과 '돌아가는 기쁨'에 취해 있는 화자의 모습도 확인할 수 있다.

가을바람에 선녀와 함께~여자들과 어울리네 → '길주읍'에 도착한 화자가 남장을 한 '군산월'을 데리고 '북병사(북병영의 병마절도사)'가 마련한 자리에 참석하였음을 알 수 있다. 길주 관청의 '본관'이 '군산월'의 아름다운 '모양새'에 그녀의 정체를 의심하며 희롱하고, '본관'의 희롱을 참지 못한 '군산월'이 '쌀쌀맞게' 굴어 결국 정체를 들키는 모습이 대화를 통해 자세히 묘사되고 있다.

말 꼬리의 털로 만든 토시 속에서 고운 손을 반만 내어
덥석 들어 쥐려고 할 때 억지로 빠져나와 일어서니
계집의 좁은 소견이 미련하고 매몰차다 / 사나이처럼 손잡거든 손을 주고
도량이 넓어 융통성이 있으면 귀여워할 것인데 / 가뜩이 수상하여 올려보고 내려보고
군관이나 기생이나 눈여겨보던 차에 / 쌀쌀맞게 빠져나오는 모습 제 버릇 감추겠느냐
평사가 눈치채고 "몰랐노라 몰랐노라 / 김 학사의 아내인줄 몰랐노라 몰랐노라"
모두가 크게 웃고 뭇 기생이 달려드니 / 아까 섰던 남자 몸이 여자들과 어울리네
양색단 두루마기 옥판 달아 입고 / 꽃밭에 섞여 앉아 노래를 받고 주니
청산의 옥동인가 화원의 범나비인가 / 닭 울자 해돋이 구경하러 망양정에 올라가니
촛불에 꽃이 피고 옥병에 술을 부어 / 마시고 취한 뒤에 동해를 건너보니
해가 솟아오르면서 붉은 바다가 되는구나
해 뜨는 곳이 지척이요 햇빛은 마음속에 품고 있는 생각을 말하는구나
대풍악 잡아 쥐고 바다를 굽어보니 / 하루살이 같은 이내 몸이 임금님의 은혜도 지극하다
함경도를 못 왔다면 이러한 놀이를 어찌 보며
과거에 급제하지 못했다면 군산월이 어찌 올 수 있겠는가
평사와 이별하고 마천령을 넘어간다 / 구름 위에 길을 두고 가마로 올라가니
군산월을 앞세우면 눈앞에 꽃이 피고 / 군산월을 뒤에 세우면 뒤따르는 신선의 동자이다
단천에서 점심을 먹고 북청읍에 숙소를 정하니 / 한밤중에 깊은 정은 두 사람만 아느니라
금석 같은 굳은 약속이요 태산 같은 인정이라 / 이원에서 점심을 먹고 영흥읍에 숙소를 정하니
본관이 나와 보고 밥 보내고 환대하네 / 고을도 크거니와 풍악도 대단하다
대풍악을 파한 후에 기생 행절이만 잡아 두니 / 행절이 모습 보소 곱고도 곱구나
맑은 물에 핀 연꽃 같은 정신이요 양대운우의 태도로다
이른 새벽에 길을 떠나 덕원 정평을 지난 후에 / 고원에 들어가니 고을 수령이 반기는 모습
달려와 손잡으며 경사를 만났구나 / 문천에서 점심을 먹고 원산 장터에 숙소를 정하니
명천이 천 리요 서울이 육백 리라 / 주막집 깊은 밤에 밤 한 경을 새운 뒤에
닭이 울 때 청소하고 군산월을 깨우니 / 몽롱한 해당화가 이슬에 휘어지는 듯
사랑스럽고 아름답고 유정하고 무정하다 / "옛 일을 이야기할 것이 있으니 네 잠깐 들어 봐라
이전에 장 대장이 제주 목사직을 끝낸 뒤에 / 정들었던 수청 기생 버리고 나왔더니
바다를 건넌 뒤에 차마 잊지 못하여서 / 배 잡고 다시 가서 기생을 불러내어
허리에 찬 짧은 칼을 빼어 옥 같은 고운 몸을 베고는
돌아와 대장 되고 세상에 비길 데가 없는 이름난 사람이 되었으니
내 본래 문관이라 무관과 다르기로 / 너를 도로 보내는 것이 장 대장의 짧은 칼이로다
내 말을 들어 봐라 내 원래 영남에서 / 선비로 재능 없는 사람인데 천 리를 기생 데리고
천고에 없는 호강을 끝나게 하였으니 / 죄를 어제 벗고 기생을 데리고 서울 가면
분수에도 어긋나고 모양새도 고약하다 / 부디부디 잘 가거라 다시 볼 날 있으리라"
군산월의 거동 보소 깜짝 놀라면서 / 원망으로 하는 말이 "버릴 마음 있으셨다면
중간에 못 오게 하시지 어린 사람을 홀려다가
의지할 만한 사람이 아무도 없는 천 리 밖에 게 발 물어 던지듯이 이런 일도 하십니까
나으리 은덕으로 사랑은 배부르나 / 나으리 무정함 때문에 바람 앞에 떨어진 꽃이 되었구나"
"오냐 오냐 나의 본뜻은 그렇지 아니하여 / 십 리만 가자던 것이 천 리가 되었구나
저도 부모 있는 고로 멀리 떠난 심정으로서 / 웃으며 그리하오 눈물로 그리하오"
바다 소리는 천둥 같고 불빛은 나타났다 사라지는데
붉은빛 치마에 눈물 떨어져 내 머리카락이 희겠구나
가마에 태워 저 먼저 돌려보내니 / 천고의 악한 놈은 나 하나뿐이로다
말을 타고 돌아서니 안변읍까지 삼십 리라 / 남자의 속마음인들 인정이 없겠는가
이천 리 함께한 풍류의 정을 하루아침에 놓쳤구나 / 풍경도 잠깐이라 흥이 다해 슬픔이 되었구나

닭이 울 때 청소하고~악한 놈은 나 하나뿐이로다
→ 화자는 '수청 기생'을 잊지 못한 '장 대장'이 그녀를 다시 찾아가 벤 후 세상에 비길 데가 없는 유명한 사람이 되었다는 일화를 언급하며, '군산월'에게 이별을 고하고 있다. '군산월'의 원망과 눈물에도 끝내 그녀를 보낸 화자는 자신을 '악한 놈'이라 칭하며 '군산월'에 대한 미안한 마음을 드러내고 있다.

안변의 수령이 하는 말이 "어찌 그리 무정하오 / 판관 사또가 무섭던가 남의 눈이 무섭던가
장부의 헛된 마음만 상하기 쉬우리라 / 내 기생 봉선이를 남자 옷을 입혀 앞세우고
철령까지 동행하여 회포를 잊으시오" / 봉선이를 불러들여 따라가라 분부하니
고운 얼굴이 아름다워라 군산월의 고운 모양 / 깊고도 싶은 정이 새 얼굴 보고 잊혀지겠는가
눈바람은 아득한데 북녘 하늘을 다시 보니 / 봄바람에 날리는 꽃이 진흙에 구르는 듯
가을 하늘의 외기러기 짝 없이 가느니라 / 철령을 넘을 적에 봉선이와 헤어지니
애꿎은 이내 몸이 익숙한 것이 이별이다 / 잘 있고 잘 가거라 다시 어찌 못 만나겠느냐
뚜껑 없는 가마 타고 고개를 넘으니 함경도 산천(과의 인연도) 끝이 난다
설움도 끝이 나고 인정도 끝이 나고 / 풍류도 끝이 나고 남은 것이 (고향으로) 돌아가는 기쁨이라
회양읍에서 점심을 먹고 김화 금성을 지난 후에 / 영평읍에 들어가서 철원을 밟은 후에
포천읍에 숙소를 정하고 서울은 어디쯤인가 돌아가는 흥겨움이 걷잡을 수 없이 벅차다
갈 적에는 푸르게 우거진 나무와 향기로운 풀 올 적에는 눈바람이 불고
갈 적에는 흰옷(죄인의 옷)이더니 올 적에는 푸른 관복이로다
귀양살이하는 유배객이었던 것이 어제였는데 홍문관 교리로 복직한 것이 오늘일세
술 먹고 말을 타며 시 구절도 절로 나오고 / 산 넘고 물 건너 노래하면서 여기에 왔구나
여러 번 죽을 고비를 넘기고 살게 된 것도 이 몸이고 긴 세월 중 뛰어난 영웅도 이 몸이다
축석령 넘어가니 삼각산이 반가워라 / (해가) 하늘의 한 가운데 솟았으니 돌아가는 흥취가 고조되고
수많은 나무마다 서리꽃이 피었으니 눈 위의 봄빛이라 / 삼각산에 절을 하고 다락원을 들어가니
여관 주인이 마중 나와 울음으로 반기고 / 동대문에 들어가니 임금님은 건강하시네
여장을 다시 차려 고향으로 돌아가는구나 / (문경) 새재를 넘어서니 (경상도) 영남이 여기로다
오천에서 밤을 새우고 고향 산천에 들어가니 / 집안 식구들이 탈 없이 전에 있던 모습이네
어린 것들(을 보니) 반갑구나 이끌고 방에 들어가니 / 애쓰던 늙은 아내는 부끄러워하는구나
가련하구나 수득 어미 군산월 네가 온 것이냐 / 박으로 만든 술잔에 술을 부어 마시고 취한 뒤에
삼천 리 남북으로 다니며 겪은 고생이 일장춘몽에서 깬 것처럼 끝났구나
아아 김 학사야 과거 급제 늦다고 한탄하지 마라 / 남자로서 오래 남을 훌륭한 일을 다 하고 왔느니라
〈본사 4〉

자연에 편히 누워 태평하게 놀게 되면 / 무슨 한이 또 있겠으며 구할 일이 없을 것이다
글을 지어 기록하여 부녀자들이 보신 후에 / 다음 생에 남자 되어 다른 남자 부러워 말고
이내 노릇을 해 보시오 그 아니 상쾌할까
〈결사〉

갈 적에는 푸르게 우거진~임금님은 건강하시네 →
유배지로 떠날 때와 방면되어 서울로 돌아올 때의
계절적 배경과 옷차림, 처한 상황을 대비하여 고향
으로 돌아가는 화자의 흥겨움과 벅참을 드러내고
있다. 또한 '서울'에 도착한 화자가 임금님이 계신
'삼각산' 방향으로 '절을 하는' 모습에서 임금님에 대
한 충심을 확인할 수 있다.

영남이 여기로다~일장춘몽에서 깬 것처럼 끝났구나
→ 고향인 '영남'으로 향한 화자가 자녀들과 '늙은
아내'를 만나 회포를 푸는 모습이 그려져 있다. '수
득 어미'는 화자의 아내를 지칭하는 표현으로, 자신
의 아내를 보며 '군산월'을 떠올리는 데서 화자가
'군산월'을 잊지 못했음을 알 수 있다. 또한 유배길
에서의 고생을 '일장춘몽', 즉 한바탕의 봄꿈과 같다
고 표현하여 고생에서 벗어나게 된 안도감을 드러
내고 있다.

아아 김 학사야~그 아니 상쾌할까 → 화자는 비록
과거 급제가 늦었으나 '남자로서 오래 남을 훌륭한
일을 다 하'였으며, 자연에서 태평하게 지내면 한이
없을 것이라며 자신을 위로하고 있다. 또한 '부녀자
들'에게 자신의 삶에 대한 당당함을 표출하고자 이
글을 창작하였음을 밝히며 작품을 마무리하고 있다.

STEP 03 작품 해제

01 | 주제

유배지에서 느끼는 회포와 귀향의 기쁨

02 | 특징

① 유배 생활에서 체험한 견문과 여정을 노래한 화자 중심의 시
② 시간의 흐름과 공간의 이동에 따라 시상이 전개됨.
③ 체험을 바탕으로 한 사실적 묘사와 서술을 통해 당시의 정치적 상황을 효과적으로 드러냄.
④ 대화를 인용하여 현장감을 높임.

03 | 작품 해제

이 작품은 상관의 비리를 고발하는 상소를 올렸다가 함경도 명천으로 유배를 가게 된 김진형이 유배 생활에서 겪었던 일을 노래한 장편 유배 가사이다. 상소를 올렸다가 유배의 명을 받게 된 일, 서울에서 북관까지 향하는 유배 여정, 유배지에서의 극진한 대접과 칠보산 유람 및 기생 군산월을 사랑한 일, 다시 북관에서 명천에 이르기까지의 여정, 명천에 도착하자마자 유배에서 풀려난 소식을 접하고 고향으로 돌아오는 과정을 차례로 노래하였다. 작가 자신의 체험이 사실적으로 묘사된 이 작품에는 유배를 겪은 슬픔과 유배지에서 기생과 풍류를 즐기며 느끼는 기쁨, 고향으로 돌아와 느끼는 감격 등 화자의 정서 변화가 잘 나타나 있다.

STEP 04 논문으로 만나는 출제자의 시선

「북천가」에 나타난 기생과의 사랑

「북천가」는 1853년 작가 김진형의 함경도 유배 체험을 바탕으로 창작된 가사로, 유배 생활에 대한 그의 기록인 『북천록』을 토대로 재구성된 작품이다. 유배지까지의 여정과 자연의 모습, 유배 체험으로부터 촉발된 감회 등이 완결된 서사로 구성된 전형적인 유배 가사이지만 칠보산을 유람할 때 만난 기생 군산월과의 애정 서사가 삽입되어 있다는 점에서 『북천록』의 내용과 차이점을 보인다. 「북천가」에는 자신이 명천으로 귀양을 가게 된 사정이나 감회에 대한 기록보다 기생 군산월과의 만남, 애정, 이별을 표현한 부분이 많다. 김진형과 군산월의 애정담과 같은 사대부와 기생의 애정이 가사 작품에 등장하게 된 것은 18세기 중엽 「일동장유가」, 「금루사」, 「순창가」 등에 이르러서이다. 이러한 변화는 다양한 삶에 대한 관심과 문학적 수용이라는 조선 후기 양반 지식층의 사고 변화가 반영된 결과이다. 작가의 인식이 달라졌기 때문에 「북천가」에는 기생 군산월의 이름과 그녀에 대한 구체적인 이야기들이 제시될 수 있었던 것이다. 개인적 고통에 대한 하소연이나 자기 합리화가 많았던 기존의 유배 가사와 달리, 「북천가」가 밝은 분위기를 지속할 수 있었던 것에는 이러한 점이 큰 영향을 끼쳤다고 볼 수 있다. 이러한 이유로 인해 「북천가」는 유배 가사 본연의 작품 세계에서 벗어나 기행 가사나 애정 가사 등 다른 유형의 작품 세계와 섞여 융화되는 양상을 보여 주는 작품으로 평가받고 있다.

「북천가」 속 탈규범성

「북천가」에서 김진형이 본관의 배려로 기생들과 함께 칠보산 구경을 가서 신선놀음을 하는 대목은, 그의 방탕한 유배 생활의 절정을 보여 준다. 그는 기생 군산월과의 신선놀음에서 흥취를 맛보고, 엄한 왕명도 잊은 채, 본 것이 큰 병이 될 지경이며 안 본 것이 약이 될 뻔했다고 할 정도로 군산월의 아름다움에 현혹되었다. 그러다 숙소로 돌아와서 곰곰이 생각하고 유배객으로서 방탕한 생활을 하는 것이 마음에 걸려 다시는 기생을 데리고 다니지 않을 것을 다짐하고 선비들끼리의 풍류를 즐기려 했다. 유배당한 선비로서의 체면치레를 해 본 것이다. 그러나 그 체면치레가 오래가지 않았다는 점에서, 그의 규범적 유배 생활이 회복되었다고 보기는 어렵다. 「북천가」의 작품 구조는 이렇듯 유배에 대한 불만과 풍류에 대한 체면의 대응 관계로 이루어져 있는데, 유배에 대한 불만은 정치 현실과 유교의 규범을 벗어나게 하는 요인이 되었고, 풍류에 대한 체면은 규범에서 벗어나는 행위인 유배지에서의 풍류에 체면이라는 규범적 의식을 끌어온 것이다. 이 점이 「북천가」의 개방성이면서 보수성이라고 할 수 있다. 규범의 테두리에서 본다면 「북천가」는 엄숙히 받아들여야 할 유배를 가볍게 받아들였다는 점에서 불충을 서슴지 않은 작품에 해당하지만, 이렇게 유배를 희화한 것은 부당하고 억울한 자신의 유배에 대한 불만과 잘못된 정치 현실에 대한 비판의 표현이라고 할 수 있다. 그런 의미에서 「북천가」는 규범화된 유배 가사의 통념을 깨뜨리고 유배 가사가 풍류 넘치는 기행 가사나 흥미진진한 애정 가사로 수용될 수 있는 길을 열어 준 작품이라 할 수 있다.

흥보기도 싫다마는 저 부인(婦人)의 모양 보소
출가(出嫁)한 지 석 달 만에 시집살이 심하다고
친정에 편지하여 시집 흉도 허다(許多)하다
게염스런* 시어머니 암특할사* 시아버지
야유데기 시누이와 엄숙데기 맏동서며
요악(妖惡)한 아우 동서 여우 같은 씨앗년*의
거세도다 남노여복(男奴女僕) 들며 나며 흠구덕에
여기저기 사설이요 구석구석 모함이라
남편이나 믿었더니 십벌지목(十伐之木)* 되었어라
시집살이 못 하겠네 간숫병을 기울이고*
치마 쓰고 내닫기와 봇짐 싸고 도망질에
오락가락 못 견디어 여승(女僧)이나 따라갈까
들 구경을 하여 볼까 나물이나 뜯어 볼까
긴 장죽(長竹)이 벗님이요 문복(問卜)*하기 소일(消日)이요
겉으로 설움이요 속으로 딴생각에
반분대(半粉黛)*로 일을 삼고 털 뽑기가 세월이요
시부모가 걱정하면 말대답을 풍덩풍덩
남편이 걱정하면 뒤중그려* 맞넉수*라
들고 나니 초롱꾼*에 팔자나 고쳐 볼까
양반 자랑 모두 하며 색주가(色酒家)*나 하여 볼까
남대문 밖 뺑덕어멈 천성(天性)이 그러한가
배워서 저러한가 본데없이 자랐구나
여기저기 무릎맞춤* 싸움질로 세월이요
나가면은 말전주*요 들면서 음식 공론
제 조상(祖上)은 젖혀 놓고 불공(佛供)하기 위업(爲業)이라
당 소경 푸닥거리 의복가지 다 나가고

남편 모양 볼작시면 삽살개 뒷다리라
자식 거동 볼작시면 털 벗은 솔개미라
엿장수 떡장수는 아이 핑계 거르지 않고
물레 앞 씨아 앞은 선하품 기지개라
이야기책 소일에 음담패설 요기로다
이 집 저 집 이간질로 모함 잡고 똥 먹이며*
인물 초인 떨려 나기* 패(佩)쪼박이 되겠구나*
세간은 줄어지고 걱정만 늘어 가네
치마는 짧아 가고 허리통이 길어 간다
총 없는 헌 짚신에 어린 자식 들쳐 업고
혼인 장사(葬事) 집집마다 음식 추심 일을 삼아
꾼 양식 거울러라* 한번 곡회* 하여 보자
아이 싸움 어른 싸움 가부지죄* 매 맞고
공연히 성을 내어 무죄한 자식 치기
씨앗을 남을 주고 중매아비 원망이라
며느리를 쫓았으니 아들은 홀아비요
딸자식을 데려오니 남의 집 결딴일네
목구멍이 드슈하면 무례무의(無禮無義) 음란이요
두 손뼉을 두드리며 방성대곡 해괴하다
무슨 꼴에 생투기로 머리 싸 드러눕고
간부(姦夫) 달고 달아나다 관비(官婢) 정속* 흐뭇하다
무식한 창생(蒼生)들아 저 거동(擧動)을 자세히 보소
그른 줄을 알았거든 고칠 개(改) 자 힘을 쓰고
옳은 줄로 알량이면 행하기를 위주(爲主)하소
아무리 용렬하나 그름 옳음 모를쏜가

*게염스런 : 남이 가진 것을 부러워하고 시기하는.
*암특할사 : 남을 시기하고 샘을 잘 내는.
*씨앗년 : 남편의 첩을 멸시해서 하는 말. / *십벌지목 : 열 번 찍은 나무.
*간숫병을 기울이고 : 간수를 먹으려 하며. 즉 자살을 시도하는 행위를 일컬음.
*문복 : 점쟁이에게 길흉(吉凶)을 물음. / *반분대 : 살짝 칠한 엷은 화장.
*뒤중그려 : 생각이나 성질이 바르지 않고 삐뚤어짐.
*맞넉수 : 맞적수. 지지 않고 대꾸하는 것.
*들고 나니 초롱꾼 : 초롱을 들고 나서면 초롱꾼이 된다는 뜻으로, 사람은 어떤 일
　이고 다 할 수 있다는 말. / *색주가 : 술집.

*무릎맞춤 : 양자 사이의 말이 서로 다를 적에 삼자 앞에서 대질하여 변론하는 것.
*말전주 : 이쪽 말을 저쪽에 전하여 이간질을 하는 것.
*모함 잡고 똥 먹이며 : 꾀로써 남을 못된 구렁에 들게 함.
*인물 초인 떨려 나기 : 외간 남자를 끌어들였다가 쫓겨나기.
*패쪼박이 되겠구나 : 쪼박을 차는 신세. 즉 거지꼴이 되었다는 의미.
*거울러라 : 거의 되었다는 뜻으로, 곧 떨어지게 되었다는 말.
*곡회 : 친구끼리 모여서 즐겁게 술을 마시는 일.
*가부지죄 : 부인의 잘못으로 남편이 벌을 받게 됨.
*관비 정속 : 죄를 범한 여자를 관비로 소속시키는 것.

OX문제

01	대상과의 문답을 통해 주제 의식을 부각하고 있다. [2023학년도 6월]	(O / X)
02	명령형 어조를 활용하여 화자의 요구를 전달하고 있다. [2021학년도 6월]	(O / X)
03	화자는 '시집 흉'을 보며 '반분대로 일을 삼'는 '뺑덕어멈'을 부정적 시선으로 바라보고 있다.	(O / X)
04	사물의 의인화를 통해 비판적 태도를 드러내고 있다. [2014학년도 9월A]	(O / X)
05	화자는 '뺑덕어멈'이 비록 '용렬'했으나 '그른 줄을 알'고 고쳐 '관비 정속'이 되었다며 '흐뭇'해하고 있다.	(O / X)

흥보기도 싫다마는 저 부인(婦人)의 모양 보소
　　　　　　■ : 용부(어리석은 부인) → 비판의 대상

⇒ 흥보기도 싫다마는 저 부인의 모습 보소

출가(出嫁)한 지 석 달 만에 시집살이 심하다고
처녀가 시집을 감.

⇒ 시집간 지 석 달 만에 시집살이 심하다고

친정에 편지하여 시집 흉도 허다(許多)하다

⇒ 친정에 편지하여 시집 흉도 많이 본다

서사 : '저 부인'의 행실을 소개하고자 함.

『계염스런 시어머니 암특할사 시아버지
『　』: 시집 식구들에 대한 험담을 담은
　　 '저 부인'의 편지 내용

⇒ 남이 가진 것을 시기하는 시어머니 샘을 잘 내는 시아버지

야유데기 시누이와 엄숙데기 맏동서며
큰아주버니의 아내를 이르는 말

⇒ 야유하는 시누이와 엄숙한 맏동서며

요악(妖惡)한 아우 동서 여우 같은 씨앗년의
남편의 첩을 멸시해서 하는 말

⇒ 요사하고 악독한 아우 동서 여우 같은 남편의 첩

거세도다 남노여복(男奴女僕) 들며 나며 흠구덕에
험담

⇒ 거세도다 남녀 노비 드나들며 흠을 뜯고

여기저기 사설이요 구석구석 모함이라

⇒ 여기저기 잔소리요 구석구석 모함이라

남편이나 믿었더니 십벌지목(十伐之木) 되었어라』
열 번 찍어 안 넘어가는 나무가 없음을 이르는 말
→ 화자를 헐뜯는 말에 넘어간 남편의 모습을 비유

⇒ 남편이나 믿었더니 열 번 찍혀 넘어가는 나무처럼 (험담에) 넘어갔구나

시집살이 못 하겠네 간숫병을 기울이고
고된 시집살이에 자살을 시도함.

⇒ 시집살이 못 하겠네 간수(독약) 담긴 병을 기울이고

치마 쓰고 내닫기와 봇짐 싸고 도망질에

⇒ 치마 쓰고 뛰어나가기와 보따리 싸고 도망질에

오락가락 못 견디어 여승(女僧)이나 따라갈까
여자 승려

⇒ 오락가락 못 견디어 여승이나 따라갈까

들 구경을 하여 볼까 나물이나 뜯어 볼까
　　　　　　　　　　점쟁이에게 길흉을 묻기

⇒ 들 구경을 하여 볼까 나물이나 뜯어볼까

긴 장죽(長竹)이 벗님이요 문복(問卜)하기 소일(消日)이요
　　의인법　　　　　　　　　하는 일 없이 세월을 보냄.

⇒ 긴 담뱃대가 친구요 무당에게 점보는 일로 시간을 보내고

겉으로 설움이요 속으로 딴생각에

⇒ 겉으로는 서러워하는 척하며 속으로는 딴생각에

살짝 칠한 엷은 화장
반분대(半粉黛)로 일을 삼고 털 뽑기가 세월이요
걷치장에만 신경 쓰는 모습

⇒ 화장으로 일을 삼고 털 뽑기로 세월을 보낸다

시부모가 걱정하면 말대답을 풍덩풍덩
음성 상징어

⇒ 시부모가 걱정하면 말대답을 풍덩풍덩

과외식 해설

흥보기도 싫다마는~시집 흉도 허다하다 → 화자는 시집간 지 세 달 만에 시집에 대한 험담을 늘어놓는 '저 부인'을 비판의 대상으로 삼아, 독자에게 그녀의 '모양'을 보라며 말을 건네고 있다. 말을 건네는 방식을 사용하면 화자와 독자 간의 거리가 가까워지는 효과가 있는데, 화자는 이를 통해 '저 부인'의 행실에 대한 비판에 독자가 공감할 수 있도록 유도하고 있는 것이다.

계염스런 시어머니~십벌지목 되었어라 → '저 부인'이 친정에 보낸 편지의 내용이 인용된 부분이다. 비유법과 열거법을 사용하여 시집 식구들의 성격에 대한 '저 부인'의 험담과 평가를 보여 주고 있다.

시집살이 못 하겠네~나물이나 뜯어 볼까 → 시집살이에서 벗어나기 위해 '저 부인'이 한 행실들(독약병 기울이기, 치마 뒤집어쓰고 뛰쳐나가기, 보따리 싸고 도망가기, 여승 따라갈 궁리하기, 들 구경할 생각하기, 나물 뜯을 생각하기)이 나열되고 있다.

긴 장죽이 벗님이요~털 뽑기가 세월이요 → 집안일에 힘쓰지 않고 쓸모없는 일로 허송세월을 보내는 '저 부인'의 모습이 드러나 있다. 흡연과 점치기로 시간을 허비하고, 몸치장에만 신경 쓰는 '저 부인'에 대한 화자의 비판적 시선을 통해 '저 부인'의 행실이 당대 유교적 가치관에 어긋나는 행동들이었음을 알 수 있다.

시부모가 걱정하면~색주가나 하여 볼까 → 화자는 시부모와 남편을 공경하지 않고 따박따박 말대꾸를 하는 '저 부인'의 행동과 양반의 신분으로 이미 시집을 간 상황임에도 팔자를 고쳐 보려 한다거나 술집을 차리려는 모습을 제시하여 인륜과 도덕을 모르는 '저 부인'의 태도에 대해 비판하고 있다.

남편이 걱정하면 뒤좋그려 맞녁수라
맞젹수

⇒ 남편이 걱정하면 성질이 비뚤어져 지지 않고 대꾸한다

들고 나니 초롱꾼에 팔자나 고쳐 볼까
초롱을 들고 나서면 초롱꾼이 된다는 뜻으로,
사람은 어떤 일이고 다 할 수 있다는 말

⇒ 사람은 어떤 일이고 다 할 수 있다는데 팔자나 고쳐 볼까

양반 자랑 모두 하며 색주가(色酒家)나 하여 볼까

⇒ 양반 자랑 모두 하며 술집이나 하여 볼까

본사 1 : '저 부인'의 잘못된 행동을 나열함.

남대문 밖 **뻥덕어멈** 천성(天性)이 그러한가

⇒ 남대문 밖 뻥덕어멈 타고난 성품이 그러한가

배워서 저러한가 본데없이 자랐구나
예의범절을 모르는 '뻥덕어멈'에 대한 비판

⇒ 배워서 저러한가 보고 배운 것 없이 자랐구나

여기저기 무릎맞춤 싸움질로 세월이요
양자 사이의 말이 서로 다를 적에 삼자 앞에서 대질하여 변론하는 것

⇒ 여기저기 잘잘못 따지며 싸움질로 세월을 보내고

나가면은 말전주요 들면서 음식 공론

⇒ 나가서는 이간질이요 들어와선 음식 타령

부처 앞에 공양을 드림.   생업으로 삼음.
제 조상(祖上)은 젖혀 놓고 불공(佛供)하기 위업(爲業)이라
유교적 가치에 반하는 행위

⇒ 제 조상은 제쳐 놓고 불공드리는 것을 생업으로 삼는다

'시각 장애인'을 낮잡아 이르는 말
당 소경 푸닥거리 의복가지 다 나가고
무당이 하는 굿
〈 〉: 볼품없는 식구들의 모습 묘사 → 가정을 돌보지 않는 '뻥덕어멈'의 행실 비판

⇒ 무당과 소경 불러 굿하느라 옷가지 다 내주고

〈남편 모양 볼작시면 삽살개 뒷다리라

⇒ 남편 모습 볼 것 같으면 삽살개 뒷다리 같고

자식 거동 볼작시면 털 벗은 솔개미라〉

⇒ 자식 모습 볼 것 같으면 털 빠진 솔개 같다

엿장수 떡장수는 아이 핑계 거르지 않고

⇒ 엿장수 떡장수는 아이 핑계로 거르지 않고

실을 만드는 기구   목화의 씨를 빼는 기구
물레 앞 씨아 앞은 선하품 기지개라
집안일을 제대로 하지 않는 '뻥덕어멈'의 게으른 모습

⇒ 물레, 씨아 앞에서는 선하품에 기지개라

이야기책 소일에 음담패설 요기로다

⇒ 이야기책으로 시간을 때우고 음담패설을 밥 먹듯 한다

이 집 저 집 이간질로 모함 잡고 똥 먹이며
꾀로써 남을 못된 구렁에 들게 하며

⇒ 이 집 저 집 이간질로 남을 곤경에 빠지게 하며

쪽박을 차는 신세(거지꼴)
인물 초인 떨려 나기 패(佩)쪽박이 되겠구나
외간 남자를 끌어들였다가 쫓겨나기

⇒ 외간 남자 끌어들여 쫓겨나 거지꼴이 되겠구나

집안 살림에 쓰는 온갖 물건
세간은 줄어지고 걱정만 늘어 가네

⇒ 살림살이는 줄어들고 걱정만 늘어 가네

치마는 짧아 가고 허리통이 길어 간다

⇒ 치마는 짧아 가고 허리통은 길어 간다

총 없는 헌 짚신에 어린 자식 들쳐 업고
짚신이나 미투리 따위의 앞쪽의 양편쪽으로 운두를 이루는 낱낱의 신울

⇒ 다 떨어진 헌 짚신에 어린 자식 들쳐 업고

남대문 밖 뻥덕어멈~본데없이 자랐구나 → 비판의 대상이 '저 부인'에서 '뻥덕어멈'으로 전환되었다. '본데없이 자랐'다는 표현에서 '뻥덕어멈'도 '저 부인'과 마찬가지로 부적절한 행실을 하는 인물임을 알 수 있다.

여기저기 무릎맞춤~의복가지 다 나가고 → '뻥덕어멈'이 저지른 부적절한 행실들(여기저기 싸움 걸기, 이간질하기, 음식 타령하기, 조상은 안중에도 없이 불공드리기, 굿하기)이 나열되고 있다. 불교와 무속 신앙을 경시하는 유교적 가치관이 드러나고 있는 부분이다.

남편 모양 볼작시면~털 벗은 솔개미라 → 비유법과 대구법을 활용하여 초라한 남편과 자식의 모습을 해학적으로 묘사함으로써 가정을 소홀히 하는 '뻥덕어멈'에 대한 풍자의 효과를 높이고 있다.

엿장수 떡장수는~음담패설 요기로다 → 아이를 핑계로 엿과 떡을 사먹으며 살림살이를 축내고, 집안일을 제대로 하지도 않으면서 상스러운 이야기로 시간을 보내는 '뻥덕어멈'의 게으른 모습이 드러나고 있다.

인물 초인 떨려 나기~허리통이 길어 간다 → '줄어지고'와 '늘어 가네', '짧아 가고'와 '길어 간다'라는 대조적 표현을 사용하여 '뻥덕어멈'의 그릇된 행동들로 인해 가정 형편이 어려워졌음을 부각하고 있다.

혼인 장사(葬事) 집집마다 음식 추심 일을 삼아
찾아내어 가지거나 받아 냄.

⇒ 혼인집, 초상집마다 음식 얻어먹기를 일삼고

꾼 양식 거울러라 한번 곡회 하여 보자
양식이 다 떨어져 감에도 술자리를 가지려는 모습

⇒ 꾸어온 양식도 곧 떨어진다 한번 술자리를 해 보자

아이 싸움 어른 싸움 가부지죄 매 맞히고
부인의 잘못으로 남편이 벌을 받게 됨.

⇒ 아이 싸움 어른 싸움에 부인 잘못으로 남편 벌 받게 하고

공연히 성을 내어 무죄한 자식 치기

⇒ 까닭 없이 화를 내어 죄 없는 자식 치기

씨앗을 남을 주고 중매아비 원망이라
자신이 잘못을 저질러 놓고 남의 탓을 하는 모습

⇒ 씨앗을 남을 주고 중매하는 사람 원망이라

며느리를 쫓았으니 아들은 홀아비요

⇒ 며느리를 쫓아냈으니 아들은 홀아비요

딸자식을 데려오니 남의 집 결딴일네
시집간 딸

⇒ 딸자식을 데려오니 남의 집은 결딴이 나는구나

목구멍이 드슈하면 무례무의(無禮無義) 음란이요

⇒ 목구멍이 들썩이면 예의와 의로움은 없고 음란하다

두 손뼉을 두드리며 방성대곡 해괴하다
큰 소리로 몹시 슬프게 곡을 함.

⇒ 두 손뼉을 두드리며 크게 통곡하여 우니 해괴하다

무슨 꼴에 생투기로 머리 싸 드러눕고

⇒ 무슨 이유로 생트집을 잡아 머리를 싸 드러눕고

죄를 범한 여자를 관비로 소속시키는 것
간부(姦夫) 달고 달아나다 관비(官婢) 정속 흐뭇하다
패가망신한 '뺑덕어멈'에 대한 통쾌함을 직접적으로 드러냄.
본사 2 : '뺑덕어멈'의 잘못된 행실과 패가망신

⇒ 간통한 남자 달고 달아나다 관가의 종이 된 것 흐뭇하다

무식한 창생(蒼生)들아 저 거동(擧動)을 자세히 보소
말을 건네는 방식 → 용부를 통해 교훈을 전하려는 주제 의식 강조

⇒ 무식한 백성들아 저 모습을 자세히 보소

그른 줄을 알았거든 고칠 개(改) 자 힘을 쓰고

⇒ 그른 일인 줄 알았거든 고치도록 힘을 쓰고

옳은 줄로 알량이면 행하기를 위주(爲主)하소

⇒ 옳은 일인 줄 알았으면 실천하기를 으뜸으로 삼으시오

아무리 용렬하나 그름 옳음 모를쏜가
사람이 변변하지 못하고 졸렬하나
결사 : 그른 일은 고치고 옳은 일을 행하라는 당부

⇒ 아무리 어리석어도 그르고 옳은 것을 모르겠는가

총 없는 헌 짚신에~머리 싸 드러눕고 → 계속해서 '뺑덕어멈'의 부도덕한 모습들이 나열되고 있다. 화자는 살림이 어려워져 '헌 짚신'을 신고 '어린 자식'을 업고 다니며 음식을 얻어먹어야 하는 신세가 되었음에도 술을 밝히고 싸움질을 하는 등의 악행을 저지르는 '뺑덕어멈'의 모습을 제시하여 '뺑덕어멈'의 행실을 신랄하게 비판하고 있다.

간부 달고 달아나다 관비 정속 흐뭇하다 → 죄를 지어 노비로 전락한 '뺑덕어멈'의 최후가 나타나고 있다. 이에 대해 '흐뭇하다'며 통쾌함을 직접적으로 표현하는 화자의 모습에서, 부적절한 행실을 한 '뺑덕어멈'은 벌을 받아 마땅하다는 인식이 드러난다.

무식한 창생들아~그름 옳음 모를쏜가 → '창생들'에게 말을 건네는 방식을 사용하여 잘못된 행실을 하는 백성들을 교화하려는 작품의 의도를 직접적으로 드러내고 있다. 어리석은 부인들의 행실을 타산지석 삼아 잘못된 것들은 고치고 옳은 일을 실천하라는 당부를 건네며 작품이 마무리되고 있다.

STEP 03 작품 해제

01 | 주제

여성의 잘못된 행실에 대한 비판과 경계

02 | 특징

① '저 부인'과 '뺑덕어멈'의 악행을 나열하여 올바른 도리에 대해 교훈하는 전달 중심의 시
② 비유법, 대구법 등 다양한 표현법을 사용하여 풍자의 효과를 높임.
③ 사실적이고 직설적인 표현을 통해 비판 의식을 강조함.
④ 말을 건네는 방식을 활용해 백성들을 교화하려는 의도를 직접적으로 드러냄.

03 | 작품 해제

　　이 작품은 어리석은 두 여인의 행실을 풍자적으로 묘사하면서 이러한 행동을 하지 말라고 훈계하는 가사이다. 양반층 부녀인 '저 부인'이 시집살이를 하면서 저지르는 부적절한 행실들과 서민층으로 짐작되는 '뺑덕어멈'의 악행 및 패가망신의 행적을 실감나게 전달하여 비판 의식을 드러내고 있다. 화자는 작품의 마지막 부분에서 '창생들'에게 저들의 행실을 보며 그릇된 일은 고치고 옳은 일을 행하라고 이야기함으로써 여성의 잘못된 행실에 대해 경계하려는 주제 의식을 강조하고 있다.

STEP
04 논문으로 만나는 출제자의 시선

LIBS 수능특강 | 고전문학 ●

중세적 관념의 틀로 여성을 재단한 「용부가」

「용부가」는 조선 후기 널리 유행했던 『초당문답가』에 수록되어 있는 작품이다. 20세기 초반에는 활자본으로 출간되어 유통되었을 정도로 독자층이 넓었으며, 여러 종류의 필사본을 포함하여 다양한 이본이 전해지고 있다. 『초당문답가』는 수록된 작품들이 유기적으로 구성되어, 당대의 독자들에게 작가가 생각하는 교훈을 제시하고자 한 가사 작품집이다. 그 중에서도 「용부가」는 작중 인물들의 행태와 몰락상을 그려 냄으로써, 당대 사회에서 바람직하지 못한 인물들의 전형을 제시하고 있다.

「용부가」에는 '저 부인'과 '뺑덕어멈'이라는 두 여인이 비판의 대상으로 제시되고 있는데, 이들은 대체로 가정 내에서 바람직하지 못한 역할을 행하는 것으로 그려지고 있다. 특히 두 인물에 대한 평가의 시선은 '여성 일반'이 아닌 '한 가정의 아내(며느리)'라는 점에 초점이 맞춰져 있다. 즉, 작품 속 두 인물이 아내(며느리)로서 하지 말아야 할 행위를 하고 있다는 것을 중점으로 형상화되고 있는 것이다. 작중 인물들의 행위를 결코 옹호할 수는 없겠지만, 화자의 그러한 시각에는 여성을 바라보는 중세적 관념에 의해 왜곡된 측면이 있다고 이해된다. 당대 여성들이 향유했던 민요 작품들에서라면 약간의 동정적인 시선으로 바라볼 수도 있을 작중 인물의 행위들이, 이 작품에서는 이유나 원인을 고려치 않고 단지 비판받아 마땅한 그릇된 처사로 평가되고 있기 때문이다. 정리하자면 「용부가」는 가정에서의 시댁 식구들과 남편의 역할을 애써 무시함으로써 여성들의 그릇된 행위만을 제시하고, 그 결과로 발생하는 가정 파탄의 원인을 오로지 여성들에게만 전가시키고 있다. 그러한 인물들을 평가하는 화자의 시선은 낡은 중세적 관념에 의해 붙잡혀 있어, 여성에 대한 일방적이고 훈계적인 의미를 벗어나지 못하고 있다고 할 수 있다.

「용부가」에 나타난 두 인물의 차이점

「용부가」의 주요 인물은 '저 부인'과 '뺑덕어멈'이다. 이 두 인물의 공통점은 모두 용렬한 부인들로서 부덕(부녀자의 아름다운 덕행)을 상실한 인물형이라는 점이다. 그러나 각 인물을 묘사한 내용을 꼼꼼히 살펴보면, 이 두 인물 사이에 미묘한 차이점이 있음을 발견할 수 있다.

첫째, '저 부인'의 악행은 주로 가정 내의 인물들, 특히 시집 식구들을 대상으로 펼쳐지는 반면, '뺑덕어멈'의 악행은 가족뿐만 아니라 가정 바깥의 마을 주민 전체를 대상으로 한다는 점이다. '저 부인'의 경우, '시부모가 걱정하면 말대답을 풍덩풍덩 / 남편이 걱정하면 뒤중그려 맞넉수라'에서 단적으로 드러나듯, 갈등이나 대결이 주로 시집 식구들을 대상으로 펼쳐진다. 시집 식구를 직접적인 대상으로 삼지 않은 행위들도 '치마 쓰고 내닫기와 봇짐 싸고 도망질' 등 대부분 시집살이로부터 탈출하려는 행위들로 채워져 있다. 화자의 시선이 해당 인물과 시집 식구들과의 관계에 초점을 맞추고 있는 것이다. 하지만 '뺑덕어멈'의 경우에는 화자가 인물과 식구들과의 관계보다는 그 인물이 벌이는 악행 자체를 묘사하는 것에 열중하고 있다.

둘째, '저 부인'은 시집 온 며느리로만 형상화되어 있으나, '뺑덕어멈'은 '며느리를 쫓았으니 아들은 홀아비요 / 딸자식을 데려오니 남의 집 결딴일네'에서 보듯 자식들을 출가시키고 난 이후의 모습까지도 그려져 있다. 말하자면 '저 부인'의 경우 단지 '못된 며느리'의 형상으로 그려져 있으나, '뺑덕어멈'은 평생에 걸쳐 악행을 일삼는 인물로 형상화되어 있는 것이다.

그리고 '저 부인'과 '뺑덕어멈' 중 당대 여성 현실과 좀 더 밀접한 관계에 놓여 있는 쪽은 '저 부인'이다. '뺑덕어멈'에 대한 묘사 부분은 흡사 놀부의 심술을 엮어대듯 악행을 열거하는 솜씨가 판소리식으로 다듬어진 기교를 느끼게 해, 목표가 인물에 대한 해학적 묘사 자체였음을 느끼게 한다. 문학적 재미를 추구하는 경향이 보다 집요했던 것이다. 반면 상대적으로 '저 부인'의 경우에는 당대 여성들의 현실적인 삶이 어느 정도 반영되어 있다고 볼 수 있다. 가부장제 사회였던 조선조 여성들의 삶이 오로지 '가정 내'로 한정되어 있었다면, 그 여성들에게 있어 시집 식구란 삶 전체를 지배하는 세계 그 자체였을 터이다. 이 점에 유의하면 '저 부인'에 대한 묘사는 가정 내 여성들이 시댁 식구들과 벌이는 갈등의 반영이라 볼 수 있다.

13 | 홍정유, 동유가

STEP 01 OX 문제를 통한 지문 이해 훈련

나BS 수능특강 | 고전문학

철원부터 이리 오며 이따금 살펴보니
산수는 첩첩하고 인가는 드문데
자갈밭이 단단하여 쌍겨리*로 밭을 갈고
주막에 기름 없어 관솔로 불 밝혔는데
방구석에 흙을 발라 굴뚝처럼 만들고서
아래에다 아궁이 내고 불을 빼앗듯 하는구나
갯버들 베어다가 바자처럼 엮어 짜서
채마밭 둘러막아 울타리 삼았고
읍내와 역점 중에 넉넉하게 사는 집은
얇은 청석 너와 쪽으로 지붕을 덮었는데
삐져나온 틈 속으로 하늘이 비친다
아주 깊은 두메산골 풍속이 수수하여
세간살이 집 꾸밈이 투박하고 힘들어 보인다
초사일 저녁때에 먹구름이 끼기에
일제히 출발하여 장오고개 넘어갈 때
길은 굽이지고 돌사다리 험하여서
언덕이 가팔라서 본이비탈이라는데
한 고개 넘어서니 또 한 고개 높구나
그 가운데 큰 내 있고 수십여 간 다리 놓았는데
이쪽은 김성이요 저편은 회양이네
하류 얕은 곳에 거룻배 매어 두고
장마에 다리 떠내려가면 행인을 건네준다네
                    (중략)
큰 폭포 맞은편의 바위에 늘어앉아
삼천 척 떨어지는 물 건너다 바라보니
석벽 백여 길이 병풍처럼 둘러 있고
허리가 꺾인 곳이 물길이 되었는데
비 온 후 성난 폭포 몇 층을 보태어서

흰 비단을 드리우고 옥기둥을 세운 듯이
은하수 한 굽이가 공중에 드리워져
바위 밑 깊은 못에 담아 부어 찧을 때에
안개가 피어오르면서 흰 눈이 날리니
금강산 폭포 중에 제일 장관 여기로다
한참을 구경하고 금강문에 도로 내려와서
남여 타고 절에 와서 점심을 먹은 후에
만물초 가는 길이 온정을 지난다기에
극락고개 넘어서서 오 리 남짓 가니
주막집 바로 곁에 우물집* 지었기에
문 열고 구경하니 상하탕(上下湯)이 놓였는데
두 군데 똑같이 넓적한 돌로 네모지게 짰고
물빛은 흐릿하고 미지근하다 하네
보슬비가 계속 내려 주막에서 머물고
이십일 일 조반 후에 날 흐리고 안개 덮였는데
만물초 구경하려고 준비하고 내려가니
지로승과 주막 주인 붙들고 만류하길
만물초 가는 길이 왕복 칠십 리요
맑은 날에도 구름 끼면 못 보는데
하물며 비 오는 날은 지척 분간 못 하니
미끄러운 돌사다리 천신만고 올라가서
산 밑만 겨우 보면 분하지 않겠는가
들어 보니 그럴듯하고 **일행들**도 옳다고 하여
봉래산에 다시 올 약속을 만물초에 남겨 두고
행장을 다시 차려 총석으로 향할 때
금강 내외산을 이곳에서 작별하니
만이천 봉우리가 눈앞에 또렷하다

*쌍겨리 : 소 두 마리가 끄는 쟁기.
*우물집 : 빗물이 들어가지 않도록 우물 위에 지붕을 만든 것.

OX문제

01 공간의 이동을 통해 다양한 대상의 면모를 드러내고 있다. [2024학년도 9월]   (O / X)

02 계절적 배경을 활용하여 향토적 분위기를 조성하고 있다. [2025학년도 6월]   (O / X)

03 화자는 '장마에 다리'가 '떠내려가'자 '하류 얕은 곳'에 있는 '거룻배'를 타고 이동하였다.   (O / X)

04 자연물을 대상화하여 그 자연물에 역동성을 부여하고 있다. [2024학년도 6월]   (O / X)

05 화자와 '일행들'은 '지로승과 주막 부인'의 만류에 '만물초 구경'을 포기하였다.   (O / X)

STEP 02 지문 분석

[EBS 파트 분석]

철원부터 **이리** 오며 이따금 살펴보니
　　이곳 → '김성(강원도 지명)'을 가리킴.
　　　　　　　　　　　　　　　■ : 공간의 이동

『산수는 첩첩하고 인가는 드문데
　　　여러 겹으로 겹쳐 있고
　　　　　　　　　　　소 두 마리가 끄는 쟁기
자갈밭이 단단하여 쌍겨리로 밭을 갈고
지형적 특성에 맞는 농사 방법으로 농사를 짓는 모습

주막에 기름 없어 관솔로 불 밝혔는데
　　　　　　송진이 많이 엉긴, 소나무의 가지나 옹이

방구석에 흙을 발라 굴뚝처럼 만들고서
　　　　　　　　　　　　　　『 』: '두메산골'에 사는 지역민들의 생활상 묘사

아래에다 아궁이 내고 불을 빼앗듯 하는구나

갯버들 베어다가 바자처럼 엮어 짜서
대, 갈대, 수수깡, 싸리 따위로 발처럼 엮거나 걸어서 만든 물건

채마밭 둘러막아 울타리 삼았고
채소를 심어 가꾸는 밭

읍내와 역점 중에 넉넉하게 사는 집은
　　　　벼슬아치의 여행과 부임 때 말을 공급하던 곳
　　　지붕을 일 때 기와처럼 쓰는 얇은 돌 조각
얇은 **청석** 너와 쪽으로 지붕을 덮었는데
건물 장식으로 쓰는 푸른 빛깔의 돌

삐져나온 틈 속으로 하늘이 비친다』
'청석' 조각으로 지붕을 이은 연결 부위의 틈새

아주 깊은 두메산골 풍속이 수수하여
　　도회에서 멀리 떨어져 사람이 많이 살지 않는 변두리나 깊은 곳

세간살이 집 꾸밈이 **투박하고 힘들어 보인다**
집안 살림에 쓰는 온갖 물건
　　　　　　　　　　■ : 화자의 주관적 견해 직접 제시

초사일 저녁때에 먹구름이 끼기에
매달 초하루(1일)부터 헤아려 넷째 되는 날
　　　　　　　　　　■ : 날짜와 시간, 날씨 정보 → 일기 형식 사용

일제히 출발하여 **장오고개** 넘어갈 때

길은 굽이지고 돌사다리 험하여서

언덕이 가팔라서 본이비탈이라는데
　　　　　　매우 가파른 경사지

철원부터 이리 오며~하늘이 비친다 → '이리(김성)'에 도착한 화자가 철원에서 김성에 이르기까지 자신이 '이따금 살펴'본 '두메산골' 지역민들의 삶의 모습을 소개하고 있는 부분이다. 땅이 단단하여 소두 마리가 끄는 쟁기로 '밭을 갈'고 '채마밭'은 '갯버들'로 '울타리'를 둘렀다고 언급하며, 지역민들이 농사짓는 모습을 제시하고 있다. 또한 등불을 대신하여 불이 잘 붙는 '관솔'로 불을 밝히고, '아궁이'의 열을 이용하여 방을 덥히는 모습과 '청석' 조각으로 '지붕을 덮'은 '넉넉하게 사는 집'의 모습을 묘사하며 지역민들의 주거 환경과 생활 모습을 보여 주고 있다.

아주 깊은 두메산골~투박하고 힘들어 보인다 → 화자는 '두메산골'의 '풍속이 수수'해 '세간살이'나 집단장이 '투박하고 힘들어 보인다'며, 그들의 주거 방식과 삶에 대한 주관적 견해를 직접적으로 드러내고 있다.

초사일 저녁때에~장오고개 넘어갈 때 → 일기 형식의 특징을 보여 주는 부분으로, '초사일 저녁'의 날씨 상황과 일행의 이동 경로를 제시하여 여정을 구체화하고 있다.

한 고개 넘어서니 또 한 고개 높구나

그 가운데 큰 내 있고 수십여 간 다리 놓았는데
_{길이의 단위}
_{개천, 강   긴 다리}

이쪽은 김성이요 저편은 회양이네

하류 얕은 곳에 거룻배 매어 두고
_{돛이 없는 작은 배}

장마에 다리 떠내려가면 행인을 건네준다네
_{'거룻배'의 용도에 대해 전해 들음.}

본사 1 : 철원에서 회양으로 이동하는 과정에서 살펴본 지역민들의 풍속

(중략)

큰 폭포 맞은편의 바위에 늘어앉아
_{구룡 폭포}

삼천 척 떨어지는 물 건너다 바라보니
_{길이의 단위}

석벽 백여 길이 병풍처럼 둘러 있고
_{돌로 쌓인 벽}

허리가 꺾인 곳이 물길이 되었는데

비 온 후 성난 폭포 몇 층을 보태어서
_{비가 온 후 폭포수가 더 커진 모습 묘사}

「흰 비단을 드리우고 옥기둥을 세운 듯이

은하수 한 굽이가 공중에 드리워져   「 」: 비유법, 시각적 이미지
                                          → 구룡 폭포가 쏟아지는 모습 묘사

바위 밑 깊은 못에 담아 부어 찧을 때에

안개가 피어오르면서 흰 눈이 날리니」

금강산 폭포 중에 제일 장관 여기로다

한참을 구경하고 금강문에 도로 내려와서

남여 타고 절에 와서 점심을 먹은 후에
_{뚜껑이 없는 작은 가마}

만물초 가는 길이 온정을 지난다기에
_{금강산에 있는 바위산}

_{거리의 단위}
극락고개 넘어서서 오 리 남짓 가니

그 가운데 큰 내 있고~행인을 건네준다네 → '김성'에서 '회양'으로 가는 도중에 넓은 개천에 놓여 있는 긴 다리를 보게 된 화자의 모습이 드러난다. 화자는 장마로 이 다리가 떠내려가면 하류에 매어 둔 '거룻배'로 '행인을 건네준다'는 말을 들었다며, '거룻배'의 쓰임에 대해 설명하고 있다.

큰 폭포 맞은편의~허리가 꺾인 곳이 물길이 되었는데 → '바위'에 앉아 금강산의 구룡 폭포를 감상하는 화자의 모습이 나타나 있다. 비유적 표현을 통해 폭포가 쏟아져 내리는 절벽의 모습을 묘사하고, 절벽의 '허리가 꺾인 곳'으로부터 폭포의 '물길'이 시작됨을 설명하고 있다.

흰 비단을 드리우고~제일 장관 여기로다 → 비유법과 시각적 이미지를 활용하여 구룡 폭포의 물줄기가 거세게 쏟아지며 물방울이 튀기는 모습을 묘사하고 있다. 이때 '흰 비단을 드리우고 옥기둥을 세운 듯', '은하수 한 굽이'는 구룡 폭포가 쏟아지는 모습을 빗댄 표현이며, '흰 눈'은 폭포수가 '깊은 못'에 떨어지면서 튀는 물방울의 모습을 빗댄 표현이다. 화자는 구룡 폭포가 '금강산 폭포 중에 제일 장관'이라며 구룡 폭포의 아름다운 모습을 예찬하고 있다.

한참을 구경하고~오 리 남짓 가니 → 구룡 폭포의 절경을 한참 동안 즐긴 화자가 '만물초'를 구경하기 위해 길을 나서고 있다. 화자는 이동한 장소와 이동 방법, 거리를 제시하여 이동 과정을 구체적으로 나타내고 있다.

주막집 바로 곁에 우물집 지었기에
　　빗물이 들어가지 않도록 우물 위에 지붕을 만든 것

문 열고 구경하니 『상하탕(上下湯)이 놓였는데
　　　　　위아래 우물물
　　　　　　　　　　　　　　　　　『 』: 우물의 모습 묘사

두 군데 똑같이 넓적한 돌로 네모지게 짰고

물빛은 흐릿하고 미지근하다 하네』

　　　　　　　　　　　본사 2-1 : 금강산 구룡 폭포의 모습에 대한 감탄과 우물집의 모습

보슬비가 계속 내려 주막에서 머물고
　　□ : '만물초 구경'을 방해하는 요소

이십일 일 조반 후에 날 흐리고 안개 덮였는데
　　　　　　아침 끼니로 먹는 밥

만물초 구경하려고 준비하고 내려가니

지로승과 주막 주인 붙들고 만류하길
산속에서 길을 인도하여 주는 승려

「만물초 가는 길이 왕복 칠십 리요
　　　　　　　　　　　　　「 」: 화자를 만류하는 '지로승'과 '주막 부인'의 발화 인용

맑은 날에도 구름 끼면 못 보는데

하물며 비 오는 날은 지척 분간 못 하니
　　　　　　　아주 가까운 거리

미끄러운 돌사다리 천신만고 올라가서
　　　　　　온갖 어려운 고비를 다 겪으며 심하게 고생함.

산 밑만 겨우 보면 분하지 않겠는가」

들어 보니 그럴듯하고 일행들도 옳다고 하여

봉래산에 다시 올 약속을 만물초에 남겨 두고
여름의 금강산을 달리 이르는 말

행장을 다시 차려 총석으로 향할 때
여행할 때 쓰는 물건과 차림

금강 내외산을 이곳에서 작별하니

만이천 봉우리가 눈앞에 또렷하다

　　　　　　　　　본사 2-2 : 기상 상황으로 인해 유람 계획을 조정하고 총석으로 떠남.

주막집 바로 곁에~미지근하다 하네 → 화자가 '만물초 가는 길'에 '주막집 바로 곁'에 지은 '우물집과 우물을 구경한 후, 우물의 모습을 묘사하고 있다.

보슬비가 계속 내려~분하지 않겠는가 → '보슬비'가 내려 '주막'에 머물던 화자가 다음날 '만물초 구경'을 위해 나서려는 모습과 '지로승'과 '주막 주인'이 화자를 만류하는 모습이 제시되어 있다. '비 오는 날'에 '미끄러운 돌사다리'를 어렵게 올라갔다가 '만물초'의 모습을 제대로 보지도 못하고 오면 '분하지 않겠'냐는 '지로승'과 '주막 주인'의 발화를 인용하여, 화자가 경험한 상황을 실감 나게 전하고 있다.

들어 보니 그럴듯하고~눈앞에 또렷하다 → '지로승'과 '주막 주인'의 만류에 화자가 '만물초 구경'을 포기하고, '총석'으로 유람 계획을 바꾸었음을 알 수 있다. 한편, 화자는 금강산의 '만이천 봉우리가 눈앞에 또렷하다'며 '금강 내외산'을 떠나는 아쉬움을 드러내고 있다.

[EBS에 나오지 않은 나머지 전문]

사람이 이 세상에 남자로 태어나서 / 한평생 사는 동안 할 일도 많구나
한적한 곳에서 독서하여 글짓기를 이룬 후에
벼슬길에 나아가 임금께 충성하고 백성을 바르고 어질게 잘 다스리며
나머지 한가한 때 경치가 좋기로 이름난 곳에 가 보아야 / 비로소 세상에서 이르기를 대장부라
사마천은 스무 살에 강회에서 오랫동안 노닐었고
소영빈은 열아홉에 서울에서 높은 벼슬에 올랐으니
문장을 발휘하고 뚜렷한 공적을 이루었도다 / 아아 이내 나이 서른둘에 또 둘이라
스물넷에 소과에 급제하고 어느새 십 년이네 / 공명에 둔 뜻이 없다고 할 수 없지만
집안과 나라가 태평하고 이 사이에 일이 없으니 / 나막신 정리하고 시 주머니를 챙겨
전유암이 한평생 못 고치던 병을 배워 동소문에서 나와 천리 유람을 떠나려니
행장을 준비하여 어디로 향하리오 / 우리나라 명승지는 풍악(가을의 금강산)이 으뜸이다
삼신산 중 봉래산이요 오악 중 형남산이라 / 명승지 명산에 함께 할 사람 그 누구인가
시중을 드는 이는 고롱이요 시 읊으며 함께 가는 스님은 능암이라
고두에게 짐 지우고 능암 스님의 수행자인 신진이와 / 다섯 사람 나란히 강원도로 들어가니
이때는 어느 때인가 임술년 늦봄 삼월 이십팔일이라

〈서사〉

어젯밤부터 내리던 비가 개고 날씨가 쌀쌀한데
붉고 푸른 산빛이 눈에 가득하고 산천이 아름다우니
길가의 흔한 경치도 모두 다 빼어나다 / 이르는 곳마다 구경하기 바빠서
가슴이 상쾌하고 발걸음 경쾌하니 / 오백 리 금강산을 한걸음에 다다를 듯
대지팡이와 짚신을 형편대로 신고 짚어 / 흥인문을 달려 나와 관왕묘 앞에 가니
먼저 떠난 능암 스님의 하인이 뒤에서 따르는구나 / 인명원을 지나치고 개운사를 찾아가니
조그만 암자 속에 수십여 명 승려들이 / 절 인심 괴이하여 먼지떨이를 흔들며 도둑을 쫓네
밤새도록 경을 읽어 잠을 전혀 잘 수 없다 / 이십구일 아침을 먹고 대원암을 잠깐 보니
뜰 아래 서 있는 소나무가 크고도 절묘하다 / 절 뒤 고개를 넘어서니 북바위 큰길이다
소나무 심어진 수유리의 다락원에서 점심을 먹고 / 의정부 서오랑에 축석령을 넘어서니
양주 땅 다 지나고 포천이 여기로다 / 잘 있거라 삼각산아 오는 길에 다시 보자
빈터를 지나 송우리까지 팔십 리를 와 묵으니 / 이날은 장날이라 악기 소리가 요란하다
삼십일 일찍 떠나 파발군이 머무르는 막사를 얼른 지나
옛 장터에서 아침을 먹고 숯장터(탄동리) 만세교에 / 포천을 지나니 영평이 여기로다
모래는 깨끗하고 두 물줄기가 모여서 흐르는데 / 봉황대가 어디인가 백로주가 여기 있네
시냇가의 괴상하게 생긴 돌 위에 올라앉아 두루 보니
산봉우리 안개는 희미하고 꽃과 버들이 활짝 피었는데 / 물새는 오락가락 경치가 매우 좋다
십 리를 지나 양문역에 도착하니 대낮이 되었는데 / 먼 길을 걷는 것이 태어나서 처음이라
발이 아프고 몸이 피곤하여 일찍감치 쉬고서 / 사월 초일일(4/1)에 느지막이 출발하여
느릅정에서 아침을 먹고 굴울내를 지나오니 / 한줄기 맑은 시내가 보개산에서 처음 생겨
곳곳마다 기이하게 생긴 바위와 돌이 있어 구경하는 곳이 되었구나
상서로운 기운은 영평이요 현재 있는 곳은 철원이라 / 풍전역에서 점심을 먹고 피로가 심하므로
바쁘게 걸어서 어염계에 다다르니 / 마침 김화의 역참에 갖추어진 말이 관아 일로 나왔다가
빈 말로 돌아가기에 삯을 주고 순조롭게 얻어 타고 / 길현 고개를 넘으니 날이 저문지라
횃불을 들려 길을 떠나 경계 터에서 묵으니 / 이십 리를 또 왔으며 철원과 김화의 경계이구나
초이일(4/2) 해가 솟아오를 때 아침을 먹고 일찍 떠나 / 수무정 새술막에서 생창역으로 내려오니
큰 냇가 장호숲이 김화읍을 둘러 있네 / 삯말(돈 주고 빌린 말)이 뒤처져서 그대로 걸어가서
망바위에서 점심을 먹으니 사십 리 왔구나 / 점심을 먹은 후에 출발하여 구정벼루 중고개에
김화 땅을 지나 서서 김성으로 가려 했더니 / 날도 저물었고 다리도 피곤하여

사람이 이 세상에~천리 유람을 떠나려니 → 스무 살에 자연을 유람하며 호방한 기운을 얻어 『사기』를 편찬한 '사마천'과 열아홉에 과거에 급제하여 높은 벼슬에 오른 '소영빈(소철)'은 '대장부'로서 '문장을 발휘하고 뚜렷한 공적'을 이룬 인물들이다. 화자는 이들의 고사를 활용하여 젊어서 '문장'을 성취하고 입신양명한 '사마천', '소영빈'과 자신의 처지를 대비하고, 서른넷이 될 때까지 '공명'을 이루지 못하였음을 한탄하고 있다. 이후 화자는 한가한 때를 만나 '천리 유람'을 하겠다는 뜻을 밝히고 있다. 이때 화자가 본받고자 한 '전유암'은 자연의 아름다운 경치를 몹시 사랑하고 즐겼던 당나라 은사(벼슬하지 아니하고 숨어 살던 선비)를 가리킨다.

우리나라 명승지는~늦봄 삼월 이십팔일이라 → 화자가 '임술년 늦봄 삼월 이십팔일에 '고롱', '능암 스님', '고두', '신진이' 네 사람과 함께 금강산으로 유람을 떠났음을 알 수 있다. 한편 '삼신산'은 중국 전설에 나오는 봉래산, 방장산, 영주산을 가리키며, '오악'은 중국의 5대 명산으로 동악 태산, 서악 화산, 남악 형산, 북악 항산, 중악 숭산을 가리킨다. 화자는 금강산을 중국의 '봉래산'과 '형남산'에 빗댐으로써 중국의 명산에 견줄 만큼 '금강산'이 훌륭한 '명승지'임을 드러내고 있다.

흥인문을 달려 나와~철원과 김화의 경계이구나 → 이 부분에서는 화자와 일행이 '흥인문'을 나서서 '개운사'에서 하룻밤을 묵은 이후의 3일 간의 여정이 자세히 묘사되어 있다. 일기 형식을 활용해 '이십구일', '삼십일', '사월 초일일'의 날짜를 제시하고, 먹고 잔 곳, 매일 간 거리, 여행길에서 본 풍경과 여정 중에 있었던 크고 작은 일 등을 언급하며 금강산에 가기까지의 여정을 구체적으로 서술하고 있다.

진목에서 잠을 자고 초삼일(4/3) 일찍 떠나 / 십여 리를 가서 김성 읍내에서 아침을 먹고
피금정(정자)에 올라 보니 냇가에 지은 집이 / 비록 황폐해졌으나 경치가 훌륭하다
삯말을 얻어 타고 경파를 지나 능곡을 오니 / 언덕 위에 꽃이 붉고 시냇가에 버들이 푸르러
산과 물이 겹친 곳에 또 한 마을 있구나 / 숯가마에서 가랑비를 맞고 창도역에 들어가니
말과 사람의 속도가 달라 동행들이 뒤처지고 / 사내종(고두)과 수행자(신진이)가 뒤쫓아 따라왔기에
주막을 정하고서 문 닫고 편히 누워 / 두 아이를 불러들여 소리 내지 말라 타이르고
문틈으로 엿보니 고룡과 능암 스님 / 나란히 걸음을 재촉하여 가네
속으면서 지나는 모습이 배를 그러안고 넘어질 정도로 웃기지만 웃음을 겨우 참고
일부러 한참 후에 사내종을 시켜 살펴보니 / 이리저리 방황하며 집집마다 묻고 다닌다
하인 보고 쫓아와서 웃으려다 화내려다 / 원망하며 조롱하며 한바탕 장난친다
삯말을 보내고 점심을 먹은 후에 / 비를 맞고 또 떠나서 판교에 와 묵으니
십 리 조금 넘고 의복이 다 젖었네

(ebs 파트)

깊은 개울을 지나서 신안역을 찾아오니 / 주자와 우암 선생의 초상화를 모신 사당이 있는데
갈 길이 바빠서 절을 못 하니 / 현인을 사모하는 후학의 마음 섭섭하기 끝이 없다
점심을 먹고 일어서니 날씨가 서늘하다 / 당아지고개를 넘어 넓은 들과 주막을 지나니
길가의 비석 하나가 우습고 신기하다
좌수 현 아무개의 선좌비(수령을 잘 보좌하였음을 표창하고 기리고자 세운 비석)라 하더라
칠송정(정자)을 지나올 때 큰 소나무 하나가 서 있는데
굵기는 두어 아름이고 높이는 여남은 길이 되더라 / 마침 늙은 어부 하나 지나다 하는 말이
"전하는 말에 저 소나무가 병자호란 겪었다네."
들으니 신기하여 두 번 세 번 돌아보고 / 고개 둘을 또 넘어서 회양부에 들어가니
해는 아직 덜 저물고 삼백팔십 리 왔네 / 주막에 들어앉아 겉옷을 내어 입고
하인을 보내어 관아에 알리라 하고
차차 나아가서 삼문(대궐이나 관청 앞에 세운 세 문) 앞에 다다르니
심부름꾼이 벌써 나와 어서 들어오라 재촉하네 / 동헌(관청)으로 바로 가니 저녁밥이 준비되어 있구나
진외 종대부(할머니의 남자 형제의 손자)를 먼저 뵙고 일어나서
책실(관아)에 먼저 오니 사람마다 다 반기네 / 저녁밥을 먹은 후에 장청에서 잠을 자다
초오일(4/5) 늦게 일어나서 사또를 뵙고서
아침밥으로 무쇠 그릇에 고기 지져 일행이 배부르게 먹으니
어젯밤의 냉면부터 오늘 아침 고기 맛이 / 여덟 날을 오는 동안 나물에 배를 곯은 창자
갑작스러운 기름진 고기와 음식에 위장이 놀란 듯 / 산사차 가끔 달여 속을 달래고서
고을 규모를 자세히 둘러보니 / 산골짜기 기이하고 물과 돌이 둘렀는데
인가가 드물어 드문드문 있구나 / 봉래각 독중당은 동헌이 되어 있고
와치헌은 책실 되고 안채는 수십여 간 / 손님이 머무는 숙소는 담 옆이요 관청은 뜰 가에 있네
서진강에서 흘러내린 물이 합강정 앞을 지나 / 북강에서 만나 한강 물이 되었으니
봉래산 만이천봉 중 십여 봉 그림자만 / 담아서 흘려다가 경강(한강 일대)에 내려놓고
읍청루(정자) 압구정(정자)에 나눠서 보고 싶네 / 비소암 높은 봉우리가 관아 뒤에 서 있는데
흙산 위 기이하게 생긴 바위와 괴상하게 생긴 돌 서너 덩이가 뭉치었다
서쪽의 높은 언덕을 용머리라 이르기에 / 올라가서 구경하니 높이는 수십여 길에
금모래가 펼쳐 있어 사오십 명이 앉겠구나 / 비소암을 바라보고 서진강을 굽어보며
인가를 세어 보니 수백여 호 남짓 된다 / 문어와 전복으로 회를 만들어 술안주로 먹어 보니
산중의 귀한 음식 특별히 맛이 있다 / 영동이 가깝기에 이따금 온다 하네
다락집에 올라앉아 고을 안을 내려다보니 / 오고가는 손수레에 밥을 담는 대나무 통 한가한 경치로다
초육일(4/6) 아침에 동헌에 들어가니 / "산고수장헌(정자)이 멀지 않고 경치 좋으니
밥을 먹은 후에 함께 나가 구경하자" 하시기에 / 여러 동행과 옥련, 봉선 두 기생과

깊은 개울을 지나서~섭섭하기 끝이 없다 → '주자'는 중국 송나라의 유학자인 주희를, '우암 선생'은 조선 숙종 때의 문신이자 학자인 송시열을 가리키는데, 화자는 '갈 길이 바빠' 이들의 사당(조상의 위패를 모셔 놓은 집)에 들려 인사하지 못하고 지나쳤다고 하였다. 여행길을 유교적 가치보다 우선시하는 화자의 모습은, 화자가 금강산을 유람하는 목적이 유교 이념의 바탕 위에서 군자가 갖추어야 할 덕과 기상을 기르는 데에 있지 않다는 것을 보여 준다.

고개 둘을 또 넘어서~관청은 뜰 가에 있네 → '회양부'에 도착한 화자가 당시 회양 부사였던 '진외 종대부' 이정재를 찾아뵌 후 '관아'에 머물며 보고, 먹고, 느낀 것들을 제시하고 있다.

서진강에서 흘러내린 물이~나눠서 보고 싶네 → '서진강에서 흘러내린 물'을 보던 화자가 '봉래산(금강산)'의 아름다운 풍경 일부를 물에 담아 흘려보내 한강 일대에 내려놓고 보고 싶다는 생각을 드러내고 있다. 정철의 「관동별곡」에 태백산의 그림자를 한강에 닿게 하고 싶다는 구절이 있는 것을 고려하면, 「동유가」가 「관동별곡」의 영향을 받았음을 알 수 있는 구절이다.

초육일 아침에~처사 풍채와 태도도 여기 있다 → '산고수장헌'으로 경치 구경을 가자는 '진외 종대부'의 제안에 화자가 두 기생을 포함한 여러 사람과 함께 '산고수장헌'에 올라 주변의 경치를 둘러보는 모습이 나타나 있다. 이때 화자는 '냇물 가에 있는 큰 바위'가 '조대'라고 불린다는 이야기를 듣고, 후한 광무제 때의 은사(隱士) '엄자릉(엄광)'을 떠올린다. '엄자릉'은 광무제를 황제에 오르게 하였으나, 벼슬에 나아가지 않고 절강성에 있는 부춘산으로 들어가 낚시를 하며 여생을 보냈으며 그가 낚싯대를 드리우고 앉았던 자리를 '엄자릉 조대'라고 불렀다고 전해진다. 화자는 '산고수장헌'에서 이 고사를 떠올리며 처사(벼슬을 하지 아니하고 초야에 묻혀 살던 선비) '엄자릉'의 기상을 느끼고 있는 것이다.

서진강 다리를 건너 정자 위에 올라가니 / 새로 지은 여섯 칸 집이 견고하고 정교하며
언덕 아래는 냇물이요 냇물 가에 큰 바위 있는데 / 그 바위가 둥글어서 조대(낚시터)라 부르니
은거하던 엄자릉의 처사 풍채와 태도도 여기 있다
들판은 아득하고 구름 낀 산이 점점이 흩어져 있는데
한줄기 강 가운데 가로놓인 저 긴 다리 / 행인이 오갈 때 그림 속 같구나
강변에 활터 닦아 과녁을 세우고서 / 고을의 무사들이 모여서 활쏘기 연습을 하기에
솜씨를 뽐내고자 활과 화살을 잠시 빌려 / 다섯 번을 쏘아 두엇 맞혀 겨우 부끄러움을 면했구나
십 리 밖 진평촌에 목은(고려 말 문신 이색)의 초상화를 모신 사당을 찾아가니
공사를 갓 시작해 반 넘게도 못 하여서 / 초상화를 말아 두었기에 절은 못 하였네
아까 수장헌에서 점심을 먹을 때에 / 냉면에 송편하고 꽃전을 지져 놓고
전병을 부치는데 물에다 가루를 타서 / 밀개떡 모양으로 얇게 부쳐 내어
사면으로 두루 말아 인절미 모양 같다 / 저녁밥을 먹은 후에 책실에 가 뜰에서 거니는데
건너편 높은 산에 불빛이 환하여 / 성 위에 쌓은 담 모양으로 둥글게도 둘러 있고
싸리비 모양으로 묶어서 타오르는데 / 하인에게 물어보니 화전(火田)에 불을 놓았는데
바람에 날리어 멀리 번져 붙었는데 / 십 리 밖에서 시작하여 나흘째 되었다네
초칠일(4/7) 아침 후에 이곳에 말을 전하길
광대를 데리고서 장청(장교가 근무하던 곳)에 와 놀게 한다기에
행장을 가지고서 책실로 옮겨 갔더니 / 오후에 사또께서 부르시기에 내려가니
큰상 하나 받으시고 우리는 작은 상에 / 다 각각 상을 차렸으니 장청 음식이라 하네
저녁밥은 비빔밥에 산나물을 넣고 겨자 쳐서 / 주인과 손님이 모두 같이 한 그릇씩 먹은 후에
밤 깊은 후 장청에 가 전날처럼 잠을 자다

〈본사 1〉

초팔일(4/8) 아침을 먹고 금강산으로 향할 때 / 능암 스님과 그 제자를 먼저 떠나보내고서
봇짐과 승려가 등에 지고 다니는 주머니는 궤짝에 넣어 말에 싣고
장조림과 고추장 항아리를 빈 궤짝 속에 넣어 / 말 두 필을 주시기에 싣고서 나눠 타다
아침밥으로 닭백숙을 배부르게 먹게 하고 / 내외 금강산의 큰 절들과 고성과 통천의 관아에다
회양의 이방이 공문을 보내어 관아의 도장을 찍어내어
군아에 속한 사내종 이호성에게 주어서 앞세우고
서울 가는 사람이 있다기에 집에 편지를 부친 후에 / 사또께 인사하고 삼문 밖으로 달려나가
뒷고개에 올라보니 오늘은 초파일이라 / 고을의 집집마다 장대를 높이 세우고
등을 달고 줄불을 놓아 이날을 즐기는데 / 긴 막대와 깃발들은 서울과 비슷한데
조금 달라 보이는 것은 잣나무 곧은 것을 / 여러 개 늘여 이어 벌이줄 두엇 매어
술등이나 화로 모양으로 사오십 군데 세웠는데 / 연이어 잣나무를 껍질 벗겨 지고 오며
관가 분부가 매우 엄하여 집마다 세운다네 / 그래도 관아가 있던 마을이라 시골보다 많이 낫다
광석 주막 남쪽 길로 가림 가서 점심을 먹고 / 불위기고개를 넘어 화천을 찾아가니
인가는 사오십 호인데 산천이 아주 깊다 / 푸른 물 시내길이 풍악(금강산)으로 뻗어 있어
정송강의 관동별곡과 다름이 없구나 / 능암 스님은 벌써 가고 날은 저물어서
일행이 묵으니 오십 리 왔다 하네 / 주막에 빈대가 많아 밤새도록 잠을 못 자고
초구일(4/9) 일찍 일어나니 새벽부터 오던 비가 / 아침까지 뿌리더니 늦은 후에 그치거늘
사람과 말을 재촉하여 이슬비 맞고 길을 떠나 / 쇠골을 지나 풀미골에 가서 주막을 찾아드니
어제 능암 스님과 그 제자가 여기 와서 묵고 / 우리를 기다리다 말방울 굽소리에
문을 열고 내다보고 반겨서 따라와서 / 점심을 같이 먹고 오후에 함께 떠나
십 리 남짓 가서 비가 막 올 듯하더니 / 동풍이 부는 곳에 가랑비가 많이 오기에
또 십 리를 가서 새 고을에 머무니 의복이 다 젖었네
광석부터 이리 오며 산골짜기로 통한 길이 / 돌사다리 지나치면 고개가 높아 있고
고개를 지나 평지에는 나무가 빽빽한데 / 깊은 골짜기에는 얼음 조각이 그냥 있다

초팔일 아침을 먹고~삼문 밖으로 달려나가 → '내외 금강산의 큰 절들과 고성과 통천의 관아'의 허가를 받은 '이방'의 문서를 사내종 '이호성'에게 들게 하고, 그와 함께 금강산으로 출발하는 화자의 모습이 나타나 있다.

뒷고개에 올라보니~집마다 세운다네 → 화자가 길을 나서면서 보게 된 '회양'의 '초파일' 줄불놀이(초파일에 숯가루를 넣은 주머니를 만들어 하천이나 강 사이에 달아 놓고 불을 붙이고 노는 놀이)의 풍속을 서울과 비교하여 제시하고 있다. '초파일'은 '부처님 오신 날'로 '석가모니'의 탄생을 기념하는 날이다. 신라 때부터 지금까지 부처님 오신 날에는 등불을 밝히는 축제를 하는데, 여기서도 집집마다 여러 가지 모양의 등에 불을 켜 달고 있는 모습을 확인할 수 있다.

푸른 물 시내 길이~다름이 없구나 → 송강 정철의 「관동별곡」 중 '화천의 시내길이 풍악으로 뻗어 있다'를 차용한 부분이다. 본격적인 금강산 유람에 나선 화자가 자신이 마주한 금강산의 풍경이 정철의 「관동별곡」에 묘사된 것과 큰 차이가 없음을 드러내고 있다.

골짜기마다 흐르는 물 곳곳이 큰 내구나 / 말 타거나 걸으며 보니 모두 다 구경할 만한 곳이라
초십일일(4/10) 아침을 먹고 목패령까지 십 리를 올 때 / 좌우엔 단풍나무 푸른빛을 담뿍 띠고
높은 언덕 험한 길에 굵은 돌이 쌓였으며 / 냇가의 억새풀이 갯가의 줄풀 잎처럼
사면에 우거져서 곳곳에 널려 있다 / 이곳 사람은 베어다가 말과 소를 먹인다네
고개를 올라서니 높기도 하구나 / 안개가 자욱하여 지척 분간하기 어려운데
대체로 발아래 모든 산이 건너다 보이고 / 봉래산 만이천봉이 또렷이 보인다 하네
한두 층 내려서니 안개가 차차 사라져서 / 좌우 언덕이 보이는데 살구꽃이 만발하고
자갈밭 맑은 시내 굽이마다 이따금 인가가 있네 / 십여 리를 내려와서 북창에서 점심을 먹는데
골짜기가 아늑하고 고요하여 살만 한 곳이로다 / 시내를 건너 철이령의 탑거리를 지나올 때
절벽 아래에 깔린 돌이 기이하고 깨끗하여 / 괴석 모양 같고 석가산과 비슷하며
너럭바위 어깨가 파여 폭포수가 절묘하다 / 이십 리를 가 장안사에 오후에 도착하여
만천교 물을 건너 범종루 아래에서 / 여덟 칸짜리 승려가 모여서 공부하는 방에 숙소를 정한 후에
이층 법당에 들어가서 자세히 구경하니
네 기둥은 십여 길이요 공중에는 닫집(법당의 불좌 위에 만들어 다는 집 모형)이 있고
금부처 일곱이 죽 벌여 앉았구나 / 동쪽에는 신선루와 그 옆의 해은암에
문루마다 나무에 이름을 새겨 빈틈없이 붙였으며
잘 지은 용성전은 죽은 사람의 명복을 빌던 법당이 되었구나
석가봉과 관음봉은 높이가 수천 길에
돌 빛이 약간 희며 필산('山'자 모양으로 만들어 붓을 걸어 놓는 기구)처럼 깎아 섰고
지장봉과 장경봉은 수백 길 남짓한데 / 흙산이 섞여서 화초가 활짝 피어 화려하다
관음봉과 지장봉, 장경봉 세 봉우리 산 밑마다 암자가 있어
세 곳 다 그 봉우리 이름 따라 일컫는다
영원동에서 내려온 물이 수미동과 원통동의 여덟 소 두 골짜기 물과
만천교서 합류하여 북창으로 흘러가네 / 산천이 맑고 곱고 골짜기가 아늑하고 고요하여
마음은 쾌활하고 경치가 빼어나니 / 앞길에 있는 경치를 짐작할 수 있겠구나
명산의 좋은 물에 약 달여 먹어보니 / 맛은 더욱 산뜻하고 효과도 배나 낫다
저녁에 편히 쉬고 십일일(4/11) 아침을 먹은 후에 / 안개가 말끔하게 걷히고 날씨가 온화하니
내외 금강산 명승지를 차례로 찾으리라 / 가마를 타면 대충 보니 가마를 타서 무엇 하리
시를 적는 두루마리와 음식 그릇은 짐을 지는 승려에게 지게 하고
소창옷을 걷어 매고 미투리를 동여맨 후에 / 지로승을 앞세우고 돌길에 막대를 짚어
해은암 옆을 지나 백천동을 찾아가니 / 영원동 냇물 줄기는 작은 폭포가 되었으며
삼인봉을 둘러싼 돌벽이 더욱 좋다 / 외나무 비탈길로 명연담에 올라가니
십여 칸 너럭바위 위에 흰 눈이 흩날린다 / 김동거사의 옛 자취를 중에게 얼핏 듣고
돌 위에 새긴 이름을 대강 살펴본 후에 / 도로 장안사에 와 점심을 먹고 다시 떠나
만천교 상류를 건너 지장암을 잠깐 보니 / 암자가 정갈하여 공부하는 사람이 더러 있다
다시 내려와 내를 건너 석가봉 앞에서 / 오리봉을 쳐다보니 모양이 비슷하다
옥경대에 올라앉아 명경대를 바라보니 / 사오십 길 넓은 바위가 반공중에 서 있는데
청산의 진면목을 비추어 보려는지 / 한 조각 구리거울 아침 해에 건 듯하고
그 아래 받친 층대 또 구십 길이 되겠구나 / 짙은 안개 누런빛이 황천강이 되어 있고
언덕에 돌담을 막아 지옥문이라 하네 / 명경대 바위 뒤에 두 군데 구멍이 뚫려
큰 것은 금사굴 작은 것은 흑사굴인데 / 중에게 물어보니 영원대사의 도술이라 하네
시내 한줄기를 십여 차례 뛰어 건너 / 신라 왕자의 피세대를 잠깐 쉬며 돌아보고
오류 리 또 더 가니 영원암이 여기로다 / 십여 간 깨끗한 집터가 많이 높이 있고
전면에 둘린 봉우리가 이름 모양 비슷하다 / 시왕봉을 한번 보면 열 봉우리 높다랗고
그 앞의 판관봉은 사모와 관대를 갖추어 차린 모양이요
옆으로 여러 봉우리가 구부정하였으니 / 이것은 일컫기를 죄인봉이라 하고

이십 리를 가 장안사에~짐작할 수 있겠구나 → '장안사'에 잠시 머물 거처를 정한 화자는 '법당'과 주위의 건물 및 바위, 주변의 봉우리들을 살펴본 후 그 모습을 묘사하고 있다. 또한 '마음은 쾌활하고 경치가 빼어나'다며 '장안사' 주변 풍경에 대한 감흥을 직접적으로 드러내고 있다.

영원동 냇물 줄기는~점심을 먹고 다시 떠나 → '흰 눈'은 '너럭바위 위'에 흩날리는 물보라를 빗대어 표현한 것이다. 한편 '중'을 통해 '너럭바위'와 관련된 '김동거사의 옛 자취'를 들은 화자는 돌 위에 새겨진 그의 이름을 살펴본 후 다시 길을 나서고 있다. 이때 화자가 들은 '김동거사의 옛 자취'는 장안사의 '나옹조사'와 표훈사의 '김동거사'가 큰 바위에 불상을 조각하는 내기를 한 전설을 이른다. 내기에서 패배한 '김동거사'는 '나옹조사'에게 불경한 마음을 품었던 것을 자책하며 연못에 몸을 던졌고, 그 자리에 바위가 생겨났다고 전해진다.

옥경대에 올라앉아~구십 길이 되겠구나 → 화자가 '아침 해가 떠오르는 시간에 바라본 '명경대'의 모습을 자세히 묘사하고 있다. 이때 '한 조각 구리거울'은 사면의 둥근 봉우리 사이에 '명경대'가 솟아 있는 모습을 빗대어 표현한 것이다.

명경대 바위 뒤에~영원대사의 도술이라 하네 → '중'으로부터 '금사굴', '흑사굴'과 관련한 '영원대사'의 전설을 전해 듣는 화자의 모습이 나타나 있다. 이때 '영원대사의 도술'은 '영원대사'가 극락세계로 가게 해 달라고 제사를 지내자, '명경대 바위 뒤에' '구멍이 뚫려' '금사굴'과 '흑사굴'이 만들어진 것을 가리킨다.

신라 왕자의 피세대를 잠깐 쉬며 돌아보고 → '신라 왕자'는 신라의 마지막 국왕인 경순왕의 아들 마의 태자를 가리킨다. 마의 태자는 신라가 고려에 항복하자 이에 반대하여 금강산으로 들어가 마의를 입고 풀뿌리와 나무껍질을 먹으면서 여생을 보냈다고 전해지는데, 화자는 그가 세상을 피하며 숨은 공간인 '피세대'를 둘러보고 있는 것이다.

시왕봉을 한번 보면~상지장이라 하네 → 화자가 '영원암'에서 바라본 '시왕봉'의 모습을 제시하고 있다. '판관봉'은 '사모와 관대를 갖추어 차린 모양'이고, '죄인봉'은 '여러 봉우리가 구부정'한 모양이며, '장군봉'은 '갑옷투구 모양', '동자봉'은 '아이 모양'이라는 묘사 등을 통해 봉우리의 모습에서 각 봉우리의 이름을 확인하고 있는 화자의 모습이 나타난다. 이때 '열 중에 대여섯이 다 각각 비슷하다'라는 화자의 평가는 대부분의 봉우리의 모습이 그 이름과 일치한다는 생각을 드러낸 것이라 할 수 있다.

죄인봉 앞의 봉우리는 사자봉이라 하며 / 장군봉은 갑옷투구 모양 동자봉은 아이 모양
서쪽의 모래 언덕 옥초대라고 부르기에 / 그곳에 올라서서 동쪽을 바라보니
백마봉 흰빛이 반공중에 솟아 있고 / 촉대봉과 차일봉은 좌우에 늘어서 있고
북으로 흘러내려 여러 봉우리가 둘렸으니 / 마면봉은 말 모습 같고 우두봉은 소머리니
열 중에 대여섯이 다 각각 비슷하다 / 그중에 상지장봉 지장봉 위에 있어
크고 높은 까닭에 상지장이라 하네 / 절 앞의 큰 냇물이 백마봉에서 흘러오고
동남쪽 언덕 위에 돌층대 단정히 쌓았는데 / 그 이름을 물어보니 백석대 하는데
영원대사가 도 닦으며 부처를 숭배하던 터이로다 / 이날 밤 달이 밝아 밤이 깊도록 구경하고
십이일(4/12) 아침을 먹은 후에 점심밥을 싸서 지고 / 망군대를 찾아갈 때 수렴동에 들어가니
삼층 너럭바위 위에 긴 폭포가 있어 / 선명한 백옥 빛이 수정 발을 드리운 듯
서울로 비긴다면 금류동과 옥류동 같은 경치 좋은 곳이로다
바위틈의 돌 모서리며 절벽의 나무다리를 지나 / 문탑에 다다르니 큰 바윗돌이 포개져서
네모반듯한 대궐 문의 모습 같구나 / 긴 벽을 기어올라 고개 하나를 넘어서니
조그마한 도솔암이 바로 언덕 아래에 있어 / 망군대 등에 지고 석가봉과 여러 봉 내려다본다
주지승이 물을 데워 공양 그릇에 점심을 주네 / 망군대를 바라보고 한참을 올라가니
사자목 좁은 길이 험한 고개를 막았구나 / 대 위에 올라서서 남쪽을 바라보니
백탑과 증명탑, 다보탑이 또렷이 다 보이고 / 김성과 김화, 철원 땅이 눈앞에 펼쳐 있으며
과천과 관악산이 희미하게 보인다 하는데 / 구름과 안개가 있어 멀리 보진 못 하고서
표훈사로 향하려고 고개를 넘어갈 때 / 고랑 같은 (좁은) 골짜기와 지붕 같은 (가파른) 비탈길을
쇠사슬을 붙들고서 간신히 내려와서 / 측백 덤불이 얽힌 언덕이며 바위틈 험한 곳을
연이어 내려오는데 이십여 리 되겠구나 / 절벽 사이 틈 진 곳에 작은 돌로 만든 부처가 앉아 있고
봉우리 위에 돌담 쌓아 석가여래 머무시던 곳이요 / 청계수와 옥계수는 이름만 남아 있다
백화암에 들어오니 중의 유적이 많구나 / 사명대사의 초상을 모신 전각이 있고 비석도 세웠으며
덕이 높은 승려의 유골을 안치하여 세운 돌탑이 드문드문 여덟아홉 되겠구나
보현암과 청련암, 원각암이 건너편에 있다 하나 / 볼 것이 별로 없어 구경하러 가지 않고
여기부터 길이 좋아 남여를 타고 이삼 리 / 표훈사에 올라가서 능파루에서 잠깐 쉴 때
벽 위 나무에 새긴 현판을 차례로 자세히 보니 / 장인어른 이(李) 능주공 신묘년 첫여름에
두어 친구 동행하여 이곳을 지나실 때 / 이름을 새겨 붙이신 것 보기에 반갑도다
여러 승려가 함께 거처하는 방을 숙소로 정하고 가마꾼을 재촉하여
정양사 헐성루의 석양 경치를 보려고 / 가파른 언덕길을 사오 리 더 나가서
누각 위에 올라가니 새로 지은 여섯 칸 집이 / 터가 높고 환하여 눈앞이 탁 트여서
금강산 만이천봉이 눈앞에 펼쳐 있는데 / 석양이 비친 곳에 본래 모습이 또렷하여
동북으로 중향성은 눈빛같이 희고 / 그 너머 비로봉이 어렴풋이 솟았으며
앞쪽의 망군대가 혈망봉과 같이 서서 / 구름에 솟아나서 하늘에 닿았으니
아까 우리들이 저곳에서 왔건마는 / 지금 앉아 생각하니 꿈속인 듯 황홀하여
사람이 난다는 말이 헛말이 아니로다 / 백마봉 아래편에 서 있는 십여 봉은
장안사와 영원암에서 다 본 산이로다 / 중향성 양쪽으로 또 한 겹 둘렸으니
상가섭봉과 하가섭봉은 웅장하게 큰 산이고
소향로봉과 대향로봉은 곡식을 수북이 쌓은 모양이요
그 아래 청학대가 물을 흘려 내보내는 곳을 막아 둘러 있다
뒤쪽의 팔각전에 금부처가 앉아 있고 / 앞쪽의 육모 법당엔 분칠한 부처가 있네
그 앞에 여러 승려가 함께 거처하는 방을 짓고 승려가 늘어앉아
화엄경 법화경에 염불 공부 힘쓰는데 / 늙은 퇴운당 대사(승려 신겸)는 여러 중의 스승으로
생김새가 깨끗하여 도를 닦는 기상이 있어 보인다
방광산이 가장 높은 봉우리요 천일대가 주산(主山)에서 오른쪽으로 뻗어 나간 산줄기로다
천일대라 하는 대가 남쪽으로 멀지 않기에 / 지로승을 데리고서 수백 보를 건너가니

망군대를 찾아갈 때~경치 좋은 곳이로다 → 화자가 '수렴동에 들어가서' 본 '폭포'를, '수정' 구슬을 꿰어서 만든 '발'이 아래로 늘어진 모습에 빗대어 감각적으로 묘사하고 있다. 또한 '수렴동'의 '폭포'가 '서울'의 아름답기로 유명한 '금류동', '옥류동'의 폭포와 견줄 수 있을 정도로 아름답다며 예찬하고 있다.

정양사 헐성루의 석양 경치를~막아 둘러 있다 → 화자가 '정양사 헐성루'에서 바라본 '금강산'의 봉우리들의 위치와 모습을 제시하고 있다. 그리고 자신이 그곳들을 거쳐 온 것이 '꿈속인 듯 황홀하여' 사람이 하늘을 난다는 말이 거짓이 아닌 것 같다는 감상을 드러내고 있다.

천 길 가량 높은 언덕에 오륙 칸의 금잔디가 / 담뿍 깔려 있어 구경할 곳이 되었으며
만천 봉의 푸른빛이 더욱 보기 좋다 / 큰 절에 내려오니 보슬비가 오는구나
저녁밥을 먹은 후에 밤새도록 곤히 자고 / 십삼일(4/13) 날씨가 맑거늘 아침을 먹은 후에 내달려서
수미탑을 보려고 금강문에 들어가니 / 두 덩어리의 큰 바윗돌이 머리를 맞대어
조금 굽혀 나갈 만큼의 돌문이 되어 있다 / 금강문 세 글자를 바위에 새겼는데
진외 고조(할머니의 남자 형제) 옥국재공께서 팔분(글씨체)으로 쓰신 글씨를
회양 대부께서 작년 봄에 승려들로 조직된 군대를 통솔하는 스님에게 분부하여
깊숙하게 새겼기에 글자의 획이 뚜렷하다 / **만폭동을 곁에 두고 청호연을 찾아가니**
폭포가 골짜기에서 병 모양을 이루었고 / 용곡담의 바위 모양은 용이 굽이치는 듯하다
폭포수가 떨어지는 바로 밑 깊은 웅덩이를 내려다보니 성난 폭포가 못이 되어
밤낮으로 부딪치는 소리가 대풍류(관악기가 중심이 된 음악) 소리인 듯 잦아 있네
청학대 옆으로 해서 관음봉 앞에 가니 / 노루봉의 작은 돌이 뛰는 듯이 뚜렷하고
학소대와 금강대는 선학이 깃들었는데 / 봄바람에 옥피리소리 호의현상 관동별곡 생각난다
내원통의 높은 암자 시야가 멀어서 / 청학대 위 인바위가 주먹(모양) 같이 분명하다
수미칠곡담으로 돌아들어 만절동을 구경하니 / 동쪽으로 흐르는 물이 바다로 흘러가고
태상동의 청령뢰는 오래되어 예스러운 모습이 그윽하고 시원하며
자운담의 물줄기는 구름을 피우는 듯하고 / 적룡담 너럭바위의 돌 빛이 붉었으며
우화담 강선대에서 신선을 만나려는가 / 영랑점 깊은 골에 신선의 학이 머무르네
진불암의 빈터 옆에 삼난바위가 서 있는데
난리를 세 번 겪을 것이라던 법기보살의 신묘한 말이러라
칠곡에서 떨어진 폭포가 굽이굽이 기묘하고 / 수미봉 바로 아래 수미대의 험한 돌 모서리
간신히 여기 올라 수미 폭포를 찾아가서 / 넓고 평평한 돌에 늘어앉아 건너편을 바라보니
첩첩이 쌓은 돌이 수백 길 높은데 / 아래는 넓고 위는 좁아 탑 모양과 비슷하니
하늘의 조화가 아니면 사람의 힘으로는 못 하리라
옆으로 보게 되면 부처 앉은 모습이요 / 앞으로 보게 되면 돌층대와 비슷하니
대체로 수미탑이 장관이라 하리로다 / 구구대 본 후에 원통암 와서 점심 먹을 때
김 좌수와 이 기보가 술 한 병을 가지고서 / 멀리 와서 대접하며 정으로 권하기에
인정에 감사하여 한 잔 술에 잠깐 취해 / 회양에서 만나기로 약속하고 바로 헤어진 후
남은 술을 가지고서 헐성루에 다시 올라 / 한 잔씩 먹고 취한 후에 뛰어난 경치를 다시 보니
날씨가 맑아 어저께 못 보던 봉우리가 / 구름 밖에 숨었다가 차례로 나설 때에
영랑봉의 금잔디가 눈썹처럼 고우며 / 일출봉과 월출봉은 붓끝같이 솟아 있어
눈에 보이는 것처럼 뚜렷하게 석양 속에 살아서 움직인다
저녁밥을 갖다 먹고 달빛을 기다리니 / 황혼이 막 지나며 하늘 가운데 밝은 달이 높이 떠서
온 산과 골짜기에 밝은 빛이 비치니 / 헐성루의 뛰어난 경치 사계절 밤낮이 마찬가지네
달이 밝고 서늘한 밤에 흥취를 못 이겨서 / 달빛 아래 천천히 걷다가 큰 절에 와 잠을 자고
십사일(4/14) 아침을 먹은 후에 삼불암을 구경하니 / 백화암 바로 아래 큰 바위에 새겼는데
앞쪽의 세 형상은 지공선산 나옹화상 무학대사요 / 옆에 있는 두 형상은 김동거사의 가족이요
뒷면에는 오십삼 부처가 삼층으로 새겼구나 / 금강문으로 도로 들어가 만폭동에 들어가니
바위에 새긴 이름 조정 대신이 거의 반이나 있구나 / 바둑판에 새기고서 삼산국 세 글자 새겼고
또 그 옆의 쉰두 글자는 옥국재공의 글씨요 / 봉래풍악 원화동천은 양사언의 글씨로다
입구의 금강 두 글자는 김동거사가 아홉 살 때 글씨로다
수백 칸 넓은 바위에 여러 골짜기서 흘러내린 폭포가 / 한곳에서 합류하여 섞여 돌며 뿜어내니
이러므로 이 폭포를 만폭이라 하는구나 / 삼산국 글자 조금 옆에 바윗돌 괸 곳에
내 이름 세 글자를 크게 새겨 금강산 유람 행적을 표시하고
팔담으로 가는 길에 세두분을 찾아가니 / 보덕각시가 머리를 감던 돌구멍이 깊숙하다
백룡담을 쳐다보면 물과 돌이 깨끗하고 / 흑룡담의 검푸른 물은 팔담의 첫 굽이요

수미탑을 보려고~대풍류 소리인 듯 잦아 있네 → 수미탑을 보기 위해 '금강문'에 들어간 화자가 '돌문'에 새겨진 '옥국재공(이운영)'의 글씨를 살펴보고 있다. 또한 '청호연'의 '폭포수' 소리를 '대풍류 소리'에 빗대어 감각적으로 형상화하고 있음을 알 수 있다.

학소대와 금강대는~관동별곡이 생각난다 → '선학'이 둥지를 틀고 서식했다고 전해지는 '학소대'와 '금강대'를 본 화자가 송강 정철의 「관동별곡」 중 '봄바람 옥피리 소리에 첫잠을 깨었던지 / 호의현상이 공중에 솟아 뜨니'라는 구절을 떠올리고 있는 부분이다. 이때 '호의현상'은 흰 비단 저고리와 검은 치마 차림이라는 뜻으로, 흰 몸통에 검은 머리의 외양을 한 '선학'을 빗댄 표현이다.

수미봉 바로 아래~장관이라 하리로다 → 화자가 수많은 돌이 '탑 모양과 같이 첩첩이 쌓인 '수미탑'의 모습을 보고, '하늘의 조화가 아니면 만들 수 없었을 것'이라며 그 모습을 예찬하고 있다.

남은 술을 가지고서~큰 절에 와 잠을 자고 → 술을 가지고 '헐성루'에 다시 방문한 화자가 석양이 질 무렵 '봉우리'의 풍경을 감상하며 흥취를 즐기는 모습이 드러나 있다. 비유법을 통해 '봉우리'의 모습을 묘사하고, '헐성루의 뛰어난 경치'가 '사계절 밤낮' 모두 같다며 감탄하고 있음을 알 수 있다.

금강문으로 도로 들어가~금강산 유람 행적을 표시하고 → '만폭동'의 '바위'에 새겨진 글씨들을 감상하고, 그 '바위' 한편에 자신의 이름을 새겨 '금강산 유람 행적을 표시하는' 화자의 모습을 확인할 수 있다. 이때 바위에 새겨진 '바둑판' 그림과 '삼산국' 글씨는 옛날 삼신산의 신선들이 '만폭동'의 너럭바위에 모여 금강산의 절경에 취해 세월을 잊고 바둑을 두었다는 전설과 관련이 있다. 또한 조선 중기의 서예가 '양사언의 글씨'인 '봉래풍악 원화동천'에서 '봉래'는 여름의 금강산을, '풍악'은 가을의 금강산을 의미하며, '원화동천'은 금강산의 으뜸가는 골이라는 의미로 만폭동을 가리키는 표현이다.

팔담으로 가는 길에~변화가 무궁하다 → 화자가 '세두분'과 '팔담'의 모습을 묘사하고 있다. 이때 '보덕각시(관세음보살이 여인으로 변신한 모습)'가 머리를 감던 돌구멍은 '세두분'과 관련된 전설의 내용을 언급한 것이다. 한편, 화자는 '백룡담'의 '물과 돌이 깨끗하고', '흑룡담'의 물이 검푸르다고 묘사하는 등 '팔담'의 모습을 이름과 관련지어 제시하고 있다.

비파담을 둘러싼 돌이 거문고의 복판(악기의 소리가 울리는 부분) 같고
벽하담의 물기운은 안개가 자욱하며 / 장벽에 분설담이 굽이쳐 솟을 때에
은하수가 어디인가 흰 눈이 날리는 듯하다 / 언덕 밑에 파인 바위는 굴 모양 같기에
들어가 쳐다보니 돌 빛이 여러 가지 빛깔이라 / 사십여 층 돌계단으로 보덕굴에 올라가니
절벽에 의지하여 조그맣게 지은 암자 / 왼쪽은 돌부리에 사오 척 돌기둥을 세우고
오른쪽은 백 길 골짜기에 십구층 구리 기둥을 / 중간에 돌 턱진 곳에 받쳐서 세워 놓고
쇠사슬을 옆으로 걸고 네 층으로 작은 갈고리를 달았는데 / 높고 우뚝하여 보기에도 위태롭다
그 속에 한 칸쯤 되는 굴이 있는데 / 도배를 깨끗이 하고 네 자리에 부처가 앉아 있다
마룻바닥 구멍으로 그 밑을 내려다보니 / 평지가 아득하여 현기증이 날 듯하다
도로 내려와 물을 건너 진주담을 바라보니 / 물줄기를 후려쳐서 공중에 뿜는 방울
무수한 수정 구슬을 쟁반에 담아다가 헤치는 듯 / 돌 위의 칠언절구는 우암 선생의 친필이라
구담은 거북 모양 선담은 배 모양인데 / 장마에 돌이 밀려 볼만한 것 전혀 없고
화룡담 깊은 못이 너럭바위 아래 있어 / 뿜으며 들썩이며 변화가 무궁하다
사자봉의 높은 돌이 용소를 굽어보는데 / 바위 중턱 파인 곳에 돌 하나가 끼여 있다
중의 말이 황당하여 대강 건져 들어 보니 / "저 바위의 사자가 화룡더러 말하기를,
'이내 몸이 육중하여 무녀져 내려가면 / 너의 깊은 못이 터전도 없을 테니
네가 재주 많다 하니 내 발 조금 괴어 다오' / 화룡이 옳게 여겨 건너편 산에 올라
저 돌을 빼다가 이 바위 괴었다네" / 들으니 그럴듯해 건너편에 있는 산을 바라보니
과연 산중턱에 돌 하나 빠진 틈이 / 이 돌을 갖다 끼울 만큼 크기가 비슷하다
어이없어 한 번 웃고 나서 손가락으로 가리킨 후 / 일 리를 걸어가서 마하연에 들어가니
법기보살이 좋은 땅을 가리어 고른 터에 칠성봉이 둘러 있고
이십여 칸 판도방과 그 뒤의 아자방에 / 공부하는 두세 중이 경쇠 치고 불경을 외우네
전나무 같은 나무가 뜰 앞에 서 있는데 / 빛 붉고 새잎 나서 계수라고 부르네
여러 승려들이 함께 거처하는 방을 지나서 객방에서 묵는데
서울 사는 박첨지가 어저께 가섭동에서 / 비탈길에 발을 헛디뎌 천 길이 넘는 구덩이에 떨어져
네 번을 구르고서 나무에 바지 걸려 / 다행히 목숨을 구해 많이 다치진 아니하고
얼굴 조금 벗겨져서 조리하고 누웠다기에 / 모르는 처지지만 찾아가서 문병하다
점심을 먹은 후 일어나서 백운대 구경을 갈 때 / 만회암에 올라가니 두어 스님이 불경을 외운다
옷과 갓을 벗어 (스님에게) 맡기고서 오랑캐 같은 차림새로 / 한 고개 넘어가니 절벽이 막아섰네
쇠사슬을 붙들고서 기어서 올라가서 / 왼쪽 비탈 좁은 길로 수백여 걸음을 내리달아
금강수 약수를 찾아서 두세 그릇 먹어 보니 / 그 맛이 맑고 차서 오장이 시원하다
도로 고개로 와 남쪽 산등성이로 가니 / 칼날같이 좁은 길이 좌우는 낭떠러진데
얼마 못 가니 백운대 돌바위라 / 앉아서 내려다보니 그 아래 늙은 소나무
마른 개울에 너럭바위 드문드문 널려 있다 / 중향성이 아주 가까운 거리라 산 밑까지 자세히 보니
기묘한 모습은 헐성루보다 못하구나 / 혈망봉 꼭대기에 바위틈이 구멍 되어
저쪽 편 하늘빛이 이편에서 내다보이네 / 정양사와 향로봉을 마주 건너 바라보고
법기봉 높은 봉우리 이름은 담무갈인데 / 부처 모습과 비슷하여 부처가 앉아 있는 듯하다
날씨가 많이 추워 잠깐 보고 다시 내려와 / 만회암에 다다라서 옷차림을 고치고서
건너편에 있는 산을 바라보니 바위 위에 또 바위가 / 사람 모습 같아서 이름이 동자봉인데
머리 위에 가로놓인 돌이 어미를 이었다 하네 / 노승들의 허황한 말이 한두 곳이 아니로다
마하연으로 내려와 절의 작은 방에서 쉬는데 / 새벽에 보슬비 내리기에 많이 올까 염려했더니
십오일(4/15) 날씨가 맑기에 아침밥을 일찍 먹고
여러 승려들이 함께 거처하는 방으로 들어가니 금부처 앉은 옆에
석매화 화분 하나 산호 가지 모양이요 / 자줏빛에 끝은 희고 꽃눈같이 잔구멍에
가지마다 찬란하여 보기에 기묘하고 / 돌로 본디 만든 것이라 들어보니 무겁구나
이삼 리 나아가서 불지암을 찾아가니 / 암자가 깨끗하고 그 앞의 감로수가

사자봉의 높은 돌이~크기가 비슷하다 → '중'의 발화를 직접 인용하여, '사자봉'과 관련된 전설을 실감 나게 전하고 있는 부분이다.

일 리를 걸어가서~찾아가서 문병하다 → 화자가 '마하연'으로 공간을 이동하였음을 알 수 있다. 화자는 그곳에서 '서울 사는 박첨지'가 낭떠러지에서 떨어져 다쳤다는 이야기를 전해 듣고, 모르는 사이임에도 그를 찾아가 문병했던 경험을 소개하고 있다.

맛이 달고 빛이 맑아 또 세 그릇 먹었도다 / 일 리 가서 묘길상 앞에 가니
돌로 쌓은 벽에 새긴 부처 높이가 오륙 길이 넘고 / 그 앞 넓은 뜰엔 잔디가 수십여 칸 깔렸으며
무척 큰 돌로 만든 등이 중간에 놓였으며 / 좌우 언덕 숲에 진달래가 활짝 피어 있다
사선암 작은 바위는 네 수령이 자고 간 곳이고
백화담 깊은 못 물빛은 측백 뿌리 흰 진(나무의 껍질 따위에서 분비되는 물질) 때문이네
오륙 리 험한 길에 나무 그늘 바위 언덕엔 / 겨울눈이 덜 녹아서 한 자 두께나 남아 있다
안문재에 올라서니 회양과 고성의 경계요 / 고개는 보잘것없는데 시야가 확 트여서
중향성 백운대와 비로봉 단발령이 / 좌우에 늘어서 있어 또렷이 다 보인다
유점사 가마꾼과 지로승을 기다려 / 남여 타고 십 리 와서 점심 먹는 곳에 다다르니
길가에 움집 짓고 냇물에 밥을 지어 / 큰 절에서 나와서 일행을 대접하네
점심을 먹은 후 오솔길로 오 리 남짓 가서 / 은선대에 올라가니 백운대 같은 바위
십여 명이 앉을 만하고 높이는 수백여 길 / 전망을 볼 것 같으면 광활하기도 하구나
서쪽의 칠보대는 바위 일곱 기이한 모습이요
동쪽으로 큰 바다 (펼쳐 있어) 만 리까지 펼쳐진 푸른 물결이 내려다보이고
북쪽으로 불정대가 천 길 절벽 위에 서 있는데 / 긴 폭포 날려서 열두 굽이 뚜렷하며
앉아 있는 바위 남쪽으로 진달래와 철쭉이 활짝 다 피어 있다
크고 작게 놓인 돌이 모두 다 제각기 생김이네 / 한참을 구경하고 큰길로 내려올 때
물속의 바위 구멍이 푸른 못이 되었는데 / 지로승 이른 말이, 옛날에 아홉 용이
오십삼 부처에게 쫓겨서 달아날 때 / 이 구멍으로 들어가서 구룡연에 갔다 하네
효운동을 지나오니 바위에 팔분(글씨체) 세 글자 / 옥국재공 친필인데 이름 써서 표하셨다
반야암 옆으로 해서 유점사에 들어오니 / 이십팔 칸으로 지은 산영루가 굉장하고
법당에 올라가서 부처를 모신 자리를 쳐다보니
나무로 만든 모형의 작은 산처럼 생긴 느릅나무 뿌리에
틈틈이 수놓은 방석 위에 오십삼 부처가 앉아 있다 / 그 뒤의 금부처 하나가 귀양 온 부처라기에
중에게 물어보니, 오십삼 부처가 나오실 때 / 금강산 주인 보살이 이곳같이 좋은 터를
구룡에게 잃은 죄로 여기에 귀양 왔다 하네 / 절 안에 전해 오는 보배 차례로 내어 보니
자개 술잔 소라 술잔에 옥 술잔 하나 또 있으며 / 갑에 넣은 패엽경(불경)과 진주 방석 한 벌 있고
인목대비 직접 쓰신 한문 불경 책 한 권과 / 임금께서 내리신 문서 족자 하나 또 있구나
사명대사가 얻어온 부처 앞 오동향로 / 그 외에도 하사품이 무수히 있구나
오탁수를 보니 듣던 말과 아주 달라 / 우물이 네모지게 돌로 짜 있는데
북쪽 편 두 군데에 구멍이 크게 뚫려 / 보시기(그릇) 주둥이만큼 물길이 되었으니
까마귀가 쪼았다는 말 백 번도 넘었도다 / 십삼 층 돌탑 만들어 법당 앞에 세웠으며
무연실이라 하는 데는 큰 제사를 올릴 적에 / 큰 가마솥과 쇠 시루에 밥을 짓는 곳인데
큰 나무를 불에 넣어도 연기가 안 나니 / 아무리 땅속에 묻은 시설이라도 이상하고 신통하다
서쪽의 노후사는 옛날에 고성 군수 / 노춘이라 하는 이가 오십삼 부처가 나오실 때
이 면(面)의 권농(농사를 장려하던 직책을 맡은 사람)과 함께 길을 인도한 후에
그 공덕으로 인하여 부처가 되었다네 / 저녁밥을 먹은 후에 암자 구경을 하러 가니
동쪽의 흥서암과 서쪽의 자묘암이 / 다 큰 절에 속해 있어 같이 절의 일을 한다 하네
능암 스님의 수행자 신진이가 먼 길에 지치고 시달려 생긴 병으로 몸이 아파
구경도 안 하고 흥서암에 누웠기에 / 잠깐 보고 도로 와서 객방에서 묵었도다
십육일(4/16) 아침밥을 먹은 후에 중내원을 찾아와서 / 선담에 다다르니 폭포 모양이 기이하다
대체로 금강산이 내외산이 각각 달라 / 내산은 돌산이요 외산은 흙산인데
이곳 흙산 속에 돌벽이 어쩐 일인가 / 넓고 평평한 큰 돌이 길게 파여 배 모양 같네
만경대 앞으로 해서 첫사자목을 넘어서서 / 구연동 아홉 폭포 맨 밑층 내려다보고
만경대를 바라보니 구름 속에 서 있는 듯 / 또 한 고개 올라서니 중내원이 가깝도다
미륵봉 아래 언덕에 조그만 암자 있는데 / 그 높이 얼마인지 천만 리가 내다보이네

사선암 작은 바위는 네 수령이 자고 간 곳이고 → '사선암'은 신라의 화랑인 술랑, 남랑, 영랑, 안상 네 명이 무리 3,000명을 이끌고 왔을 때, 각각 올라 앉아 경치를 내려다보았던 바위라고 전해지는 곳이다. 화자가 말한 '네 수령'은 술랑, 남랑, 영랑, 안상을 가리키는 것이다.

물속의 바위 구멍이~구룡연에 갔다 하네 → 화자가 '지로승'에게 들은 '구룡연'과 관련된 전설을 언급하고 있다. 노춘이라는 자가 왕의 명령으로 '유점사'를 짓는 과정에서 '오십삼 부처'의 도움을 받아, 그곳의 연못에 살던 아홉 마리의 용을 구룡 폭포가 떨어지는 연못으로 쫓아냈다는 전설의 내용이 요약적으로 제시되어 있다.

절 안에 전해 오는 보배~이상하고 신통하다 → 화자가 '유점사'에 전해 오는 '보배(아주 귀하고 소중한 물건)'들을 나열하여 제시하고, '유점사' 주위의 건물들을 살펴본 후 그 모습을 묘사하고 있다. 이에 '이상하고 신통하다'며 감상에 대한 직접적인 정서를 드러내고 있다.

뒤쪽의 백마봉과 앞쪽의 향로봉에서 / 은선대와 마찬가지로 바다가 내려다보이는데
좌우의 기묘한 바위와 돌이 거북 모양과 흡사하다 / 점심은 큰 절에서 대접하러 나왔는데
밥이 아직 멀었기에 미륵봉을 구경 갈 때 / 고롱은 노곤하다며 가지 않고 누웠기에
능암 스님과 고두를 데리고 내달아서 / 지로승을 앞세우고 오륙 리를 올라가니
길에 큰 바윗돌 엇갈리게 놓인 속에 / 흰 눈이 쌓여 있어 한 줌 쥐어 먹어 보니
시원기도 하거니와 배를 조금 채우기도 되겠구나 / 측백나무 얽힌 데 그 틈으로 길이 나서
뿌리도 당기고 바윗돌도 붙들고서 / 미륵봉 앞에 가니 정작 구경하려면
수십 길 절벽 위에 올라가야 본다는데 / 지로승과 동행들이 모두 다 못 간다기에
안주에 사는 최수자와 단둘이 올라가서 / 미륵봉 바로 뒤 편평한 너럭바위에
높이 앉아 두루 보니 사면이 광활하다 / 수백 리 밖으로는 안개가 자욱하여
바다 밖과 서울 쪽은 자세히 안 보이지만 / 삼각산 제일봉은 발돋움하면 보이겠네
비로봉 꼭대기를 편안히 바라보니 / 은선대와 만경대는 눈 아래 펼쳐졌으며
그 나머지 봉우리들은 언덕같이 보이는구나 / 봉우리 앞 굵은 바위가 들쭉날쭉한 가운데
측백나무 덤불이 평지처럼 깔려 있다 / 잠깐 동안 구경하고 돌벽으로 내려올 때
험하고 위태롭기가 내외산 중 처음이라 / 이번 구경 길에 장안사에서 시작하여
냇물의 징검다리 못 건넌 데 절반이라 / 사자목 좁은 길은 생각하면 겁이 나고
만폭동 지날 때 공중의 외나무다리 / 아래는 몇 길인지 하물며 휘청휘청
비탈길 푹 파인 곳 외나무 썩은 다리 / 위태하고 불안했지만 여기에 비하면 걱정 없고 평안하구나
점심을 먹은 후에 첫사자목 도로 넘어 / 만경동에서 잠깐 쉬어 반야암에 찾아드니
수삼십 칸 높고 크게 지은 암자 / 마루가 넓고 시원하여 잠깐이나마 앉아 쉬고
백련암과 명적암이 멀지 않은 곳에 있지만 / 암자는 마찬가지라 찾아보지 아니하고
시내 건너 큰 절에 와서 저녁밥을 먹은 후에 편히 쉬다
십칠일(4/17) 아침밥을 먹은 후에 남여 타고 이십 리를 가서 / 개재령을 넘어서서 상대를 내려가니
해금강 바닷빛이 안개 속에 희미하다 / 아흔아홉 굽이를 돌아 자갈길로 십 리를 내려가
백천교에 도착하니 거기부터 평지로다 / 겸고지에서 점심을 먹고 고성까지 삼십 리를 가니
관아는 쓸쓸하고 읍내도 고요하다 / 해산정에 올라앉아 모든 현판을 구경하다
우암 선생 칠언율시의 운자를 따서 시를 짓고 / 경치를 둘러보니 바다는 십여 리 떨어져 있고
칠성봉 세 바위가 희미하게 보이는구나 / 앞 언덕에 세운 과녁 문인 무인 함께 사용하는 듯하고
동구암과 서구암은 거북의 모습이요 / 그 나머지 모든 바위 다 거북 모양이라
지난번 원통암에서 김 좌수 하는 말이 / "해금강 보이는 곳의 지명은 선돌인데
거기 사는 조 서방이 스스로 지어 부르는 호는 내문이고
나와 많이 친한데 마침 그곳으로 가는 사람이 있기에 / 그대들 유람 행차 소식을 벌써 전했으니
부디 그 집 찾아가서 묵으라"라고 하기에 / 시간이 이른지라 동행과 의논하여
선돌로 바로 가서 조생의 집을 찾아가니 / 반갑게 맞아들여 지극히 접대한다
문어 전복 회를 하고 해삼 홍합 전을 부치고 / 숭어 전어 생선구이 닭도 잡고 계란 삶아
갖가지로 색 맞추고 간이 맞아 먹기 좋다 / 해질 무렵 해변에서 월출을 구경하니
안개가 자욱하여 뚜렷하지 않지만 / 물밑에서 떠오를 때 보기에 장관이라
십팔일(4/18) 밝기 전에 앞 언덕에 올라앉아 / 일출을 구경할 때 안개가 그대로 있어
또 자세히 못 볼까 염려를 하였는데 / 이윽고 바다 위가 희미하게 붉어 오며
구름이 얇아지고 물결이 술렁이다 / 다홍 비단이 펼쳐진 속에서 둥근 바퀴가 솟아나니
온 세상이 순식간에 밝고 환하다 / 천하에 이것보다 나은 장관이 또 있는가
밥을 먹은 뒤에 배를 타고 해금강 구경을 가니 / 칠성봉 바위 지나 해변으로 거슬러 가니
햇빛이 비치어서 물속의 맑은 곳에 / 기이하게 생긴 무수한 바위와 돌이 은은하게 바치는데
산호 가지와 비슷하고 청강석과 같으며 / 깔린 바위 물그림자 전복 껍질 무늬와 같다
물가에 선 봉우리가 필산처럼 늘어섰는데 / 모양과 빛깔이 가지각색이요 기이하고 묘하여서
사람인지 신선인지 귀신인지 부처인지 온갖 모양이 황홀하다

미륵봉 앞에 가니~걱정 없고 평안하구나 → 화자가 나무 '뿌리'와 '바윗돌'을 붙잡고 힘들게 '미륵봉 앞'에 도착한 후, '안주에 사는 최수자'와 함께 '미륵봉'에 올라 뛰어난 경치를 구경하고 내려온 과정을 자세하게 제시하고 있는 부분이다. 화자는 '미륵봉'을 구경한 후 '험하고 위태롭기'로 따지면 내외 금강산 중 첫 번째라고 평가하였는데, 이는 위험을 감수하고서라도 뛰어난 경치를 보고자 했던 화자의 욕망이 드러난 대목이라 할 수 있다.

지난번 원통암에서 김 좌수~간이 맞아 먹기 좋다 → '선돌'로 이동한 화자가 '김 좌수'와 친한 '조 서방'의 집에 찾아가 극진한 대접을 받는 모습이 나타나 있다. 화자는 저녁에 먹은 음식들을 나열한 후, 음식의 '간이 맞아 먹기 좋'았다는 평가를 하고 있다.

십팔일 밝기 전에~장관이 또 있는가 → 화자가 '일출'을 구경하며 그 풍경을 감각적으로 묘사하고 있다. 이때 '다홍 비단'은 해가 떠오르며 바다를 물들이는 붉은빛을, '둥근 바퀴'는 해를 빗댄 표현이다. 화자는 '천하에 이것보다 나은 장관'은 없다며 '일출' 광경에 대한 감탄을 강조하여 드러내고 있다.

밥을 먹은 뒤에~온갖 모양이 황홀하다 → '해금강 구경'을 나선 화자가 그곳에서 본 '해변'의 모습을 제시하고 있다. 비유를 활용해 햇빛이 비치는 물속의 '바위와 돌', 주변의 '봉우리'들의 모습을 묘사하고, '사람'과 '신선', '귀신', '부처'를 넘나드는 '온갖 모양이 황홀하다'며 주변 풍경에 대한 감상을 드러내고 있다.

해금강 세 글자를 돌벽에 새겼으며 / 바다 어귀에 어부들이 바위에 늘어서서
장대에 쇠갈고리 끼우고 줄낚시도 가지고서 / 지나가는 숭어와 문어 찔러서 잡아낸다
넓은 바다 가운데 무수한 고래들이 / 물을 뿜고 희롱하여 눈 같은 물결이 하늘에 닿을 때
시커먼 등마루에 키(체처럼 생긴 도구) 같은 갈기가 / 물굽이에 오르내려 보기에 훌륭하다
육로로 돌아올 때 돌산에 다니면서 / 금강산의 진면목을 가까운 데 두고 보려고
기이하고 작은 돌을 여남은 개 골라 주워 / 짐 속에 깊이 넣고 점심을 먹은 후 즉시 떠나
읍내를 다시 지나 대호정에 올라가니 / 언덕 위에 지은 정자가 큰 시내를 내려다보고
수풀이 둘렀는데 꾀꼬리 소리가 신기하다 / 북으로 십여 리의 삼일포를 찾아가니
사자암 맞은편에 몽천암이 깨끗한데 / 전나무 대숲 속에 십여 칸 되는 절이로다
한 굽이 푸른 호수를 삼십육 봉우리가 둘러막아 / 남병산 그림 속의 소주 항주의 눈썹인 듯
배 한 척 띄워서 중을 시켜 노를 저어 / 물 가운데 돌산 위의 사선정에 올라가니
기둥에 '무쌍승지 제일명구'라 쓴 글귀를 붙였으며 / 무선대라는 작은 바위는 신선이 춤추던 데요
단서암 얕은 굴속에 여섯 글자 새겼으니 / 영랑과 술랑은 어디 가고 푸른 파도와 흰 구름만 머무는가
돌벽에 새긴 옛사람 이름이 반 넘게 잠겼으니 / 언덕과 골짜기가 변했는가 무슨 일로 찬물에 잠겼는가
이십 리 양진역을 와서 일행이 배고파서 / 저녁밥을 시켜 먹고 신계사로 들어올 때
오 리를 셔우 와서 발 아파 힘들었는데 / 횃불과 가마꾼이 때마침 맞이하기에
또 오 리를 타고 가니 편하고 요긴하다 / 저녁밥을 먹지 않고 피곤하여 바로 자다
십구일(4/19) 비 오기에 절에서 머물다 / 종일토록 시를 주고받으며 이날을 보낸 후에
이십일(4/20) 날씨 흐리나 비가 오지 않기에 / 아침을 먹은 후 남여를 타고 구룡연 구경을 갈 때
보광암을 옆에 두고 오 리를 나아가서 / 오선암을 잠깐 보니 다섯 수령 놀던 데요
좌정암은 크고 흰 바위가 솥같이 걸렸고 / 앙지대에 올라앉아 우뚝 솟은 봉우리를 쳐다보네
금강문을 보니 돌 틈에 큰 구멍이 있는데 / 허리를 펴고 십여 걸음을 언덕으로 돌아가니
만폭동 금강문보다 다섯 배나 웅장하다 / 가마꾼은 여기 두고 옥류동을 찾아가니
너럭바위 깔린 곳에 옥같이 흐르는 물이 / 이름이 헛되지 않도다 상쾌하고 기묘하다
무봉 폭포를 못 미쳐서 비봉 폭포를 바라보니 / 천 길 되는 절벽이 반공중에 서 있는데
한줄기 맑은 냇물이 세 굽이 쳐서 날아내려 / 진주를 뿜어내어 구슬발을 드리운 듯한데
무봉 폭포는 물이 없어 장마에나 본다 하네 / 구성대 높은 돌은 봉황이 날아들어 춤추던 곳인가
연담소라 하는 지명을 바위에 새겼는데 / 구룡연 외팔담으로 갈라지는 어귀로다
큰 절에서 여기까지 길이 많이 험하여서 / 위태로운 나무다리를 아홉 번 건넜네
나머지는 언덕이고 이따금 절벽 비탈 / 한두 길씩 넘는 곳이 드문드문 있는데
소나무 참나무로 사다리를 만들어서 / 칠팔층 십여 층에 이십층도 되는구나
너른 바위 비탈길이 미끄러운 데 다래 덩굴 잡고 가고 / 징검다리 사이 뜬 곳은 건너뛸 데 많구나
한마디로 늙은이 약한 사람은 가지 못할 곳이로다 / 우리 일행들도 발 헛디딘 이 더러 있어
돌에도 미끄러지고 물에도 빠졌으나 / 다행히 평탄한 데라 다치지는 않았구나
(ebs 파트)
절마다 지로승의 이름이 누구던가 / 장안사는 의정이요 표훈사는 거안이요
유점사는 체준이요 신계사는 장함이라 / 경치가 좋은 곳에서 놀던 자취 여섯 군데 남겼으니
만폭동 바위에 크고 깊게 이름 새겨 두고 / 그 나머지 헐성루와 장안사, 표훈사, 신계사, 유점사
다섯 곳은 나무에 새겨 문루에 붙였으니 / 다른 날 다시 오면 낯설지 않으리라
계속해서 길을 떠나 성직촌을 지나오니 / 십 리는 넉넉하고 고성과 통천의 경계로다
옛날부터 총석까지 바다를 옆에 두고 / 일백이십 리를 곧장 내려간다 하네
바다를 내다보니 파도가 세게 일고 / 바람도 안 부는데 물결이 절로 일어
산같이 밀려와서 바윗돌에 부딪힐 때 / 우레가 진동하고 흰 눈이 날리는 듯
흐리고 비가 오면 멀리까지 난다 하네 / 물가 언덕 위에 소금 굽는 집이 있는데
움막처럼 집을 짓고 그 속의 흙 가마에 / 바닷물을 졸여 내어 소금을 만드는데
한 가마에 십여 석이 나오며 칠팔 일이 걸린다네 / 장전역까지 십 리를 가니 가랑비가 많이 오네

북으로 십여 리의 삼일포~소주 항주의 눈썹인 듯 → '남병산'은 중국의 제갈량이 적벽대전에 앞서 동남풍이 불기를 빌었다는 곳이며, '소주'와 '항주'는 중국의 명승지다. 화자는 '삼일포'를 둘러싼 '삼십육 봉우리'의 모습이, '남병산 그림' 속에 '눈썹처럼 그려진 '소주'와 '항주'의 모습처럼 보인다며 감각적으로 묘사하고 있다. 즉, 화자는 비유법을 통해 '삼십육 봉우리'의 모습이 아름다움을 나타낸 것이라 할 수 있다.

물 가운데 돌산 위의~찬물에 잠겼는가 → 화자가 신라의 화랑인 술랑, 남랑, 영랑, 안상이 '삼일포'에 놀다 간 것을 기념하며 세운 '사선정'을 보며, 그들의 자취를 쫓는 모습을 보이고 있다. 이때 '사선정'의 기둥에 장식으로 써서 붙인 글귀인 '무쌍승지 제일명구'는 둘도 없는, 경치가 빼어난 최고의 명승지를 뜻한다.

무봉 폭포를 못 미쳐서~구슬발을 드리운 듯한데 → 세 굽이로 떨어지는 '비봉 폭포'의 모습이 '구슬발을 드리운 듯'하다며 비유법을 통해 감각적으로 묘사하고 있는 부분이다.

절마다 지로승의 이름이~낯설지 않으리라 → 화자는 금강산 유람 여정에 도움을 준 승려들의 이름을 명승지 여섯 군데에 남겼음을 밝히고 있다. 또한 자신이 다녀간 자취를 남겼기에 '다른 날'에 다시 오더라도 '낯설지 않'을 것이라는 감상과 다시 금강산에 방문하고자 하는 마음을 드러내고 있다.

물가 언덕 위에~칠팔 일이 걸린다네 → 화자가 유람을 하는 도중 마주한 '소금 굽는 집'에 주목하여, 그 지역 사람들이 소금 굽는 방법을 자세히 묘사하고 있다. 명승지 구경뿐만 아니라, 지역민들의 삶의 모습과 방식에 관심을 가지고 관찰하는 화자의 모습이 드러난 부분이다.

해변에 인가가 적어 사람 없는 외딴 곳이 많다 하여 / 비를 맞고 이십 리를 와 독벼루에 다다르니
수십 길 비탈진 바위가 독 엎은 모양이요 / 허리에 길이 나서 행인이 다니는데
길 아래 깎은 절벽이 있고 그 밑이 바다로다 / 다행히 길이 넓어 쌍가마도 다니겠구나
일 리를 더 나가니 남사진 주막이라 / 더운 방을 찾아가서 젖은 옷 말리고서
깨끗한 방을 다시 얻어 저녁 먹고 편히 쉬다
이십이일(4/22) 아침밥을 먹은 후에 비 때문에 늦게 떠나
이십 리 운암을 가니 또 가랑비가 오는구나 / 여기서 백정봉이 십 리라 하건마는
비 오고 안개가 끼어 구경할 길 없기에 / 하인과 짐꾼은 두백진에 가라 하고
뒤따라 내려올 때 큰길로 바로 가니 / 먼저 가던 하인들이 앞에 안 보이기에
이상하여 돌아오니 다리 건너 집이 있는데 / 작은 산이 가로 둘러 길옆에선 안 보이네
아까 하인들은 지름길로 바로 넘어가 / 우리를 기다리다 마주 찾아 나오기에
함께 들어가서 점심을 먹고 즉시 떠나 / 문바위를 찾아가니 백사장의 괴상하게 생긴 돌 하나
오륙 장 높이인데 앞쪽에 구멍이 뚫려 / 양쪽이 마주 보이고 맨 위층 돌 틈에
소나무 세 줄기가 늙은 소나무가 되었으니 / 그 무슨 이치인가 이상하고 신기하다
말뫼 지나 달아고개 이십 리를 지나서 묵으니 / 비는 다시 아니 오고 오십 리를 걸었구나
이십삼일(4/23) 날이 맑기에 일찍이 아침을 먹고 / 십오 리를 나아가서 통천읍에 들어가서
길청의 하인을 시켜 사공을 알아보니 / 마을을 책임지는 관리를 내보내서 지금 준비시킨다 하네
이십 리를 나아가서 고저촌에 다다르니 / 인가는 삼사백 호인데 부유한 이가 많다 하네
한 고개를 또 지나서 총석정에 올라가니 / 사선봉 네 기둥이 죽 벌여 서 있는데
푸른 옥 깎아내어 쇠기둥을 받친 듯 / 돌벽을 둘러싼 돌도 모두 기둥 모양이요
환선정 빈터 앞은 접침처럼 바로 쌓여 / 모두 다 바닷가에 물결 쳐서 흩날리며
알섬이라 하는 데가 물길로 삼사십 리인데 / 모든 날짐승이 그곳에 가 알을 낳아
바닷가 백성들이 배를 타고 가 주워 온다 하네 / 덕원 포구와 원산 포구의 지형만 바라보고
흡곡의 삼바위섬이 십 리 남짓하다
충청도, 전라도, 경상도와 황해도, 평안도, 함경도의 장삿배들 순하게 부는 바람에 돛을 달고
물위에 드문드문 조각구름이 떠가는 듯하고
고기 잡는 작은 배는 파도 사이에 나타났다 사라졌다 하며
물가를 바라보니 바람밖에 없어 도리어 한가하다
정자 지은 높은 언덕에 수백 보 되는 길이 나 있어
그 끝에 가서 보니 좌우에 서 있는 돌이 / 옹기 엎은 모양 같고 사람 모양과 비슷하며
그 아래 작은 돌은 동이(질그릇)를 늘어놓은 듯이 / 수삼 칸씩 빈틈없이 사이사이 깔려 있다
배를 잡아 대령시켜 타고 구경하려 했는데 / 구경할 데 거의 다 하고 바람과 물결도 요란하여
배 타기는 그만두고 점심을 시켜 먹은 후에 / 금란굴로 내려가자고 사공에게 분부하니
"육로는 이십 리요 수로는 삼십 리인데 / 굴속을 보려 하면 여러 날 기다려야 하니
오늘같이 바람 심한 날에 어찌 배를 타오리까" / 내가 듣고 옳게 여겨 동행에게 이른 말이,
"만물초 훗날 기약에 금란굴도 함께 두세" / 모두 웃고 일어서서 읍내를 도로 지나
소성교에서 묵으니 칠십 리를 지나왔네 / 이십사일(4/24) 일찍 떠나 중대원을 찾아오니
높고 험한 추지령이 눈앞에 놓였구나 / 이곳에 구경할 것 한두 가지 아니로되
안개가 자욱하여 제대로 못 봤으니 / 푸른 바닷물이 어디인 줄 알겠으며
목련화 붉은 꽃을 어디에서 찾겠는가 / 일흔일곱 굽이를 지나 고개 위에 올라서니
속으로 땀이 솟고 겉으로 안개가 끼어 / 솜저고리 창옷 소매 물을 짜게 되었구나
고개를 올라올 때 갑작스러운 우렛소리에 / 우박 한줄기가 내리는데 작은 대추 같구나
화천으로 들어오니 안개가 걷히고 날이 맑다 / 점심을 먹고 다시 나서서 가림에 와서 묵으니
이날 지나온 길이 육십 리에 가깝구나 / 이십오일(4/25) 아침을 먹은 후에 회양부로 들어와서
읍내 일반 백성의 살림집에서 옷 갈아입으려 앉았더니
그 주인 하는 말이 "오늘 사또께서 / 진평의 목은 이생을 모신 사당에 절하러 가셨다"하기에

한 고개를 또 지나서~접침처럼 바로 쌓여 → '총석정'에 오른 화자가 그곳에서 본 '사선봉'의 모습을 비유적으로 묘사하고 있다. 또한 '환선정' 빈터 앞에 바위가 층을 이루어 쌓여 있는 모습을 '접침'에 빗대어 표현하고 있다. 이때 '접침'은 다리를 접었다 폈다 할 수 있게 만든 목침을 말한다.

금란굴로 내려가자고~읍내를 도로 지나 → '금란굴'을 구경하려는 화자를 만류하는 '사공'의 모습이 제시되어 있다. 바람이 심하기에 배를 타고 금란굴로 가기 어렵다는 '사공'의 발화와 '사공'의 말을 옳게 여기고 유람 계획을 바꾼 화자의 발화를 직접 인용하여, 당시의 상황을 실감 나게 전달하고 있다.

책실로 바로 가니 규산의 김오여가 / 그저께 왔다 하며 집에서 온 편지를 전하거늘
급하게 떼어 보니 평안하시다는 편지로다 / 집안이 편안하고 내 몸이 건강하니
객지에서 이보다 기쁜 일이 있겠는가 / 이윽고 사또께서 행차에서 돌아오시기에
나아가 문안하고 산중 경치를 말씀드린 후 / 도로 책실에 가 점심을 찾아 먹고
김 좌수를 만나보고 선돌에서 잘 먹었단 말 / 자세히 전하니 많이 기뻐하는구나
이십육일(4/26) 흐리고 바람 불기에 사또와 책실에 가 / 통인들 불러다가 장기를 두며 소일하고
이십칠일(4/27) 날이 맑기에 진평의 목은 사당을 찾아가서
목은 초상화를 모신 곳에 절을 한 후에 / 수장헌에 올라가니 책실에서 함께 나와
통인과 기생들이 냇물에서 고기를 잡아 회를 치며 / 비빔밥 점심하고 활 쏘며 종일 보내다
이곳의 봉일사가 작은 총석(돌기둥)이라 하고 / 강둔 땅의 취병대가 경치가 좋다 하나
봉래산을 본 후에 안목이 넓어져서 / 어지간한 경치는 귀 밖에 들리더라

〈본사 2〉

이십팔일(4/28) 날 맑기에 행장을 수습하여 / 서울을 향하여서 아침을 먹은 후 길 떠날 때
사또께 인사하고 관아에서 정한 오 리를 지나 고개를 오니
규산과 옥련, 봉선 두 기생이 멀리 와 작별하네 / 말 두 필을 주시고서 경계까지 타라고 하시기에
짐을 싣고 사십 리 와 깊은개에서 점심을 먹고 / 책실에다 편지를 쓰고 말을 돌려보낸 후에
짚신과 지팡이를 전과 같이 차리고서 / 사내종에게 짐을 지우고 서울 길 바라보니
마음이 넉넉하여 걸음이 날 듯하다 / 장오고개 얼핏 지나 창도역에서 묵고
이십구일(4/29) 날이 맑기에 경파 뒤 지름길로 / 진묵에서 점심을 먹고 김화에서 자니 팔십 리 왔구나
오월 초일일(5/1)에 갈고개에서 점심을 먹고 / 십 리를 와 풍전역에 비 맞고 들어와서
비가 계속 내려 그곳에서 머무는데 / 마침 온갖 물건을 파는 장수가 서울에서 내려와서
약간 소식 전하는데 반신반의하겠구나 / 초이일(5/2) 또 비가 오기에 늦게야 길을 떠나
여기서 삼부연이 오 리쯤 되고 / 영평 화적연이 서기울에서 삼 리로다
비도 오고 길도 돌기에 구경하기 그만두고 / 굴울내에서 점심을 먹고 영평 읍내 들어가니
서학정의 정자집이 구조가 절묘하다 / 어릴 때부터 같이 놀며 자란 벗 홍봉소가 여기서 사는지라
연락해서 만나보고 저녁밥을 부탁한 후 / 칠팔 리 떨어진 냇가의 금수정을 찾아가니
언덕에 지은 집이 네 칸이 넘는데 / 좌우엔 단풍나무 그 아래 괴이한 돌이 있고
물속 모래 빛이 황금을 펼친 듯하고 / 경도라 부르는 작은 섬 하나 있고
정자 지은 바윗돌에 금대라고 새겼구나 / 앞산의 고소성이 병풍처럼 둘렀으며
그 뒤 양반집은 백운루라는 현판을 달았는데 / 시내를 내려다보고 있어 경치가 뛰어나다
수삼 리를 더 나가서 창옥병을 찾아가니 / 사암 박순과 문곡 김수향 두 선생의 서원이 높이 섰고
바로 냇물 건너 돌벽이 서 있는데 / 돌 빛이 검붉으며 물속에 비쳐서
이름을 붙인다면 옥병이 마땅하다 / 양봉래 글씨들이 이 두 곳에 많다 하되
날 저물고 피곤하여 일일이 찾지 않고 / 읍내로 들어오니 초경(저녁 7시에서 9시 사이)이 다 되었다
봉소 집에 사랑방이 없어 양문대신 종손의 집 / 주인 좋고 사랑방이 넓어 거기서 묵으니
초삼일(5/3) 아침밥은 그 집 주인 담당이라 / 영계구이와 도라지나물 살이 많고 간이 맞다
늦게야 떠나올 때 뒷날을 약속하며 "가을 단풍철에 이 고을 동쪽에 가서
삼부연 화적연과 백운사를 구경하고 / 현등사, 조종암과 곳곳에서 두루 놀아
말로 하기 힘든 멋진 경치를 함께 구경합시다" / 여럿이 크게 웃고 남대천을 건너서
가리마고개를 지나 물어고개를 넘어오니 / 옹기를 파는 가게가 있는데 오지그릇 만드는 모습이
매통(농기구) 아랫부분 같은 나무에 흙을 이겨 올려놓고 / 두 발로 돌리면서 두 손으로 흙을 만져
주악(떡)을 빚듯 빚어내어 칼로 베어 자르니 / 항아리, 뚝배기, 귀때 등이 되는구나
삼십 리 옛 장터에서 점심을 먹고 또 떠나서 / 비를 맞고 이십 리를 와 솔모루에서 묵을 때
그 집의 여주인이 며느리를 꾸짖는데 / 도리가 전혀 없이 욕설까지 섞어 가며
"요년 요년 간사한 년 불여우 같은 년아 / 그 많은 눌은밥 네 동서나 조금 주지
개한테 찌꺼기를 모두 주니 개가 네 어미 아비냐? / 어른이 말 물으면 뾰로통하고 서서

대답도 아니하니 네깟 년이 어찌 그러하냐? / 양즙 짜서 놓아둔 것 된장에 마구 붓고
기름 짜서 담아 놓은 것 걷어차서 엎지르고 / 깨소금 볶아 둔 것 물 타서 내버리고
두부를 사다 주고 반찬 하라 하였더니 / 선반 위에 얹어 두어 쥐가 와서 먹게 하니
열 가지 중 한 가진들 쓸데가 있겠는가 / 네 어머니 그 사람이 사돈 노릇 잘도 했지
신부 집으로 보내는 비단 다 받아먹고서 이불솜도 안 넣었네
차라리 서울에다 종으로나 팔아먹지 / 너 데려오느라고 가마꾼이야 말을 부리는 데 든 돈이야
기어이 빚을 져서 밤낮으로 허덕이니 / 방정맞고 망할 년아 주리를 틀 년아"
이따금 때리면서 점잖지 않고 상스럽네 / 아무리 상것이지만 무식도 하구나
고롱을 돌아보고 옳고 그름을 논쟁한다 / 초사일(5/4) 날이 맑거늘 일찍이 길을 떠나
쇠골 와서 아침밥을 먹고 축석령에 올라서니 / 잘 있었느냐 삼각산아 우리 고향 가깝구나
다락원에서 점심을 먹고 동소문으로 들어오니
신시(오후 여섯시 반에서 일곱 시 반) 남짓 되었고 배도 고프기에
길가의 주막에서 밥 사서 요기하고 / 옷차림이 더럽고 모습도 부끄러워
어둡기 기다려서 집에를 들어가니 / 조부모님 건강하시고 기력이 좋으시며
아내와 자식들 탈 없이 모두들 반겨 하고
한 달이 조금 넘는 기간 만에 만난 어린 딸은 (나를) 낯설어 하지 않네
저녁 먹고 피곤하여 (옷을) 벗고 누워 생각하니 / 앞뒤 삼십육일 만에 일천육백여 리 돌아다니며
(금강산) 만이천봉을 구경하고 시 백사십 수를 읊었으며 / 일행 다섯 사람이 병 없이 다녀왔으니
강산이 도왔는가 각각 복을 누리는 힘이 있는가 / 내외 금강산 뛰어난 경치가 눈앞에 또렷해
꿈인 듯 실제의 경치인 듯 반신반의하겠구나 / 듣고 본 좋은 경치를 대강 적어 기록하고
도중의 우스운 일을 간단하게 적었으니 / 아무나 보시는 이가 짐작하여 주오소서
우리나라 명산이요 삼국 시대에 지은 옛 절들이 / 한곳에 모여 있어 천하에 유명하다
세상의 호걸님들 다 한번 보옵소서

〈결사〉

잘 있었느냐 삼각산아 우리 고향 가깝구나 → 화자가 '삼각산'에 인격을 부여하여 말을 건네며 '서울'에 돌아온 기쁨을 표출하고 있다.

조부모님 건강하시고~반신반의하겠구나 → 집에 돌아온 화자가 가족들과 회포를 나누고, 여독을 풀며 '삼십육일' 간의 금강산 유람 체험을 돌아보고 있다. 집에 돌아온 지금도 '내외 금강산'의 '뛰어난 경치가 눈앞에 또렷'하다며, 금강산 유람 체험에 대한 만족감을 강하게 드러내고 있다.

듣고 본 좋은 경치를~다 한번 보옵소서 → 화자는 금강산이 우리나라 최고의 명산이며, 삼국 시대에 지은 옛 절들이 모여 있는 유서 깊은 곳임을 전하고 있다. 또한 '세상의 호걸님들'에게 금강산 유람을 권유하면서 글이 마무리되고 있다.

STEP 03 작품 해제

01 | 주제

금강산을 유람하며 마주한 빼어난 경치에 대한 감동

02 | 특징

① 금강산을 유람하며 느낀 감동을 노래한 화자 중심의 시
② 일기의 형식을 통해 금강산을 오가는 여정과 견문을 자세하게 서술함.
③ 비유법, 의인법 등을 통해 금강산의 풍경을 묘사함.
④ 유람 과정에서 마주한 대상의 모습이나 특징에 대한 화자의 감흥을 직접적으로 제시함.

03 | 작품 해제

　이 작품은 작가 홍정유가 과거 시험에서 낙방한 후 금강산 유람을 하며 경험한 내용을 노래한 기행 가사이다. 「동유가」는 다른 금강산 기행 가사와 달리, 날짜별로 체험한 모든 것을 기록하는 일기의 형식을 활용해 금강산을 오가는 여정과 견문에 대한 서술을 대폭 확대하였다. 또한 경물(계절에 따라 달라지는 경치)과 경물 사이의 시간이나 여정의 단절을 최소화하여 자기가 둘러본 모든 곳을 다소 빠른 호흡으로 제시하다가 인상적인 경물을 만나면 호흡을 늦추면서 그 모습이나 느낌을 구체적으로 제시하는 방식으로 금강산 유람 체험을 서술하였다.
　한편 「동유가」에서는 경물에서 유교 이념과 관련된 이미지나 덕목을 연상하지 않는다는 점에서, 유교 이념의 시각에서 유람 체험을 해석하려 하지 않는 특징을 보인다. 이는 작가가 유교 이념의 바탕 위에서 군자가 갖춰야 할 덕과 기상을 기르기 위해서가 아니라, 빼어난 금강산의 경치를 감상하고 싶은 욕망과 낯선 곳에 대한 호기심 때문에 금강산을 찾았음을 말해 주는 것이다. 그리고 이러한 욕망과 호기심은 작가로 하여금 산수유기(여행을 체험으로 한 글쓰기의 한 형태)를 염두에 두고 일기의 형식 속에 모든 체험을 기술하도록 하였다고 할 수 있다.

「동유가」의 구성과 내용상 특징

「동유가」는 4음보를 1행으로 볼 때 총 1,090행에, 약 17,000~18,000자 내외로 구성되어 있다. 표지 안쪽에는 '삼천리강산 다 보고 돌아올 때'라는 말이 덧붙어 적혀 있다. 서사와 결사의 구분이 있고, '사월 초일일에 느지막이 출발하여'에서처럼 월과 일을 밝히고 때에 따라 '구구대 본 후에 원통암 와서 점심 먹을 때'와 같이 '아침-점심-저녁'도 기술하여 시간의 흐름을 나타내었다.

단락을 구분하여 내용을 살펴보면 다음과 같다.

① 서사 : 여행의 동기

② 본사 1 : 목적지로 가는 도중(3월 29일~4월 8일)
[양주, 포천, 영평, 보개산, 철원, 김화, 김성, 회양(목적지)]

③ 본사 2 : 목적지에 대한 서술(4월 9일~4월 27일)
[화천, 목패령, 북창, 장안사, 만천교, 지장암, 영원암, 사자봉, 동자봉, 수렴동, 석가봉, 망군대, 백화암, 표훈사, 청학대, 수미탑, 원통암, 만폭동, 백룡담, 화룡담, 마하연, 중향성, 만회암, 불지암, 묘길상, 안문재, 은선대, 불정대, 중내원, 반야암, 고성, 해금강, 대호정, 삼일포, 사선정, 양진역, 옥류동, 통천, 소성교, 회양]

④ 결사 : 돌아오는 과정(4월 28일~5월 4일) 및 감회
[창도, 경파, 축석령, 서울(집)]

작품에 나타나는 표현의 전반적인 특징을 보면, 경물을 대하는 작가의 태도는 「관동별곡」 등 기존의 조선 전기의 기행 가사와는 사뭇 다르다. 경물에서 유교 이념과 관련된 심상이나 덕목을 연상하지도 않고, 유교 이념의 시각에서 유람 체험을 해석하려 하지도 않는다. 일부 주관적 묘사도 있지만 작가는 경물과 객관적 거리를 유지하면서 그것을 묘사하는 데 집중한다. 이는 작가가 유교 이념의 바탕 위에서 군자가 갖춰야 할 덕과 기상을 기르기 위해서가 아니라 빼어난 금강산을 탐승하고 싶은 욕망과 낯선 곳에 대한 호기심 때문에 금강산을 찾았다는 것을 말해 주는 것이다.

「동유가」의 서술 방식

「동유가」는 서사에 금강산 유람의 동기를 제시한 후, 서울을 출발하여 금강산을 유람하고 다시 서울로 돌아오기까지의 모든 여정을 기술하고 있다. 금강산 기행 가사 가운데 출발과 귀환의 여정을 다룬 작품들이 있지만, 이 작품만큼 이를 자세하게 다루고 있는 작품은 찾기 어렵다. 금강산 기행 가사들을 보면 출발지에서 금강산까지의 여정은 몇 군데의 지명을 통해 거쳐 간 여정을 간략하게 제시하거나, 혹은 거기에 더하여 도중에 자신이 둘러 본 뛰어난 경치 몇 군데를 간략하게 소개하는 것이 일반적이다. 이는 그러한 작품들의 작가가 금강산까지의 여정보다는 목적지인 금강산의 경치 완상에 더 큰 관심이 있었기 때문일 것이다.

반면 「동유가」의 작가인 홍정유는 여행의 목적이 금강산 유람에 있었던 것은 맞지만 관심의 대상은 금강산 한 곳에 한정되지 않았다. 작가는 금강산은 물론 유람 전 여정의 모든 것에 관심을 기울이고, 자신의 관심을 끌었던 대상을 될 수 있는 대로 자세하게 서술하고자 하였다. 이는 하루의 일정을 서술하면서 날짜를 앞에 밝히고, 전부는 아니지만 세 끼 밥 먹은 곳과 잠을 잔 숙소, 그리고 그날 간 거리 등을 제시하거나 여행길에서 겪거나 일행들 사이에 있었던 크고 작은 일들을 제시하는 등 일기 형식의 도입을 통해 가능할 수 있었다.

즉 작가는 가사 장르에서는 비교적 낯선 일기 형식을 도입함으로써 하루도 거르지 않고 날짜별로 여정과 뛰어난 경치는 물론 날씨, 먹고 잔 곳, 매일 간 거리, 겪거나 있었던 크고 작은 일, 자기가 관찰한 지역민들의 삶의 모습과 방식, 풍속, 음식 등을 제시할 수 있었고, 그로 인해 지명을 열거하여 여정을 간략히 제시하면서 간간이 마주친 경치를 소개하고 감상을 제시하는 다른 작품들보다 금강산을 오가는 여정과 견문에 대한 서술이 확대되었던 것이다.

14 | 작자 미상, 나물 캐는 노래

STEP 01 OX 문제를 통한 지문 이해 훈련

나BS 수능특강 | 고전문학

에헤 / 남산 밑에 **남 도령**아 서산 밑에 **서 처녀**야
남 도령 서 처녀 모이는 김에 강원도 **금강산** 유람 가자
첫닭 울어 밥을 지어 두 홰 울어 썩 나서니
이리들 가고 저리들 가고 **큰 산** 밑에 닥쳤구나
올라가면서 올고사리 내려오면서 늦개사리
올방돌방*에 사까리나물 쓰고 떫은 돌가지*나물
이럭저럭 점심때 되어 점심을 먹고서 **나물** 캐자
저 건네라 저 바위 위에 물도 좋고 경치도 좋은데
저기 가서 점심 먹자 서 처녀 밥을 둘러보니
여우 같은 쌀밥에다 독조기* 보리장을 발라 놓고
남 도령 밥을 끌러나 보니 수박씨 같은 꽁보리밥에
된장 한 술을 붙여 놓고 서로서로 교환하여
점심 식사를 하실 때 이때 마침 어느 땐고
백년 기약이 완연하네 얼씨구나 좋다 절씨구나 좋네
아니 놀고서 뭣 할 건가

*올방돌방 : 동글동글.
*돌가지 : 도라지.
*독조기 : 조기 한 마리.

OX문제

01	청자를 명시적으로 드러내어 화자의 바람을 표출하고 있다. [2017학년도 6월]	(O / X)
02	밤에서 낮으로의 시간 변화를 통해 대상의 이면을 보여 준다. [2014학년도 9월B]	(O / X)
03	'서 처녀'와 '남 도령'에게 '금강산'은 오직 생계를 위해 '나물'을 캐는 공간이다.	(O / X)
04	직유적 표현을 사용하여 대상의 속성을 선명하게 제시한다. [2014학년도 5월B]	(O / X)
05	'서 처녀'와 '남 도령'은 서로 '점심 식사'를 바꿔 먹은 후에 함께 '큰 산'을 내려왔다.	(O / X)

감탄사 → 흥을 돋우며 노래를 시작함.
에헤 / 《남산 밑에 남 도령아 서산 밑에 서 처녀야》
　　　　　말을 건네는 방식

《 》: 발음의 유사성을 통한 언어유희 → 해학성을 유발함.

남 도령 서 처녀 모이는 김에 강원도 금강산 유람 가자
　　　　　　　　　돌아다니며 구경함.

■ : 청유형 → 청자에게 함께할 것을 권유

1~3행(서사) : 금강산 유람을 권유함.

이른 새벽을 나타낸 환유적 표현
첫닭 울어 밥을 지어 두 홰 울어 썩 나서니
　　　　새벽에 닭이 올라앉은 나무 막대를 치면서 우는 차례를 세는 단위

■ : 시간의 흐름

　　　금강산
이리들 가고 저리들 가고 큰 산 밑에 닥쳤구나
금강산으로 가는 과정 → 압축적 제시

《올라가면서 올고사리 내려오면서 늦개사리》
　　　일찍 나는 고사리　　　늦게 나는 고사리

올방돌방에 사까리나물 쓰고 떫은 돌가지나물
　　　동글동글　　　　　　　　　도라지
　　　　　　　　　4~7행(본사 1) : 금강산에 도착하기까지의 과정과 나물 캐기의 과정

이럭저럭 점심때 되어 점심을 먹고서 나물 캐자
　　　　'점심' 반복 → 운율감 형성

저 건네라 저 바위 위에 물도 좋고 경치도 좋은데
'저' 반복 → 운율감 형성　　　　좋은 풍경을 감상하는 흥취

저기 가서 점심 먹자「서 처녀 밥을 둘러보니

　　　　　　　보리쌀을 넣어 담근 된장
여우 같은 쌀밥에다 독조기 보리장을 발라 놓고
'서 처녀'의 점심밥　　조기 한 마리

■ : 직유법

남 도령 밥을 끌러나 보니 수박씨 같은 꽁보리밥에
　　　　　　　　　　　'남 도령'의 점심밥

「 」: 푸짐한 음식과 소박한 음식의 대조

된장 한 술을 붙여 놓고」서로서로 교환하여
　　　　　　　　가져온 음식을 서로 나누어 먹는 모습

점심 식사를 하실 때 이때 마침 어느 땐고
　　　　　　　　　　　8~14행(본사 2) : '서 처녀'와 '남 도령'이 점심밥을 나누어 먹음.

눈에 보이는 것처럼 아주 뚜렷하네
백년 기약이 완연하네 얼씨구나 좋다 절씨구나 좋네
젊은 남녀가 부부가 되어 평생 함께함을 다짐하는 약속

아니 놀고서 뭣 할 건가
　　　인생에 대한 유흥적 태도
　　　　　　　　　15~16행(결사) : 두 남녀가 유흥을 즐기는 모습

남산 밑에 남 도령아~강원도 금강산 유람 가자 → '남 도령'과 '서 처녀'를 청자로 설정하여 '금강산 유람'을 가자고 권유하며 노래가 시작되고 있다. 참고로 이 작품은 남녀의 연애를 주로 다루고 있는 노동요로, 노동 현장에서 흥겨움을 더해 노동의 고단함을 줄이고자 한 목적으로 불린 노래이다.

첫닭 울어 밥을 지어 두 홰 울어 썩 나서니 → 이른 새벽에 일어나 준비해서 길을 나서는 모습이 제시되고 있다. 이른 새벽의 시간을 첫닭의 울음으로 나타낸 것은 첫닭의 울음과 아침이 오는 현상이 서로 인접성을 지니기 때문이다. 즉, '이른 새벽의 시간'(원관념)을 '첫닭의 울음'(보조 관념)으로 나타낸 것이다. 이는 어떤 사물을 그것의 속성과 밀접한 관계가 있는 다른 낱말을 빌려서 표현하는 수사법인 환유적 표현(비유의 일종)이다.

올방돌방에 사까리나물 쓰고 떫은 돌가지나물 → '사까리나물'의 외양이 '올방돌방'하다고 표현하고, '돌가지나물'의 맛이 '쓰고 떫'다고 표현함으로써 각 나물들의 특징을 제시하고 있다. 이 작품이 노동요임을 고려할 때, 나물 채취에 관련한 유용한 정보를 제공하여 실질적 도움을 주는 것이라 볼 수 있다.

서 처녀 밥을 둘러보니~서로서로 교환하여 → 두 남녀가 가져온 음식을 서로 나누어 먹는 모습이 제시되고 있다. 이때 서 처녀의 먹음직스럽고 풍성한 점심밥과 남 도령의 소박하고 허술한 점심밥의 대조적인 모습을 비유적 표현으로 재미있게 나타낸 것은 노동요의 유희적인 성격을 보여 준다고 할 수 있다.

백년 기약이 완연하네 얼씨구나 좋다 절씨구나 좋네 → 점심밥을 나누어 먹는 두 남녀의 애정 어린 분위기가 드러나고 있는 부분이다. 더하여 '얼씨구나'와 '절씨구나'라는 감탄사를 사용해 흥겨움을 나타내고 있다.

STEP 03 작품 해제

01 | 주제

나물을 캐는 과정과 그 과정에서 젊은 남녀가 나누는 연인의 정

02 | 특징

① 젊은 남녀가 나물을 캐며 서로 정을 주고받는 모습을 노래한 대상 중심의 시
② 언어유희, 비유, 대구 등의 다양한 표현법이 사용됨.
③ 시간의 흐름에 따라 시상이 전개됨.
④ 여러 나물의 특성을 설명하여 노동과 관련한 사실적 정보를 제공함.

03 | 작품 해제

이 작품은 경상남도 의령군 칠곡면에서 1982년 신만영이 가창한 내용을 기록한 것으로, 주로 미혼의 젊은 여성들이 산이나 들에서 나물을 캐면서 불렀던 노동요이다. 「나물 캐는 노래」로 불리는 노동요는 전국에 두루 나타나며 나물을 많이 채취하게 해 달라는 기원의 내용 또는 남녀의 연애의 내용이 주를 이루는데, 해당 작품은 후자의 경우에 속한다. 이렇게 남녀의 연애를 주로 다루는 「나물 캐는 노래」는 흥겨움을 더해 나물 캐기라는 노동의 고단함을 줄여 주는 한편, 나물 채취와 관련한 유용한 정보를 제공하여 실질적 도움을 주거나, 젊은 여성들이 지니고 있는 이성에 대한 호기심을 적절히 해소해 주기도 했다.

STEP 04 논문으로 만나는 출제자의 시선

노동요가 불린 이유와 노동요의 종류

현실적으로 여가를 즐길 수 있는 기회가 극히 적은 서민들은 노동을 하는 동안 여흥을 갖는 것이 당연시되었다. 이때에 등장한 것이 노동요이다. **노동요는 인간이 더 능률적으로 일을 할 수 있도록 도움을 주는 수단으로 작용함으로써 노동 생산량을 증대시킬 수 있는 기반을 마련해 주었다.** 이러한 노동요의 내용은 삶의 일부를 이룬다고 할 만큼 삶과 밀착되어 있기 때문에 삶을 잘 반영하는 것으로 볼 수 있다. 즉, 노동요는 인간이 살아가는 삶의 과정 속에서 만들어지고 불리면서 변모되는 것이기 때문에 삶을 존재의 근거로 삼을 수밖에 없다.
또한 **노동요는 구비 문학의 한 종류로써 서민들의 애환, 이상, 정서 등을 담은 상부상조의 공동체 의식을 반영한 노래이다.** 노동요는 특별한 요건 없이 누리고 **참여할 수 있는 집단의 노래로, 노동을 하거나 의식을 행하거나 놀이를 하는 등의 집단생활의 전 과정에서 불리는 노래가 되었다.**
노동요를 3개로 분류하면 '의', '식', '주'로 설명할 수 있다. '의' 노동요에는 베틀 노래, 물레 노래, 길쌈 노래, 바느질 노래, 빨래 노래 등이 있으며, '식' 노동요에는 채집요(나물 노래, 미나리 노래, 고사리 노래, 메밀 노래), 방아 노래, 맷돌 노래, 부엌일 노래 등이 있다. '주' 노동요에는 나무 쪼개는 노래, 집터다지기 노래, 달구질 소리, 목도꾼 노래 등이 있다.

15 사랑을 찬찬, 모시를 이리저리

STEP

01 OX 문제를 통한 지문 이해 훈련

나BS 수능특강 | 고전문학

(가)
사랑을 찬찬 얽동여 뒤섧어* 지고
태산준령으로 허위허위 넘어갈 제 **그 모른 벗님네**는 그만하여 **버리고** 가라 하건마는
가다가 자질려* 죽을망정 나는 아니 버리리라

- 작자 미상 -

*뒤섧어 : 한 덩어리로 하여.
*자질려 : 눌려서.

(나)
모시를 이리저리 삼아 두루 삼아 감삼다가*
가다가 한가운데 똑 끊어지거늘 호치단순(皓齒丹脣)*으로 홈빨며 감빨아* 섬섬옥수(纖纖玉手)로 두 끝 마주 잡아 비부쳐* 이으리라 저 모시를
우리 임 사랑 그쳐 갈 제 저 모시같이 이으리라

- 작자 미상 -

*감삼다가 : 감아서 삼다가. '삼다'는 삼이나 모시 따위의 섬유를 가늘게 찢어서 그 끝을 맞대고 비벼 꼬아 잇는 것.
*호치단순 : 하얀 치아와 붉은 입술.
*홈빨며 감빨아 : 흠뻑 빨며 이로 감아 빨아.
*비부쳐 : 비벼서.

OX문제

01 (가)의 '태산준령'을 넘어가던 화자는 '그 모른 벗님네'의 권유를 듣고 '사랑'을 '버리고' 갔다. (O / X)

02 (나)는 도치된 문장으로 시상을 마무리하여 상황의 긴박성을 강조하고 있다. [2015학년도 6월A] (O / X)

03 (나)는 '모시'를 삼는 행위를 묘사하여 노동을 통해 얻을 수 있는 삶의 보람을 전달하고 있다. (O / X)

04 (가)와 (나)는 모두 단정적 어조로 화자의 의지를 나타내고 있다. [2007학년도 9월] (O / X)

05 (가)와 (나)는 모두 비유적 표현을 통해 화자의 심리 변화를 드러내고 있다. [2017학년도 6월] (O / X)

STEP 02 지문 분석

(가)

■ : 음성 상징어

↗ 한 덩어리로 하여

사랑을 **찬찬** 얽동여 뒤섫어 지고

단단하게 자꾸 감거나 동여매는 모양

초장 : 등에 지는 짐과 같은 사랑

힘에 겨워 힘들어하는 모양

태산준령으로 **허위허위** 넘어갈 제 <u>그 모른 벗님네는</u>「그만하여

사랑의 장애물   화자의 마음을 이해하지 못하는 사람들

버리고 가라」하건마는 「 」: 화자에게 사랑을 포기할 것을 권유하는 '벗님네'의 말

중장 : 다른 사람들이 말릴 만큼 힘든 임과의 사랑

가다가 <u>자질려</u> 죽을망정 나는 아니 <u>버리리라</u>

눌려서   의지적 태도

초장 : 임에 대한 사랑을 버리지 않겠다는 의지

⇒ 사랑을 찬찬 얽어서 동여 묶어 한 덩어리로 하여 (등에) 지고

⇒ 큰 산과 험한 고개로 허위허위 넘어갈 때 그 (마음을) 모르는 벗님네는 그만하고 (그 사랑을) 버리고 가라 하지만

⇒ 가다가 (사랑에) 깔려 죽을망정 나는 아니 버리리라

(나)

삼이나 모시의 섬유를 가늘게 찢어서 그 끝을 맞대고 비벼 꼬아 이어

모시를 이리저리 삼아 두루 삼아 <u>감삼다가</u>

모시풀 껍질의 섬유로 짠 피륙   감아서 삼다가

초장 : 모시를 삼는 모습

가다가 한가운데 똑 끊어지거늘「<u>호치단순(皓齒丹脣)</u>으로 홈빨

하얀 치아와 붉은 입술

며 감빨아 <u>섬섬옥수(纖纖玉手)</u>로 두 끝 마주 잡아 비부쳐 이으리라

가냘프고 고운 여자의 손   비벼서

저 모시를」「 」: 끊어진 모시의 실을 다시 잇는 행위 묘사 / 도치법

중장 : 끊어진 모시를 이음.

의지적 태도

우리 임 사랑 그쳐 갈 제 저 모시같이 이으리라

추상적 관념인 '사랑'을 구체적으로 형상화(직유)

종장 : 사랑을 모시처럼 계속 이어 가고 싶다는 소망, 의지

⇒ 모시를 이리저리 꼬아 이어 두루 이어 감아서 삼다가

⇒ 가다가 (모시) 한가운데가 똑 끊어지거늘 하얀 치아와 붉은 입술로 흠뻑 빨며 이로 감아 빨아 가냘프고 고운 손으로 두 끝을 마주 잡아 비벼서 이으리라 저 모시를

⇒ 우리 임 사랑 끝나 갈 때 저 모시처럼 이으리라

과외식 해설

사랑을 찬찬 얽동여 뒤섫어 지고 → 추상적 관념인 '사랑'을 몸에 동여맬 수 있는 짐에 빗대어 표현하였다. 임을 향한 '사랑'을 소중히 여겨 '사랑'을 단단하게 '찬찬 얽동'이고 '뒤섫어 지'는 화자의 행위가 제시되고 있다.

태산준령으로 허위허위~버리고 가라 하건마는 → 사랑의 어려움을 무거운 짐을 지고 '태산준령'을 넘어가는 과정에 빗대어 나타내고 있다. 이때 화자의 마음을 이해하지 못하는 '벗님네'들은 화자에게 임을 향한 사랑을 '버리고 가라'며, 사랑을 포기할 것을 권유하고 있다.

가다가 자질려 죽을망정 나는 아니 버리리라 → 화자는 짐에 깔려 죽더라도 임에 대한 사랑은 버리지 않겠다며 사랑을 지키려는 강한 의지를 드러내고 있다.

모시를 이리저리 삼아~이으리라 저 모시를 → '호치단순', '섬섬옥수'의 시어를 통해 모시를 삼는 화자가 여성임을 알 수 있다. 한가운데가 끊어진 모시를 다시 잡아 비비어 잇는 화자의 행위를 구체적으로 묘사하고 있으며, 도치법을 통해 화자의 행위를 강조하여 드러내고 있다.

우리 임 사랑 그쳐 갈 제 저 모시같이 이으리라 → 추상적 관념인 '사랑'을 다시 이어 붙일 수 있는 '모시'에 빗대어 표현하였다. 화자는 끊어진 모시를 다시 길게 이은 것처럼, 임과의 사랑이 끊어져도 다시 이어서 지속해 나가겠다는 소망과 의지를 드러내고 있다.

01 | 주제

(가) 임을 사랑하는 일의 힘겨움과 임과의 사랑을 지속하려는 의지
(나) 임과의 사랑을 길게 이어 나가고 싶은 소망과 의지

02 | 특징

(가)
① 임을 향한 사랑을 버리지 않겠다는 굳은 의지를 드러낸 화자 중심의 시
② 추상적 관념인 사랑을 동여맬 수 있는 구체적인 사물로 형상화함.
③ 험난한 고개를 넘는 과정을 통해 사랑의 어려움과 시련을 비유적으로 나타냄.
(나)
① 임과의 사랑을 계속 이어 나가겠다는 소망과 의지를 드러낸 화자 중심의 시
② 추상적 관념인 사랑을 구체적 사물인 모시에 빗대어 구체화함.
③ 비유법, 도치법과 같은 다양한 표현법을 사용하여 주제 의식을 강조함.

03 | 작품 해제

(가) 이 작품은 사랑의 어려움을 비유적으로 표현하고 힘들더라도 임을 향한 사랑을 이어 가겠다는 화자의 의지를 드러내고 있는 사설시조이다. 화
　자는 임을 사랑하는 일을 무거운 짐을 몸에 찬찬 동여매고 큰 산과 험한 고개를 힘들게 넘어가는 것에 빗대어 그 어려움을 구체화하고 있다. 아
　울러 남들이 만류할 만큼 임을 사랑하는 일이 힘들지만 힘들어 죽을지라도 포기하지 않겠다는 다짐을 드러내면서 사랑을 향한 강한 의지를 부각
　하고 있다.
(나) 이 작품은 모시 삼기라는 여성의 노동을 소재로 삼아 길게 이어진 모시와 같이 임과의 사랑이 계속 이어지기를 바라는 화자의 소망과 의지를
　드러내고 있는 사설시조이다. 화자는 추상적 대상인 사랑을 구체적 사물인 모시에 빗대어, 한가운데가 끊어져 버린 모시의 두 끝을 마주 잡아
　비벼 잇는 것처럼 임과의 사랑이 끊어지면 그 사랑을 다시 잇겠다고 말함으로써 사랑을 향한 적극적 의지를 부각하고 있다.

STEP 01 | OX 문제를 통한 지문 이해 훈련

니BS 수능특강 | 고전문학

만고영웅 호걸들아 초한승부(楚漢勝負) 들어 보소
절인지용(絶人之勇) 부질없고 순민심(順民心)이 으뜸이라
한패공*의 백만대병 구리산*하(下) 십면매복(十面埋伏)
대진(大陣)을 둘러치고 초패왕*을 잡으랄 제
천하병마도원수(天下兵馬都元帥)는 표모걸식(漂母乞食)* 한신이라
장대에 높이 앉아 천병만마 호령할 제
오강(烏江)은 일천 리요 팽성(彭城)은 오백 리라
거리거리 복병이요 두루두루 매복이라
간계(奸計) 많은 이좌거는 패왕을 유인하고
산(算) 잘 놓는 장자방은 계명산 추야월(秋夜月)에
옥퉁소를 슬피 불어 팔천제자 해산(解散)할 제*
때는 마침 어느 때뇨 구추삼경(九秋三更) 깊은 밤에
하늘이 높고 달 밝은데 외기러기 슬피 울어
객(客)의 수심(愁心)을 돋워 주고
변방만리 사지중(死地中)에 잠 못 드는 저 군사야
너의 패왕 역진(力盡)하여 장중(帳中)에 죽을 테라
호생오사(好生惡死) 하는 마음 사람마다 있건마는
너희는 어이하여 죽길 저리 즐기느냐
철갑을 고쳐 입고 날랜 칼을 빼어 드니
천금같이 중한 몸이 전장검혼(戰場劍魂)이 되겠구나
오읍(嗚泣)하여* 나오면서 신세자탄(身勢自嘆) 하는 말이
내 평생 원하기를 금고(金鼓)를 울리면서

강동(江東)으로 가겠더니 불행히 패망하니
어이 낯을 들고 부모님을 다시 뵈며 초강(楚江) 백성 어이 보리
전전반측(輾轉反側) 생각하니 팔년풍진(八年風塵) 다 지나고*
적막사창(寂寞紗窓) 빈방 안에 너의 부모 장탄수심(長嘆愁心) 어느 누구라
알아주리
은하수 오작교는 일 년 일차 보건마는
너희는 어이하여 좋은 연분을 못 보느냐
초진중(楚陳中) 장졸들아 고향 소식 들어 보소
남곡녹초(南谷綠草) 몇 번이며 고당명경(高堂明鏡)* 부모님은
의문(倚門)하여 바라보며 독수공방 처자들은
한산낙목(寒山落木) 찬바람에 새옷 지어 넣어 두고
날마다 기다릴 제 허구한 긴긴날에
이마 우에다 손을 얹고 뫼에 올라 바라가다 망부석이 되겠구나
집이라고 들어가니 어린 자식 철없이
젖 달라 짖어 울고 철난 자식 애비 불러
밤낮없이 슬피 우니 어미 간장이 다 썩는구나
남산하(南山下)에 장(長)찬 밭은 어느 장부 갈아 주며
이웃집에 빚은 술은 누구를 대하여 권할손가
첨전고후(瞻前顧後)* 바라보니 구리산이 적병이라
한왕이 관후(寬厚)하사 불살항군(不殺降軍) 하오리라
가련하다 초패왕은 어데로만 갈거나

*한패공 : 훗날 한나라 고조가 되는 유방. / *구리산 : 중국 장쑤성에 있는 산 이름. 구의산의 오기임.
*초패왕 : 초나라 병사들을 이끌던 항우. / *표모걸식 : 한신이 젊을 때 매우 가난하여 냇가에서 빨래 일을 하던 아낙네에게 밥을 얻어먹었다는 고사.
*장자방은~해산할 제 : 장자방이 옥퉁소를 불며 항복한 병사들에게 초나라 노래를 부르게 하여, 항우 군대의 사기를 꺾었다는 고사, '사면초가'를 풀이한 구절임.
*오읍하여 : 목이 메어 슬프게 울며. '오읍'은 가뭄 때 까마귀가 탄식하면서 목이 메어 우는 울음을 뜻함.
*전전반측~다 지나고 : 이리저리 구르며 잠 못 들어 생각하니 팔 년 세월 전쟁터에서 다 보내고.
*고당명경 : 이백의 「장진주」에 나오는 구절임. '옛집에 있는 맑은 거울'을 뜻하며, 거울에 백발을 비추어 보는 늙으신 부모님을 떠올리게 함.
*첨전고후 : 앞을 보고 뒤를 돌아봐도.

OX문제

01	계절적 배경을 소재로 하여 시적 분위기를 고조하고 있다. [2019학년도 9월]	(O / X)
02	전쟁 장면의 구체적인 묘사를 통해 사건의 긴박감을 고조한다. [2015학년도 9월AB]	(O / X)
03	'장자방'은 군사들에게 '매복'되어 위기에 처한 '초패왕'의 처지를 안타까워하며 '옥퉁소를 슬피 불'었다.	(O / X)
04	대구적 표현을 사용하여 새로운 계책을 마련한 기쁨을 드러내고 있다. [2017학년도 수능]	(O / X)
05	'초진중 장졸들'의 '부모님'과 '처자들'은 돌아오지 않은 장졸들을 간절한 마음으로 '날마다 기다'리고 있다.	(O / X)

만고영웅 호걸들아 초한승부(楚漢勝負) 들어 보소
　　　　　　　　　　초나라와 한나라 사이의 전쟁

⇒ 만고의 영웅호걸들아 초나라와 한나라가 서로 싸웠던 이야기를 들어 보소

절인지용(絶人之勇) 부질없고 순민심(順民心)이 으뜸이라
　남보다 뛰어난 용맹　　　　백성의 마음을 따름.

⇒ 남보다 뛰어난 용맹은 부질없고 민심을 따르는 것이 제일이라

　서사 : 만고의 영웅과 호걸들에게 초한승부를 들어볼 것을 권유함.
　　　　상대편의 동태를 살피거나 불시에 공격하려고 일정한 곳에 몰래 숨어 있음.

한패공의 백만대병 구리산하(下) 십면매복(十面埋伏)
훗날 한나라 고조가 되는 유방　↳ 중국 장쑤성에 있는 산 이름

⇒ 유방의 백만대병이 구리산(구의산) 아래의 사방에 몰래 숨어

대진(大陣)을 둘러치고 초패왕을 잡으랄 제
많은 군사로 크게 친 진영　↳ 초나라 병사들을 이끌던 항우

⇒ 큰 진을 둘러치고 초패왕(항우)을 잡으려고 할 때

천하병마도원수(天下兵馬都元帥)는 표모걸식(漂母乞食) 한신이라
　　　　　■ : '초한승부'에서 승리하고자 다양한 시도를 한 한나라 신하들

⇒ 군대를 지휘한 도원수는 (과거에) 음식을 빌어 먹던 한신이라

장대에 높이 앉아 천병만마 호령할 제
　　　　　　부하를 지휘하여 명령할

⇒ 장대에 높이 앉아서 수많은 군사와 군마를 지휘할 때

「오강(烏江)은 일천 리요 팽성(彭城)은 오백 리라
'강동'으로 가는 길목의 강　↳ 초패왕이 돌아가려고 하는 곳

⇒ 오강은 천 리요 팽성은 오백 리라

거리거리 복병이요 두루두루 매복이라」
적을 기습하기 위하여 적이 지날 만한 길목에 군사를 숨김.
　　　　　　「 」: 대구법 → 초패왕의 긴박한 상황을 강조함.

⇒ 가는 곳마다 숨은 군사요 두루두루 매복이라

간계(奸計) 많은 이좌거는 패왕을 유인하고
　　간사한 꾀

⇒ 간사한 꾀가 많은 이좌거는 패왕을 (구리산으로) 유인하고

산(算) 잘 놓는 장자방은 계명산 추야월(秋夜月)에
　계산

⇒ 계산에 뛰어난 장자방은 계명산 가을달 밝은 밤에

옥퉁소를 슬피 불어 팔천제자 해산(解散)할 제
　　　　　　초패왕을 따르던 강동의 병사

⇒ 옥퉁소를 슬프게 불어 팔천이나 되는 군사들을 (마음을) 흩어지게 할 때

때는 마침 어느 때뇨 구추삼경(九秋三更) 깊은 밤에
　　　　　　　가을의 깊은 밤 → 애상적 분위기를 형성

⇒ 때는 마침 어느 때인가 가을의 깊은 밤에

하늘이 높고 달 밝은데 외기러기 슬피 울어
　　　　　■ : 감정 이입의 대상 → 초나라 군사들의 정서 표현

⇒ 하늘이 높고 달이 밝은데 외기러기 슬피 울어

객(客)의 수심(愁心)을 돋워 주고
초나라 군사　↳ 매우 근심함.

⇒ 집을 떠나 온 (초나라) 군사들의 근심을 돋우고

변방만리 사지중(死地中)에 잠 못 드는 저 군사야

⇒ 먼 길 떠나 변방의 전쟁터에 잠 못 드는 저 군사야

너의 패왕 역진(力盡)하여 장중(帳中)에 죽을 테라
초패왕(항우)　힘이 다하여

⇒ 너희들의 패왕은 기력이 다하여 장막의 안에서 죽을 것이다

　　본사 1 : 한패공의 전략으로 초패왕이 죽을 위기에 처함.

과외식 해설

만고영웅 호걸들아 초한승부 들어 보소 → 화자가 청자인 '만고영웅 호걸'에게 말을 건네며 시상이 전개되고 있다. 이 작품이 잡가임을 고려해 볼 때, 화자가 호명한 청자는 이 노래를 듣기 위해 모인 사람들 혹은 이를 읽는 독자라고 할 수 있다. 화자는 청자를 세상에 비길 데가 없는 영웅호걸이라 칭하며 그들을 추켜 올리고 있다.

절인지용 부질없고 순민심이 으뜸이라 → '절인지용'은 '다른 사람보다 뛰어난 용기'라는 의미로, 초나라를 이끌었던 항우가 자신을 일컬었던 말이다. 화자는 '절인지용'과 '순민심'을 대조하여 초나라의 항우가 '민심'을 따르지 않고 '절인지용'을 따르는 바람에 '초한승부'에서 패할 수밖에 없었음을 드러내고 있다. 이는 비극의 원인이 항우의 잘못된 선택에 있음을 밝힌 것으로 볼 수 있다.

천하병마도원수는 표모걸식 한신이라 → '표모걸식'은 한신이 젊을 때 매우 가난하여 냇가에서 빨래 일을 하던 아낙네에게 밥을 얻어먹었다는 고사이다. 고사를 활용해 '한신'이 과거에는 가난한 생활을 하였지만, 현재에는 한나라의 대원수가 되었음을 드러내고 있다.

장대에 높이 앉아~두루두루 매복이라 → '한신'이 '장대' 위에 높이 앉아서 수많은 군사를 지휘하는데, 그 범위가 천 리나 되는 오강과 오백 리에 달하는 팽성까지 이르렀다는 의미이다. 이는 초패왕 항우가 한나라 군사에게 포위된 상황을 강조한 것이라 볼 수 있다.

간계 많은 이좌거는~팔천제자 해산할 제 → 한나라의 '이좌거'와 '장자방'이 전쟁에서 승리를 거두기 위해 다양한 계략을 꾸미고 있는 부분이다. 꾀가 많은 '이좌거'는 항우를 구리산으로 유인하였으며, 계산에 밝은 '장자방'은 옥퉁소를 불며 초나라 군사들에게 초나라의 노래를 부르게 하여 군대의 사기를 꺾었음을 알 수 있다. 이때 '장자방'이 옥퉁소를 불어 병사들은 흩어지게 했다는 것은 초나라 항우가 사면을 둘러싼 한나라 군사 쪽에서 들려오는 초나라의 노랫소리를 듣고 초나라가 이미 점령당한 줄 알고 놀라며 비통해했다는 고사, 즉 '사면초가'를 풀이한 구절로 볼 수 있다.

호생오사(好生惡死) 하는 마음 사람마다 있건마는
살기를 좋아하고 죽기를 싫어함.

⇒ 살기를 좋아하고 죽기를 싫어하는 마음은 사람마다 있건마는

너희는 어이하여 죽길 저리 즐기느냐
                : 설의적 표현

⇒ 너희(초나라 군사들)는 어찌하여 죽기를 저리 즐기느냐

철갑을 고쳐 입고 날랜 칼을 빼어 드니
죽을 각오로 전쟁에 임하려는 초나라 군사들의 모습

⇒ 철갑을 고쳐 입고 날랜 칼을 빼어 드니

천금같이 중한 몸이 전장검혼(戰場劍魂)이 되겠구나
              전쟁에서 칼을 맞아 죽은 목숨

⇒ 천금같이 귀중한 몸이 칼에 맞아 전쟁터의 혼이 되겠구나

오읍(嗚泣)하여 나오면서 신세자탄(身勢自嘆) 하는 말이
목이 메어 슬프게 울며

⇒ (초패왕 항우가) 목이 메어 슬프게 울며 나오면서 신세 한탄으로 하는 말이

내 평생 원하기를 금고(金鼓)를 울리면서
항우   군중에서 호령하는 데 사용하던 징과 북

⇒ 내 평생 소원은 (전쟁에 이겨) 징과 북을 울리면서

강동(江東)으로 가겠더니 불행히 패망하니
초패왕과 초나라 군사들의 고향

⇒ (고향인) 강동으로 가는 것이었는데 불행히도 패했으니

어이 낯을 들고 부모님을 다시 뵈며 초강(楚江) 백성 어이 보리

본사 2 : 떳떳하게 고향에 돌아갈 수 없는 상황에 대한 안타까움

⇒ 어떻게 얼굴을 들고 부모님을 다시 뵐 것이며 초나라 백성들을 어떻게 볼 수 있겠는가

누워서 몸을 이리저리 뒤척이며 잠을 이루지 못함.   · 싸움터에서 일어나는 티끌
전전반측(輾轉反側) 생각하니 팔년풍진(八年風塵) 다 지나고
                  8년 간의 전쟁

⇒ 몸을 이리저리 뒤척이며 잠 못 들어 생각하니 팔 년이라는 세월을 전쟁터에서 다 보내고

                크게 탄식하며 근심하는 마음
적막사창(寂寞紗窓) 빈방 안에 너의 부모 장탄수심(長嘆愁心) 어느 누구라 알아주리 → 초나라 군사들

⇒ 적막한 빈방을 지키고 계실 부모님의 긴 한숨과 슬픔을 어느 누가 알겠는가

『은하수 오작교는 일 년 일차 보건마는

⇒ (견우와 직녀는) 은하수의 오작교에서 한 해에 한 번씩은 만나건마는

너희는 어이하여 좋은 연분을 못 보느냐』

   『 』: 견우와 직녀의 설화와 현재 초나라 군사들의 상황을 대조함.

⇒ 너희는 어찌하여 좋은 인연을 서로 못 만나느냐

초진중(楚陳中) 장졸들아 고향 소식 들어 보소

⇒ 초나라 진중의 군사들아 고향 소식 들어 보소

    남쪽 골짜기의 푸른 풀
남곡녹초(南谷綠草) 몇 번이며 고당명경(高堂明鏡) 부모님은
                '옛집에 있는 맑은 거울'을 뜻하며,
                거울에 백발을 비추어 보는 늙으신 부모님을 떠올리게 함.

⇒ 남향 계곡이 푸르른지 몇 번이며 거울에 백발을 비추어 보시는 부모님은

의문(倚門)하여 바라보며 독수공방 처자들은
어머니가 대문에 기대어 서서 자식이 돌아오기를 기다림.

⇒ 문에 기대어 자식이 돌아오기를 바라보며, 남편 없이 혼자 지내던 아내들은

한산낙목(寒山落木) 찬바람에 새옷 지어 넣어 두고
초나라 군사들이 돌아오면 입히기 위해 준비한 옷

⇒ 춥고 추운 날 찬바람에 (남편을 위한) 새 옷 지어 (장롱에) 넣어 두고

날마다 기다릴 제 허구한 긴긴날에

⇒ 날마다 기다릴 때 허구한 긴긴날에

이마 우에다 손을 얹고 뫼에 올라 바라다가 망부석이 되겠구나

⇒ 이마 위에 손을 얹고 산에 올라 (돌아오기를) 바라다가 망부석이 되겠구나

계명산 추야월에~객의 수심을 돋워 주고 → '계명산 추야월', '구추삼경'이라는 구체적인 시공간적 배경을 통해 애상적 분위기를 형성하고 있으며, '외기러기'에 감정을 이입하여 '객'의 슬픈 정서를 표현하고 있다. 이때 '객'은 찾아온 사람, 즉 손님을 의미하지만 여기서는 한나라를 공격하러 온 초나라 군사들을 의미한다.

변방만리 사지중에~전장검혼이 되겠구나 → '패왕'의 기력이 다하여 초나라 군사들까지 '변방만리'에서 죽을 위기에 처했음을 나타내고 있다. 또한 '즐기느냐'라는 설의적 표현을 통해 패왕을 따라 모두 죽을 신세가 된 초나라 군사들에 대한 화자의 안타까움을 드러내고 있다.

내 평생 원하기를 금고를 울리면서~초강 백성 어이 보리 → 전쟁에서 승리하여 자신의 고향인 '강동'으로 승전고를 울리며 가고자 하였지만, 전쟁에 패하여 떳떳하게 고향으로 돌아갈 면목이 없는 초패왕 항우의 처지가 제시되고 있다.

은하수 오작교는 일 년 일차 보건마는 / 너희는 어이하여 좋은 연분 못 보느냐 → 견우와 직녀의 설화 속 상황과 현재 초나라 군사들의 상황을 대비하고 있다. 화자는 설화의 내용을 차용하여 견우와 직녀는 은하수가 있어도 일 년에 한 번은 '오작교'가 이어져 만날 수 있지만, 초나라 군사들은 전쟁으로 인해 '좋은 연분'을 만나지 못하는 상황임을 대비하여 드러내고 있는 것이다.

남곡녹초 몇 번이며~망부석이 되겠구나 → 전쟁에 나간 군사들을 기다리는 가족들의 상황이 드러난 부분이다. 이백의 시 중에 '고당명경(거울에 비친 머리가 아침엔 검었다가 저녁엔 백발이 되었다는 구절)'을 인용하여 자식을 기다리는 부모님의 모습을 드러내고, 초나라 병사들이 돌아오면 전해 줄 옷을 만드는 아내의 상황을 제시하고 있다. 이를 통해 전쟁에 나간 군사들이 살아 돌아오기를 간절하게 바라는 가족들의 마음을 확인할 수 있다. 한편, '망부석'은 아내가 멀리 떠난 남편을 기다리다 그대로 죽어 화석이 되었다는 설화에서 비롯된 소재이다. 전쟁터에 나간 남편을 기다리는 아내의 모습을 '망부석'에 빗대어 표현함으로써 아내의 간절함을 더욱 강조하고 있다.

집이라고 들어가니 「어린 자식 철없이

⇒ 집이라고 들어가니 어린 자식은 철없이

젖 달라 짖어 울고 철난 자식 애비 불러

⇒ 젖을 달라고 울고 철든 자식은 아비를 부르며

'애'나 '마음'을 비유적으로 이르는 말
밤낮없이 슬피 우니」 어미 간장이 다 썩는구나

⇒ 밤낮없이 슬피 우니 어미 간장이 다 썩는구나

「 」: 대구법 → 아내의 비통한 심정을 강조함.

남산하(南山下)에 장(長)찬 밭은 어느 장부 갈아 주며
곧고 긴 밭

⇒ 남산 밑에 긴 밭은 어느 장부가 갈아 주며

이웃집에 빚은 술은 누구를 대하여 권할손가

⇒ 이웃집에 빚은 술은 누구를 대하며 권하겠는가

본사 3 : 전쟁터에 나간 군사들을 기다리는 부모님과 처자들의 상황
첨전고후(瞻前顧後) 바라보니 구리산이 적병이라
앞을 보고 뒤를 돌아봐도   적의 병사

⇒ 앞을 바라보고 뒤를 돌아봐도 구리산(구의산)은 적병으로 가득찼구나

한나라 왕(유방)
한왕이 관후(寬厚)하사 불살항군(不殺降軍) 하오리라
마음이 너그럽고 후덕하여 ┗ 적을 죽이지 않고 항복을 받아 줌.

⇒ 한왕이 후덕하여 항복한 병사는 죽이지 않으리라

가련하다 초패왕은 어데로만 갈거나

⇒ 가련하다 (전쟁에서 패한) 초패왕은 어디로 갔을까

결사 : 한왕이 항복을 받아 준다 해도 갈 곳 없는 초패왕의 처지

집이라고 들어가니~어미 간장이 다 썩는구나 → 산에서 남편을 기다리다가 집으로 돌아오니 자식들이 '젖 달라 짖어 울'고 '애비'를 부르며 '밤낮없이 슬피 우'는 모습을 청각적 이미지로 제시하여 아내의 비통한 심정을 드러내고 있다.

남산하에 장찬 밭은 어느 장부 갈아 주며 / 이웃집에 빚은 술은 누구를 대하여 권할손가 → '남산' 밑에 긴 밭을 갈아 줄 사람이 없다는 것은 일해야 할 사람들이 없어 밭을 가꾸지 못한다는 의미이며, 이웃집에 빚은 술을 권할 사람이 없다는 것은 술을 함께할 사람이 없다는 의미이다. 즉, 집으로 돌아와 농사를 짓고 술도 마셔야 하는 초나라의 군사들이 전쟁에서 죽을 위기에 처해 돌아오지 못하고 있는 상황을 부각하고 있는 것이다.

첨전고후 바라보니~어데로만 갈거나 → 한나라의 왕인 유방은 관대하여 항복한 군사를 죽이지 않을 것이라며 유방에 대한 긍정적인 인식을 드러내고 있다. 또한 전쟁에서 한나라에게 패한 초패왕은 갈 곳이 없는 가련한 처지임을 드러내고 있다.

작품 해제

NBS 수능특강 | 고전문학

01 | 주제

초한승부에서 패배의 위기에 놓인 초패왕의 심정과 전쟁으로 인해 죽음을 맞이할 병사들의 애통한 심정

02 | 특징

① 한나라와의 전쟁에서 패배할 위기에 처한 초패왕과 그 군사들에 대한 안타까움을 드러낸 대상 중심의 시
② 초나라와 한나라의 전쟁이라는 역사적 소재를 다루고 있음.
③ 말을 건네는 방식으로 시상을 전개함.
④ 대구법을 사용하여 전쟁 상황에서 겪는 인물의 심정과 상황을 드러냄.

03 | 작품 해제

　　이 작품은 조선 후기에 유행하여 현재까지 전해지는 잡가의 일종으로, 내용은 주로 중국 한나라 진영의 신하인 한신이 진을 치는 장면, 장자방 (장량)의 옥통소 소리에 초패왕 항우의 군사들이 사기를 잃게 되는 장면, 항우의 한탄 장면 등으로 구성된다. 당시 잡가의 향유층이 양반 사대부 계층이거나 그와 비슷한 경제적·지적 기반을 가진 집단이었을 것으로 추측되기에 이러한 노래들은 소리를 전문으로 하는 예능인 집단에 의해 전승되었을 것임을 알 수 있다.

논문으로 만나는 출제자의 시선

NBS 수능특강 | 고전문학

잡가의 장르적 성격

　　조선 후기 서울을 중심으로 한 서민층에 의해서 민속악의 한 갈래로 나타난 것이 바로 잡가이다. 잡가가 속되고 잡스러운 노래라는 명칭임을 통해 그 당시 잡가를 부르던 소리꾼들의 사회적 지위가 매우 낮았다고 짐작할 수 있다. 소리꾼들은 사회적으로 낮은 계급의 민중들을 상대로 직업적으로 노래를 불러 생계를 꾸려 나갔으며, 이들이 남겨 준 잡가의 전통이 20세기 초에도 이어졌다.

　　잡가는 12가사가 형성된 17세기 말부터 움직임을 보이다가 18세기 말 19세기 초에 경기 잡가의 성립으로 확산되었으며, 20세기 초반 특히 1920년대 다량의 잡가집 출간과 동시에 광범위하게 확산되었다. 서울과 경기 지방을 중심으로 발달한 잡가는 소리꾼에 의해 불린 점을 고려할 때, 조선 후기 시정(인가가 모인 곳)에서 직업적 소리꾼들에 의하여 가창된 노래로서 일반 서민들에게 사랑받으며 전승된 노래임을 알 수 있다.

　　18세기 이후에는 근대화라는 사회적 변화로 인해 도시로 인구가 이동하게 되었는데, 도시에서의 생활은 농촌에서의 생활과는 다른 양상을 띠었다. 그래서 도시의 잡가는 농촌에서 향유되던 민요처럼 유흥과 생활이 합하여질 수 없었다. 즉, 이 시기의 잡가는 일과 생활과 유흥이 하나인 농촌의 모습과는 달리, 일과 생활과 유흥이 분리된 도시의 모습을 나타내는 양상을 보였다.

　　잡가를 조선 후기의 격변하는 사회를 배경으로 하여 대중성을 확보해 나간 우리나라 초기 대중가요로 보고 우리나라 대중가요의 근원에 대하여 살펴본 결과, 대중가요는 대중들이 즐겨 부르는 노래로서 대중들에게 향유, 유행, 이해되는 음악, 즉 즐기는 대상이 시대가 변화하면서 특수한 소수 층에 국한되지 않고 광범위하게 대중들의 흥미 위주로 즐겨 부르는 노래라고 정의할 수 있다. 따라서 잡가는 조선 후기의 민중 문화 즉 대중 문화가 형성되면서 전문 소리꾼들에 의해 불리어진 노래이며, 대중의 호응을 얻어 일반인들도 즐겨 불렀으므로 대중가요의 성격을 충분히 가지고 있는 장르라고 볼 수 있다.

17 정철, 장진주사

STEP 01 OX 문제를 통한 지문 이해 훈련

나BS 수능특강 | 고전문학 ●

한잔 먹새그려 또 한잔 먹새그려 꽃 꺾어 산 놓고 무진무진 먹새그려

이 몸 **죽은 후면 지게 우해 거적 더퍼** 주리혀 매여 가나 **유소보장**˙의 **만인**이 우러녜나 어욱새 속새 덥가나무 백양 숲에 가기곳 가면 누른 해 흰 달 가랑비, 굵은 눈, 쇼소리바람 불 제 뉘 한잔 먹쟈 할고

하믈며 **무덤 위에 잔나비 휘파람** 불 제 뉘우친들 엇더리.

*유소보장 : 술이 달린 비단 장막. 주로 '상여' 위에 침.

OX문제

01	열거의 방식을 활용하여 주제를 부각하고 있다. [2025학년도 6월]	(O / X)
02	과거와 현재를 대비하여 미래에 대한 전망을 드러내고 있다. [2025학년도 9월]	(O / X)
03	화자는 '죽은 후'에 '지게 우해 거적 더퍼' 가는 것보다 '유소보장의 만인'이 뒤따르는 장례를 치르고 싶어 한다.	(O / X)
04	화자는 '무덤 위'에서 '잔나비'의 '휘파람' 소리를 들으며 지난날에 대해 후회하고 있다.	(O / X)
05	시간적 배경에 의미를 부여하여 삶의 무상감을 드러내고 있다. [2013학년도 수능]	(O / X)

나IBS _ 나 없이 EBS 풀지마라

STEP 02 지문 분석

과외식 해설

술잔 수를 세면서
「한잔 먹새그려 또 한잔 먹새그려 꽃 꺾어 산 놓고 무진
다함이 없을 만큼 매우

무진 먹새그려」
「 」: aaba 구조 → 운율 형성

초장 : 술을 마실 것을 권유함.

이 몸 죽은 후면 지게 우해 거적 더퍼 주리혀 매여 가나
화자   짚을 두툼하게 엮어 만든 물건   → 졸라매어
█ : 청각적 이미지
유소보장의 만인이 우리녜나 어욱새 속새 덥가나무 백양 숲
술이 달린 비단 장막. 주로 '상여' 위에 침. → 억새   떡갈나무

에 가기곳 가면 누른 해 흰 달 가랑비, 굵은 눈, 쇼소리바람
                                    회오리바람
█ : 열거법

불 제 뉘 한잔 먹쟈 하고
술을 마시자고 할 사람이 아무도 없는 상황 → 안타까움의 정서
█ : 설의적 표현

중장 : 화자가 죽은 후 술을 권할 사람이 없는 것에 대한 안타까움
하믈며 무덤 위에 잔나비 휘파람 불 제 뉘우친들 엇더리.
                원숭이

종장 : 죽은 후에 지난날을 후회해도 소용없음.

⇒ 한 잔 먹세그려 또 한 잔 먹세그려 꽃을 꺾어 술잔 수를 세면서 한없이 먹세그려

⇒ 이 몸 죽은 후면 지게 위에 거적을 덮어 졸라매어 (무덤에) 가거나, 비단 장막을 드리운 상여를 타고 많은 사람들이 울며 뒤따르거나, 억새와 속새와 떡갈나무(가 있는) 백양 숲에 가기만 하면 누런 해와 흰 달(이 뜨고) 가랑비와 함박눈(이 내리며) 회오리바람이 불 때 누가 한 잔 먹자고 하겠는가

⇒ 하물며 무덤 위에 원숭이가 휘파람을 불 때 (지난날을) 후회한들 소용이 있겠는가.

한잔 먹새그려~무진무진 먹새그려 → 화자가 상대에게 술을 마실 것을 권유하는 모습이 제시되고 있다. 이때 꽃을 꺾어 술잔의 수를 세면서 한없이 마시자는 화자의 모습에서 풍류를 즐기는 태도가 드러난다.

이 몸 죽은 후면 지게 우해~뉘 한잔 먹쟈 할고 → 죽은 후의 상황을 가정하여 대조적인 모습으로 제시하고 있는 부분이다. 무덤으로 향하는 길이 지게 위에 거적으로 졸라매어져 가는 초라한 모습이든 많은 사람들의 눈물 속에 아름다운 상여를 타고 가는 화려한 모습이든, 죽은 후에는 더 이상 술을 마시자고 할 사람이 없을 것을 안타까워하는 화자의 모습에서 인생의 덧없음, 즉 인생무상의 정서가 드러나고 있다.

어욱새 속새 덥가나무~뉘 한잔 먹쟈 할고 → 열거법을 사용하여 무덤의 공간적 배경을 제시하고 있다. 화자가 죽어서 갈 공간인 무덤 주변의 모습을 나열하여 스산하고 삭막한 분위기를 강조하고 있다. 또한 이를 통해 죽은 후에는 술을 함께 마실 사람이 없는 상황에 대한 쓸쓸함과 안타까움을 드러내고 있다.

하믈며 무덤 위에 잔나비 휘파람 불 제 뉘우친들 엇더리. → 청각적 이미지를 통해 화자가 묻힌 무덤 주변의 쓸쓸한 분위기를 고조하고 있다. 또한 '뉘우친들 엇더리.'에서 설의법을 사용하여 살아 있을 때의 지난날에 대해 죽은 후에 후회해도 소용없음을 드러냄으로써 인생무상의 정서를 유발하고 있다.

STEP 03 작품 해제

01 | 주제

술을 권유하며 인생의 무상함을 잊고자 함.

02 | 특징

① 죽은 후의 상황을 가정하며 인생무상의 정서를 나타낸 화자 중심의 시
② 반복법, 열거법을 사용하여 주제 의식을 강조함.
③ 감각적 이미지를 통해 쓸쓸한 분위기를 조성함.
④ 설의적 표현을 통해 안타까움의 정서를 강조함.

03 | 작품 해제

이 작품은 우리나라 최초의 사설시조로, 이백의 「장진주」를 연상케 하며 작가 정철의 호방한 성품이 잘 드러나는 권주가(술을 권하는 노래)로 분류된다. 초장에서는 꽃을 꺾어서 술잔 수를 세는 낭만적인 모습이 나타나고, 중장에서는 죽은 후에 무덤에 가는 모습과 세월이 지나 무덤에 찾아와 술을 권할 사람이 하나도 없는 상황을 드러내고 있다. 또한 종장에서는 나중에 후회해도 아무 소용이 없음을 밝히면서 인생의 무상함, 그리고 현재의 즐거움에 충실할 것을 강조하고 있다.

STEP 04 논문으로 만나는 출제자의 시선

송강 정철 작품에 드러난 '술'의 소재

송강 정철의 정치적 삶은 정치적 역경 속에서 낙향과 재출사(다시 벼슬에 나아감)의 과정이 반복되어 험난하고도 고단했다. 이런 심회를 풀기 위한 방법이 바로 취흥이었다. 송강에게 술은 삶의 안식처와도 같았다. 시조 중 10수 이상이 술을 주제로 할 만큼 취흥에서 비롯된 시조가 송강 문학의 주류를 이룬다.

「장진주사」 역시 술을 권하면서 시작된다. 이때 이 술자리가 독작(술을 따라 주거나 권하는 상대가 없이 혼자서 술을 마심)이었다면 고독과 비애에 머물 수도 있지만, 대작(마주 대하고 술을 마심)의 형태로 나타나기에 비애가 차단된다. 이 작품에서는 그러한 모습이 두드러지며 취흥의 절정을 이룬다.

작품 안에서 화자는 대상에게 술을 무진장 먹자고 청하고 있다. 그들 사이에는 술을 마시기 위해 준비한 술잔과 무진무진 마실 술을 셈하기 위한 꽃가지가 놓여 있다. 하지만 무진무진 술을 먹자 하던 흥이 채 깨기도 전에 화자의 의식은 '이 몸 죽은 후'로 건너뛴다. 산 자의 취흥에서 갑자기 죽은 자의 세계로 진입하는 것이다. 그러더니 지게 위에 거적 덮어 졸라매어 가는 사람이든, 화려한 상여를 타고 만인의 이별을 받으며 떠나는 고귀한 사람이든 죽기는 매한가지라는 담론을 펼친다. 이때 미천한 자와 고귀한 자의 죽음에 대한 탐색이 필요하다. 취흥에 빠져 무진무진 술이나 마시자 하던 화자의 의식이 돌연 미천한 자와 고귀한 자의 죽음으로 돌아선 것은 다름 아닌 시인의 삶이 투영된 결과이며, 자신의 죽음도 매한가지라는 인식을 드러내고자 한 것이다. 그리고 억새, 속새, 떡갈나무, 백양(나무) 숲, 무덤에 누워 있는 삶의 마지막 모습을 떠올리는 것에서 그 쓸쓸함이 강조된다. 누른 해와 흰 달이 번갈아 뜨고, 가는 비와 굵은 눈이 또 스치고, 스산한 바람이 부는 날에 이르러서는 부귀공명 따위야 아무런 쓸모도 없는, 무덤 속에 누워 있는 주검일 뿐이다. 시인은 그런 자신에게 대작을 권할 이가 있겠는가 하는 자문 속에서 **유한한 존재의 비애를** 드러낸다. 이러한 시인의 마음은 곧바로 독자에게 전달되는 것이 아니라 그와 마주 앉은 주당을 거쳐 전달된다는 데에 신선함이 있다. 이렇게 송강의 시가 한 폭의 그림처럼 눈앞에서 화자와 청자가 대화를 나누고 있는 것 같은 생동감을 주는 이유는 바로 이러한 현장성을 획득하고 있다는 점 때문이다.

「장진주사」에 드러난 청각적 효과

「장진주사」의 매력은 마주 앉은 누군가를 향해 주절주절 말을 거는 시각적이고도 청각적인 표현에서 드러난다. 「장진주사」에서는 여러 대상의 소리를 환기시킴으로써 시적 공간을 분할한다. 먼저 취흥이 펼쳐지는 공간에는 산 자들의 소리가 있다. 주거니 받거니 술잔을 기울이는 주당들의 소리, 술잔을 부딪치거나 탁자에 내려놓는 소리, 서로의 꽃가지가 얼마나 남았는지 확인하며 화통하게 한 번쯤 웃었을 법한 소리 등이 상기되며 이 공간만의 개성을 드러낸다. 다음 장면은 장례 행렬이 있는 공간에서 나는 소리이다. 여기에는 **상반된 두 가지의 소리를** 상상할 수 있다. 하나는 거적에 둘러싸여 가는 주검 곁에서 나는 소리이다. 망자의 가난한 가족이거나 이웃이 주검을 둘러매고 가며 **훌쩍이는** 소리가 연상된다. 반면에 화려한 상여를 타고 가는 주검이 내는 소리는 왁자하다. 망자가 가진 부는 장사하여 시체를 묻는 땅으로 이동하는 부산한 행렬의 소리들을 포착하도록 한다. 그래서 그를 위해 곡을 하는 소리가 길을 메우고도 남았을 것이다. 그러나 그 주검들이 다다른 곳은 하나의 소리로 통일된 공간이다. 즉 억새, 속새, 떡갈나무, 백양나무가 바람에 흔들리는 소리만이 존재하는 공간이다. 이 공간은 누른 해와 흰 달 위로 빗소리가 나고, 눈발 쓸리는 소리가 나고, 쓸쓸한 바람 소리도 나고, 원숭이가 휘파람 부는 소리도 난다. 시인은 망자의 세계에 도달하면 누구나 동일한 상황에 처한다는 것을 청각적 효과를 통해 보여 주고 있다. 이는 삶이란 누구에게나 공평하게 존재한다는 것을 밝히기 위해 자연적인 소리를 환기시킴으로써 시를 완성한 것이라고 볼 수 있다. 이와 같은 화자의 정서에 따른 공간 분할은 「장진주사」만의 청각적 효과에 바탕을 두고 있다.

STEP 01 OX 문제를 통한 지문 이해 훈련

나BS 수능특강 | **고전문학** ●

동쪽의 바다에는 **큰 고래** 있고	東溟有長鯨
서쪽의 국경에는 **멧돼지** 있네	西塞有封豕
강목에는 패잔병만 울고 있으며	江障哭殘兵
해안에는 굳센 보루 전혀 없구나	海徼無堅壘
조정에선 좋은 계책 아니 세우나	廟算非良籌
몸보신만 꾀한다면 **대장부**이랴	全軀豈男子
말 잘 보는 한풍자*가 다시 안 나니	寒風不再生
절영마*는 부질없이 귀가 처졌네	絶景空垂耳
누가 알리, **베옷 입은 이 사람**이	誰識衣草人
웅대한 뜻 하루 천리 달리는 줄을	雄心日千里

*한풍자 : 훌륭한 말을 감정하는 전설 속의 인물.
*절영마 : 조조가 탔다는 훌륭한 말로, 여기에서는 인재를 뜻함.

OX문제

01 화자는 '큰 고래', '멧돼지'를 바라보며 자연과 유대감을 쌓고 있다. (O / X)

02 현실을 통찰하며 관용적 삶에 대한 지향을 보여 주고 있다. [2023학년도 수능] (O / X)

03 '몸보신'을 꾀하는 '대장부'로 인해 '베옷 입은 이 사람'은 '웅대한 뜻'을 펼치지 못하고 있다. (O / X)

04 설의적 표현으로 현실에 대한 화자의 인식을 드러내고 있다. [2019학년도 6월] (O / X)

05 비판적 태도로 현실의 부정적 측면을 부각하고 있다. [2025학년도 9월] (O / X)

STEP 02 지문 분석

「동쪽의 바다에는 **큰 고래** 있고
　　　　　　왜국(일본)
「　」: 대구법
□ : 외적을 빗댄 시어

東溟有長鯨

서쪽의 국경에는 **멧돼지** 있네」
　　　　　　여진족

西塞有封豕

1~2구 : 위태로운 조선의 상황

강가의 초소
강목에는 패잔병만 울고 있으며
　전쟁에 지고 살아남은 병사 → 조선의 군사

江障哭殘兵

　　적의 침입을 막기 위해 쌓은 구축물
해안에는 굳센 보루 전혀 없구나
　　　　나라에 대한 화자의 안타까움, 염려

海徼無堅壘

3~4구 : 국경의 허술한 방비

조정에선 좋은 계책 아니 세우나
　　　조정에 대한 직접적 비판

廟算非良籌

몸보신만 꾀한다면 대장부이랴
　　　　　건장하고 씩씩한 사내
□ : 설의법

全軀豈男子

5~6구 : 무능한 조정에 대한 비판

인재를 등용하는 안목을 지닌 존재
말 잘 보는 한풍자가 다시 안 나니
　훌륭한 말을 감정하는 전설 속의 인물
　　　　　　능력을 발휘하지 못함.
□ : 화자

寒風不再生

절영마는 부질없이 귀가 처졌네
조조가 탔다는 훌륭한 말로, 여기에서는 인재를 뜻함.

絕景空垂耳

7~8구 : 인재가 뜻을 펼치지 못하는 현실

《누가 알리, **베옷 입은 이 사람**이
　화자의 탄식　　↘ 벼슬을 하지 않는
《 》: 도치법

誰識衣草人

웅대한 뜻 하루 천리 달리는 줄을》
웅장하고 큰 뜻 → 나라를 구하고자 하는 화자의 포부(남성적 기백)

雄心日千里

9~10구 : 대장부로서의 포부와 현실에 대한 근심

과외식 해설

동쪽의 바다에는~멧돼지 있네 → 동쪽 바다에 있는 '큰 고래'인 일본과 서쪽 국경에 있는 '멧돼지'인 여진족은 조선을 위협하는 외부 세력들이다. 화자는 나라가 위험에 처해 있음을 상징적으로 나타내어 부정적 현실을 드러내고 있다.

강목에는 패잔병만~전혀 없구나 → 싸움에서 저 사기가 꺾인 조선 군사의 모습과 나라를 방어할 시설이 갖추어지지 않은 국경의 상황이 제시되고 있다. 화자는 외부의 침입을 막기 힘든 허술한 국방 상태를 통해 조선의 현실에 대한 걱정을 드러내고 있다.

조정에선 좋은 계책~대장부이랴 → 화자는 제대로 된 '계책'을 마련하지 못하는 조정의 무능함에 대한 비판을 직접적으로 드러내고 있다. 또한 마땅히 대장부라면 포부를 지녀야 함을 강조하며, 위기의 상황에서 몸을 사린 채 사리사욕만 채우고 있는 사람들에 대한 비판적 인식을 드러내고 있다.

말 잘 보는~귀가 처졌네 → 화자는 자신을 '절영마'에, 자신의 인물됨을 알아주는 사람을 '한풍자'에 빗대어 표현하고 있다. 이를 통해 자신의 능력을 알아주는 존재가 없어 뜻을 펼치지 못하였음을 드러내고 있다. 이는 인재를 등용하는 안목을 지닌 존재가 없어 인재들이 등용되지 못하는 현실을 비판한 것으로 볼 수 있다.

누가 알리,~달리는 줄을 → '베옷 입은 이 사람'은 화자를 가리키는 것으로, 화자가 벼슬 없이 초야에 묻혀 살아가고 있음을 나타내는 표현이다. 화자는 '웅대한 뜻', 즉 나라를 위한 자신의 뜻을 알아주는 이가 없는 현실에 대해 탄식하면서도 자신의 뜻을 알아준다면 나라에 충정을 다할 것이라는 포부를 드러내고 있다.

03 작품 해제

01 | 주제

나라에 대한 걱정과 현실에 대한 비판

02 | 특징

① 위태로운 나라를 걱정하고 무능한 조정을 비판하는 화자 중심의 시
② 비유적 표현을 통해 국경의 위태로운 상황과 자신의 처지를 드러냄.
③ 도치법, 설의법 등을 통해 현실에 대한 한탄을 드러냄.

03 | 작품 해제

이 작품은 시대 현실에 대한 비판적 인식과 더불어 대장부로서 나라를 걱정하는 우국의 마음을 드러낸 오언 한시이다. 화자는 자신의 안전과 이익만 챙기는 신하들이 넘치는 조정을 비판하며 자신의 웅대한 뜻과 능력을 알아봐 주지 않는 현실에 대한 안타까움을 드러내고 있다. 임진왜란을 눈앞에 두고 급변하는 정세 속에서 세력을 키워 날뛰는 일본과 여진족에 대비해야 하는 상황임에도 준비가 되지 않은 조선의 현실을 비판적으로 바라보았던 작가의 가치관이 반영되어 있는 작품이다.

04 논문으로 만나는 출제자의 시선

조선의 풍류 시인 '임제'

임제는 당대 역사 현실을 부정적으로 생각했는데, 이에 따라 그의 한시에는 현실의 부조리에 대한 직설적 비판이나 민생에 대한 구체적 관심이 나타났다. 그의 저항 정신은 시에서 다양한 이미지들로 제시되어 무의식에서 작동된 불만과 격정을 쏟아 냈다. 또한 그는 부정적 현실에서 억누를 길이 없는 격정에 복받치면 한시에서 '남아'나 '남자'라는 말을 끄집어내곤 할 만큼 남성성을 강조하였다.

임제는 정치적인 출세에 집착했던 인물이 아니었으며 오히려 다소 비현실적이게 호방한 인물에 가까웠다. 그는 동, 서 붕당의 분쟁 등으로 어지러운 현실 정치에 분개하고 명산을 찾아다니면서 시를 짓고, 현실을 비웃으며 유람하다가 1587년 38세의 나이로 고향인 회진리에서 여생을 마쳤다.

STEP 01 OX 문제를 통한 지문 이해 훈련

나BS 수능특강 | 고전문학 ●

학문을 후리치고 반무(反武)*를 하온 뜻은
삼척검 둘러메고 진심보국 하려더니
한 일도 하옴이 없으니 눈물겨워하노라

〈제1수〉

나라에 못 잊을 것은 예밖에 전혀 없다
의관문물을 이대도록 더럽힌고
이 원수 못내 갚을까 칼만 갈고 있노라

〈제3수〉

도적 오다 뉘 막으리 아니 와서 알리로다
삼백이십 주*에 누구누구 힘써 할꼬
아무리 애고애고 한들 이 인심을 어이하리

〈제5수〉

베 나아 공부* 대답 쌀 찧어 요역 대답
옷 벗은 적자(赤子)*들이 배고파 설워하네
원컨대 이 뜻 알으사 선혜 고루 하소서

〈제11수〉

공명과 부귀란 여사로 헤어 두고
낭묘상 대신네 진심국사 하시거나
이렁성저렁성 하다가 나중 어이 하실꼬

〈제12수〉

이라 다 옳으면 제라 다 그르랴
두 편이 같아서 이 싸움 아니 마네
성군이 준칙이 되시면 절로 말까 하노라

〈제19수〉

*반무 : 문관이 무관이 됨.
*삼백이십 주 : 나라를 뜻함.
*공부 : 세금을 냄.
*적자 : 자식. 백성을 뜻함.

OX문제

01 화자는 '학문'을 그만두고 '반무'를 하게 되어 '눈물겨워'하고 있다. (O / X)

02 부정적인 현실을 비판하며 좌절을 극복하려는 의지를 부각하고 있다. [2023학년도 수능] (O / X)

03 동일한 시구를 반복하여 시적 상황에 대한 화자의 부정적 정서가 심화되는 과정을 드러낸다. [2021학년도 9월] (O / X)

04 화자는 '성군'이 '준칙'이 되시면 '두 편'의 '싸움'을 멈출 수 있을 것이라고 생각한다. (O / X)

05 물음의 방식을 활용하여 대상에 대한 친밀감을 표현하고 있다. [2025학년도 9월] (O / X)

STEP 02 지문 분석

[EBS 파트 분석]

학문을 후리치고 반무(反武)를 하온 뜻은 　　　　　　문관이 무관이 됨.	⇒ 학문을 그만두고 무관이 되려고 한 뜻은
삼척검 둘러메고 진심보국 하려더니 무관을 상징함.　나라의 은혜에 보답함. → 무관이 된 이유	⇒ 긴 칼 둘러메고 나라의 은혜에 보답 하려 했더니
한 일도 하옴이 없으니 눈물겨워하노라 성취한 일이 없음. → 자조적 태도	⇒ (지금까지) 한 가지 일도 한 것이 없 으니 눈물겨워 하노라

제1수 : 나라의 은혜에 보답하지 못한 것에 대한 안타까움 〈제1수〉

나라에 못 잊을 것은 예밖에 전혀 없다 　　　　　임진왜란의 치욕 → 시대적 배경	⇒ 나라에 못 잊을 것은 이것(임진왜란 의 치욕)밖에 전혀 없다
왜적의 침투 의관문물을 이대도록 더럽힌고 의복과 문물 → 조선의 문물(문화)　　　　　 ▨ : 설의법	⇒ (우리의) 의관과 문물을 이렇게나 더 럽혔는가
이 원수 못내 갚을까 칼만 갈고 있노라 왜적이 조선의 문물을 더럽힌 왜적	⇒ 이 원수 갚지 못할까 칼만 갈고 있 노라

제3수 : 임진왜란의 치욕을 갚고 싶은 마음 〈제3수〉

도적 오다 뉘 막으리 아니 와서 알리로다 여기서는 왜적을 의미함.	⇒ 도적 오니 누가 막으리 안 와서 알 겠도다
삼백이십 주에 누구누구 힘써 할꼬 　　나라　　　적의 침략을 막는 사람이 없는 상황에 대한 안타까움	⇒ 삼백이십 주(의 나라)에 누가 누가 힘써 할까
아무리 애고애고 한들 이 인심을 어이하리 　　　　한탄하는 소리	⇒ 아무리 애고애고 한들 이 인심을 어 이하리

제5수 : 나라를 지킬 사람이 없음을 탄식함. 〈제5수〉

베 나아 공부 대답 쌀 찧어 요역 대답 　　세금을 냄.　　나라에서 백성에게 시키던 노동	⇒ 베 짜서 세금 대신하고 쌀 찧어 요 역 대신하기
옷 벗은 적자(赤子)들이 배고파 설워하네 　　　자식 → 백성을 뜻함.	⇒ 헐벗은 자식들이 배고파 서러워하네
원컨대 이 뜻 알으사 선혜 고루 하소서 　　　　백성의 고통　　　은혜를 베풂.	⇒ 원컨대 이 뜻을 (임금께서) 아시어 은혜를 고루 베푸소서

제11수 : 임금이 선정을 베푸시길 소망함. 〈제11수〉

공명과 부귀란 역사로 헤어 두고 명예와 돈(세속적 가치)　↳ 그다지 중요하지 않은 일	⇒ 공명과 부귀는 중요하지 않은 일로 하여 두고

우국가 → '우국'은 '나랏일을 근심하고 염려함.'을 의미한다. 이 작품은 피폐해진 나라에 대한 걱정과 현실에 대한 한탄을 드러낸 연시조이다.

학문을 후리치고 반무를 하온 뜻은 → 화자가 글공 부를 그만두고 무관이 되는 것에 뜻을 보이고 있다. 이는 작가 이덕일이 문관으로 과거에 급제할 능력 이 있었음에도 무관으로 전향한 일을 의미하는 구 절이다.

삼척검 둘러메고~눈물겨워하노라 → '삼척검'을 '둘 러메'었다는 것은 화자가 무관이 되었음을 의미한 다. 화자는 자신이 무관으로 전향한 이유가 나라에 은혜를 갚기 위함이었음을 밝히고 있다. 그러나 이 내 한 가지 일도 성취한 것이 없다고 탄식하며, 아 무것도 이루지 못한 현실에 대한 안타까움을 드러 내고 있다.

나라에 못 잊을 것은~칼만 갈고 있노라 → 시대적 배경을 고려했을 때, '의관문물'을 더럽힌 '원수'는 임진왜란을 일으켜 조선의 문물을 훼손시킨 왜적을 의미한다. 화자는 이러한 현실을 개탄하며, 나라에 치욕을 안긴 왜적에게 복수를 다짐하는 마음을 드 러내고 있다.

도적 오다 뉘 막으리~이 인심을 어이하리 → 화자 는 힘써서 왜적으로부터 나라를 지킬 사람이 없음 을 탄식하고 있다. 이는 임진왜란 때, 군사 행정 체 계의 부재로 적의 침략을 막을 대책이 없었던 상황 에 대한 안타까움을 드러낸 것으로 볼 수 있다.

베 나아 공부 대답~선혜 고루 하소서 → 베와 쌀을 모두 세금으로 내야 하는 상황에 서러워하는 백성 들의 모습을 제시하고 있다. 화자는 임금께서 각종 세금에 시달리는 백성들의 고통을 알고, 이에 대한 선정을 베풀어 주기를 바라고 있다.

공명과 부귀란~나중 어이 하실꼬 → 화자는 나랏일 을 위해서라면 '공명과 부귀'를 모두 제쳐 두어야 한다고 말하며, 조정 대신들에게 진심을 다해 나랏 일을 할 것을 당부하고 있다. 개인의 명예와 돈에 만 관심을 두고 당쟁에만 몰두해 나랏일에 무관심 한 조정 대신들에 대한 우려와 비판의 목소리가 드

낭묘상 대신네 진심국사 하시거나
의정부, 조정 ↳ 조정의 대신들

조정의 대신들에 대한 불만
이렁성저렁성 하다가 나중 어이 하실꼬
이런 모양 저런 모양으로 대중이 없이

⇒ 대궐 대신들 진실로 힘써 나랏일을 하시게나

⇒ 이러고저러고 하다가 후에 어이 하실까

제12수 : 나랏일에 무관심한 관리들에 대한 비판 〈제12수〉

이라 다 옳으면 제라 다 그르랴
이편의 말   저편의 말

⇒ 이쪽의 말이라 다 옳으면 저쪽의 말이라 다 그르겠는가

두 편이 같아서 이 싸움 아니 마네
당쟁(당파를 이루어 서로 싸우던 일)

준거할 기준이 되는 규칙이나 법칙
성군이 준칙이 되시면 절로 말까 하노라
어질고 덕이 뛰어난 임금   당쟁이 그치지 않을까

⇒ 두 편이 (옳다고 주장함이) 같아서 이 싸움 아니 그치네

⇒ 성군이 기준이 되시면 저절로 그만둘까 하노라

제19수 : 당쟁을 멈추기 위한 임금의 역할 제시 〈제19수〉

[EBS에 나오지 않은 나머지 전문]

임진년 4월달에 선조 의주 가실 적에
곽자의 이광필같이 되려고 맹세했더니
이 몸이 재주 없어 알 이 없어 하노라
〈제2수〉

성이 있으되 오랑캐를 막으랴 왜놈 와도 방법 없다
삼백이십 주를 어찌 어찌 지킬건고
아무리 뛰어난 병사인들 의거가 없이 어이 하리
〈제4수〉

어와 서러운지고 생각하면 서러운지고
나라가 어렵고 위태로움을 알 이 없어 서러운지고
아무나 이 어렵고 위태로움 알아 나라님께 아뢰소서
〈제6수〉

고향달 바라보며 통곡하니 압록강 바람에 마음 아파라
임금님께서 지으실 적에 누구누구 보았는고
달 밝고 바람 불 적이면 눈에 삼삼하여라
〈제7수〉

꿈에 와 이르시되 태조 임금 혼령께서
궁궐 지으시고 덕을 닦으라 하더이다
나라가 천년을 누림은 이 일이라 하더이다
〈제8수〉

마옵소서 마옵소서 천도할 뜻 마옵소서
일백 번 권하여도 말으소서 말으소서
천년 누릴 흔들림 없는 기틀을 던져 어이 하시리까
〈제9수〉

마옵소서 마옵소서 너무 의심 마옵소서
백성 마음 얻는 것 외에는 하실 일 없나이다
천년 누릴 꿈속 가르침은 귀에 쟁쟁합니다
〈제10수〉

러난 부분이다.

이라 다 옳으면~절로 말까 하노라 → 화자는 관리들이 일삼는 당쟁을 멈추기 위해서는 임금이 '준칙'이 되어야 한다며, 임금이 해야 할 역할에 대해 언급하고 있다. 이는 혼란스러운 정국을 수습하는 데에 군주가 모범을 보이는 것이 중요하다는 화자의 인식을 드러낸 것으로 볼 수 있다.

임진년 4월달에~알 이 없어 하노라 → 임진왜란 때, '선조' 임금이 난리를 피하여 의주로 떠난 날을 언급하고 있다. 이때 '곽자의'와 '이광필'은 난을 진압하는 데 공헌한 당나라의 장군들로, 화자는 이들과 같은 무관이 되기로 맹세했지만 자신은 재주가 없는 몸이라며 탄식하고 있다.

성이 있으되~의지가 없이 어이 하리 → 적으로부터 성을 지키려 해도 군사 행정의 체계가 없어 '삼백이십 주', 즉 나라를 지킬 수 없었음을 언급하며, 병사들이 의거(정의를 위하여 개인이나 집단이 의로운 일을 도모함)를 할 곳이 없는 불리한 상황임을 드러내고 있다. 이는 임진왜란 당시 조선의 군대가 허술했음을 드러내는 부분이다. 설의법을 통해 아무리 용맹하고 뛰어난 군사더라도 어쩔 수 없는 상황이었음을 강조하고 있다.

어와 서러운지고~알 이 없어 서러운지고 → 감탄사와 반복법을 통해 국가의 위기를 알고 이에 대처할 사람이 없는 현실에 대한 서러움을 강조하고 있다.

고향달 바라보며~눈에 삼삼하여라 → '고향달~아파라'는 선조가 의주로 피란을 가서 쓴 한시의 일부가 인용된 부분이다. 화자는 인용을 통해 시를 쓰던 당시의 선조의 심정을 떠올리고 있다.

꿈에 와 이르시되~이 일이라 하더이다 → '태조 임금'은 태조 이성계를 의미한다. 화자는 태조의 혼령이 꿈에 나타나 나라가 천년을 누리려면 궁궐을 짓고 덕을 쌓아야 한다고 말하였음을 전하고 있다.

마옵소서 마옵소서 천도할 뜻~귀에 쟁쟁합니다 → 'aaba' 구조와 동일한 시어의 반복을 통해 운율감을 자아내고 화자가 전하고자 하는 바를 강조하고 있

힘써 하는 싸움 나라 위한 싸움인가
옷과 밥에 묻혀 있어 할 일 없어 싸우는가
아마도 그치지 아니하니 다시 어이하리

〈第13수〉

이편은 저쪽 그르다 하고 저편은 이쪽 그르다 하니
매일 하는 일이 이 싸움뿐이로다
이 중에 도와줄 사람 없이 고립된 분은 님이신가 하노라

〈第14수〉

그만두오 그만두오 이 싸움 그만두오
동인과 서인이 바뀔 수도 있음을 생각하여 그만두오
진실로 말기만 말면 온화하고 화평하리라

〈第15수〉

말리소서 말리소서 이 싸움 말리소서
공정하여 사사로움이 없게 말리소서 말리소서 말리소서
진실로 말리고 말리시면 공평 태평하리이다

〈第16수〉

이쪽 이긴들 즐거우며 저편 진들 서러울까
이기나 지나 중에 전혀 관계 없다마는
아무도 깨닫지 못하지 그를 서러워하노라

〈第17수〉

이쪽 그르나 저편 그르나 그만 저만 던져 두고
할 일을 하오면 그 아니 좋을 손가
할 일 하지 않으니 그를 서러워하노라

〈第18수〉

어와 가소롭다 인간 일 가소롭다
모 없이 둥글다고 시비를 않겠는가
아무나 공도를 지키면 모나 본들 어떠리

〈第20수〉

이제야 생각하니 모르고 하는구나
나라에 해로운 줄 알면 설마 그러하랴
반드시 모르고 하면 말해 볼까 하노라

〈第21수〉

알고 그리하나 모르고 그리하나
아니 알고도 모르노라 그리하나
진실로 알고 그리하면 말해 무엇 하리오

〈第22수〉

물으소서 사뢰리다 이 말씀 물으소서
자세히 물으시면 낱낱이 사뢰리다
하늘이 높고 멀기로 답할 길 없사이다

〈第23수〉

아성조께서 쌓은 덕으로 오래 오래 태평하니
선왕도 본받아 천명을 따르시니라
임금님은 이 뜻 아셔서 천만 의심 말으소서

〈第24수〉

싸움에 시비만 하고 옳은 시비 아니 하네
어찌하여 세상 형편 이같이 되었는고

다. '천도', 즉 수도를 옮기는 것에 반대하고, 백성의 마음을 얻는 것 외에는 나라를 위해 할 일이 없다며 나라의 번영을 위한 충언을 전하고 있다.

힘써 하는 싸움~다시 어이하리 → '힘써 하는 싸움'은 조정 대신들의 붕당 싸움을 의미한다. 설의법을 통해 옷과 밥에 걱정이 없는 벼슬아치들이 나라를 위해 일하지 않고 당쟁만 일삼는 모습에 대한 화자의 안타까움을 강조하고 있다.

이편은 저쪽~님이신가 하노라 → 대구법을 활용하여 대신들이 편을 갈라 당파 싸움만 계속하는 현실을 드러내고 있다. 화자는 '님'을 '도와줄 사람'이 없다며, 계속되는 당파 싸움 속에 고립된 처지에 놓여 있는 임금을 안타까워하고 있다.

그만두오 그만두오~공평 태평하리이다 → 'aaba' 구조와 동일한 시어의 반복을 통해 화자의 간절한 뜻을 강조하고 있다. 화자는 동인과 서인에게 싸우기를 멈추고, 임금에게 당쟁을 공정하게 말릴 것을 호소하며 나라가 태평해지기를 소망하고 있다.

이쪽 이긴들 즐거우며~할 일 하지 않으니 그를 서러워하노라 → 대구, 설의, 대조를 사용해 붕당 싸움이 해롭기만 하고 하나도 이로운 바가 없다는 점과, 이를 깨닫지 못하는 이들에 대한 화자의 안타까움을 드러내고 있다. 또한 화자는 당쟁 때문에 신하들이 자신의 할 일을 하지 않는 현실을 안타까워하며, 싸움을 그만두고 '할 일', 즉 각자의 직분에 충실해야 한다는 인식을 드러내고 있다.

어와 가소롭다~모나 본들 어떠리 → '공도'는 바른 도리를 의미한다. 화자는 '공도'를 지키기 위한 '시비'를 아니하는 '인간 일'이 우습다며, 설의법을 통해 '공도'를 지키자는 호소를 하고 있다.

이제야 생각하니~말해 무엇 하리오 → 붕당 정치로 인한 당파 싸움이 나라에 해가 됨을 지적하고 있다. 또한 설의법을 통해 조정 대신들이 붕당 정치의 폐해를 알면서도 모르는 척하는 것이라면 자신이 이를 말해 주는 것이 의미가 없다며 탄식하는 심정을 강조하고, 붕당 정치에 대한 우려를 표하고 있다.

물으소서 사뢰리다~답할 길 없사이다 → '이 말씀'은 나라를 위한 충언을 의미한다. 화자는 임금께서 '이 말씀'을 묻는다면 '낱낱이' 대답하겠다며, 자신에게 충언을 할 기회가 오기를 바라고 있다. 그러나 '하늘이 높고 멀'다며 임금이 계신 곳과 자신이 있는 곳의 거리감을 나타냄으로써 자신의 충언을 '답할 길'이 없는 현실을 드러내고 있다.

아성조께서 쌓은 덕으로~천만 의심 말으소서 → '아성조', 즉 태조 이성계가 덕을 쌓아 오래도록 이어

물불보다 심한 우환이 날로 길어 가는구나

〈제25수〉

나라가 튼튼하면 집조차 튼튼하리라
집만 돌아보고 나랏일 아니 하네
하다가 **대궐**이 기울면 어느 집이 튼튼하리오

〈제26수〉

어와 거짓 일이 금은보화 거짓 일이
장안 수많은 집에 누구 누구 지녔는고
어즈버 임진년에 티끌이 되니 거짓 일로만 여기노라

〈제27수〉

공명을 원치 않거든 부귀인들 바랄쏘냐
초가 한 간에 괴로이 혼자 앉아
밤낮 우국상시를 못내 설워 하노라

〈제28수〉

갈 왕조의 길을 열었고, 선왕도 이 뜻을 받들어 하늘의 명을 따르는 정치를 했음을 드러내고 있다. 화자는 임금에게 이러한 정치를 권하는 자신의 충언을 의심하지 말고 나라를 근심하는 뜻을 헤아릴 것을 당부하고 있다. 이는 불안한 왕권과 끊임없는 당쟁으로 혼란스러워했던 광해군에게 작가가 충심 어린 간언을 전한 것으로 볼 수 있다.

나라가 튼튼하면~어느 집이 튼튼하리오 → 나라가 굳건해야 나라의 일부분인 붕당도 굳건할 수 있음을 나타내고 있다. 자신의 당파가 얻을 이익만을 생각하며 나랏일을 게을리하는 신하들의 상황을 제시하고, 이런 상황이 지속되면 그들이 속한 붕당도 무사하지 못할 것임을 가정법과 설의법을 활용하여 나타내고 있다.

어와 거짓 일이~거짓 일로만 여기노라 → 임진왜란으로 인해 한양의 수많은 권문세가(벼슬이 높고 권세가 있는 집안)가 아끼던 귀중한 재물이 사라진 현실을 설의법을 통해 강조하고 있다. 이를 통해 부귀영화에 골몰해도 나라를 지키지 못하면 결국 허망하게 전쟁의 잿더미가 되고 만다는 교훈을 전하고 있다.

공명을 원치 않거든~못내 설워 하노라 → '우국상시'는 나라를 걱정하고 시절의 혼란함에 마음이 상한다는 의미로, 화자가 '공명'이나 '부귀'와 같은 사적인 이득을 바라고 있지 않음을 설의법을 통해 강조하고 있다. 한 칸짜리 초가집에 살 정도로 가난하지만, 재물이 아닌 나라에 대한 근심으로 밤낮을 가리지 않고 고통스러워하고 있는 화자의 모습이 드러나 있다.

03 작품 해제

01 | 주제

나라의 현실에 대한 걱정과 당쟁을 일삼는 관리들에 대한 비판

02 | 특징

① 임진왜란과 붕당 정치의 폐해로 인해 혼란스러워진 나라에 대한 걱정을 토로하는 화자 중심의 시
② 현실에 대한 화자의 인식과 심정이 직접적으로 제시됨.
③ 설의법, 대구법 등을 활용하여 주제를 강조함.

03 | 작품 해제

이 작품은 임진왜란의 치욕과 붕당 정치로 인한 폐해를 지적하며 나라의 앞날에 대한 걱정과 근심을 담아낸 총 28수의 연시조이다. 전쟁의 실상과 우국의 마음, 당쟁에 대한 비판과 피폐해진 현실에 대한 한탄이 잘 드러나 있다. 작가는 〈제1수〉에서 '학문'을 그만두고 '반무'를 한 까닭이 '진심 보국'에 있음을 밝히고, 이후 왜적에 대한 분노와 나랏일을 뒤로한 채 당쟁만 일삼는 신하들에 대한 비판을 담은 내용으로 이어간다. 또한 당쟁을 멈추기 위한 임금의 올바른 태도를 제시하며, 임금이 그러한 태도를 가질 것을 촉구하기도 한다. 작가는 마지막 〈제28수〉에서 사리사욕을 추구하지 않고 나라와 시대에 대한 걱정으로 서러워하는 자신의 모습을 그려 내며 작품을 마무리하고 있다.

STEP 04 논문으로 만나는 출제자의 시선

나BS 수능특강 | **고전문학**

작가 칠실 이덕일의 우국 정신

「우국가」의 첫 수는 그동안 익혀 오던 학문을 버리고 무관의 길을 선택하게 된 상황을, 그리고 마지막 28수는 현재 자신의 심정을 '우국상시'란 시어로 함축하여 표현하였다. 그 사이에 붕당 관료로 인한 상심, 군왕에 대한 우국의 애정, 또한 임진왜란 체험을 통해 얻은 실제적이고도 구체적인 나라를 구하는 방안들을 담았다. 이로 보아 「우국가」는 충성을 다하여 나랏일을 돕기 위해 무(武)를 선택하고 충심을 맹세하던 때로부터, 현재 우국상시의 심정으로 서러워하는 상황까지를 시조를 통해 나타냈다고 볼 수 있다.

칠실은 선조의 의주 피난 소식을 듣고 "나라의 치욕이 이와 같으니 남아라면 살아서는 칼로 왜적의 목을 베고 죽을 때는 마땅히 군사의 대열에서 죽어가야 하는 것이니, 어찌 글 짓는 일이나 하고 있겠는가."하고 과감히 붓을 던진다. 그리고 병서 공부를 시작하고, 활쏘기 등 무예를 익혀 무과에 응시해 을과에 합격하였다. 실제로 칠실은 경전에 박식하여 여러 차례 향시에 합격, 과거 급제가 머지않은 상황이었다. 그러나 그는 조선 사회에서 문인에 비해 상대적으로 천시되던 무인의 길을 과감히 선택한다. 글 읽는 선비가 학문을 버리고 병서를 익힌 것 자체가 자신의 이익과는 거리가 멀다 할 수 있다. 이는 개인에게 미치는 득실적 차원이 아닌 우국적 세계관을 따랐을 때에만 가능한 선택인 것이다.

「우국가」에 담긴 당쟁에 대한 비판

칠실 이덕일이 살았던 시기는 명종, 선조, 광해군 대이다. 이 시기는 전란과 더불어 당쟁이 극에 달한 때였다. 그러한 시기 칠실의 눈에 비친 당쟁은 쓸데없는 싸움에 불과했다. 「우국가」는 임금과 나라는 안중에도 없고 오직 자신들만의 당을 위해 힘써 싸우는 그들에 대해 안타까운 마음을 토로한다. 또한 그 싸움을 말릴 길 없는 자신의 처지가 너무 한스러워 자책하는 모습을 표현한 작품이라고도 할 수 있겠다.

또한 칠실은 자기편이 옳고 저쪽 편이 그르다 하면서 허송세월하는 조정 대신들의 모습을 보며 임금을 떠올린다. 할 수 있는 일이 아무 것도 없고 기댈 곳 없어 보이는 임금이 칠실에게는 당쟁의 희생양으로 여겨진 것이다.

칠실은 이제 싸움을 그칠 것을 간곡히 호소하고 있다. 즉 동인이니 서인이니 그런 것들 자체를 아예 생각조차 하지 말아 달라고 호소하는 것이다. 그들이 싸움을 그치기만 한다면 세상은 다시 온화하고 엄숙해질 것이 자명한데, 그렇지 못한 조정의 현실이 안타까운 칠실의 마음을 담고 있는 작품이라고 하겠다.

한편 칠실은 단순히 현실을 표현하는 것에 그치지 않고 이러한 때에 임금이 해야 할 일을 제시한다는 데에 노래 제작의 중점을 두고 있다. 이렇게 당쟁이 심할 때 성군이 있었다면 마땅히 준칙이 되어 아예 그러한 일들이 벌어질 수가 없었을 텐데, 현실에서는 그렇지 못한 임금만 있음에 한스러워하기까지 하는 모습이 표현되고 있다.

다음 글을 읽고 물음에 답하시오. [교육청 기출 변형]

(가)

조선 시대 사대부들이 향유했던 대표적인 문학 갈래인 시조에는 사대부들이 지향하는 삶이 잘 나타나 있다. 그런데 다수의 시조 작품에서 사대부가 자연 속에서 심성을 도야하며 안빈낙도(安貧樂道)하는 삶을 추구하는 모습이 드러나 있어 사대부는 현실 정치의 참여보다는 자연 속에 은둔하는 삶을 지향한다고 여겨지는 경향이 있다. 하지만 이는 유학적 가르침을 내면화했던 사대부에 대한 정확한 인식이라고 보기 어렵다.

조선 시대 사대부들의 삶은 관직의 유무에 따라 '출(出)'과 '처(處)'로 구분하여 이해될 수 있다. 유교 사회에서 '출'은, 유교적 가르침을 부단히 수양한 사대부가 관직에 나아가 사대부로서 품었던 정치적 포부를 펼치는 이상적인 삶의 형태로 이해될 수 있다. 사대부들은 유교적 가치관이 바로 서서 순리대로 정치가 실현되는 세상에서는 관직에 나아가 유교적 가르침을 실천하며 백성들을 '인(仁)'과 '의(義)'로써 다스리는 것을 자신들의 이상으로 여긴 것이다.

그런데 사대부들은 자신들이 직면한 시대의 상황에 따라 '출'의 가치를 달리 인식하기도 하였다. 유교적 가치관이 바로 서지 못해 나라가 혼란스러운 상황일 때, 사대부들은 '출'을 의롭지 못하다고 여겨 '처'를 선택하기도 한 것이다. 즉 그들은 의로움을 지키기 위해 스스로 '출'을 거부하고 '처'를 선택하는 것을 이상적이라고 여겼다. 그러나 사대부들은 '처'의 삶을 살면서도 혼란스러운 세상에 대한 근심을 표현하며 우국충정을 드러내는 것으로 자신의 본분을 지키려 하였다.

조선 시대 사대부들은 시조에서 '궁달(窮達)'이라는 표현도 자주 사용했는데, 이 또한 '처'와 '출'의 맥락과 관련지어 이해될 수 있다. '궁(窮)'은 '빈궁(貧窮)'과 '빈천(貧賤)'을, '달(達)'은 '영달(榮達)'과 '부귀(富貴)'를 의미한다. 여기서 빈궁과 빈천은 혼탁한 세상으로 인해 자신의 정치적 포부를 펼치지 않는 삶을, 영달과 부귀는 고위 관직에 올라 자신의 뜻을 펼칠 수 있는 삶을 의미한다고 볼 수 있다. 이런 점에서 '궁'은 '처'와, '달'은 '출'과 비슷한 맥락을 지닌다고 볼 수 있다. 따라서 빈천과 부귀는 앞에서 언급한 사대부의 삶의 처지와 관련지어 볼 때 단순히 경제적 상황만 의미하는 것이 아니라 보다 확장된 의미를 가진다.

결국 관직의 유무에 따른 사대부의 처지와 그와 관련된 그들의 삶의 태도는 '출-달-부귀'와 '처-궁-빈천'이라는 대조적 맥락을 통해서 설명할 수 있다. 이와 같은 맥락을 잘 보여 주는 시조 작품으로 권호문의 시조와 임제의 시조를 들 수 있다.

[A]
출(出)하면 치군택민(致君澤民)* 처(處)하면 조월경운(釣月耕雲)*
총명하고 밝은 군자(君子)는 이것을 즐기나니
하물며 부귀(富貴)는 위기(危機)라 빈천거(貧賤居)를 하오리라*

- 권호문, 「한거십팔곡」 중 제8수 -

[B]
부귀(富貴)를 탐(貪)치 말고 빈천(貧賤)을 사양(辭讓) 마라
부귀빈천(富貴貧賤)이 절로 절로 도나이
부귀(富貴)는 위기(危機)라 탐(貪)하다가 신명(身命)을 못나이라*

- 임제 -

권호문과 임제는 당파 싸움이 극심했던 시기인 16세기 중후반을 살았던 인물이다. 권호문은 진사시에 합격하고 임제는 문과에 급제했지만, 둘 다 자연에 은거하며 산림처사로 사는 삶을 선택했다. 그들의 시조에는 혼탁한 정치 현실에서 벼슬길에 나아가는 것이 위기라는 인식이 잘 드러나 있다.

*치군택민 : 목숨을 바쳐 임금을 섬기고 백성에게 은덕이 미치게 함.
*조월경운 : 달빛 아래서 고기 낚고 구름 속에서 밭을 갊. 은둔 생활을 뜻함.
*빈천거를 하오리라 : 가난하게 지내리라.
*신명을 못나이라 : 목숨을 부지하기 어렵다는 뜻.

(나)

이편은 저 외다* 하고 저편은 이 외다 하니
매일(每日)의 하는 일이 이 싸움뿐이로다
이 중의 고립(孤立) 무조(無助)*는 님이신가 하노라

〈제14수〉

싸움에 시비만 하고 공도(公道) 시비(是非)* 아니 하네
어찌하여 세상 형편 이같이 되었는고
물불보다 심한 환난 날로 길어 가는구나

〈제25수〉

나라가 굳으면 집조차 굳으리라
집만 돌아보고 나라 일 아니 하네
하다가 명당(明堂)*이 기울면 어느 집이 굳으리오

〈제26수〉

공명(功名)을 원찮거든 부귀(富貴)인들 바랄소냐
초가 한 간에 괴로이 혼자 앉아
밤낮에 우국상시(憂國傷時)*를 못내 설워 하노라

〈제28수〉

- 이덕일, 「우국가」 -

*외다 : 그르다.
*고립 무조 : 홀로 있어 도움이 없음.
*공도 시비 : 공평하고 바른 도리를 따짐.
*명당 : 임금이 조회를 받던 장소.
*우국상시 : 나라를 걱정하고 시절의 혼란함에 마음이 상함.

01. (가)에 대한 설명으로 가장 적절한 것은?

① 사대부들은 경제적인 상황에 따라 '출' 혹은 '처'의 삶을 선택한다.
② '영달'은 사대부가 지향하는 자연 속에서의 은둔의 삶을 의미한다.
③ 사대부들은 관직에 나아간 삶인 '빈궁'을 통해서 안빈낙도를 추구한다.
④ '궁'은 고위 관직에 올라 자신의 뜻을 펼칠 수 있는 삶을 의미한다고 볼 수 있다.
⑤ 사대부는 '처'의 상황에서 우국충정을 드러냄으로써 자신의 본분을 지키고자 하였다.

03. (가)를 바탕으로 (나)를 감상한 내용으로 적절하지 않은 것은?

① 〈제14수〉: '싸움뿐'인 당대의 시대에 화자가 '고립 무조'를 선택한 것은 유교적 가르침을 바탕으로 자신을 수양하기 위해 '궁'의 삶을 지향한 것으로 볼 수 있겠군.
② 〈제25수〉: '공도 시비'를 하지 않아 '환난'이 길어진다는 화자의 인식에서 정치가 순리대로 실현되지 않는 당대의 현실을 짐작할 수 있겠군.
③ 〈제26수〉: '집만 돌아보고 나라 일 아니 하'는 사람들의 모습은, 유교적 가치를 바르게 실천하지 않은 당대의 사대부들의 모습을 드러낸 것이라 볼 수 있겠군.
④ 〈제28수〉: '공명'과 '부귀'를 바라지 않는 화자의 모습에서 화자가 '달'의 삶을 지향하지 않음을 알 수 있겠군.
⑤ 〈제28수〉: '초가 한 간'에서 '우국상시'를 느끼는 것은, '궁'의 상황에서도 화자가 혼란스러운 세상에 대해 근심을 드러낸 것이라 볼 수 있겠군.

02. (가)를 바탕으로 [A]와 [B]를 이해한 것으로 적절하지 않은 것은?

① [A]의 '치군택민'은 관직에 나아가 유교적 가르침을 실천하는 것을 의미한다.
② [A]의 '빈천거를 하오리라'에는 '처'의 삶을 살겠다는 화자의 의지가 드러나 있다.
③ [B]의 '빈천을 사양 마라'에는 관직에 나아가지 않는 '처'의 삶을 거부해야 한다는 화자의 태도가 드러나 있다.
④ [B]의 '신명을 못ㄴ이라'는 나라의 유교적 가치관이 흔들리는 상황에서 '출'을 선택했을 때 초래할 결과를 의미한다.
⑤ [A]와 [B]에서 화자가 '부귀'의 삶을 지향하지 않는 것에서는 당파 싸움이 심한 시대에 '출'의 삶을 '위기'라고 여기는 화자의 인식이 드러나 있다.

04. [B]와 (나)의 표현상의 공통점으로 가장 적절한 것은?

① 동일한 시어를 반복하여 의미를 강조하고 있다.
② 청자를 호명하여 화자의 마음을 전달하고 있다.
③ 점층적 표현을 사용하여 화자의 태도를 부각하고 있다.
④ 설의적 표현을 활용하여 화자의 정서를 강조하고 있다.
⑤ 상승 이미지를 반복하여 화자의 의지를 나타내고 있다.

20 | 이규보, 한계사의 노스님에게

STEP 01 | OX 문제를 통한 지문 이해 훈련

나BS 수능특강 | 고전문학

안개 같고 구름 같은 내 마음 하늘에 노닐어　　　　　　霞想雲情逸天半
옥 새장에 금 자물쇠도 나를 잡아 두지 못하네.　　　　玉籠金鎖莫我絆
나 평소 원결*을 본받아　　　　　　　　　　　　　　平生自學元次山
한계로 떠나 허랑한 서생이라 불리고 싶었네.　　　　欲往寒溪稱浪漫
한계사*의 스님을 우연히 여기서 만나　　　　　　　寒溪主人偶此逢
즐거워 눈썹 펴고 함께 웃누나.　　　　　　　　　　聊復軒眉一笑同
남은 술 한 잔이야 참선에 방해될까　　　　　　　　禪味何妨飮餘滴
그 말솜씨 시원한 바람 같아 더욱 좋아라.　　　　　談鋒更愛生雄風
함께 있느라 해 지는 줄 몰랐더니　　　　　　　　　相從不覺西日側
십 리 길 푸른 안개 저녁 빛을 재촉하네.　　　　　十里靑煙催晩色
다시는 한계를 그리워하지 않아도 되리　　　　　　不須更憶寒溪遊
스님의 눈빛이 한계보다 더 푸르니.　　　　　　　見公眼色奪溪碧

*원결 : 중국 당나라의 시인. 늙으신 부모님을 모시기 위해 벼슬을 버리고 전원으로 돌아갔다고 함.
*한계사 : 강원도 설악산의 한계령 입구에 있던 사찰. 현재는 절터만 남아 있음.

OX문제

01	도치의 방식으로 시상을 마무리하여 주제 의식을 드러내고 있다. [2013학년도 수능]	(O / X)
02	역사적 인물을 호명하여 회고적 분위기를 조성하고 있다. [2020학년도 9월]	(O / X)
03	화자는 '옥 새장에 금 자물쇠'도 '잡아 두지 못'했던 '원결을 본받아' '한계로 떠나'고자 했다.	(O / X)
04	화자는 '한계'에서 '한계사의 스님'을 '우연히' 만나 '즐거워'했다.	(O / X)
05	색채어를 활용하여 신화적 세계에 대한 동경을 드러내고 있다. [2015학년도 6월A]	(O / X)

NıBS _ 나 없이 EBS 풀지마라

STEP 02 지문 분석

안개 같고 구름 같은 내 마음 하늘에 노닐어
직유법 → 자유로움을 지향하는 화자의 태도를 부각함.

霞想雲情逸天半

옥 새장에 금 자물쇠도 나를 잡아 두지 못하네.
　　구속, 얽매임을 상징

玉籠金鎖莫我絆

　　　　　　　1, 2행[기] : 화자가 지향하는 자유로운 삶

나 평소 원결을 본받아

平生自學元次山

　언행이나 상황 따위가 허황하고 착실하지 못한
한계로 떠나 허랑한 서생이라 불리고 싶었네.
화자가 지향하던 공간

欲往寒溪稱浪漫

　　　　　　　3, 4행[승] : 한계로 떠나고 싶었던 바람

한계사의 스님을 우연히 여기서 만나
한계령 입구에 있던 사찰

寒溪主人偶此逢

즐거워 눈썹 펴고 함께 웃누나.

聊復軒眉一笑同

남은 술 한 잔이야 참선에 방해될까
　　선사에게 나아가 선도를 배워 닦거나, 스스로 선법을 닦아 구함.

禪味何妨飲餘滴

그 말솜씨 시원한 바람 같아 더욱 좋아라.
　　직유법 → 스님의 뛰어난 말솜씨 강조

談鋒更愛生雄風

함께 있느라 해 지는 줄 몰랐더니

相從不覺西日側

　　　　　■ : 색채어

십 리 길 **푸른** 안개 저녁 빛을 재촉하네.

十里靑煙催晩色

　　　　5~10행[전] : 한계사에서 온 노스님과 나눈 즐거운 시간

다시는 한계를 그리워하지 않아도 되리 ┐

不須更憶寒溪遊

　　　　　　도치법 → 화자의 심리 변화 강조

스님의 눈빛이 한계보다 더 **푸르니**. ┘
　　비교법 → 화자가 지향하는 가치 강조

見公眼色奪溪碧

　　　　11, 12행[결] : 한계에 대한 그리움을 잊게 됨.

안개 같고 구름 같은~나를 잡아 두지 못하네. → 화자는 자신의 마음을 한곳에 머무르지 않고 떠다니는 '안개'와 '구름'에 빗대어 자유로움을 추구하는 삶의 태도를 드러내고 있다. 이때 '옥 새장'과 '금 자물쇠'는 자유로운 정신을 제약하는 구속, 얽매임을 상징하는데, 화자는 이러한 것들조차도 자신을 잡아 두지 못한다며 자신이 지향하는 바를 강조하고 있다.

나 평소 원결을 본받아~허랑한 서생이라 불리고 싶었네. → '원결'은 벼슬을 버리고 전원으로 돌아가 살았다고 전해지는 중국 당나라의 시인이다. 화자는 이러한 역사적 인물을 본받아 '한계(강원도 설악산의 한계령)'로 떠나고 싶었다며 자신이 과거에 바라던 자유로운 삶에 대한 소망을 드러내고 있다.

한계사의 스님을 우연히~저녁 빛을 재촉하네. → 우연히 '한계사'에서 온 '스님'을 만나 대화를 나누며 시간 가는 줄 모를 만큼의 즐거움을 느끼고 있는 화자의 모습이 제시되고 있다. '한계'에 가고 싶었으나 그러지 못했던 아쉬움을 드러낸 후 그곳에서 온 스님과 보낸 즐거운 시간을 제시하고 있다는 점에서, 이후 화자의 심리에 변화가 생길 것임을 짐작할 수 있다.

다시는 한계를 그리워하지 않아도~더 푸르니. → 화자는 도치법과 비교법을 사용하여 스님과 대화를 나눈 시간이 '한계'에 대한 그리움을 잊을 수 있을 정도로 만족스럽고 즐거웠음을 드러내고 있다. 한계를 갈망하던 화자의 내적 갈등이 해소되며 작품이 마무리되고 있다.

STEP 03 작품 해제

01 | 주제

한계사의 노스님과 만나 즐거운 시간을 보낸 경험과 그로 인한 심경의 변화

02 | 특징

① 한계사에서 온 노스님을 만나 즐거운 시간을 보낸 후 나타난 심경의 변화를 읊은 화자 중심의 시
② 색채어를 활용하여 주제 의식을 강조함.
③ 비교법, 도치법 등의 표현법을 통해 화자의 정서를 부각함.

03 | 작품 해제

이 작품은 이규보가 한계사에서 온 노스님을 만나 즐거운 시간을 보냈던 경험을 바탕으로 쓴 한시이다. '기승전결'의 구성에 따라 시상을 전개하고 있으며, 지향하는 바와 현실 간의 괴리에서 오는 내적 갈등이 노스님과의 즐거운 만남을 통해 해소되는 과정이 잘 드러나 있다. '기'에 해당하는 1, 2행에서는 자신이 지향하는 삶의 가치를, '승'에 해당하는 3, 4행에서는 '한계'에 가고 싶었던 소망을, '전'에 해당하는 5~10행에서는 '한계사'에서 온 '스님'과 대화를 나눈 의미 있는 경험을, '결'에 해당하는 11, 12행에서는 한계에 대한 그리움을 잊게 되었다는, 내적 갈등의 해소를 보여 주고 있다.

21 | 작자 미상, 임계탄

STEP 01 OX 문제를 통한 지문 이해 훈련

EBS 수능특강 | 고전문학 ●

슬프다 기민(飢民)들아 진휼(賑恤) 기별 들었는가
당초에 뫼혼 곡석* 정비(精備)하야 받았더니
진휼청 모든 쥐가 각 창(倉)의 구멍을 뚫고
주야로 나들면서 섬섬이 까먹었네
이번의 타낸 걸량(乞糧) 공각(空殼)으로 의포하에*
적조(糴糶)* 맡은 저 두승(斗升)아 너조차 무슨 일로
공수자 만든 신 철목으로 삼겼거늘
무단이 환면(換面)*하고 빙공영사(憑公營私)* 하나슨다
엊그제 관홍량(寬洪量)*이 간탐(奸貪)코 협애(挾隘)하다
변세(變世)는 변세(變世)로다 사람이 거북 되어
진창의 들어앉아 모든 쥐를 살피더니
본성(本性)이 쥐의 모습[鼠狀]이라 마침내 어이 되어
창중(倉中) 진곡미를 다 주어 물어 가다
여뀌* 잎을 굴을 삼고 모야(暮夜)의 장치(藏置)*하니
석서가(碩鼠歌) 일어난들 교혈여부(狡穴餘腐)* 뉘 있으리
실갓 쓴 소령감(小令監)은 진왕(秦王)의 성(姓)을 얻어*
단좌소 다방부리 지휘 중의 넣어 두고
주묵(朱墨)을 천농(擅弄)하며* 잔민(殘民)을 추박(椎剝)하니
저 아표(餓莩) 월시(越視)하고* 사화재(私貨財) 도모한다
진정사(賑政事) 맑게 하소 무실존명(無實存名)* 가이없다

진감색(賑監色)의 진진 창*을 고비고비 다 채우니
기민아 네 죽거라 사사(事事)로 살세(殺歲)로다
이 시절 이러하니 바랄 것 없어도야
사월 남풍의 대맥황(大麥黃) 믿었더니
황모(黃耗)*는 몹쓸 병이라 일시에 두루 퍼지니
무상하다 시절이여 맥흉(麥凶)을 또 만나다
수익심(水益深) 화익열(火益熱)을 과연이다 성훈(聖訓)이여
인명이 철석(鐵石)인들 이러고 보전하랴
묻노라 관인들아 이때가 어느 때냐
세미환상(稅米還上)* 각항(各項)받자 구미수(舊未收)*는 무슨 일고
아무리 식년(式年)인들 신호적(新戶籍) 무슨 일고
가소로다 즉금 수단(脩單) 합몰절호(合沒絶戶)* 방시(方時)로다
도탄의 빠진 백성 어느 겨를에 눈을 뜰꼬
실 같은 이 목숨이 질김도 질길 씨고
굶고 먹고 그리저리 천행으로 살아난들
부모 동생 어디 가고 요절한 자식 더욱 섧다
눈에는 피가 나고 가슴은 불이 난다
망극하다 통곡이여 도처의 참혹하다
이 몸이 황황(遑遑)하야 심불능정정(心不能定情)하니
이 살세 살아나셔 이 낙세(樂歲) 볼동말동

*뫼혼 곡석 : 곱게 찧은 곡식. / *이번의 타낸~의포하에 : 이번에 탄 환곡은 빈 껍질을 나누어 주고.
*적조 : 곡식의 매매, 출납을 가리키는 말. 여기서는 환곡을 뜻함. / *두승 : 말과 되를 아울러 이르는 말.
*환면 : 사람을 바꿈. / *빙공영사 : 공적인 일임을 빙자해서 사리를 도모함.
*관홍량 : 넓고 큰 도량. / *여뀌 : 물가에 자라는 풀의 일종.
*장치 : 간직하여 넣어 둠. / *교혈여부 : 간교한 짐승의 굴속에 남은 곡식.
*실갓 쓴~성을 얻어 : 부정한 하급 관리들이 자신의 권력을 이용하여. / *주묵을 천농하며 : 문서를 멋대로 조작하여 농간하며.
*저 아표 월시하고 : 굶어 죽은 시체들을 아랑곳하지 않고. / *무실존명 : 실제 없는 자의 이름을 장부상에 올리는 것.
*진감색의 진진 창 : 진휼을 맡은 관리의 길고 긴 창자. / *황모 : 보리나 밀이 시들어 못쓰게 되는 병.
*세미환상 : 환곡의 이자로 내는 쌀. / *구미수 : 전에 받아들이지 못해 누적된 체납.
*합몰절호 : 모조리 죽어 자손이 끊어진 상황. 또는 그런 집안. / *심불능정정 : 마음을 안정시키지 못함.

OX문제

01	중심 제재를 관조함으로써 주제 의식을 부각한다. [2024학년도 수능]	(O / X)
02	성현의 말을 직접 인용함으로써 풍자의 효과를 높이고 있다. [2011학년도 6월]	(O / X)
03	가정의 진술을 활용하여 현실에 대한 긍정적 인식을 이끌어 내고 있다. [2020학년도 9월]	(O / X)
04	화자는 '관인들'에게 '식년'이 되었으니 '신호적'을 만들어야 함을 재촉하고 있다.	(O / X)
05	화자는 '살세'가 지나가고 '낙세'가 오는 미래를 확신하지 못하고 있다.	(O / X)

STEP 02 지문 분석

[EBS 파트 분석]

슬프다 기민(飢民)들아 진휼(賑恤) 기별 들었는가
　　　　말을 건네는 방식　　↳ 흉년을 당하여 가난한 백성을 도와줌.

⇒ 슬프다 굶주리는 백성들아 흉년으로 가난한 백성들을 구제한다는 소식 들었는가

당초에 뫼훈 곡석 정비(精備)하야 받았더니
　　　곱게 찧은 곡식

⇒ 당초에 곱게 찧은 곡식을 정밀하게 갖추어 받았더니

탐관오리(백성의 재물을 탐내어 빼앗으며 행실이 깨끗하지 못한 관리)를 비유한 표현
진휼청 모든 쥐가 각 창(倉)의 구멍을 뚫고
조선 시대에, 흉년이 들었을 때에 백성을 구제하기 위하여 설치한 관아

⇒ 진휼청의 모든 쥐(탐관오리)가 각 창고에 구멍을 뚫고

주야로 나들면서 섬섬이 까먹었네
　　　　백성을 생각하지 않는 관리들의 탐욕스러운 모습

⇒ 밤낮으로 드나들며 섬섬이 까먹었네

이번의 타낸 걸량(乞糧) 공각(空殼)으로 의포하에
　　　알맹이가 없는 빈 껍질 → 모래, 빈 껍질 등이 섞인 곡식을 빌려 주던 환곡
　　　(곡식을 창고에 저장하였다가 백성들에게 꾸어 주고 이자를 붙여 거두던 일) 제도

⇒ 이번에 얻은 곡식은 빈 껍질로 나누어 주네

적조(糴糶) 맡은 저 두승(斗升)아 너조차 무슨 일로
곡식의 매매, 출납　　　　말과 되, 즉 환곡을 담당한 구실아치
→ 여기서는 환곡을 뜻함.

⇒ 환곡 맡은 저 두승아 너조차 무슨 일로

공수자 만든 신 철목으로 삼겼거늘　　　　■ : 고사를 활용함.
제작으로 유명한　　　삼기다 : 생기다, 만들다
중국의 장인　　　　　　　　　　《 》 : 환곡 제도의 문제점 ①

⇒ 공수자가 정확한 그릇을 만들었거늘

《무단이 환면(換面)하고 빙공영사(憑公營私) 하난순다》
　　　　　　　　공적인 일임을 빙자해서 사리를 도모함.

⇒ 이유 없이 사람 바꾸고 공적인 일을 빙자해 제 이익을 챙기는가

엊그제 관홍량(寬洪量)이 간탐(奸貪)코 협애(挾隘)하다
과거에　　　넓고 큰 도량　　　　　마음이 너그럽지 못하고 소견이 좁음.

⇒ 엊그제(는) 넓고 컸던 도량이 인색하고 작아졌다

변세(變世)는 변세(變世)로다 사람이 거북 되어
　　　반복 → 부정적 현실 강조

⇒ 세상이 변하기는 변하였다 사람이 거북이가 되어

진창의 들어앉아 모든 쥐를 살피더니
진휼미를 보관하던 창고

⇒ 진창에 들어앉아 모든 쥐(탐관오리)를 살피더니

본성(本性)이 쥐의 모습[鼠狀]이라 마침내 어이 되어

⇒ 본성이 쥐의 모습인지라 마침내 어찌 되어

창중(倉中) 진곡미를 다 주어 물어 가다
나라에서 흉년에 굶주린 백성을 구하는 데 쓰기 위해 모아두었던 곡식

⇒ 창고 안의 진곡미를 다 빼어 물어 가서

여뀌 잎을 굴을 삼고 모야(暮夜)의 장치(藏置)하니
물가에 자라는 풀의 일종

⇒ 여뀌 잎을 굴(쥐구멍)로 삼고 어두운 밤에 (진곡미를) 간직하여 넣어 두니

　　　　　상황을 가정함.
석서가(碩鼠歌) 일어난들 교혈여부(狡穴餘腐) 뉘 있으리
큰 쥐들이 곡식을 먹어 치워　　　간교한 짐승의 굴속에 남은 곡식
사람들이 한탄하며 떠난다는 노래

⇒ 쥐를 한탄하며 사람들이 떠난들 교활한 쥐구멍에 남은 곡식이 어디 있으리

실갓 쓴 소령감(小令監)은 진왕(秦王)의 성(姓)을 얻어
　　　환곡을 담당하는 아전　　　진시황

⇒ 실갓 쓴 환곡 담당관은 진시황의 성(권위)을 얻어

단좌소 다방부리 지휘 중의 넣어 두고
단지 앉아서 세월만 보냄. → 아랫사람에게 일을 전적으로 맡긴 관리를 의미함.

⇒ 단지 앉아서 세월만 보내는 관리를 손아귀에 넣어 두고

슬프다 기민들아 진휼 기별 들었는가 → 화자가 청자인 '기민들'에게 흉년으로 인해 굶주린 백성들을 구제해 준다는 소식을 들었는지 묻고 있다. 이때 '슬프다'는 가난으로 인해 참혹한 상황에 놓인 백성들에 대한 화자의 직설적인 감정이 드러난 것으로 볼 수 있다. 참고로, 이 부분은 흉년을 맞아 힘들었던 신해년(1731년)이 지나갔지만 임자년(1732년)이 되어서도 재난이 이어지는 상황을 제시하고 있다.

당초에 뫼훈 곡석~공각으로 의포하에 → '뫼훈 곡석'을 갖추어 받았던 과거와 달리, 창고의 곡식은 관리들이 가져가고 곡식의 빈 껍질만 받게 된 백성들의 현재 상황이 나타나 있다. 이때 탐관오리를 '쥐'에 빗대어, 곡식을 조금씩 빼돌리며 백성을 돌보지 않는 부정부패한 관리의 모습을 풍자하고 있다. 이 부분을 통해 원래 흉년에 백성을 돕기 위한 환곡 제도가, 현실에서는 부패한 관리들로 의해 백성들의 삶을 더 힘들게 만든 모순된 제도였음이 드러난다.

적조 맡은 저 두승아~간탐코 협애하다 → '공수자'는 중국 춘추 전국 시대 노나라의 인물로, 손재주가 뛰어나 기계를 정교하게 제작하였다고 전해진다. 여기에서 '공수자'가 만든 '철목'은 오차 없이 공정하게 곡식을 측량할 수 있는 도구를 의미한다. 화자는 '공수자'의 고사를 인용하여 공정해야 하는 곡식 관리자('두승')가 자신의 욕심을 채우고자 마음대로 곡식의 양을 조절하는 상황을 비판하고 있다.

변세는 변세로다~교혈여부 뉘 있으리 → 처음에는 창고를 관리하는 듯 보였지만, 결국 본성이 드러난 탐관오리가 사리사욕을 채우기 위해 창고 속의 곡식을 모두 빼돌려 감춘 상황을 묘사하였다. 이때 '석서가'는 창고의 곡식을 먹어 치운 큰 쥐를 피해 떠나야 하는 상황을 한탄하는 노래로, 부담스러운 세금을 풍자하기 위해 불렸다. 화자는 이러한 '석서가'가 들려도 백성에게 줄 남은 곡식은 없을 것이라며, 백성들의 삶이 어려워도 관리들의 부정부패는 계속해서 이어질 것이라는 인식을 드러내고 있다.

실갓 쓴 소령감은~사화재 도모한다 → '진왕의 성을 얻어'는 하급 관리들이 당시 권력을 가진 사람들에게 뇌물을 주어 후원을 받았던 비리를 의미한다. 또한 '단좌소'는 중국에 '성진'이란 사람이 학문에 힘

주묵(朱墨)을 천농(擅弄)하며 잔민(殘民)을 추박(椎剝)하니
　　문서를 멋대로 조작하여 농간함.　　　쇠잔한 백성들을 수탈함.

⇒ 붉은 먹으로 문서를 멋대로 조작하며 힘없는 백성들을 때리고 빼앗으니

저 아표(餓殍) 월시(越視)하고 사화재(私貨財) 도모한다
　　　　　　　공금을 횡령하고 책임을 회피함.
　　　　　　　→ 당시의 부패상을 드러냄.

⇒ 저 굶어 죽은 시체들을 아랑곳하지 않고 사사로운 재물만 꾀한다

　　　　　　청렴하게
진정사(賑政事) 맑게 하소 《무실존명(無實存名) 가이없다
　진휼과 관련된 일　　실제 없는 자의 이름을 장부상에 올리는 것

⇒ 진휼을 맑게 하소 없는 사람 장부에 올리기가 끝이 없다

진감색(賑監色)의 진진 창을 고비고비 다 채우니》
　진휼을 맡은 관리　　길고 긴 창자 → 욕심　　《 》: 환곡 제도의 문제점 ②
　　　　　　　　　　　　　　　　　　　→ 장부를 허위로 조작하여
　　　　　　　　　　　　　　　　　　　　곡식을 횡령함.

⇒ 진휼 일을 하는 관리의 길고 긴 창자를 굽이굽이 다 채우니

「기민아 네 죽거라」 사사(事事)로 살세(殺歲)로다
「 」: '진감색'의 말　　　　죽임을 당하는 세월, 흉한 세월

⇒ "굶주리는 백성아 네 죽거라" 일마다 사람이 죽임을 당하는 세월이로다

이 시절 이러하니 바랄 것 없어도야

⇒ 이 시절 이러하니 바랄 것 없어도

　　　　　　　　　백성들의 기대
사월 남풍의 대맥황(大麥黃) 믿었더니
　　　　보리가 누렇게 익음. → 보리 풍년(풍작)

⇒ 사월 남쪽 바람에 보리가 누렇게 익기를 믿었더니

황모(黃耗)는 몹쓸 병이라 일시에 두루 퍼지니
　보리나 밀이 시들어 못쓰게 되는 병

⇒ (보리가) 누렇게 시든 것은 몹쓸 병이라 일시에 골고루 퍼지니

무상하다 시절이여 맥흉(麥凶)을 또 만나다
　덧없다 → 백성들의 허무함.　　보리 흉년

⇒ 허무하다 시절이여 보리 흉년을 또 만나다

　　　　　　　　　　　　성인이나 임금의 교훈
수익심(水益深) 화익열(火益熱)을 과연이다 성훈(聖訓)이여
　『맹자』 인용 → 백성들이 위기를 심각하게 느끼는 정경

⇒ (백성들이 느끼는) 물은 더욱 깊고 불은 더욱 뜨겁다는 말이 과연 옳았구나 성인의 교훈이여

인명이 철석(鐵石)인들 이러고 보전하랴
　　　　　　상황을 가정함.

⇒ 사람 목숨이 쇠와 돌인들 이러고 (어찌) 온전하게 유지하랴

묻노라 관인들아 이때가 어느 때냐
　　　　　　　　　　　　　　　《 》: 환곡 제도의 문제점 ③
　　　　　　　　　　　　　　　→ 환곡에 대한 이자를
　　　　　　　　　　　　　　　　제멋대로 받음.

⇒ 묻노라 관리들아 이때가 어느 때냐

《세미환상(稅米還上) 각항(各項)받자 구미수(舊未收)는 무슨 일고》
　환곡의 이자로 내는 쌀　　전에 받아들이지 못해 누적된 체납

⇒ 환곡의 이자는 각각 받으면서 누적된 체납을 요구하는 건 무슨 일인가

　　　　　　　　　새 호적 → 세금을 거두기 위해 갱신된 자료
아무리 식년(式年)인들 신호적(新戶籍) 무슨 일고
　3년마다 호적을 정리하는 일

⇒ 아무리 호적을 정리하는 해인들 (이런 상황에) 새 호적은 무슨 일인가

　　　　　　모조리 죽어 자손이 끊어진 상황. 또는 그런 집안
가소로다 즉금 수단(修單) 합몰절호(合沒絶戶) 방시(方時)로다
　　　　　　　　　호적이 적힌 단자

⇒ 가소롭구나 지금은 호적 단자가 없어져 호적이 끊긴 집안이 있는 상황이로다

도탄의 빠진 백성 어느 겨를에 눈을 뜨고
진구렁에 빠지고 숯불에 탄다는 뜻으로, 몹시 곤궁하여 고통스러운 지경을 이르는 말.

⇒ 도탄에 빠진 백성 어느 사이에 눈을 뜰까

실 같은 이 목숨이 질김도 질길 씨고
　직유

⇒ 실 같은 이 목숨이 질기기도 질기고

굶고 먹고 그리저리 천행으로 살아난들
　　　　　　　　　하늘의 운

⇒ 굶고 먹고 그럭저럭 천행으로 살아난들

부모 동생 어디 가고 요절한 자식 더욱 섧다
　　　　　　　　　젊은 나이에 죽은

⇒ 부모 동생 어디가고 요절한 아이(를 생각하니) 더욱 서럽다

써 지방이 되었지만 아랫사람들에게 일을 전적으로 맡겼다는 이야기에서 유래되어, 높은 관직에 있으면서 나랏일을 돌보지 않고 한가로이 풍월이나 일삼고 있는 것을 풍자적으로 표현한 말이다. 화자는 이를 통해 부정한 방법으로 권위를 이용하여 백성을 수탈하거나, 본분을 다하지 않는 관리를 풍자하고 있는 것이다.

진정사 맑게 하소~사사로 살세로다 → '진감색'에게 깨끗한 정치를 베풀 것을 요구하는 화자의 모습이 나타나 있다. 이는 실제로 존재하지 않는 사람의 이름을 장부에 적어 내고, 그 곡식을 자신이 가져가는 '진감색'의 횡령 행위를 비판과 연결된다. 이와 같은 상황에 대해 굶주린 백성을 죽이는 흉한 세월이라며 한탄하는 화자의 모습이 드러난다.

이 시절 이러하니~맥흉을 또 만나다 → 화자는 풍년이 되길 바랐던 백성들의 기대가 흉년을 맞이하여 좌절된 상황에 대해 안타까워하고 있다. 이때 '맥흉을 또 만나다'는 전년(신해년)에 해충의 피해로 흉년을 맞아 힘들었는데, 올해(임자년)도 같은 상황이 되었음을 의미한다.

수익심 화익열을 과연이다 성훈이여 → '수익심 화익열'은 『맹자』의 한 구절로, 백성들이 느끼는 고통을 비유하는 표현이다. 맹자는 정복당한 나라의 백성이 정복한 나라의 군대를 환영했던 일에 대한 언급을 통해, 백성들의 마음을 제대로 살피지 않으면 백성들이 등을 돌릴 것이라며 민심의 소중함을 강조하였다. 화자는 이를 인용하여 백성들이 포악한 정치를 멀리한다는 점을 드러내고, 백성을 위한 정치의 필요성을 강조하고 있다.

묻노라 관인들아~구미수는 무슨 일고 → 관리들은 백성들에게 '세미환상'의 각 항목을 받아 내는 것에 더해 '구미수'까지 요구하고 있다. 화자는 흉년으로 백성들이 어려운 상황임을 알면서도, 환곡에 대한 이자를 제멋대로 받고 그에 대해 누적된 체납까지 받아 내는 관리들의 행위를 비판하고 있다.

아무리 식년인들~방시로다 → 백성들의 인적 사항이 적힌 호적은 과거에 세금을 거두기 위한 기본 자료였다. 즉, 화자는 올해가 비록 '식년'이라지만 흉년이므로 새로 호적을 정리하는 일은 미루는 것이 마땅하다는 뜻을 보이고 있는 것이다. 이는 당시에 세금 부담을 피해 도망을 가서 호적에서 제외된 사람이 많았던 상황을 나타낸다. '신호적'을 정리하게 되면 호적에 등재된 사람들이 도망간 사람의 세금까지 부담하게 되었는데, 백성들의 삶이 어려울 때 관행대로 호적을 정리한다며 백성의 삶을 더욱 어렵게 만드는 현실을 비판하고 있는 것이다.

눈에는 피가 나고 가슴은 불이 난다   ⇒ 눈에는 피가 나고 가슴에는 불이 난다
    대구법 → 가족을 잃은 백성의 슬픔 강조

망극하다 통곡이여 도처의 참혹하다   ⇒ 망극하다 통곡이여 이르는 곳마다 참혹하다

이 몸이 황황(遑遑)하야 심불능정정(心不能定情)하니   ⇒ 이 몸이 갈팡질팡 어쩔 줄 모르게 급하여 마음이 불안하니
    마음을 안정시키지 못함.

    비관적 현실 인식

이 살세 살아나셔 이 낙세(樂歲) 볼동말동   ⇒ 죽을 세상 살아나서 좋은 세상 볼 듯 말 듯 하다
    풍년이 들어 즐거운 해

본사 2 : 임자년(1732년)의 재난 상황을 제시함.

[EBS에 나오지 않은 나머지 전문]

슬프다 백성들아, 이내 말 들어보게.
임자계축 지금까지 보지 못한 흉년을 하나하나 빠짐없이 이르리다.
보고 들은 그 광경은 삼척동자도 알건마는 / 뼈에 새길 이 시절을 명심하여 잊지 말게.
무식한 글로 재주 없이 엮어 내니 / 문장 구성은 따지지 말고 그때 차마 보지 못한 모습만 적어다가
수도의 큰 거리에 붙이리라, 백성들아. / 끝없던 그 시절을 흥이 없어도 보아 보게.
슬프다 노인들아 그 시절을 보았느냐. / 이 시절 만난 백성이 예전과 지금이 다르겠는가.
죄 없는 이 백성들이 남김없이 모두 죽어 간다. / 이 세상 태어난 뜻은 태평시대를 만나거나
백세를 살아가며 나라가 잘 다스려지고 있음을 보려 하는 것이니
태평한 하늘 아래 아무 일 없기를 그 누가 아니 원하겠는가.

〈서사〉

천지가 생긴 후에 예전부터 지금까지 곰곰이 생각하니
다스림이 잘 되었던지 아니던지, 흥하던지 망하던지 다 제쳐두고
풍년이나 흉년의 시절만 이야기하자면 / 옛 기록에는 눈이 없어 쓸 말이 없거니와
보리 한 줄기에 두 개의 이삭이 열리는 풍년을 못 봤으니
벼 하나에 아홉 개의 이삭 달리는 상서로운 때는 언제인가.
구 년 동안 홍수가 나서 큰 흉년이 되었는데 / 도산에 모인 제후가 옥과 비단 바쳤으며
칠 년 가뭄이 심하여 더 큰 흉년 되려 하니
탕 임금이 상림에서 기도를 올리며 스스로 여섯 잘못을 말하니 수천 리에 큰비 왔네.
옛날의 천재지변은 역사책에 실렸으니 / 덤덤하게 지나치고 대수롭지 않게 생각했더니
배가 고파 사람들이 서로 잡아먹었다는 얘기들을 듣고 그럴 수 있으려나 오늘 의심하였더니
아무리 헤아려도 이 시절에 비할런가. / 병 아닌 병을 앓고 문밖을 나지 않았더니
계절은 때를 알아 봄빛조차 길어졌다. / 이리 헤고 저리 헤니 살아날 길 전혀 없네.
때를 놓친 이 장부여, 강개는 어디 갔나. / 먼지 쌓인 삼척검을 기어이 뽑아 들고
태산 제일봉에 걸음걸음 쉬어 올라 / 천하를 내려 보며 탄식하고 헤아리니
열두 제국의 동쪽 끝에 있는 우리 조선이 작지만 / 지리도 좋거니와 동방예의를 중시하는 나라로다.
만물을 갖추었으니 대국을 부러워하랴. / 우리나라 팔도 중에 남쪽의 세 지역이 더욱 좋다.
땅에서 나오는 것들도 좋거니와 네 계절이 사치롭다. / 오십삼 주 호남 땅의 장흥은 바닷가 고을이라.
거두어들이는 양도 많고 산과 바다의 맛있는 음식을 갖추었으니
관산이 생긴 이래로 기름진 땅이라고 유명하더니
지금은 모든 것이 막혀 있고 운수가 망극하여 / 연이은 큰 흉년에 갈수록 참혹하다.
오랜 세월에 이런 시절 듣기도 처음이요, / 살아서 이런 시절 보기도 처음이라.
슬프다 온 세상의 백성이여. 스스로의 죄악인가.
위로는 부모와 동생, 아래로는 아내와 자식이 / 한순간에 죽게 되니 이 아니 망극한가.
일찍이 지난 흉년 또렷이 헤아리니 / 을해년 병자년 흉년, 계사년 갑오년 흉년,

도탄의 빠진 백성~도처의 참혹하다 → 생존을 위해 하루하루를 연명하느라 정신을 차릴 틈조차 없는 백성들의 참혹한 상황과 이에 대한 화자의 한탄이 드러난다.

이 몸이 황황하야~이 낙세 볼동말동 → 화자는 백성들이 고통받는 현실로 인해 마음이 안정되지 않으며, '살세'가 살아서 '낙세'를 볼 수 있을지 모르겠다며 비관적인 현실 인식을 드러내고 있다.

슬프다 백성들아,~그 누가 아니 원하겠는가. → 임자년(1732), 계축년(1733) 기근의 참혹함은 '삼척동자(어린아이)'도 다 아는 사실이지만, 그럼에도 불구하고 장흥 지역의 참상을 정리하여 수도에 알리겠다는 창작 취지가 드러난 부분이다. 한편 '수도의 큰 거리에 붙이리라'에는 참상을 세상에 알리는 것은 물론이고, 임금에게까지 전달되어 임금의 은택 속에서 태평성대를 되찾길 바라는 화자의 소망이 담겨 있다.

구 년 동안 홍수가 나도~이 시절에 비할런가. → 화자는 요임금 시대에 9년 동안 홍수가 일어났던 일, 탕 임금 시대에 7년이나 가뭄을 겪었던 일을 언급하며, 역사책에서 큰 흉년이 있었을 때 사람들이 서로 잡아먹었다는 내용을 보고 그럴 수 있을까 의심하다가 오늘날 실정을 보니 그 의문이 풀렸다고 말하고 있다. 역대의 흉년들을 회고하며 지금이 제일 어려운 시절이라고 생각하는 화자의 모습이 드러나 있는 부분이다.

태산 제일봉에~갈수록 참혹하다. → 화자는 '태산 제일봉'에 올라가 아래를 내려다보고 우리나라 크기는 작지만 '지리'가 좋고 '동방예의'를 중시하며 '만물'을 갖추었기에 '대국'이 부럽지 않다며 나라에 대한 자부심을 드러내고 있다. 또한 남쪽의 세 지역(충청도, 전라도, 경상도)의 생산물과 사계절의 풍경이 좋다고 하며, 그 중에서도 장흥 지역의 장점을 소개하고 있다. 그러나 지금은 운수가 좋지 않아 '연이은 큰 흉년'으로 어려움을 겪고 있다며 참혹한 현실에 대한 안타까움을 드러내고 있다.

일찍이 지난 흉년~물 같이 깊었도다. → 화자는 '을해', '병자', '계사', '갑오'의 해에 흉년이 있었으나 그 상황이 '지금처럼 심'하진 않았다고 이야기하고 있다. 이어서 '기해년', '경자년'의 남은 흉년을 보내게 되자, 나라에는 빚이 쌓였고 이로 인해 백성들이 어렵게 살아가게 되었음을 제시하고 있다.

참혹하다 하였지만 지금처럼 심했을까. / 그래도 수확할 땅은 곳곳에 남아 있고
그래도 견딜만한 흉년은 묵은 곡식 있거니와
다른 지역의 곡식이 넉넉하니 진휼할 재물이 없지 않았다. / 그 많은 흉년 무수히 지냈어도
천만 년 되는 시간 이래로 이런 시절 처음이다. / 을해년의 홍수와 병진년의 가뭄은 새 밭의 피로구나.
계유년과 무술년에는 농사 흉년을 겨우 피하니 / 그렇다고 풍년은 아니라 각각 허비함이 없지 않았다.
조정에서 큰 뜻 모아 임금께 허락을 받아 / 각 지역에 공문을 내려 보내 경작할 토지를 살펴보니
기해년 경자년에 혼란한 가운데 땅을 재고 / 그 밖의 남은 흉년 지낸 후에
첩첩한 나라의 빚은 산처럼 쌓여 있고 / 걱정과 질병이 물 같이 깊었도다.
열 번 살고 아홉 번 죽게 되니 백성이 그리 저리 살아나서
탄식하니 흉년이요, 원하는 것은 세상에 나오지 않고 묻혀 지냄이라.
큰 가뭄에 따뜻한 봄철을 보지 못해 신해년의 흉년을 만났도다.
모래바람 일어나는 이 험한 시절 신해년이 편할쏘냐. / 세상 말이 이러하니 염려인들 없을런가.
축융(불의 신)이 남쪽에서 날아와서 화룡을 채찍질하니
한발(가뭄의 신)이 악을 부리니 온 세상이 화로로다. / 산마다 불이 나니 논밭이 다 타는구나.
붉은 땅이 천 리에 있으니 두려움이 절로 난다. / 때에 맞는 비 못 얻으니 모내기를 어이 하리.
농사에 알맞은 때를 놓치지 말란 말씀을 인간의 힘으로 못하리라.
유월 보름 오는 비에 아아, 늦었구나 하고 / 모판에서 이삭이 나와 버린 모를 옮겨 두고 시험하세.
남촌 북촌 사람들이 (일을 마치려) 시각을 다투는구나. / 슬프다 농민들아 일 마치기 못하여서
모질고 흉한 풍파 피해도 참혹하다. / 곳곳에 남은 밭에 낱낱이 선 벼 이삭들
이후에나 병 없으면 먹고 살 일을 보려 했더니 / 놀랍구나, 벼멸구들이 사방의 들에 일었단 말인가.
엊그제 푸른 들이 온통 하얗게 되었구나. / 강동의 안석을 다시 쫓아 날아왔는가.
큰 재난에 천년의 노공이 없으니 누가 없앨 건가.
아침저녁 끼니 잇기 어려우니 다음 생애를 바랄쏘냐.
가을에 관아에서 곡식을 베푼들 저 요역은 누가 감당하리.
관아의 명령이 극히 엄격하니 몰래 다른 도로 도망함도 어렵도다.
자연스럽게 사람들이 흩어지니 마을이 전혀 없다.

〈본사 1〉

신해년 겨울에 살아남은 백성들이 임자년에 새봄을 맞이했구나.

(ebs 파트)

이리하여 못 하리라 돌이켜 풀어 보자. / 사람이 먼 앞날을 깊이 생각 않게 되면
반드시 가까울 때 근심이 있으려니 죽을 일을 면하면 농사철이 되니
이보시게 백성들아 농사짓기 고쳐 하자. / 다섯 곱이나 더 얻은 것은 살림을 꾸려 가고
열 배 빚을 내어다가 농사지을 종자를 장만하고 / 일찍이 농사하니 백중날(칠월 보름)이 거의로다.
밭갈이를 마쳤느냐, 농사 형편 살펴보니 / 모내기가 늦었으니 걱정이로다.
풍년이 되려 하면 근본이 이러할까. / 흉년의 놀란 백성 두려움을 쓸어 낸다.
동녁 들 올벼 논에 작년 멸구가 또 일어나니 / 서녁 들 늦벼 논에 올해 멸구 새끼 쳤네.
어화, 이 멸구여, 원수로다 멸구로다. / 이 해에 다시 나니 예사롭지 않구나.
올벼가 없었거니 늦벼가 남을런가. / 올벼 늦벼 다 버리니 이 시절 알리로다.
큰 흉년이 되려 하니 바람인들 없을런가. / 칠월 칠석 바람이 생각지도 못하게 크게 일어
지난해 유둣날(유월 보름)에 불었던 바람 올해도 대를 이어
갯가 근처 논밭을 둘러보니 해일에 논밭이 무너짐이 끝이 없다.
큰 재앙이 갖춰지니 거센 물이 없을런가. / 밭 모양이 없어지니 냇물을 이루는 모양이 거의로다.
곡식이 없어지니 모래가 덮였구나. / 이 재앙을 피한 논이 그 얼마나 남았을까.
사방을 돌아보니 들판에 겨우 남은 풀만 있다. / 저 논을 먹은 멸구 이 논에도 들었구나.
이곳을 비운 멸구 저곳으로 건너가네. / 한순간에 곡식이 마르니 도처에도 다름이 없었구나.
서리인가 눈인가 한결같이 하얗구나. / **심하구나, 대벌레가 줄기조차 다 해쳤네.**

큰 가뭄에 따뜻한 봄철을~모를 옮겨 두고 시험하세. → 심한 가뭄으로 흉년을 맞게 된 '신해년 (1731)'의 실상을 '축융이~채찍질하니', '한발이~화로로다.' 등으로 묘사하고 있다. 가뭄으로 인해 비가 오지 않아 알맞은 시기에 모내기를 하지 못한 상황이기에 모판에서 벼 이삭이 자라버렸지만, 좋지 않은 모라도 수확을 할 수 있을까 하여 옮겨 두고 보는 농민들의 모습이 제시되고 있다.

이후에나 병 없으면~누가 없앨 건가. → 그나마 좋지 않은 모를 키워냈지만, 벼의 줄기와 이삭을 갉아먹는 벼멸구 떼로 인해 푸르렀던 들판이 하얗게 변해버린 상황이 제시되고 있다. 이때 '강동의 안석'은 승상 '왕안석'이 강동 지방으로 내려오게 되었을 때 마침 해충도 날아들어 강동 지방에 큰 피해가 있었다는 고사이며, '천년의 노공'은 중국의 지방관 '노공'이 담당한 지역만큼은 다른 지역과 다르게 해충으로 큰 피해를 보지 않았다는 고사이다. 화자는 이를 활용하여 벼멸구로 큰 피해를 입은 현실에 대한 안타까움을 드러내고 있다.

아침저녁 끼니~마을이 전혀 없다. → 벼멸구와 같은 자연재해에 이어 요역(나라에서 남자에게 구실 대신 시키던 노동)의 무리한 집행에 따른 백성들의 비참한 삶을 제시하여, 여러 힘든 상황들로 인해 마을에 많은 사람들이 남아 있지 않은 상황을 드러내고 있다.

동녁 들 올벼 논에~이 시절 알리로다. → 신해년에 생긴 벼멸구가 임자년까지 이어져 농사에 큰 피해를 입혔음이 드러난다. 화자는 '어화, 이 멸구여, 원수로다'라며 같은 재해가 연달아 발생한 것에 대한 안타까움을 드러내고 있다. '올벼'는 보통 벼보다 철이르게 익는 벼, '늦벼'는 제철보다 늦게 여무는 벼를 의미한다. '올벼'와 '늦벼'를 가리지 않고 모든 벼를 버리게 된 상황이 제시되고 있다.

큰 흉년이 되려 하니~대벌레가 줄기조차 다 해쳤네. → 벼멸구에 더해 태풍, 해일, 대벌레와 같은 자연 재해가 복합적인 양상으로 나타났음을 보여주고 있다. 해일로 인한 피해 상황은 논밭에 물이 차고 모래만 쌓여 가는 모습으로 묘사하고 있다. 또한 남은 벼마저 벼멸구로 큰 피해를 입는 지경에 이르게 됨을 언급하고 있다. 신해년보다 더 심한 벼멸구의 피해 규모와 전에 없던 대벌레가 줄기까지 없애는 상황을 제시하여, 농사일을 할 수 없는 참담한 '장흥'의 상황을 드러내고 있다.

저 앞에 넓은 들은 푸른 바다가 말랐는가. / 이 뒤에 높은 들은 가을 산에 비었는가.
온갖 곡식을 헤아려 보니 곡식 한 알 없구나. / 곳곳마다 한탄이요, 들마다 곡소리라.
슬프다 저 곡소리야. 이제는 어떻게 할 도리가 없다. / 가을바람 건듯 불어 오동잎이 떨어지니
농사를 시작할까, 추수를 못 했으니 / 이것이 누구의 탓인가, 누구를 탓하고 누구를 원망할까.
아무리 달아나도 이 세상에 갈 데도 없어지네.
이 시절 살펴보니 해마다 큰 흉년을 다시 만나 / 관가 곳간 비었으니 진휼인들 믿을런가.
아마도 살 수 없는 인생이니 장례식이나 열어 보세.
마구 술을 사고 머리카락 베어서 안주 사고 / 곳곳에서 모였으니 장례식이 즐겁구나.
아마도 죽을 인생 영감께 찾아가리. / 애닯다, 우리 영감 관찰사와 연이 없어
감영으로 가려 해도 탈 말이 있을런가. / 솜옷이 없었으니 겨울옷을 구하기도 어렵구나.
행장을 제대로 갖추지 못했으니 고을 백성들아, (나보고) 관아에 가라고 권하지 마라.
이미 급한 보고를 자주 올려서 바른 도리만 믿었더니 / 바른 도리 아니하고 뇌물이 바른 도리로다.
사또가 판결문을 내려 우리 고을 낫다 하고
비파(악기)를 짊어진 자가 일어나 춤을 추니 칼을 쓴 자도 역시 움직인다.
상황이 이러하니 이 아니 우스운가. / 금릉 산양 두 사이요 영주는 앞이로다.
세 고을의 솥발 사이에 우리 고을이 생겼거늘
무엇이 낫다 하고 흉년이 심하지 않다고 정하는가.
아무리 흉년이 이어진들 상납을 끊길쏘냐. / 조정 문서로 쉬지 않고 세금 내라 재촉하니
대동미 결역미 환상 결량 본전 / 여러 보미를 나르는 일과 통호역 향도역을
세금별로 구별하여 조정에서 한꺼번에 세금을 재촉하니
이리하면 못 하리라. 세금을 징수하는 관리를 보냈구나.
세금을 징수하는 관리들과 향촌의 행정 일을 하는 이들이 함께 행동하니
짐승 같은 호령 소리에 마을이 진동한다. / 관가의 명령이 내려왔으니 명분을 돌아보랴.
나랏일을 어지럽게 하니 임진왜란도 이랬던가.
호수차지 면임차지 이정차지 일족차지 / 다 잡아 옥에 가두고 세금 내라 독촉하니
영가의 시절인가, 등짐은 무슨 일인가.
어화, 난리로다. 이 난리를 누가 감당하리. / 많은 군사 쓸데없고 많은 재물도 소용없다.
오대 때에 버린 곡식으로 이 난리를 면할런가.
팔고 사는 일이 없어 버린 논밭이 저 난리를 면할런가.
가진 집안 물건을 그리저리 탕진하고 / 가는 걸객 오는 걸객, 저 아니 피난인가.
다른 지방의 관리들도 먼 길 떠나 (시간이) 이고 지고 흘렀구나.
동서남북 갈림길에 의지 없는 저 걸객아. / 눈보라를 무릅쓰고 어디로 향하는가.
잔잔한 바람 부는 따뜻한 언덕 밑을 제 집 같이 반기는가.
쉬는 듯이 앉았다가 자는 듯이 죽어가네.
물에 빠진 저 사람은 굴원의 충절인가. / 산에 죽은 저 사람은 백이숙제 충절인가.
길 옆 구렁에 쌓인 시체는 외로운 혼이 되었다. / 살은 까마귀 떼의 먹이가 되고
사지와 해골은 개들이 서로 다툰다. / 보기에 참혹하다, 저 지경을 누가 면할까.
죽지 못한 모진 목숨 하늘 뜻만 바라더니 / 전 감사 이광덕이 감진사로 온다 하니
어와, 백성들아, 이는 돌부처가 아닌가.
지난 일을 잊지 않은 이 백성들 그 소식을 듣고 기뻐하며 반긴다.
호남과 서울을 오고 가며 살피시니 그 은혜를 잊지 못해 노래를 부르누나.
대나무 말을 타고 맞이하는 아이들이며, 머리 흰 노인과 건장한 젊은이가 좋아 날뛴다.
덕택을 널리 펴니 각 읍마다 혜택을 고르게 받는구나.
우리 고을 억울하게 흉년의 등급 정해졌던 일이 저절로 해결되었다.
모든 부역을 줄이고 진휼에만 힘을 쓰니 / 감진사의 어진 선정 이 밖에 또 없거늘
흩어진 각 고을의 수령들 이를 본받아서 시행한 이 몇몇인가.

관가 곳간 비었으니~장례식이 즐겁구나. → '관가 곳간'이 비어있기에 '진휼'을 기대할 수 없다며, 살기 어려우니 '장례식'을 열겠다는 자포자기의 심정을 보이며 체념적 태도를 드러내고 있다.

아마도 죽을 인생~흉년이 심하지 않다고 정하는가. → 여기에서 '영감'은 장흥 부사를 가리킨다. '영감'은 백성들에게 자기한테 높은 관아에 가서 보고하는 일을 권하지 말라며 백성들의 어려움을 살피지 않는 무능한 모습을 보이고 있다. 또한 화자는 공평하고 바른 도리가 이루어지지 않고 뇌물이 오고 가는 현실을 비판하고, 사또가 실질적인 도움이 되지 않는 판결을 내린 상황에 대해 우습다며 자조적인 태도를 보이고 있다.

아무리 흉년이 이어진들~명분을 돌아보랴. → '대동미 결역미 환상 결량'은 곡식으로 내는 세금들을, '본전'은 돈으로 내는 세금을 의미한다. '보미'는 군대에 내는 세금이며, '통호역 향도역'은 백성들에게 부과되던 잡역을 가리킨다. 흉년으로 인해 수확이 전혀 없기에 세금을 내기 어려운 상황임에도, 관리들은 '호령 소리'를 내며 여러 세금을 백성들에게 한꺼번에 재촉하고 있다.

호수차지 면임차지~이고 지고 흘렀구나. → '차지'는 무엇을 점유하거나 무슨 일을 맡아보는 사람을 가리키는 말이다. 여기서는 향촌의 여러 일을 보는 사람들을 가리키고 있다. 화자는 이들을 '옥에 가두고 세금 내라 독촉'하는 관료들의 수탈을 폭로하고 있다. 이에 대해 화자는 '영가의 시절인가'라며 후한의 '영가'가 나이 2세에 황제로 즉위해 천하가 어지러웠던 시절을 언급하고, 어려운 시절을 맞닥뜨린 백성들이 결국 '등짐'을 지고 유랑하게 되었음을 말하고 있다.

물에 빠진 저 사람은~외로운 혼이 되었다. → '굴원'은 모함을 입어 자신의 뜻을 펴지 못하자 물에 빠져 죽었다는 초나라의 인물이며, '백이숙제'는 지조를 지키고자 속세를 떠나 고사리나 캐 먹다가 죽었다는 은나라 인물들이다. 즉, '굴원'과 '백이숙제'는 지조와 의리를 상징한다. 화자는 이들을 난리를 피해 유랑하다 죽은 백성들과 관련지어 그들의 혼을 위로하고, 죽어 가는 백성들의 참혹한 현실을 고발하고 있다.

전 감사 이광덕이~가련한 저 목숨들이 그토록 죽었을까. → '이광덕'은 영조 때의 문신으로, 전라 감사로서 선정을 베푼 인물이다. 마을 사람들은 그가 '감진사(흉년이 들었을 때 백성을 구제하는 일을 보살피도록 왕이 특파한 관리)'로 온다는 소식에 기뻐하고 있다. 한편 화자는 '흩어진 각 고을의 수령들 이를 본받아서 시행한 이 몇몇인가.'라며, 다른 지역

우리 고을의 늙은 개 꼬리가 아무리 한들 족제비 꼬리가 되겠는가.
원통하고 절박하다. 병든 백성들은 무슨 죄를 지었기에
죽기는 백성이요, 속이기는 아대부라.
애달프다, 감진사를 고을마다 보냈으면 / 가련한 저 목숨들이 그토록 죽었을까.

〈본사 2〉

관아는 겉으로만 규정을 만든다고 하여 (꾸미고) 진휼을 한다고 이름만 정할 때
임오년 해 저물고, 계축 새해가 다가온다.
우리 영감 신통하여 굶주린 백성들을 미리 알아 놓아
사람 수에 마련하여 세 등급으로 나눠 두고 / 수에 맞게 문서를 만들라 엄중히 명을 내리니
변변치 않은 향촌의 유지들이 어길 이가 누가 있으리.
일곱 여덟 사람이 사는 집을 두셋이 산다고 (명부에) 올리니
굶주려도 잘나지 못한 백성은 진휼에서 제외되니
명부에 들지 못한 기민이 눈물짓고 호소한들
관청의 명령을 따르는 저 면임(지방 공무원)이 더하고 뺌을 어이하리.
장흥에서 가져온 양식도 끝내 이러하면
(명부에) 들어가나 마나 서러워 마라, (진휼을) 타나 마나 별 차이 없다.
슬프다 사람들아, 하루도 못 살리라. / 진휼청이 진휼을 못했으니 해현청이 거꾸로 되었구나.
대동청을 지나 서역청을 살펴보니 / 저 (세금의) 이자가 어디어디 쓰였는가.
성안에서 빠뜨리니 임장자의 생계로다 / 어와 답답하다, 소경 도감 눈을 뜨소.
뱃속 감춘 천 근에 이십오는 도서원(조세 공무원) 네가 알리라.
가을 세금 백여 금을 각 면 서원이 누가 모르리.
탐관오리 검은 마음 잇달아 일어나니 속임을 감출래야 감출 수가 없으리라.
크고 작은 일을 살펴 백성을 구해 내기 수령이 할 일이라. / 부끄러움 모르거니 이 시절 어쩔 수 없다.
탐욕이 흘러넘쳐 욕심은 하늘 닿아 / 청렴한 관리는 본디 없거든 도적을 책망하랴.
포대기에 싸인 어린애도 배고픔을 알고 울 제
살기를 좋아하고 죽기를 싫어함은 사람의 당연한 마음이라.
배고픔이 절실할 제 서로서로 도적질이 예사로다.
염치없는 이 욕심이 부자든 가난한 자든 누구나 없으리.
정말 대흉년 보려거든 각 관에서 훔친 물건 살펴보소.
이곳저곳 부자들아 이 시절 만난 후의 / 친척 돕기 이웃 돕기 바라지는 못하여도
이슬 같은 네 목숨이니 부모 공양 잘하여라.
쇠퇴한 세상을 생각 않고 농민들의 갈망함을 모른 체 해
법 어기며 세금 거두니 후손에게 전해진다. / 세상을 살펴보니 옳음과 그름도 부질없다.
귀머거리, 소경이 부럽구나. 그저 아무것도 모르게 되는 것이 소원이라.
시절이 험난하여 사람을 다 죽일 제 / 참혹한 돌림병조차 천지의 그물 되어
굶주리고 헐벗었어도 겨우 남은 백성들 걸리는 이는 다 죽는다.

〈본사 3〉

이리 죽고 저리 죽고 모든 백성 다 죽는구나. / 백성이 없는 후에 국가를 어이 하리
나라가 나라 아니고 백성이 나라요, / 백성이 백성 아니고 먹고 입어야 백성이다.
먹고 입는 백성이 다 없으니 이 시절 어이 될까.
입이 있어도 말을 못하고 손발이 있어도 할 수 있는 일이 없다.
날마다 속이 타들어 가니 마음은 점점 낙담할 뿐이로다.
사람을 분간하지 못하여서 사람을 먹게 된 게 강진뿐인가.
가까운 혈족끼리 서로 해치고 죽이는 흉한 일은 무수히 있건마는
여차여차 관장이 제 잘못을 들킬세라 숨기라고 명을 하니 이 아니 장할시고
옹성문을 굳게 닫았으니 사고를 알리고 호소할 이 누가 있으리.

의 수령들은 이를 본받으려 하지 않음에 한탄스러워하고 있다. 또한 '늙은 개 꼬리~되겠는가.'라며 수탈을 일삼는 관리들의 본질은 절대 바뀌지 않는다고 비판하고 있다.

원통하고 절박하다.~그토록 죽었을까. → '아대부'는 아(阿) 지방을 맡은 관인을 이르는 말로, 전국 시대 제나라의 위왕이 뇌물을 바쳐 영예를 얻은 아대부를 처단하였다는 고사가 전해진다. 여기에서의 '아대부'는 중앙 정부의 눈을 피하여 수탈을 일삼는 장흥 부사를 빗대어 비판한 표현이다. 화자는 이러한 관리로 인해 백성들만 죽어 나가는 현실이 '애달프다'며 안타까움을 드러내고 있다.

관아는 겉으로만~타나 마나 별 차이 없다. → 계축년이 되어 '진휼', 즉 가난한 백성을 구제하는 제도가 시행되고 있으나, 명부에 이름이 적히지 못해 진휼을 받지 못하는 백성들이 눈물을 흘리며 호소하는 모습이 제시되고 있다. 이때 화자는 현재 가지고 있는 식량도 이처럼 제대로 나누어지지 않고 금방 사라진다면, 진휼 명부에 들어간다 해도 힘든 것은 마찬가지이니 백성들에게 서러워할 것이 없다고 말하고 있다.

진휼청이 진휼을 못했으니~이 시절 어쩔 수 없다. → '해현청'은 백성의 고난을 구제해 주는 일을 담당하는 기구이다. 백성의 고난을 해결해 주어야 할 관청이 도리어 '거꾸로 되었다'는 표현을 통해, 백성의 어려움을 해결하지 않고 괴롭히는 상황을 비판하고 있다. 한편 '성안'에서 세금의 누락이 있는 것은 '임장자', 즉 세금을 관리하는 담당자의 생계를 위한 것임을 드러내고 있다. 또한 화자는 '이십오'의 돈과 '금'을 가져가는 벼슬아치들을 언급하여, 탐관오리들이 세금을 사사롭게 사용하며 부당하게 이익을 챙기는 실태를 보여 주고 시절에 대한 한탄을 드러내고 있다.

청렴한 관리는 본디 없거든~후손에게 전해진다. → 화자는 재물에 대한 욕심이 없고 깨끗한 관리가 없는데 도둑을 꾸짖을 수 있겠냐며 현실을 한탄하고 있다. 또한 부자들에게 지금 이렇게 쇠퇴한 세상에서 가난한 농민들에게 법도를 어기며 고통을 주면 자손들에게 화가 미칠 수 있음을 생각하라는 뜻을 전하고 있다.

참혹한 돌림병조차 천지의 그물 되어~이 아니 장할시고 → 기근으로 백성들이 죽어가는 와중에 전염병이 걷잡을 수 없이 퍼져 남은 백성들마저 죽어가는 상황을 제시하고, 나라의 근본은 백성임을 환기하고 있다. 또한 극심한 빈곤에 인육을 먹는 것이 강진(지역명인지 인물명인지는 불확실함)만의 일이 아님을 한탄하고 있다. 한편 '이 아니 장할시고'는

황황한 이 시절에 할 말을 다 하자면 / 텅 빈 배는 아파 오고 빈창자는 끊어지려 하네.
생계를 못 이으니 한결같은 마음을 가질 수 있을런가.
부모는 초나라 월나라 원수 되고 형제는 얼음과 숯이로다.
부부는 정이 없고 주인과 좋은 의리가 없다. / 가족을 못 살리니 친척을 구제하랴.
사지를 못 쓰거든 어린 아들 업을쏘냐.
씀바귀 쑥 뿌리를 소금 없이 삶아 먹고 / 솔잎 죽 풀죽과 모시 뿌리 느릅 떡을
가지가지 장만하여 별미 삼아 아침저녁 먹어보니 / 얼굴빛은 울긋불긋 뱃속에선 천둥 친다.
귀 있어도 못 듣고 눈 있어도 못 보니 삼일 동안 아무것도 먹지 못해
살가죽이 뼈에 붙어 비쩍 마른 말보다 열 배는 더하다. / 전이든 죽이든 옛사람은 편했구나.
지게미와 쌀겨도 못 얻었으니 전이든 죽이든 바랄쏘냐. / 한 달에 아홉 끼란 옛말은 헛되도다.
솥 안에 이끼가 자라는데 무엇 있어 아홉 끼인가.
삶과 죽음이 운명이라는 말은 어인 말인가. 굶어서 죽는 것도 운명인가.
가난은 선비의 일상이라는 말은 어인 말인가. 이러려고 가난이 선비의 일상인가.
어와, 이 모습을 누구에게 아뢰겠는가. / 이런 일 저런 일을 어떻게 하면 잊어 볼까.
단표를 손에 들고 걱정이나 피하려니 / 평화로운 마을은 막막하고 무릉도원 아득하다.
두류산(지리산) 만수동서 이 시절 잊으리라. / 돌이켜 생각하니 사는 것이 방법이라.
공자는 진나라 채나라에서 탄식했고 제자 안회의 빈 밥그릇은 천년 전에 뚜렷했고
한신 장군은 계책 없어 빨래하는 아낙에게 밥을 얻어먹었는가.
동탁은 배가 불러 혼자 풍년 만났던가.
과연 이때로다. 하늘이 지은 허물 피하고 한탄만 할 것인가.
삶과 죽음이 한 번임은 사람마다 마찬가지라. 내 어이 깊이 생각하리.
어와 남은 백성 온갖 고난을 이겨 내고 살아남아
하늘이 주는 좋은 시절을 다시 만나 원망이 풀어지면
윤리와 도덕이 밝아지고 끝없는 태평성대가 올 것이다.
장자방은 곡식을 끊고 신선 되려 경전을 읽었으니
요행히 살아남은 저 벗님아. 올해만 무슨 일이나 공부를 힘써 하소.
진희이 천일 동안 면래 나물 먹었도다. / 나 역시 캐어 먹고 누웠노라, 오늘부터.
슬프다 이런 말씀 다 하자면 끝이 없다.
주나라 백성들의 황금가와 상전가를
유민도와 같이 한가지로 이 끝에 그려 내어
말하자면 목이 메고 보자 하면 눈물 난다.
(이 글을) 열 겹 싸서 동봉하여 백번 절에 머리를 조아리고
님 계신 구중궁궐에 들여 볼까 하노라.

〈결사〉

자신의 실책을 숨기는 관리를 비판하는 반어적 표현이다.

부모는 초나라 월나라~친척을 구제하랴. → 부모는 초나라와 월나라의 사이처럼 멀어지고, 형제는 얼음과 숯처럼 상극이 되었다는 등 혼란스러운 시대 속에서 유대감을 잃은 사람들의 모습을 비유적으로 표현하고 있다.

씀바귀 쑥 뿌리를~무릉도원 아득하다. → 맛이나 영양 가치가 없는 음식으로 목숨을 유지하며 굶주림을 해소하는 백성들의 모습이 묘사되고 있다. '한 달에 아홉 끼'는 매우 가난하여 끼니를 제대로 먹지 못하는 상황을 이르는데, 현재 상황은 이것보다 못하다며 극심한 가난에 시달리는 백성들의 모습을 보여 주고 있다. 또한 '단표'는 단지에 든 밥과 표주박에 든 물로 소박한 생활을 의미하는데, 화자는 이런 소박한 생활로 살아 보려고 해도 언제 좋은 세상이 올지 아득하다며 비관적 인식을 드러내고 있다.

공자는 진나라 채나라에서~혼자 풍년 만났던가. → '공자'는 진·채 땅에서 군사들에게 포위를 당하여 굶은 일을 겪었으며, 공자의 제자인 '안회'는 가난하여 단표가 자주 비었다 한다. 또한 한나라를 세운 '한신'은 궁핍할 때 빨래하는 여인에게 밥을 얻어먹었다는 고사가 전해진다. 화자는 이러한 인물들을 언급하여 선한 이들은 굶는 날이 많았는데, 폭정을 휘두른 '동탁'처럼 탐욕스러운 자는 풍요롭게 살았음을 한탄하고 있다.

어와 남은 백성 온갖 고난을~오늘부터. → '장자방'은 한나라의 건국 공신이며, '진희이'는 송나라 때의 도사이다. 화자는 이들을 언급하며 '살아남은 저 벗님'에게 열심히 학문을 쌓다 보면 태평한 세상에서 살아갈 수 있다는 희망을 전하고 있다.

주나라 백성들의 황금가와 상전가를~들여 볼까 하노라. → '황금가'와 '상전가'는 민생의 어려움을 표현한 노래이며, '유민도'는 흉년에 일정한 거처 없이 떠돌아다닌 백성들의 참혹한 정경을 그린 그림이다. 화자는 백성들의 현실을 노래와 그림으로 표현해 왕이 있는 '구중궁궐'에 들여 볼까 한다며 임금에게 참상을 탄원하고자 하는 의지를 드러내고 있다. 국가의 선정이 펼쳐지기를 바라는 화자의 소망이 드러나고 있는 부분이다.

STEP
03 **작품 해제**

01 | 주제

가혹한 조세 제도에 대한 비판과 백성을 돌보는 정치의 회복 촉구

02 | 특징

① 고통받는 백성들을 안타까워하고 부정부패한 관리를 비판하고 있는 화자 중심의 시
② 탐관오리의 탐욕스러운 모습을 동물에 비유함.
③ 고사를 활용하여 현실의 문제점을 강조함.

03 | 작품 해제

「임계탄」은 임자년(1732), 계축년(1733)을 중심으로, 연이어 발생한 전라도 장흥 지역에서의 흉년과 부패한 조세 제도로 인해 극심한 고통을 겪는 백성들의 비참한 상황을 사실적으로 묘사하고, 백성을 수탈하는 탐관오리의 행태를 비판한 세태 비판 가사이다. 제목처럼 임자년, 계축년만을 대상으로 한 것이 아니라, 신해년(1731)을 포함해 3년 동안 발생한 대기근의 전개 과정과 참혹함을 읊고 있다. 화자는 신해년부터의 상황을 묘사하며 당시 고난을 겪던 백성들의 어려운 실정을 드러내고, 임자년과 계축년에 발생한 재난에 대해 탄식하고 있다. 흉년임에도 불구하고 백성들의 형편을 고려하지 않고 더 가혹하게 세금을 거두는 당시 관리들을 '쥐'에 빗대어 그들의 탐욕스러운 본성을 풍자하며 부정부패의 실태를 사실적으로 고발한다는 것이 특징적이다.

▶ 「임계탄」의 구성과 의의

「임계탄」은 1731~1733년까지의 전라도 장흥 지역에서 발생한 대기근과 백성에 대한 폭압적 수탈상을 체험적 진술로 생생하게 그려 낸 장편의 현실 비판 가사이다. 「임계탄」은 자연재해로 농사가 흉작이 든 향촌의 심각한 상황과 굶주려 죽을 지경에 놓인 백성들의 모습을 묘사하고 있으며, 지방 관리들의 부정부패한 모습을 통해 백성들의 고통스러운 상황을 자세하게 드러내고 있다. 작품의 내용을 간단하게 구분하면 다음과 같다.

– 서사 : 장흥의 비참하고 끔찍한 상황을 알리고자 장안에 부치겠다는 창작 취지와 상황 제시
– 본사 : 1. 장흥의 지역적 특징과 풍요로웠던 시절의 회고 / 현재의 참혹한 상황과 역대 대기근에 대한 폐단 비교
　　　　　　신해년(1731)의 천재와 인재 : 가뭄과 벼멸구, 환곡과 요역 피해, 백성의 피난·유랑
　　　　 2. 임자년(1732)의 천재와 인재 : 흉년, 벼멸구와 해일 피해, 관리의 가혹한 정치와 무능, 유랑하는 백성이 굶어 죽는 실태
　　　　 3. 계축년(1733)의 천재와 인재 : 대기근과 전염병, 인육을 먹는 처참함
– 결사 : 재해의 끔찍한 실태를 임금에게 직접 알리려는 염원 제시

이 작품은 장흥 지역의 비참한 실상을 해마다 가뭄, 폭염, 병충해, 해일 등의 '천재(자연의 변화로 일어나는 재앙)'와 환곡과 요역의 피해, 부세, 지방 관리들의 학정과 무능 등의 '인재'로 나누어 제시하고 있다. 백성들은 천재로 인해 굶주려야 하는 고통을 경험하고, 더불어 조세를 가로채 부정한 방법으로 이익을 취하는 지방 관리들의 인재로 인해 고통스러운 날들을 보내야만 했다. 향촌 현실은 직접적으로는 대기근이라는 자연재해에서 비롯된 것이지만 이에 못지않게 재난에 적절히 대처하지 못한 나라의 제도나 관리의 잘못도 크다. 그런 까닭에 화자는 「임계탄」에서 백성들의 혹독한 모습을 묘사하고, 그 실상을 온 나라의 백성들과 임금께 알리고자 한 것이다. 백성들에게 드러난 두 가지 위기 현상은 향촌 사족들이 중앙 집권 세력에게 갖는 불만을 드러내는 데에 충분했고, 이는 가사 창작 계기를 마련하였다고 할 수 있다. 「임계탄」에 담긴 비판의 목소리는 외부의 억압을 향한 분노의 표출이었다. 지금 우리가 「임계탄」의 작자를 알 수 없는 것은 바로 그것이 당시 권력에 대해 위험한 내용을 담았기 때문일 것이다. 또한 이 작품은 현실 비판 가사로서 가장 이른 시기에 출현한 것이 문학사적으로 커다란 의의가 있다.

▶ 「임계탄」의 내용상 특징

「임계탄」에서는 향촌의 위기 사항에 대응할 수 있는 방안을 작품의 처음과 마지막에 담고 있다. 첫 부분에서는 장안 대도시에 글을 붙이는 방법을 서술하고 있고, 마지막 부분에서는 임금께 상소를 올려 탄원을 제기하는 방법을 언급하고 있다.

작품의 첫 부분 '슬프다 백성들아, 이내 말 들어보게.'에서부터 화자는 자신의 감정을 솔직하게 드러내고 있다. 이때 묘사하고 있는 감정은 '슬픔'이다. 화자는 신분, 성별에 관계없이 모든 백성들에게 억울한 자신의 심정에 대해 귀 기울여 달라고 하소연하고 있다. 또한 '~아, 이내 말 들어보소'의 형식을 작품 첫 부분에서 주로 사용하여 독자의 흥미를 끈다. 그런 까닭에 이 작품은 누군가에게 이야기하듯 무언가를 호소하는 목적으로 만들어진 작품임을 알 수 있다. 화자는 어린아이도 알만한 흉년의 상황을 '명심하여 잊지 말'자며 기억과 기록으로 남겨서, 자연재해로 피해를 입은 향촌의 사정과 지방 관리들의 무능력함을 백성들에게 널리 알리려 한 것이다.

또한 화자가 수도인 장안의 대도시에 글을 붙여 향촌의 실정을 여러 사람들에게 널리 알리기를 원하는 것은, 작품의 창작 배경이기도 하거니와 이 작품의 궁극적인 목적이기도 하다. 중앙과 멀리 떨어진 하나의 작은 향촌에서 벌어진 일이지만 중앙에서 권력을 행사하는 사람들에게 향촌의 어려움을 알리고자 했고, 그 당시의 배경을 자세히 서술하여 중앙의 권력자, 특히 왕에게 향촌의 어려움을 알리고자 하였음을 알 수 있다.

작품의 마지막 부분인 '슬프다 이런 말씀 다 하자면 끝이 없다.~들여 볼까 하노라.'는 자연재해로 인해 삶이 어려워진 백성들의 생활과 더불어 부정한 관리들의 횡포들로 굶주릴 수밖에 없는 백성들의 원망을 그리고 있다. 화자는 그 원망과 분노의 감정을 '슬프다'고 표현하고 있다. 그 이유는 백성들의 원망을 들어 줄 대상이 부재하기 때문이다. 또한 주나라 백성들이 불렀다던 「황금가」와 「상전가」라는 시와 백성들의 참혹함을 그림으로 그려 낸 「유민도」를 통해 그 실상을 알린 것처럼 「임계탄」에서도 향촌의 참혹한 실상과 백성들의 애타고 원통한 마음을 대신하여 동봉하여 붙인다고 전하고 있다. '님 계신 구중궁궐에 들여 볼까 하노라.'는 임금께 상소를 직접 올리겠다는 뜻으로, 화자는 지방관에 대한 처벌과 백성들의 구휼을 임금께 직접 아뢰고자 하는 염원을 맨 마지막에 실어 작품을 마무리하고 있다.

22 | 이매창, 새장 속의 학

수능 국어 대비
실전 국어 전형태

01 OX 문제를 통한 지문 이해 훈련

나BS 수능특강 | 고전문학 ●

새장에 한번 갇히자 돌아갈 길 아득하고
곤륜산*은 어디인가 바람이 높아라
청전*에 날 저물어 창공은 끊어지고
구령*에 달 밝은데 꿈길만 고달프다
여윈 그림자 짝도 없이 **홀로 서 있는데**
저녁 **까마귀 떼**는 스스로 신나 온 **숲이 떠들썩**
깃털 긴 날개는 병이 깊어 죽음을 재촉하니
슬픈 울음 해마다 옛 언덕을 그린다

一鎖樊籠歸路隔
崑崙何處閬風高
青田日暮蒼空斷
緱嶺月明魂夢勞
瘦影無儔愁獨立
昏鴉自得滿林噪
長毛病翼摧零盡
哀唳年年憶舊皐

*곤륜산, 청전, 구령 : 신선이 살고 있다고 알려진 곳.

OX문제

01	삶의 태도에 대한 경계와 권고의 의도를 드러내고 있다. [2018학년도 6월]	(O / X)
02	'새장'에 갇혀 '홀로 서 있는' 대상을 바라보고 있는 화자는 눈물을 흘리고 있다.	(O / X)
03	'깃털 긴 날개'를 가진 '까마귀 떼'는 '숲이 떠들썩' 할 만큼 즐거워하고 있다.	(O / X)
04	공간의 대비를 통해 지향하는 가치를 드러내고 있다. [2013학년도 9월]	(O / X)
05	청각적 이미지를 통해 자연에 대한 두려움을 표현하고 있다. [2021학년도 6월]	(O / X)

STEP 02 지문 분석

과외식 해설

새장에 한번 갇히자 돌아갈 길 아득하고   一鎖樊籠歸路隔
자유롭지 못한 화자의 처지

곤륜산은 어디인가 바람이 높아라   崑崙何處閶風高
               : 화자가 현재 갇혀 있는 곳
               (구속과 억압의 공간)
대비 ↕   1~2행 : 새장에 갇혀 곤륜산의 풍경을 떠올림.

청전에 날 저물어 창공은 끊어지고   : 화자가 원래 살던 곳   青田日暮蒼空斷
         맑고 푸른 하늘   (자유가 있는 이상적 공간)

구령에 달 밝은데 꿈길만 고달프다   緱嶺月明魂夢勞
       과거로 돌아갈 수 없는 현실에 대한 고달픔
                    3~4행 : 과거의 삶에 대한 그리움

여윈 그림자 짝도 없이 홀로 서 있는데   瘦影無儔愁獨立
핏기 없이 마른 몸   외로운 처지

저녁 까마귀 떼는 스스로 신나 온 숲이 떠들썩   昏鴉自得滿林噪
             화자와 대비되는 모습
                 5~6행 : 까마귀와 달리 외로운 처지의 학

깃털 긴 날개는 병이 깊어 죽음을 재촉하니   長毛病翼摧零盡
     학

슬픈 울음 해마다 옛 언덕을 그린다   哀唳年年憶舊皋
       과거에 대한 그리움으로 인한 슬픔
                 7~8행 : 현재에 대한 슬픔과 과거에 대한 그리움

            : 화자
            ↕
            : 화자의 처지와 대비되는 대상

과외식 해설

새장에 한번 갇히자 돌아갈 길 아득하고 → 화자는 자신의 처지를 선계(신선이 산다는 곳)의 학이 '새장'에 갇혀 있는 상황에 빗대어 표현하고 있다. 작가의 신분이 기녀임을 고려할 때, '새장'은 신분적 제약으로 인해 억압된 삶을 의미한다고 볼 수 있다. 또한 '돌아갈 길이 아득하'다는 표현에서 과거의 삶으로 다시 돌아가지 못하는 현실에 대한 화자의 부정적 인식이 드러나고 있다.

곤륜산은 어디인가~꿈길만 고달프다 → '곤륜산', '청전', '구령'은 신선이 산다고 알려진 곳으로, 화자가 자신이 원래 살던 곳을 빗대어 표현한 것이다. 화자는 그곳들의 풍경을 떠올리며 과거로 돌아갈 수 없는 현재의 상황에 대한 고달픔, 원래 살던 곳에 대한 그리움의 정서를 드러내고 있다.

여윈 그림자 짝도 없이~온 숲이 떠들썩 → 새장 속에 여윈 몸으로 외롭게 서 있는 학의 모습과 숲속에서 즐거운 시간을 보내는 까마귀 떼의 모습을 대비하여 화자의 쓸쓸한 처지를 부각하고 있다.

깃털 긴 날개는~옛 언덕을 그린다 → '깃털 긴 날개'는 학, 즉 화자를 나타내는 시어이다. 이러한 학이 '병이 깊어 죽음을 재촉'하고 있다는 것에서 자신을 새장 안에 갇힌 채 병든 학에 불과하다고 여기는 화자의 인식을 확인할 수 있다. 병들어 죽음을 앞둔 화자가 자신의 처지를 슬퍼하며, 속박되지 않았던 과거의 삶을 그리워하고 있음을 알 수 있다.

STEP 03 작품 해제

나BS 수능특강 | **고전문학**

01 | 주제

자유를 박탈당한 삶에 대한 탄식과 과거에 대한 그리움

02 | 특징

① 자신의 처지를 새장에 갇힌 학에 빗대어 표현한 화자 중심의 시
② 화자와 대비되는 대상을 제시하여 비극적 현실을 강조함.
③ 이상적 공간을 설정하여 그리움의 정서를 부각시킴.
④ 공간의 대비를 통해 화자의 처지를 드러냄.

03 | 작품 해제

　이 작품은 기녀라는 신분적 한계 속에서 살아야 했던 이매창이 자신의 처지를 새장에 갇힌 학에 빗대어 읊은 한시이다. 이매창은 부안 지역에서 태어나 평생 기녀라는 신분으로 살다가 끝내 병으로 죽음을 맞이하였다. 그녀는 신선이 산다는 곳에 있는 학에 자신을 빗댐으로써 자의식을 드러내고 있다. 하지만 기녀라는 신분적 제약으로 인해 이러한 자의식은 자신이 신비로운 존재의 학이 아니라, 새장 속에 갇혀 병든 학에 불과하다는 비관적 인식으로 이어지고 있다.

STEP 04 논문으로 만나는 출제자의 시선

나BS 수능특강 | 고전문학

이매창의 생애

이매창의 본명은 '향금'으로, 전북 부안에서 태어났다. 그녀는 출신으로 인해 기녀가 되었으나 자신을 방치하기에는 너무나 능력이 뛰어났다. 그녀는 시가와 산문, 거문고에 뛰어났으며 당시의 문사인 유희경, 허균 등과 가까운 사이였다. 이매창은 비록 기녀이지만 남성들의 향락적 대상이 되지 않았으며, 주체적으로 남성들과 교류함으로써 타자가 아닌 주체로서의 삶을 과시하고자 하였다.

이매창은 자존심이 강하고 자유로운 정신의 소유자였다. 자존, 자유 등 타고난 그녀의 기질에 더해진 시, 술, 거문고 등은 그녀를 더욱 풍류적 인물로 만들었다. 그러나 순수한 본성을 지닌 이매창은 근원적 자아를 찾고자 하고 자유를 갈망할수록 기녀라는 현실적 한계에 부딪쳐 탄식해야 했고, 마침내 죽음을 재촉하는 지경에 이르고 말았다. 결국 이매창의 자유에 대한 열망은 성별, 신분 등의 한계를 넘어서지 못했다.

이매창의 삶이 담긴 「새장 속의 학」

기녀인 이매창에게 삶은 고단하고 애달픈 것 이상일 수 없다. 지혜로운 그녀는 답답한 현실을 극복하려 애썼으나, 돌아갈 길이 막혔으니 모두가 헛수고였다. 이러한 그녀의 삶을 잘 보여 주는 작품이 「새장 속의 학」이다. 신선과 같이 자유로운 몸이 되기는커녕 그녀는 아무것도 할 수 없는 처지의 새장에 갇힌 학이 되고 말았다. 자의식이 매우 강했던 이매창은 고고하고 자유롭게 살 수 없었던 자신을 '병중(병을 앓고 있는 동안)', '선유(죽음)'라는 표현을 통해 외로운 학이라 말했다.

작품에서 옴짝달싹하지 못하는 새장 속의 새는 곧 희망을 잃고 죽음을 생각하는 그녀와 다를 바 없다. 여러 작품에서처럼 이 시는 이매창이 겪었던 '자유 → 절망 → 병 → 죽음'의 사고를 보여 준다. 작품에 쓰인 시어 하나하나가 전체의 시적 상황과 주제 의식을 뒷받침한다.

길이 아득하고 하늘이 끊어진 상황에 처한 모습은 그녀가 땅에서는 물론 하늘에서조차 기댈 수 없는 처량한 신세임을 직감하게 한다. '돌아갈 길 아득하고', '꿈길만 고달프다'에서 표현하듯 그녀는 돌아갈 꿈조차 꿀 수 없었기에 '새장'에 쓸쓸히 '홀로 서' '슬픈 울음'을 보인 것이다. 자유 잃은 고독은 병이 되었고, 야윈 몸과 깃털 긴 병든 날개로 죽음을 기다리는 모습이 드러나고 있다. 또한 저녁에 온 숲 가득 지저귀는 까마귀 떼는 죽음을 예고하는 상징으로 적절히 묘사되고 있다. 더하여 '갇히다, 지다, 끊어지다, 고달프다' 등의 서술어는 작품의 부정적 이미지 형성에 기여한다.

조그마한 이 몸이 병중에 들었으니
분풀이도 한풀이도 어려울 듯하건마는
그러나 죽은 제갈도 산 중달을 멀리 쫓고
발 없는 손빈도 방연을 잡았거든
하물며 이 몸은 수족을 갖추고 목숨을 이었으니
쥐떼 개떼 도적들을 잠시나마 저어할쏘냐
비선(飛船)에 달려들어 선봉을 거치면
구시월 서릿바람에 낙엽같이 헤치리라
칠종칠금*을 우리인들 못하겠는가
어리석은 섬 오랑캐들아 어서 **항복**하려무나
항복한 자 안 죽이는 법 너를 굳이 **섬멸하랴**
우리 임금 성덕이 더불어 살자 하시니라
태평천하에 요순 군민(君民) 되어 있어
일월 광화(光華)는 아침마다 거듭하거늘
전선(戰船) 타던 우리 몸도 어주(魚舟)에서 노래하고
가을달 봄바람에 높이 베고 누워 있어
성대에 **파도 없는 바다**를 다시 보려 하노라

*칠종칠금(七縱七擒) : 촉나라의 제갈량이 맹획을 일곱 번이나 사로잡았다가 일곱 번 놓아주었다는 데서 유래한 말로, 마음대로 잡았다 놓아주었다 함을 뜻함.

OX문제

01 명시적 청자에게 말을 건네는 방식으로 화자의 감정을 드러낸다. [2024학년도 수능] (O / X)
02 '헤치리라', '보려 하노라' 등의 서술어로 화자의 의지나 신념을 표현하고 있다. [2014학년도 5월A] (O / X)
03 화자는 '항복한 자'는 '섬멸하'지 않겠다며 '어리석은 섬 오랑캐들'에게 '항복'을 유도하고 있다. (O / X)
04 비유적 표현을 통해 자신의 행동을 돌아보는 화자의 상태를 부각하고 있다. [2024학년도 6월] (O / X)
05 '전선'을 타고 있는 화자는 '파도 없는 바다'에 대해 두려움을 느끼고 있다. (O / X)

STEP 02 지문 분석

[EBS에 나오지 않은 파트까지 모두 넣은 전문 분석]

늙고 병(病)든 몸을 주사(舟師)로 보내시므로,
화자 　　　　 수군 통주사의 준말 → 화자의 직책

⇒ (임금께서) 늙고 병든 (이내) 몸을 수군 통주사로 보내시므로,

을사(乙巳) 삼하(三夏)애 진동영(鎭東營) 내려오니,
선조 38년 여름　　　　 오늘날의 부산
→ 시간적 배경　　　 → 공간적 배경

⇒ 을사년 여름에 진동영에 내려오니,

관방중지(關方重地)에 병(病)이 깊다 앉아있겠냐.
국경 지방의 중요한 요새지

⇒ 국경 지방에 있는 요새 지대에 병이 깊다고 앉아 있으랴.

일장검(一長劍) 비기 차고 병선(兵船)에 굳이 올라
　　　　　 비스듬히　 전쟁에 필요한 장비를 갖춘 배
→ 화자가 위치한 공간

⇒ 한 자루 긴 칼을 빗겨 차고 병선에 굳이 올라

여기진목(勵氣瞋目)하여 대마도(對馬島)를 굽어보니
기운을 돋우고 눈을 부릅뜸. → 왜적에 대한 화자의 적개심이 드러남.

⇒ 기운을 떨치고 눈을 부릅떠서 대마도를 굽어보니

바람 따라 황운(黃雲)은 원근(遠近)에 쌓여 잇고,
　　　　　 누런 구름
　　　　　 ▩ ↔ ▩ : 색채 대비

⇒ 바람을 쫓는 누런 구름(전쟁의 기운)은 멀고 가까운 곳에 쌓여 있고,

아득한 창파(滄波)는 긴 하늘과 한 빛이구나.
　　　　 푸른 물결

⇒ 아득한 푸른 물결은 긴 하늘과 한 빛이구나.

　　　　서사 : 진동영에 통주사로 부임하여 배 위에서 대마도를 바라봄.
선상(船上)에 배회(徘徊)하며 고금(古今)을 사억(思憶)하고,
　　　　　　　　　　　　　　 옛날과 지금　　 생각
　　　　　 ▩ 원망의 대상

⇒ 배 위에서 서성거리며 예전과 지금을 생각하고,

어리미친 회포(懷抱)애 헌원씨(軒轅氏)를 원망하노라.
　　　　　　　　　　 중국 고대의 전설적인 황제

⇒ 어리석고 미친 듯한 생각에 (배를 처음 만든) 헌원씨를 원망하노라.

「대양(大洋)이 망망(茫茫)하야 천지(天地)에 둘렀으니

⇒ 큰 바다가 넓고 아득해서 천지를 둘렀으니

진실로 배 아니면 풍파만리(風波萬里) 밖에,
　　　「　」: '헌원씨'를 원망하는 이유
　　　　　 → 배가 없었다면 왜적이 조선을 넘보지 못했을 것임.

⇒ 진실로 배만 아니면 세찬 바람이 불고 파도가가 몰아치는 만 리 밖에서,

어느 사이(四夷) 엿보겠는가.」
　　　사방의 오랑캐　　　　　 ▢ : 왜적

⇒ 어느 사방의 오랑캐가 (우리나라를) 엿보겠는가.

무슨 일 하려 하여 배 만들기를 시작하였는가?

⇒ 무슨 일을 하려고 하여 배 만들기를 시작했는가?

만세천추(萬世千秋)에 가없는 큰 폐(弊) 되어
　　　　 오랜 세월

⇒ 오랜 세월에 끝없는 큰 폐가 되어

보천지하(普天之下)에 만민원(萬民怨)을 기르고 있구나.
　　　　　　　　　　 만백성의 원한

⇒ 온 세상에 만백성의 원한을 기르고 있구나.

　　　　　 본사 1 : 배를 처음 만든 헌원씨에 대한 원망
어즈버 깨달으니 진시황(秦始皇)의 탓이로다.
감탄사

⇒ 아! 깨달으니 진시황의 탓이로다.

늙고 병든 몸을~병이 깊다 앉아있겠냐. → 구체적인 시간과 장소, 화자의 상황이 드러나고 있다. 작가인 박인로가 임진왜란에 직접 참여했다는 점을 고려할 때, 화자는 '주사'의 직책을 맡아 '진동영'을 지키는 군인임을 알 수 있다. 한편, '병이 깊다 앉아있겠냐.'는 조선 시대 사대부들이 자주 사용하던 관습적인 표현으로, 미약한 몸으로나마 나라를 위해 싸우겠다는 우국충정(나랏일을 근심하고 염려하는 참된 마음)의 자세를 드러낸 것이라 할 수 있다.

여기진목하여 대마도를~긴 하늘과 한 빛이구나. → 화자가 적진인 '대마도'를 '여기진목하여' 굽어보고 있다는 점에서 왜적에 대한 분노와 적개심이 드러난다. 한편 '황운'은 누런 구름이라는 의미로, 여기서는 전쟁의 기운을 비유한 표현으로 사용되었다. '황운'과 '창파'의 색채 대비를 통해 전쟁의 기운이 감도는 현실에 대한 긴장감을 더욱 부각하고 있다.

선상에 배회하며~만민원을 기르고 있구나. → '헌원씨'는 배를 만들었다고 전해지는 중국의 전설적인 황제이다. 배 위에서 여러 가지 옛 일, 즉 왜적이 침입했던 일들을 떠올리며 생각에 잠긴 화자는, 애초에 배가 만들어지지 않았더라면 그러한 폐해가 없었을 것이라며 '헌원씨'를 원망하고 있다. 「선상탄」이 실제 일어난 '임진왜란'을 배경으로 하고 있지만, 실제 현실을 고려하지 않고 작가의 허구적 상상력을 동원한 관념적인 작품임이 이 부분에서 잘 드러난다.

『배 비록 있다 하나 왜(倭)를 아니 삼기던들,
　　『 』: '진시황'을 원망하는 이유
　　　　→ 왜국이 생기지 않았다면 왜적이 조선을 넘보지 못했을 것임.

　⇒ 배가 비록 있다 하나 왜국을 만들지 않았던들,

일본(日本) 대마도(對馬島)로 빈 배 절로 나올넌가?』

　⇒ 일본 대마도로부터 빈 배가 저절로 나올 것인가?

어즈버 깨달으니~유익한 줄 모르도다. → 원망의 대상이 '헌원씨'에서 '진시황'으로 바뀐 부분이다. 화자는 영원히 살기 위한 욕심으로 불사약을 구하기 위해 '왜'에 '동남동녀'를 보내었으나 정작 오래 살지 못한 '진시황'을 언급하며 원망하고 있다. 이때 화자는 진시황이 보낸 신하들이 왜국의 사람들에게 신진문물을 전파하여 지금의 왜국이 만들어졌다고 생각하고 있음을 알 수 있다. 그렇기에 화자는 왜적이 침입할 수 있도록 왜국의 시초를 만든 '진시황'에 대한 원망을 드러낸 것이다.

뉘 말을 믿어 듣고

　⇒ 누구 말을 믿어 듣고

동남동녀(童男童女)를 그대도록 데려다가,
　　남자아이와 여자아이

　⇒ 어린 아이들을 그토록 데려다가,

해중(海中) 모든 섬에 난당적(難當賊)을 기처 두고,
　　　　　　　　감당하기 어려운 도적

　⇒ 바다 가운데 모든 섬에 감당하기 힘든 도적을 남겨 두어서,

어즈버 생각하니 서불~전혀 없게 삼길럿다. → '서불'의 무리가 '불사약'을 구해 오라는 진시황의 명령을 받고 '불사약'을 가지고 있다는 '신선'이 있는 곳으로 떠났으나, 결국 '불사약'을 구하지 못하자 군신 간의 의리를 저버리고 일본 땅에 머물렀다는 고사가 인용된 부분이다. 화자는 이러한 고사의 내용을 통해 '서불'의 무리들이 '불사약'을 얻지 못했더라도 왜국에 머무르며 문물을 전파하지 않고 자국으로 빨리 돌아왔다면 왜적이 생겨나지 않아 자신의 '시름'이 생기지 않았을 것이라며, 그에 대한 원망을 드러내고 있다.

통분(痛憤)한 수욕(羞辱)이 화하(華夏)에 다 미친다.
　　조선이 일본에게 당한 수치와 모욕이 중국에까지 미친다는 의미

　⇒ 원통하고 분한 수치와 모욕이 중국에까지 다 미친다.

장생(長生) 불사약(不死藥)을 얼마나 얻어 내어,

　⇒ 오래도록 살고 죽지 않는다는 약을 얼마나 얻어 내어,

만리장성(萬里長城) 높이 쌓고 몇 만년(萬年)을 살았던고?

　⇒ 만리장성을 높이 쌓고 몇 만년이나 살았던가?

남처럼 죽어 가니 유익(有益)한 줄 모르도다.
　　'동남동녀'를 보낸 것이 유익한 일이 아니었음을 의미함.

　⇒ (진시황도) 남처럼 죽어 갔으니 (사람들을 보낸 일이) 유익한 줄 모르겠다.

두어라, 기왕불구라~내 뜻도 고집이다. → 화자의 태도 변화가 나타나고 있는 부분이다. '헌원씨', '진시황', '서불'의 무리에 대한 원망을 드러낸 화자가 이미 지나간 일에 대해 원망을 해도 현재의 상황은 바뀌지 않는다는 것을 깨닫고 있다.

어즈버 생각하니 서불(徐市) 등(等)이 이심(已甚)하다.
　감탄사　　　　　　　　　　　　　　　매우 심하다.

　⇒ 아! 생각하니 서불의 무리들이 매우 심하다.

『인신(人臣)이 되어서 망명(亡命)도 하는 것인가?
　　신하　　　죽을죄를 지은 사람이 몸을 숨겨 멀리 도망함.

　⇒ 신하가 되어서 남의 나라로 도망을 하는 것인가?

신선(神仙)을 못 보거든 수이나 돌아오면,』
　「 」: '서불'의 무리를 원망하는 이유
　　　→ 왜에 들어가 살지 않고 돌아왔다면 왜적이 조선을 넘보지 못했을 것임.

　⇒ 신선을 못 만났거든 빨리나 돌아왔더라면,

황제 작주거는~어디 부쳐 다니겠는가? → 배와 수레를 만든 것 자체는 그릇된 일이 아닐지도 모르겠다는 화자의 생각이 드러나고 있다. 화자는 배를 타고 회를 즐겨 먹었던 장한의 고사를 인용하고, 배가 자연의 풍류와 흥취를 즐길 수 있게 해 준다는 장점을 언급하며 배에 대한 긍정적인 인식을 드러내고 있다.

주사(舟師) 이 시름은 전혀 없게 삼길럿다.
　　화자

　⇒ 주사인 나의 이 근심은 전혀 생기지 않았을 것이다.

본사 2 : 왜적을 생기게 한 진시황과 서불의 무리에 대한 원망

두어라, 기왕불구(旣往不咎)라 일러 무엇하겠느냐?
　　이미 지나간 일을 탓하지 않음.

　⇒ 두어라, 이미 지나간 일을 탓해서 무엇을 하겠느냐?

속절없는 시비(是非)를 후리쳐 던져 두자.
　　　　　　옳고 그름.

　⇒ 어찌할 도리가 없는 시비는 팽개쳐 던져 두자.

잠사각오(潛思覺悟)하니 내 뜻도 고집(固執)이다.
　곰곰이 생각하여 깨달음.　　→ 옛 사람을 원망하는 것

　⇒ 곰곰이 생각하여 깨달으니 내 뜻도 고집이다.

황제 작주거(皇帝作舟車)는 왼 줄도 모르겠도다.

　⇒ 황제가 배와 수레를 만든 것은 잘못된 줄도 모르겠도다.

장한(張翰) 강동(江東)에 추풍(秋風)을 만나신들

　⇒ 장한이 강동에 가을바람을 만났던들

　강조하는 뜻을 더하는 조사
편주(扁舟)곳 아니 타면,

　⇒ 작은 배만 타지 않았다면,

천청해활(天淸海闊)하다 어느 흥(興)이 절로 나며,
하늘이 맑고 바다가 넓음.

⇒ 하늘이 맑고 바다가 넓다 한들 무슨 흥이 저절로 났을 것이며,

삼공(三公)도 아니 바꿀 제일강산(第一江山)에,
삼정승 → 높은 벼슬

⇒ 삼정승의 자리와도 바꾸지 않을 만큼 경치 좋은 강산에,

부평(浮萍) 같은 어부생애(漁父生涯)를
개구리밥

⇒ 부평같이 떠다니는 어부 생애를

일엽주(一葉舟) 아니면, 어디 부쳐 다니겠는가?

⇒ 한 척의 작은 배가 아니면 무엇에 의지하여 다니겠는가?

본사 3 : 배의 이점에 대해 생각하며 원망을 거둠.

이런 일 보건대

⇒ 이런 일로 보건대

배 삼긴 제도(制度)야 지묘(至妙)한 듯하다마는,
아주 묘한

⇒ 배가 생긴 제도야 아주 묘한 듯하다마는,

어찌하여 우리 무리는

⇒ 어찌하여 우리 무리는

나는 듯한 판옥선(板屋船)을 주야(晝夜)에 빗기 타고,
널빤지로 만든 배   밤과 낮

⇒ 나는 듯이 빠른 판옥선을 밤낮으로 비스듬히 타고,

임풍영월(臨風詠月)하되 흥(興)이 전혀 없는게오.
맑은 바람과 밝은 달에 대하여 시를 짓고 놂.

⇒ 풍월을 읊되 흥취가 전혀 없는 것인가.

여기저기 흩어져 어지럽더니
『석일주중(昔日舟中)에는 배반(杯盤)이 낭자(狼藉)터니,
예전   술상에 차려 놓은 그릇

⇒ 옛날의 배 안에는 술상이 여기저기 흩어져 어지럽더니

금일주중(今日舟中)에는 대검장창(大劍長槍) 뿐이로다.』
오늘
『　』 : 과거와 현재의 대비

⇒ 오늘날의 배 안에는 큰 칼과 긴 창뿐이로다.

한 가지 배이건마는 가진 바가 다르니,

⇒ (예전이나 지금이나) 한 가지 배인데 지닌 바가 다르니,

기간(期間) 우락(憂樂)이 서로 같지 못하도다.

⇒ 그 사이 근심과 즐거움이 서로 같지 못하구나.

본사 4 : 과거의 풍류가 사라지고 전쟁의 수단으로 쓰이는 배의 모습

시시(時時)로 머리 들어 북신(北辰)을 바라보며,
북극성 → 임금이 계신 곳

⇒ 때때로 머리를 들어 (임금님 계신) 북극성을 바라보며,

상시(傷時) 노루(老淚)를 천일방(天一方)에 떨어뜨린다.
나라를 걱정하는 마음(우국충정)

⇒ 시절을 근심하는 늙은이의 눈물을 하늘 한 모퉁이에 떨어뜨린다.

오동방(吾東方) 문물(文物)이 한당송(漢唐宋)에 지랴마는,

⇒ 우리나라의 문물이 한나라, 당나라, 송나라에 뒤지랴마는,

국운(國運)이 불행(不幸)하여 해추흉모(海醜兇謀)에
바다 도적의 음흉한 모략
→ 왜적들의 흉악한 꾀

⇒ 나라의 운명이 불행하여 왜적들의 흉악한 꾀에 (빠져)

만고수(萬古羞)를 안고 있어,
오랜 시간 씻을 수 없는 수치

⇒ 오랜 시간 씻을 수 없는 수치를 안고 있어,

백분(百分)에 한 가지도 못 씻어 버렸거든,

⇒ 백분의 일이라도 못 씻어 버렸거든,

나는 듯한 판옥선을~흥이 전혀 없는게오. → '판옥선'에서 '임풍영월'을 하고 있지만 '흥'을 즐길 수 없는 화자의 모습이 제시되고 있다. 이는 화자가 현재 맑은 바람과 밝은 달이 떠 있는 자연의 경치를 누리고 있지만, 전쟁이라는 상황에 놓여 있기 때문에 자연에서의 '흥'을 즐기지 못하고 있음을 드러낸 것이다. 즉, 아름다운 자연의 경치와 대비되는 화자의 처지를 통해 전쟁으로 인한 괴로움을 더욱 부각하고 있다.

석일주중에는~서로 같지 못하도다. → 과거의 배는 술상이 어지럽게 흩어져 있는 풍류의 수단이었으나, 현재의 배는 큰 칼과 긴 창을 싣는 전쟁의 수단으로 사용되고 있음을 대조를 통해 드러내고 있다. 또한 과거의 배와 현재의 배는 '한 가지 배'임에도 실은 것이 달라 그 근심과 즐거움이 같지 못하며, 과거와 달리 전운이 감도는 현재 상황에 대한 안타까움을 강조하고 있다.

시시로 머리 들어~천일방에 떨어뜨린다. → 화자는 현재 상황에 대한 비극적인 인식을 바탕으로, 나라를 걱정하는 마음과 임금에 대한 충성심을 보이고 있다.

오동방 문물이~못 씻어 버렸거든, → '한당송'에 뒤지지 않는 '문물'을 가졌다며 우리나라의 문화에 대한 자부심을 드러내는 한편, 그럼에도 불행한 국운으로 인해 왜적의 침략을 받아 오랜 기간 씻을 수 없는 치욕을 겪은 상황에 대한 원통함을 나타내고 있다.

이 몸이 무상(無狀)한들 신자(臣子)되어 있다가,
변변치 못한들

⇒ 이 몸이 변변치 못한들 신하가 되어 있다가,

궁달(窮達)이 길이 달라 못 모시고 늙었다 한들,
곤궁과 영달 → 신하와 임금의 신분

⇒ 신하와 임금의 신분이 서로 달라 모시지 못하고 늙었다 한들,

우국단심(憂國丹心)이야 어느 각(刻)에 잊겠느냐?
시각

⇒ 나라를 걱정하고 임금님에게 충성하는 마음이야 어느 때인들 잊겠느냐?

본사 5 : 왜적들에게 당한 수치심과 변치 않는 우국단심
의롭지 못한 것을 보고 의기가 북받쳐 원통하고 슬픔
강개(慷慨) 겨운 장기(壯氣)는 노당익장(老當益壯) 한다마는,
씩씩한 기운

⇒ 분하게 여기는 마음을 이기지 못하는 장한 기운은 늙으면서 더욱 씩씩하다마는,

조그마한 이 몸이 병중에 들었으니
화자

⇒ 조그마한 이 몸이 병중에 들었으니

분풀이도 한풀이도 어려울 듯하건마는

⇒ 분함을 씻고 가슴에 맺힌 원한을 풀어 버리기도 어려울 듯하건마는

그러나 죽은 제갈도 산 중달을 멀리 쫓고
제갈공명   사마중달(사마의)

⇒ 그러나 죽은 제갈공명도 살아있는 중달을 멀리 쫓았고

발 없는 손빈도 방연을 잡았거든
중국 전국 시대의 병법가

⇒ 발이 없는 손빈도 (몸이 성한) 방연을 잡았거든

하물며 이 몸은 수족을 갖추고 목숨을 이었으니
손과 발

⇒ 하물며 이 몸은 손과 발을 갖추고 목숨이 이어져 있으니

쥐떼 개떼 도적들을 잠시나마 저어할쏘냐
두려워하겠는가

⇒ 쥐떼나 개떼와 같은 왜적들을 조금이나마 두려워하겠느냐

비선(飛船)에 달려들어 선봉을 거치면
나는 듯이 빠르게 가는 배   부대의 맨 앞에 나서서 작전을 수행하는 군대

⇒ 나는 듯이 빠른 배에 달려들어 선봉을 휘몰아 치면

구시월 서릿바람에 낙엽같이 헤치리라

⇒ 구시월 서릿바람에 낙엽같이 헤치리라

칠종칠금을 우리인들 못하겠는가
촉나라의 제갈량이 맹획을 일곱 번이나 사로잡았다가 일곱 번 놓아주었다는 데서
유래한 말로, 마음대로 잡았다 놓아주었다 함을 뜻함.

⇒ 제갈량이 맹획을 마음대로 일곱 번 잡았다 놓아준 일을 우리인들 못할 리가 있겠는가

본사 6 : 우국충정으로 왜적을 물리치겠다고 다짐함.
어리석은 섬 오랑캐들아 어서 항복하려무나
말을 건네는 방식

⇒ 어리석은 저 섬나라 오랑캐들아, 어서 항복하여 용서를 구하여라

항복한 자 안 죽이는 법 너를 굳이 섬멸하랴
모조리 무찔러 멸명시키랴

⇒ 항복하는 자는 죽이지 않으니 너희들을 굳이 모조리 다 죽이겠느냐

우리 임금 성덕이 더불어 살자 하시니라

⇒ 우리 임금님의 덕이 (너희와) 더불어 잘 살기를 바라시니라

태평천하에 요순 군민(君民) 되어 있어
요순시대의 임금과 백성
→ 태평한 시대

⇒ 태평스러운 천하에 요순의 화평한 임금과 백성이 되어 있어

일월 광화(光華)는 아침마다 거듭하거늘
해와 달의 빛 → 임금의 성덕

⇒ 해와 달의 빛이 아침마다 밝게 빛나거늘

이 몸이 무상한들~어느 각에 잊겠느냐? → 화자는 의문형 어미를 사용하여 나라를 지키겠다는 강한 다짐을 드러내고 있다. 이때 '우국단심'은 나랏일을 근심하고 염려한다는 의미로, 나라에 대한 걱정과 임금을 향한 충심을 드러내는 시어로 볼 수 있다.

그러나 죽은 제갈도~우리인들 못하겠는가 → '죽은 제갈도 산 중달을 멀리 쫓고'는 사마의가 죽은 제갈량을 두려워하여 후퇴했다는 내용의 고사이며, '발 없는 손빈도 방연을 잡았거든'은 방연이 손빈의 재주를 시기하여 손빈의 발을 잘랐다가 그에게 죽임을 당했다는 내용의 고사이다. 화자는 이러한 고사를 인용하여 비록 자신이 병들고 늙은 몸이지만 왜적을 물리칠 수 있다는 확신을 드러내고 있다. 또한 비유적 표현과 '저어할쏘냐', '못하겠는가'라는 설의적 표현을 사용하여 왜적을 두려워하지 않고 물리치겠다는 강한 의지를 강조하고 있다.

어리석은 섬 오랑캐들아~너를 굳이 섬멸하랴 → 명시적 청자인 왜군을 '어리석은 섬 오랑캐'라고 칭하여 왜적에 대한 적개심을 강하게 드러내고 있는 화자의 모습을 확인할 수 있다. 또한 화자는 항복한 자는 죽이지 않는다며 왜적들에게 항복을 유도하고 있다.

우리 임금 성덕이~아침마다 거듭하거늘 → 화자는 '임금'께서 왜적과 '더불어 살'고자 하는 의지를 가지고 있다며, 조선에 큰 피해를 미친 왜적일지라도 그들과 공존하여 태평성대를 이루고자 하는 뜻을 밝히고 있다.

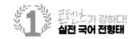

전선(戰船) 타던 우리 몸도 어주(魚舟)에서 노래하고
고기잡이를 하는 배

⇒ 전쟁하는 배를 타던 우리 몸도 고기잡이배에서 노래하고

가을달 봄바람에 높이 베고 누워 있어

⇒ 가을달 봄바람에 (베개를) 높이 베고 누워 있어

성대에 파도 없는 바다를 다시 보려 하노라
바다에 파도가 일어나지 않음.
→ 태평성대를 의미함.

결사 : 태평성대의 기원

⇒ 성군 치하의 태평성대를 다시 보려 하노라

전선 타던 우리 몸도~다시 보려 하노라 → '파도 없는 바다'는 전란이 일어나지 않는 평화로운 세상을 비유적으로 표현한 것이다. 화자는 전쟁이 끝나고 태평성대가 오기를 소망하고 있다.

STEP 03 작품 해제

01 | 주제

왜적에 대한 분노와 우국충정, 태평성대에 대한 염원

02 | 특징

① 왜적에 대한 적개심과 태평성대에 대한 소망을 드러낸 화자 중심의 시
② 설의적 표현을 통해 정서를 효과적으로 드러냄.
③ 왜적에 대한 적개심을 직접적으로 드러냄.
④ 말을 건네는 방식을 사용하여 화자의 요구를 전달함.

03 | 작품 해제

「선상탄」은 '배 위에서의 탄식'이라는 의미로, 임진왜란에 참전한 작가가 배를 주관하는 임무를 맡아 진동영으로 부임하며 지은 작품이다. 왜군의 침입을 대비하여 진동영에 통주사로 내려와 전쟁을 채비하는 상황에서, 왜군에 대한 적개심과 함께 전쟁이 없는 태평성대에 대한 염원을 담아내고 있는 조선 후기 전쟁 문학을 대표하는 가사 작품이다.

「선상탄」에 나타난 관념적 주제 의식

박인로는 임진왜란이 일어나자 곧바로 의병으로 활약하며 전쟁터에서 이 시기를 보냈다. 이어 1605년 통주사로 선임되어 부산에서 나라를 방어할 때, 가사 「선상탄」을 지었다. 「선상탄」은 전란이라는 현실 문제를 다루는데 있어, 처음부터 끝까지 일관되게 관념적인 태도를 보여 준다는 특징을 가진다. 즉 전란이라는 현실을 바탕으로 하여 그것을 그리기는 하되, 현실 그 자체보다는 작가가 나름대로 생각하고 그리는 관념적인 측면을 부각시키는 태도가 드러난다. 이는 당대의 혹은 작가 자신의 가치관을 그대로 현실 인식에 적용시키는 태도라 할 수 있다.

작가에게 있어 왜적은 평화로운 조선을 혼란에 빠뜨리고, 자기 자신마저도 전쟁터로 나오게 만든 적대적 존재이다. 작가는 작품에서 이들을 적대적 존재로 규정하고 한 칼에 쓸어버리겠다고 하면서 빨리 항복할 것을 권유하고 있다. 이처럼 작가는 임진왜란이라는 역사적 현실을 자신만의 관념으로 재구성하고 있으며, 이상적이고 희망찬 자세를 가지고 대하고 있음을 알 수 있다.

한편 「선상탄」의 시간적 배경은, 임진왜란은 일단 끝났지만 전쟁의 재발을 방지하고자 부산으로 간 시점이다. 작가는 의병으로 출발하여, 이후 무관으로 임진왜란을 직접적으로 체험한 사람이다. 이는 그가 그 누구보다도 전란의 참상이나 시대의 아픔과 모순을 가까이에서 겪었을 것이라는 추측을 하게 만든다. 그런데 그는 왜적의 전진 기지인 대마도를 굽어보며, 전쟁의 원인을 배에 돌리고 더 나아가 그러한 배를 만든 헌원씨에 대한 원망으로 연결시킨다. 전쟁의 이유는 곧 바다를 건널 수 있는 배를 만든 것 때문이고, 또 배보다는 그 배를 이용한 왜적이라는 존재가 있었기 때문이라는 생각을 드러낸 것이다. 임진왜란의 원인을 이렇게 본다는 것은, 당시 국제 정세라든가 일본 국내 사정 등은 외면한 작가 나름의 관념이 만들어 낸 결과라 할 수 있다. 이처럼 전란에 대한 그의 원인 규명은 구체적이고 사실적이기보다는 관념적이고 낭만적이다.

한편, 임진왜란을 소재로 하고 있는 이 작품은 국가의 안위를 걱정하고 임금의 만수무강을 기원하는, 전형적인 사대부 의식을 보여 주고 있다. 결사에서 작가는 전쟁이 끝나고 평화가 찾아온 공을 성은으로 돌리고 있다. 즉 전쟁의 평정이 모두 임금의 성덕에 의한 것임을 만민에게 알리는 교훈적인 성격을 띠는 것이다. 이는 실제의 상황을 제대로 인식하지 않은 현실 긍정적이고 보수적인 세계 인식의 표출이라 할 만하다. 결론적으로 「선상탄」의 결사는 유교 이념이 작가의 철학적 인식 저변에 깔려 있음을 보여 주는 하나의 척도가 될 수 있다. 이런 철학적 인식은 곧 작가의 정신세계를 지배하고 그의 작중 세계도 역시 이에 기반하여 이루어진다.

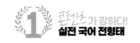
STEP 05 나BS 실전 문제

다음 글을 읽고 물음에 답하시오. [교육청 기출 변형]

(가)

[A] ┌ 늙고 병든 몸을 **주사(舟師)***로 보내시어
    └ 을사(乙巳)년 여름에 **진동영(鎭東營)**에 내려오니

국경의 요새에 병이 깊다고 앉아 있으랴

일장검(一長劍) 비스듬히 차고 병선(兵船)에 감히 올라

두 눈을 부릅뜨고 대마도(對馬島)를 굽어보니

바람을 쫓아가는 황운(黃雲)은 원근(遠近)에 쌓여 있고

아득한 창파(滄波)는 긴 하늘과 한 빛일세

[B] ┌ 선상(船上)에 거닐면서 예와 오늘을 생각하고
    └ 어리석고 미친 생각에 **헌원씨(軒轅氏)***를 애달파 하노라

대양(大洋)이 넓고 아득하여 천지(天地)를 둘러 있으니

진실로 ㉯ 아니면 풍파 만 리 밖의 어느 오랑캐가 엿볼런가

무슨 일 하려고 배 만들기를 비롯하였는가

만세천추(萬世千秋)에 끝없는 큰 폐(弊) 되어

넓고 넓은 이 세상에 만백성의 원한 사네

[C] ┌ 어즈버 깨달으니 **진시황(秦始皇)**의 탓이로다
    │ 배 비록 있다 하나 왜적이 아니 생겼던들
    └ 일본의 대마도(對馬島)에서 빈 배 절로 나올 것인가

누구 말을 믿어 듣고, 동남동녀(童男童女)를 들여다가

해중(海中) 모든 섬에 도적들을 남겨 두었나

통분(痛憤)한 수치가 중국 땅에 미치도다

장생(長生) 불사약(不死藥)을 얼마나 얻어 내어

만리장성(萬里長城) 높이 쌓고 몇 만 년을 살았던고

남과 같이 죽어 가니 유익한 줄을 모르겠네

(중략)

때때로 머리 들어 북쪽을 바라보며

어지러운 세상에 늙은이 눈물짓네

[D] ┌ 우리나라 문물(文物)이 한당송(漢唐宋)에 지랴마는
    │ 국운(國運)이 불행하여 왜적의 흉한 침략
    └ 만고의 그 원한을 못 씻어 버렸거든

백분(百分)에 한 가지도 못 씻어 버렸거든

[E] ┌ 이 몸이 무상(無狀)한들 신하 되어 있다가
    │ 궁달(窮達)의 길이 달라 못 모시고 늙어간들
    └ **우국단심(憂國丹心)**이야 어느 땐들 잊겠는가

- 박인로, 「선상탄(船上歎)」 -

*주사 : 수군. / *헌원씨 : 처음으로 배를 만들었다고 전하는 전설의 인물.

(나)

경오년(1810) 여름에 엄청난 파리떼가 생겨나 온 집 안에 가득하더니 점점 번식하여 산과 골을 뒤덮었다. 으리으리한 저택에도 엉겨 붙고, 술집과 떡집에도 구름처럼 몰려들어 우레 같은 소리를 내었다. 노인들은 괴변이라 탄식하고, 소년들은 분을 내어 파리와 한바탕 전쟁을 벌이려고 했다. 혹은 파리통을 설치해 잡아 죽이고, 혹은 파리약을 놓아 섬멸하려했다.

나는 이를 보고 말했다.

"아아, 이 파리들을 죽여서는 안 된다. 굶어 죽은 사람들이 변해서 이 파리들이 되었다. 아아, 이들은 기구하게 살아난 생명들이다. ㉠ 슬프게도 작년에 큰 기근을 겪었고, 겨울에는 혹독한 추위를 겪었다. 그로 인해 전염병이 유행하였고, 가혹하게 착취까지 당하여 수많은 사람이 죽었다. 시신이 쌓여 길에 즐비했으며, 시신을 싸서 버린 거적이 언덕을 뒤덮었다. 수의도 관도 없는 시신 위로 따뜻한 바람이 불고, 기온이 높아지자 살이 썩어 문드러졌다. 시신에서 물이 나오고 또 나오고, 고이고 엉기더니 변하여 구더기가 되었다. 구더기떼는 강가의 모래알보다 만 배나 많았다. 구더기는 점차 날개가 돋아 파리로 변하더니 인가로 날아들었다. ㉡ 아아, 이 파리들이 어찌 우리 사람들과 마찬가지 존재가 아니랴. 너의 생명을 생각하면 눈물이 줄줄 흐른다. 이에 음식을 마련해 파리들을 널리 불러 모으니 너희들은 서로 기별하여 함께 와서 이 음식들을 먹어라."

이에 다음과 같이 파리를 조문(弔問)한다.

파리야, 날아와 이 음식 소반에 앉아라. 수북한 흰 쌀밥에 맛있는 국이 있단다. 술과 단술이 향기롭고, 국수와 만두도 마련하였다. ㉢ 그대의 마른 목을 적시고 그대의 타는 속을 축여라.

(중략)

파리야, 날아오너라. 살아 돌아오지는 마라. 그대 지각 없어 아무것도 모르는 걸 축하하노니 그대 죽었어도 재앙은 형제에게까지 미친다. 6월이면 조세를 독촉하며 아전이 문을 두드리는데, 그 소리 사자의 포효처럼 산천을 흔든다. 가마솥도 빼앗아 가고 송아지와 돼지도 끌고 간다. 그러고도 부족하여 관가에 끌고 가 곤장을 치는데, 맞고 돌아오면 기진하여 병에 걸려 죽어 간다. 백성들은 온통 눌리고 짓밟혀 괴로움과 원망이 너무도 많지만 천지 사방 어디라 호소할 데 없구나. 백성들 모두 다 죽어 가도 슬퍼할 수도 없구나. ㉣ 어진 이는 움츠려 있고 소인배는 비방이나 일삼는다. 봉황은 입 다물고 까마귀만 우짖누나.

파리야, 날아서 북쪽으로 가거라. 북으로 천 리를 날아 궁궐로 가거라. 임금님께 그대의 충정을 하소연하고 깊은 슬픔 펼쳐 아뢰어라. 어려운 궁궐이라고 시비(是非)를 말 못하긴 마라. 해와 달처럼 환히 백성의 사정 비추어서 어진 정치 펴 주십사 간곡히 아뢰어라. ㉤ 번개처럼 우레처럼 임금님 위엄이 떨쳐지게 해 달라고 하여라. 그러면 곡식은 풍년이 들고 백성은 굶주리지 않으리라. 파리야, 그런 다음 남쪽으로 돌아오려무나.

- 정약용, 「파리를 조문한다」 -

01. (가)의 [A]~[E]에 대한 설명으로 적절하지 않은 것은?

① [A]는 '주사'로 임명되어 '진동영'에 내려온 화자의 상황을 나타내고 있다.

② [B]에는 배를 만든 '헌원씨'를 추모하는 화자의 모습이 나타나 있다.

③ [C]에는 왜적을 생기게 한 '진시황'에 대한 화자의 원망이 드러나 있다.

④ [D]에는 '한당송'에 뒤지지 않는 '문물'을 가졌음에도 '왜적'의 침략을 받아 원통해 하는 화자의 마음이 드러나 있다.

⑤ [E]에는 '신하'로서 '우국단심'을 다짐하는 화자의 모습이 나타나 있다.

02. ㉠~㉤에 대한 이해로 적절하지 않은 것은?

① ㉠ : 열거를 통해 백성들이 겪었던 고통의 상황을 나타내고 있다.

② ㉡ : 설의적 표현을 활용하여 파리를 죽은 백성들로 인식하는 필자의 태도를 드러내고 있다.

③ ㉢ : 의인법을 사용하여 굶주려 죽은 백성들을 위로하고자 하는 마음을 드러내고 있다.

④ ㉣ : 대비를 통해 관리들의 부패를 개혁하려는 백성들의 모습을 나타내고 있다.

⑤ ㉤ : 비유를 통해 필자가 바라는 임금의 모습을 나타내고 있다.

03. (가)의 배와 〈보기〉의 빈 배를 비교한 내용으로 가장 적절한 것은?

〈보기〉

추강(秋江)에 밤이 드니 물결이 ᄎ노매라.
낚시 드리치니 고기 아니 무노ᄆᆡ라.
무심(無心)한 달빛만 싣고 빈 배 저어 오노라.

– 월산대군 –

① (가)의 '배'는 화자가 머물러 있다가 떠나온 공간이고, 〈보기〉의 '빈 배'는 화자가 머무르고 있는 공간이다.

② (가)의 '배'는 화자에게 시름을 불러일으키고 있고, 〈보기〉의 '빈 배'는 화자의 무욕의 정서를 드러내고 있다.

③ (가)의 '배'와 달리 〈보기〉의 '빈 배'는 과거에 대한 그리움을 드러내고 있다.

④ 〈보기〉의 '빈 배'와 달리 (가)의 '배'는 이상적인 삶의 모습을 나타내고 있다.

⑤ 〈보기〉의 '빈 배'와 달리 (가)의 '배'는 계절적 배경과 어울려 풍류적 분위기를 드러내고 있다.

04. 다음은 수업 시간 중 학습한 내용이다. (가), (나)를 감상 요소에 따라 감상한 내용으로 적절하지 않은 것은?

감상 요소	감상한 내용
현실 인식	∘ (가)의 화자는 주사(舟師)로서의 충성심을, (나)의 필자는 백성에 대한 애정을 바탕으로 현실을 바라보고 있군. ·············· ①
원인 분석	∘ (가)의 화자는 전쟁이 일어나게 된 원인을 과거의 인물과 관련지어 생각하고 있군. ·············· ② ∘ (나)의 필자는 기근, 전염병, 가혹한 착취 등으로 백성들이 죽음에 이르렀다고 생각하고 있군. ·············· ③
화자의 태도	∘ (가)의 화자는 왜적을 이기기 위한 구체적인 방안을 마련하고 이를 실행할 것을 다짐하고 있군. ·············· ④ ∘ (나)의 필자는 어진 정치가 펼쳐져 백성이 굶주리지 않기를 바라고 있군. ·············· ⑤

24 윤선도, 몽천요

STEP 01 OX 문제를 통한 지문 이해 훈련

나BS 수능특강 | 고전문학

생시런가 꿈이런가 백옥경(白玉京)에 올라가니
옥황상제는 반기시나 신선들이 꺼리도다
두어라 **오호연월(五湖煙月)***이 내 **분수**임이 옳도다   〈제1수〉

풋잠에 꿈을 꾸어 십이루(十二樓)에 들어가니
옥황상제는 웃으시되 **신선들**이 꾸짖는구나
어즈버 **백만억(百萬億) 창생(蒼生)**의 일을 어느 겨를에 물으리   〈제2수〉

하늘이 이지러졌을 제 무슨 기술로 기워 내었는고
백옥루(白玉樓) 중수할 제 어떤 장인바치가 이루어 내었는고
옥황상제께 아뢰어 보려 했더니 다 못하고서 왔도다   〈제3수〉

*오호연월 : 은퇴하여 아름다운 자연에서 사는 삶.

OX문제

01 의문형 어미를 활용하여 화자의 정서를 강조하고 있다. [2019학년도 9월]   (O / X)
02 대구적 표현을 활용하여 인물에 대한 태도의 변화를 드러내고 있다. [2025학년도 6월]   (O / X)
03 초월적 공간을 통해 화자의 내적 갈등을 드러내고 있다. [2014학년도 6월B]   (O / X)
04 '옥황상제'는 '오호연월'을 자신의 '분수'로 생각하는 화자의 태도를 옳다고 여겼다.   (O / X)
05 화자는 '신선들'의 방해로 '옥황상제'에게 '백만억 창생의 일'을 묻지 못하였다.   (O / X)

STEP 02 지문 분석

생시런가 꿈이런가 백옥경(白玉京)에 올라가니
옥황상제가 산다고 하는 가상의 서울 → 임금이 계신 한양

⇒ 생시인가 꿈인가 백옥경에 올라가니

「옥황상제는 반기시나 신선들이 꺼리도다」
: 임금
↕
: 조정의 신하들
「 」: 대구법

⇒ 옥황상제는 (나를) 반기시나 신선들이 꺼리는구나

두어라 오호연월(五湖煙月)이 내 분수임이 옳도다
안분지족의 태도

⇒ 두어라 은퇴하여 아름다운 자연에서 사는 삶이 내 분수임이 옳도다

제1수 : 옥황상제와의 만남과 자연에서의 안분지족   〈제1수〉

: '옥황상제'를 만날 수 있는 통로 역할 /
정치적 현실에서 겪었던 좌절감을 드러내는 장치

풋잠에 꿈을 꾸어 십이루(十二樓)에 들어가니
옥황상제가 사는 천상의 누각 → 한양의 궁궐

⇒ 설핏 든 잠에 꿈을 꾸어 십이루에 들어가니

「옥황상제는 웃으시되 신선들이 꾸짖는구나」

⇒ 옥황상제는 (나를 보고) 웃으시되 신선들이 꾸짖는구나

: 설의적 표현

어즈버 백만억(百萬億) 창생(蒼生)의 일을 어느 겨를에 물으리
감탄사   세상의 모든 사람. 백성

⇒ 아아 수많은 백성들의 일을 어느 틈에 묻겠는가

제2수 : 백성을 어질게 잘 다스리려는 포부와 좌절   〈제2수〉

: 혼란스러운 나라, 조정

「하늘이 이지러졌을 제 무슨 기술로 기워 내었는고
나라를 구할 방법

⇒ 하늘이 한쪽 귀퉁이가 떨어져 없어졌을 때 무슨 기술로 꿰매어 냈는가

건축물 따위의 낡고 헌 것을 손질하여 고침.
백옥루(白玉樓) 중수할 제 어떤 장인바치가 이루어 내었는고」
문인이 죽어서 간다는 하늘에 있는 누각   나라를 구할 인재

⇒ 백옥루를 고칠 때 어떤 장인이 이루어 냈는가

옥황상제께 아뢰어 보려 했더니 다 못하고서 왔도다
자신의 뜻을 다 펼치지 못함.

⇒ 옥황상제께 (이를) 여쭈어 보려고 했더니 다 못하고 왔구나

제3수 : 자신의 뜻을 다 펼치지 못한 것에 대한 안타까움   〈제3수〉

과외식 해설

생시런가 꿈이런가~신선들이 꺼리도다 → 꿈속에서 하늘의 '백옥경에 올라가' '옥황상제'를 만나는 화자의 모습이 나타나 있다. 또한 대구법을 통해 화자를 반기는 '옥황상제'와 화자를 멀리하는 '신선들'의 모습을 대비하고 있다. 작품이 창작된 배경을 고려할 때, '옥황상제'는 윤선도를 등용하고자 한 효종을, '신선들'은 윤선도에 대한 인사가 부당하다고 주장한 서인 세력들을 의미한다고 할 수 있다.

두어라 오호연월이 내 분수임이 옳도다 → 자신을 꺼리는 '신선들'로 인해 '오호연월', 즉 자연으로 물러나기를 택한 화자의 모습을 확인할 수 있다. 화자는 자연에서의 삶이 자신의 '분수'이며, 이를 선택하는 것이 옳다고 표현하고 있다. 이는 '신선들'의 무리와 타협하지 않고 자연으로 물러난 자신의 행위에 대한 만족감을 드러낸 것으로 볼 수 있다. 반대로, 이 부분은 '신선들'의 반발로 자신의 뜻을 펼치지도 못하고 '오호연월'로 물러나게 된 화자 자신에 대한 안타까움을 드러낸 것으로 볼 수도 있다.

어즈버 백만억 창생의 일을 어느 겨를에 물으리 → '옥황상제'에게 '백만억 창생의 일'을 물으며 백성을 위해 바르고 어진 정치를 펼치고자 한 화자의 포부가, '신선들'의 꾸짖음으로 인해 좌절되었음이 나타나 있다.

하늘이 이지러졌을 제~이루어 내었는고 → 이지러진 '하늘'과 '중수'해야 하는 '백옥루'는 혼란스러운 나라와 조정을 의미하며, '기술'과 '장인바치'는 각각 나라를 위기로부터 구할 수 있는 방법과 인재를 의미한다. 화자는 설의적 표현을 통해 혼란스러운 나라를 구할 방법과 인재가 필요함을 강조하여 드러내고 있다.

옥황상제께 아뢰어 보려 했더니 다 못하고서 왔도다 → '옥황상제'에게 나라를 구할 '기술'과 '장인바치'에 대해 여쭙고자 하였으나, 그러지 못한 화자의 모습이 나타나 있다. 화자는 영탄적 어조를 통해 자신의 뜻을 펼치지 못한 것에 대한 안타까움을 드러내고 있다.

STEP 03 작품 해제

01 | 주제

혼란스러운 정치 현실에 대한 안타까움과 백성들에 대한 걱정

02 | 특징

① 정치적 이상을 이루지 못한 아쉬움을 드러낸 화자 중심의 시
② 구체적 공간을 설정하여 화자의 바람과 그 좌절을 형상화함.
③ 대조와 대구를 통해 화자의 처지를 드러냄.
④ 영탄법과 설의법을 통해 화자의 정서를 강조함.

03 | 작품 해제

　이 작품은 천상의 공간과 존재를 통해 임금을 그리워하고 나랏일을 걱정하는 작가의 마음을 표현한 연시조이다. 효종의 추진으로 무리하게 등용된 윤선도는 이에 반기를 든 신하들로 인해 직무에서 물러나게 되었는데, 이때 창작된 작품이 「몽천요」이다. 작품 내에 등장하는 '백옥경', '십이루', '백옥루' 등은 임금이 있는 한양, 궁궐로 이해할 수 있으며, '옥황상제'는 윤선도를 높은 벼슬에 임명한 임금을, '신선들'은 윤선도가 높은 벼슬을 받는 것에 대한 부당성을 지적했던 정적(정치적으로 대립되는 처지에 있는 사람)들을 가리킨다. 화자에 대한 '옥황상제'와 '신선들'의 상이한 태도는 화자가 제 뜻을 제대로 펼치지 못한 아쉬움을 더욱 돋보이게 한다. 고전 시가에서 천상계는 주로 이상향을 나타내며 현실적인 문제가 해소되는 공간으로 나타나는데, 이 작품에 나타난 천상의 공간은 현실과 마찬가지로 화자의 이상이 좌절되는 공간으로 설정되어 있는 것이 특징이다. 이를 통해 작가는 자신의 우국지정과 뜻을 이루지 못한 좌절감을 독자에게 더욱 절실히 전달하고 있다.

논문으로 만나는 출제자의 시선

「몽천요」에 나타난 천계

「몽천요」가 창작되기까지의 정치적 상황을 살펴보면, 윤선도는 30세인 광해 8년에 당시의 권력가였던 이이첨을 사형에 처해야 한다는 상소를 올렸다가 함경도 경원으로 유배되었으며, 이로 인하여 절개와 의리가 있는 사람으로 평가받기도 하였다. 그는 인조반정(조선 광해군 15년에 이귀·김유 등 서인 일파가, 광해군 및 집권파인 대북파를 몰아내고 능양군인 인조를 즉위시킨 정변) 이후 42세이던 인조 6년부터 46세이던 인조 10년까지 봉림 대군과 인평 대군의 사부를 맡으면서 임금의 신임을 받게 되었다. 그런데 병자호란 당시 해남에 있으면서도 바로 임금에게 달려가지 않았고, 인조가 세상을 떠났을 때 바로 통곡하지 않았다는 이유로 비난을 받기도 하였다. 또한 효종 3년 정월, 효종이 사부에 대한 예우 차원에서 윤선도를 정4품의 성균관 사예로 임명하고, 이어서 3월에 특명으로 정3품 당상관인 승정원 동부승지에 임명하자 물의가 일어났다. 윤선도 개인으로서는 임금을 가까이 모실 수 있는 자리에 나아간 것이지만 윤선도의 정적들을 비롯한 서인 세력들은 공정한 인사가 아니라고 생각한 것이다. 때문에 윤선도는 4월에 집중적인 탄핵을 받게 되었다.

「몽천요」는 윤선도가 4월에 직무에서 물러난 뒤에 지어진 것으로 추정된다. 따라서 「몽천요」에는 윤선도와 기꺼이 함께하려는 임금과, 그를 내치려는 무리의 갈등 구조가 나타나 있다. 「몽천요」에서는 천계 공간을 옥황상제가 있는 '백옥경', '십이루' 등으로 그리고 있다. 일반적으로 천계나 천상은 옥황상제가 있는 곳으로 완전한 공간, 즉 이상적인 세계를 가리킨다. 그러나 「몽천요」에서는 그 이상 세계가 이미 이지러졌기 때문에 완전할 수 없는 곳이다. 옥황상제만 계시는 곳이 아닌 신선들도 함께 있는 곳이기 때문이다. '옥황상제는 반기시나 신선들이 꺼리'고, '옥황상제는 웃으시되 신선들이 꾸짖'고, '옥황상제께 아뢰어 보려 했더니 다 못하고서 왔도다'에서 옥황상제는 긍정적으로, 신선들은 부정적으로 묘사되어 있다. 일반적인 인식으로는 천계는 이상 세계이기 때문에 현실에 어떤 고통이 있더라도 해결되는, 충족감과 미(美)의 공간이다. 그러나 윤선도에게 천계는 비참함만을 강화해 줄 뿐이다. 표면적으로만 천계로 옮겨 왔을 뿐이지, 진정한 천계가 아니라 현실의 연장인 것이다. 그러므로 천계에서 해결되고 충족되는 것은 어느 것도 없으며, 오히려 천계는 현실의 결여나 아픔을 더욱 극대화시키는 장치가 된다.

「몽천요」 속 '분수'의 의미

「몽천요」에서는 작품의 공간이나 대상을 '백옥경', '옥황상제', '신선들' 등 천상계로 설정했지만, 그 내용은 모두 당시 윤선도가 효종의 부름을 받고 조정에 나아가 겪었던 일들을 압축하여 표출한 것이다. 즉 '백옥경', '십이루', '백옥루' 등은 궁궐이나 왕권을 나타낸 것으로 이해할 수 있고, '옥황상제'는 윤선도를 높은 벼슬에 임명한 임금을, '신선들'은 윤선도가 높은 벼슬을 받는 것에 부당성을 제기한 세력을 상징하는 것이라 할 수 있다. 그리고 '백옥경에 올라가니'는 현실 정치에 참여하는 행위를 나타낸 것으로, 그 의도는 '옥황상제'를 도와 함께 세상을 다스리고 백성을 구제하는 정치적 이상을 펼치는 데에 있다. 그러나 화자의 이러한 소망이 '신선들'에 의해 좌절되자 화자는 '오호연월', 즉 강호 자연으로 물러나는 것이 자신의 '분수'임을 드러내고 있다.

그런데 여기서 '내 분수'는 단순히 강호 자연에서의 삶을 만족하거나 그곳에 대한 관심을 표현한 것이 아니다. '신선들이 꺼리도다'가 화자를 모함하는 시비와 비방을 완곡하게 표현한 것임을 고려해 볼 때, '내 분수'는 '신선들'의 무리와 타협하기보다는 강호 자연으로 물러나는 선택으로써의 '분수'이다. 즉 '내 분수'는 처세적인 행위에 대한 만족감이며, 이 행위를 옳다고 말하며 떳떳하게 여기는 것이다.

다음 글을 읽고 물음에 답하시오. [교육청 기출 변형]

(가)
생시런가 꿈이런가 천상에 올라가니
옥황은 반기시나 ㉠ 뭇신선이 꺼리는구나
두어라 ㉡ 강호에 놀이며 달이 내 분수에 옳도다.

풋잠에 꿈을 꾸어 ㉢ 천상십이루(天上十二樓)에 들어가니
옥황은 웃으시되 뭇신선이 꾸짖는구나
어즈버 ㉣ 백만억 창생을 어느 사이 물어보리.

하늘이 이지러졌을 때 무슨 기술로 기워냈는고
백옥루(白玉樓) 중수(重修)할 때 어떤 ㉤ 목수 이루어냈는고
옥황께 여쭤보자 하였더니 다 못하여 왔도다.

ㅡ 윤선도, 「몽천요(夢天謠)」 ㅡ

*중수 : 건축물 따위의 낡고 헌 것을 손질하며 고침.

(나)
청광(淸光)을 머금으니, 폐부(肺腑)에 흘러 들어
호호(浩浩)한 흉중(胸中)*이 아니 비친 구멍 없다.
옷가슴 헤쳐 내어 광한전에 돌아 앉아
마음에 먹은 뜻을 다 사뢰려 하였더니,
맘나쁜 부운(浮雲)이 어디서 와 가리었나
천지(天地) 회맹(晦盲)하여 백물(百物)을 다 못보니,
상하 사방에 갈 길을 모르겠다.
요잠반각(遙岑半角)*에 옛빛이 비치는 듯
운간(雲間)에 나왔더니, 떼구름 미쳐 나니,
희미한 한 빛이 점점 아득하여 온다.
중문을 닫아 놓고, 정반(庭畔)에 따로 서서
매화 한 가지 계영(桂影)인가 돌아보니,
처량한 암향(暗香)이 날 따라 근심한다.
소렴(疎簾)을 지워 놓고, 동방에 혼자 앉아
금작경(金鵲鏡) 닦아내어 벽상에 걸어 두니,
제몸만 밝히고, 남 비칠 줄 모른다.
단단 환선(團團紈扇)*으로 긴 바람 부처 내어
이 구름 다 걷과다. 기원 녹죽(淇園綠竹)으로
일천 장 비를 매어 저 구름 다 쓸과다.
장공(長空)은 만리요, 이 몸은 진토(塵土)니,
서의한* 이내 뜻이 혜나니 허사로다.
가뜩 근심 많은데, 긴 밤이 어떠한가

뒤척이며 잠 못 이뤄 다시곰 생각하니,
영허소장(盈虛消長)*이 천지도 무궁하니,
풍운이 변화한들 본색이 어디 가료
우리도 단심(丹心)을 지켜서 명월(明月) 볼 날 기다리노라.

ㅡ 최현, 「명월음(明月吟)」 ㅡ

*호호한 흉중 : 넓고 넓은 가슴 속.
*요잠반각 : 멀리 아득히 보이는 우뚝 솟은 산봉우리.
*단단 환선 : 흰 비단으로 만든 둥근 부채.
*서의한 : 맹세한, 약속한.
*영허소장 : 달이 차고 지며, 초목이 자라고 스러짐.

01. (가)와 (나)의 공통점으로 가장 적절한 것은?

① 대구의 방식을 활용하여 운율감을 형성하고 있다.
② 감각적 이미지를 활용하여 계절감을 드러내고 있다.
③ 대화의 형식을 통해 대상과의 친밀감을 나타내고 있다.
④ 인간과 자연의 대비를 통해 주제 의식을 부각하고 있다.
⑤ 명령적 어조를 통해 현실에 대한 비판 의식을 드러내고 있다.

02. <보기>를 참고하여 (가)를 이해한 내용으로 적절하지 않은 것은?

<보기>

현실 정치를 떠나 초야에 묻혀 지내던 윤선도는 자신을 질시하는 세력들을 의식하여 임금의 지극한 부름을 사양했다. 그러나 고산에 은거하면서도 임금을 도와 부정적인 현실을 바로잡고, 올바른 정치를 하고 싶었던 윤선도는 그러한 마음을 표현하기 위해 현실을 꿈속 천상계의 일에 빗대어 「몽천요」를 창작하였다.

① ㉠은 작가가 임금의 부름을 사양한 원인에 해당한다고 볼 수 있다.
② ㉡은 작가가 은거하고 있는 삶의 공간을 의미한다고 볼 수 있다.
③ ㉢은 작가를 필요로 하는 임금이 있는 공간을 의미한다고 볼 수 있다.
④ ㉣은 작가가 올바른 정치를 실현하려는 대상으로, 임금을 떠나는 계기에 해당한다고 볼 수 있다.
⑤ ㉤은 무너진 현실을 바로잡을 수 있는 주체로, 작가 자신을 비롯한 인재를 비유한다고 볼 수 있다.

03. <보기>를 바탕으로 (나)를 감상한 내용으로 적절하지 <u>않은</u> 것은?

<보기>

이 작품에서 작가는 임진왜란 당시의 혼탁하고 암담한 시대 현실 속에서 신분의 제약으로 인해 자신이 할 수 있는 것이 없음을 안타까워하고, 피란길에 오른 임금을 달에 비유하여 임금에 대한 걱정을 드러내고 있다.

① '사뢰려'는 '뜻'은 혼탁하고 암담한 시대 현실과 관련된 것이겠군.
② '옛빛'이 '점점 아득하'다는 것은 임금이 처한 상황이 점점 부정적으로 변하고 있다는 것이겠군.
③ '제몸만 밝히'는 '금작경'은 피란길에 오른 임금의 상황을 비유한 것이겠군.
④ '단단 환선'으로 '바람'을 일으키려는 것은 부정적인 현실을 바꾸고 싶은 소망을 드러낸 것이겠군.
⑤ 자신의 뜻이 '허사'라고 한 것은 신분적 제약으로 인해 자신을 '진토'로 인식한 결과이겠군.

다음 글을 읽고 물음에 답하시오. [교육청 기출 변형]

(가)

집도 많은 집도 많은 남대문턱 움 속에서 두 손 오구려 혹혹 입김 불며 이따금씩 쳐다보는 하늘이사 아마 하늘이기 혼자만 곱구나

거북네는 만주서 왔단다 두터운 얼음장과 거센 바람 속을 세월은 흘러 거북이는 만주서 나고 할배는 만주에 묻히고 세월이 무심찮아 봄을 본다고 쫓겨서 울면서 가던 길 돌아왔단다

띠팡*을 떠날 때 강을 건늘 때 조선으로 돌아가면 빼앗겼던 땅에서 농사지으며 가 갸 거 겨 배운다더니 조선으로 돌아와도 집도 고향도 없고

[A]
┌ 거북이는 배추꼬리를 씹으며 달디달구나 배추꼬리를 씹으며 꺼무테테한 아배의 얼굴을 바라보면서 배추꼬리를 씹으며 거북이는 무엇을 생각하누

첫눈 이미 내리고 이윽고 새해가 온다는데 집도 많은 집도 많은 남대문턱 움 속에서 이따금씩 쳐다보는 하늘이사 아마 하늘이기 혼자
└ 만 곱구나

- 이용악, 「하늘만 곱구나」 -

*띠팡 : '장소'의 중국말. 여기서는 만주를 의미함.

(나)

배를 민다
배를 밀어보는 것은 아주 드문 경험
희번덕이는 잔잔한 가을 바닷물 위에
배를 밀어넣고는
온몸이 아주 추락하지 않을 순간의 한 허공에서
밀던 힘을 한껏 더해 밀어주고는
아슬아슬히 배에서 떨어진 손, ㉠ 순간 환해진 손을
허공으로부터 거둔다

㉡ 사랑은 참 부드럽게도 떠나지
뵈지도 않는 길을 부드럽게도

㉢ 배를 한껏 세계 밀어내듯이 슬픔도
그렇게 밀어내는 것이지

㉣ 배가 나가고 남은 빈 물 위의 흉터
잠시 머물다 가라앉고

㉤ 그런데 오, 내 안으로 들어오는 배여
아무 소리 없이 밀려들어오는 배여

- 장석남, 「배를 밀며」 -

(다)

상(常)해런가* 꿈이런가 백옥경에 올라가니

옥황(玉皇)은 반기시나 군선(群仙)*이 꺼리는구나.

두어라, 오호연월(五湖烟月)*이 내 분(分)에 알맞구나.

　　┌ 풋잠에 **꿈**을 꾸어 십이루에 들어가니

　　│ 옥황은 웃으시되 군선이 꾸짖는구나.

　　│ 어즈버, **백만억창생**을 어느 결에 물으리.

[B]

　　│ **하늘**이 이저신 제* 무슨 술(術)로 기워 내었는고.

　　│ **백옥루** 중수(重修)할 제 어떤 **바치*** 이루어 내었는고.

　　└ 옥황께 사뢰어 보자 하더니 다 못하고 왔구나.

　　　　　　　　　　　　　　- 윤선도, 「몽천요(夢天謠)」 -

*상해런가 : 일상이던가.

*군선 : 여러 신선(神仙).

*오호연월 : 아름다운 풍경을 말함.

*백만억창생 : 수많은 백성.

*이저신 제 : 이지러졌을 때.

*바치 : 장인(匠人).

04. (가)~(다)의 공통점으로 가장 적절한 것은?

① 화자로서는 어찌할 수 없는 상황이 나타나 있다.
② 일상의 경험에서 대상의 의미를 새롭게 끌어내고 있다.
③ 대상의 존재를 부정하려는 화자의 의도가 드러나 있다.
④ 이상과 현실 사이에서 고뇌하는 화자의 모습이 나타나 있다.
⑤ 자연을 통해 현재의 삶에 대한 부정적 인식을 보여 주고 있다.

05. (가)와 (나)의 표현상 특징에 대한 설명으로 가장 적절한 것은?

① (가), (나) 모두 색채의 대비를 통해 감정의 변화를 보여 주고 있다.
② (가)는 (나)와 달리 영탄적 표현을 통해 시적 긴장감을 고조시키고 있다.
③ (가)는 (나)와 달리 첫 연의 내용을 끝 연에서 변주하여 시상을 심화하고 있다.
④ (나)는 (가)와 달리 의성어를 사용하여 생생한 현장감을 드러내고 있다.
⑤ (나)는 (가)와 달리 반어적 표현을 통해 현실에 대한 화자의 태도를 드러내고 있다.

06. (나)의 ㉠~㉤에 대한 설명으로 적절하지 않은 것은?

① ㉠ : 배에서 손을 뗀 순간의 상황을 표현하고 있다.
② ㉡ : 배가 밀려가는 모습을 통해 사랑이 떠나갈 때의 느낌을 표현하고 있다.
③ ㉢ : 이별의 슬픔을 잊기 위한 화자의 의지를 표현하고 있다.
④ ㉣ : 사랑이 떠나가고 남은 화자 마음속의 상처를 표현하고 있다.
⑤ ㉤ : 화자가 기대하던 새로운 사랑이 시작됨을 표현하고 있다.

07. [A]와 [B]의 시어를 비교하여 이해한 내용으로 가장 적절한 것은?

① [A]의 '거북이'와 [B]의 '백만억창생'은 화자가 애정을 가지고 있는 대상이다.
② [A]의 '생각'과 [B]의 '꿈'은 화자와 대상 간의 갈등을 보여 준다.
③ [A]의 '첫눈'과 [B]의 '바치'는 화자가 기다리는 긍정적 대상을 의미한다.
④ [A]의 '움'과 [B]의 '백옥루'는 화자가 살고 있는 공간적 배경을 나타낸다.
⑤ [A]의 '하늘'과 [B]의 '하늘'은 이상적 세계를 나타낸다.

25 | 작자 미상, 화전가

STEP 01 OX 문제를 통한 지문 이해 훈련

N BS 수능특강 | 고전문학

어와 여종들아 이내 말삼 들어 보소
이해가 어떤 해뇨 우리 임금 화갑(華甲)*이라
화봉의 축원(祝願)*으로 우리 임금 축수(祝手)하고
강구(康衢)*의 격양가(擊壤歌)* 우리 여인 화답하네
인정전 높은 전 수연(壽宴)*을 배설하니
백관(百官) 헌수(獻壽)*하고 창생(蒼生)은 고무(鼓舞)한다
춘당대 넓은 땅에 경과(慶科)*를 보이시니
목목(穆穆)하신* 우리 임금 서일(瑞日)*같이 임하시고
빈빈(彬彬)한 명유(名儒)들은 화상(華床)*에 분주하다
이렇듯이 좋은 해에 이때가 어느 때뇨
불한불열(不寒不熱) 삼춘(三春)이라
심류청사(深柳靑絲)* 드린 곳에 황앵(黃鶯) 편편(片片)하고
천봉수장(天崩繡帳)* 베푼 곳에 봉접(蜂蝶)이 분분(紛紛)하다
우리 황앵 아니로되 꽃은 같이 얻었으니
우리 비록 여자라도 이러한 태평세(太平世)에 아니 놀고 무엇 하리
백만 년을 다 버리고 **하루 놀음** 하려 하고
일자를 정차 하니 길일양사(吉日良事)* 언제런고
이월이라 염오일(念五日)*은 청명시절(淸明時節)* 제때로다
손꼽고 바라더니 어느덧에 다 닫고야
아이종 급히 불러 앞뒷집 서로 일러
소식하고 가사이다 노소 **없이 다 모이어**
차차로 달아나니 응장성식(應粧盛飾)* 찬란하다
원산(遠山) 같은 눈썹이랑 아미(蛾眉)로 다스리고
횡운(橫雲) 같은 귀밑일랑 선빈(鮮鬢)*으로 꾸미도다
동해에 고운 명주 잔줄 지어 누벼 입고

추양(秋陽)에 바랜 베를 연반물 들여 입고
선명하게 나와 서서
좋은 풍경 보려 하고 가려강산(佳麗江山) 찾았으되
용산을 가려느냐 매봉으로 가려느냐
산명수려(山明秀麗) 좋은 곳은 소학산이 제일이라
어서 가자 바삐 가자 앞에 서고 뒤에 서고
태산(泰山) 같은 고봉준령(高峯峻嶺) 허위허위 올라가서
승지(勝地)에 다닫거다

(중략)

청계변에 복성꽃은 무릉원(武陵源)이 의연(毅然)하다
이러한 좋은 경개 흠 없이 다 즐기니
소선(蘇仙)의 적벽(赤壁)인들 이에서 더할손가
이백(李白)의 채석(采石)인들 이에서 나을손가
화간(花間)에 벌여 앉아 서로 보며 이른 말이
규중(閨中)에 썩힌 간장 오늘이야 쾌(快)한지고
흉금(胸襟)이 상연(爽然)*하고 심신이 호탕하여
장장춘일(長長春日) 긴긴날을 긴 줄도 잊었더니
서산에 지는 해가 구곡을 재촉하여
층암고산(層岩高山)에 모연(暮煙)*이 일어나고
벽수동리(碧樹洞裏)에 숙조(宿鳥)*가 돌아든다
흥(興)대로 놀려 하면 인간의 자연취객(自然醉客)이
아닌 고로 **마지못해 일어나니**
암하(岩下)야 잘 있거라 강산아 다시 보자
시화세풍(時和歲豊)* 하거들랑 창안백발(蒼顔白髮)* 흩날리고
고향산천 찾아오마

*화갑 : 화갑자. 육십갑자의 한 주기로서 60세가 되는 해. 또는 그 나이. / *화봉의 축원 : '화'라는 벼슬아치가 요임금의 장수를 기원하며 축하했다는 고사를 인용함.
*강구 : 번화한 거리. / *격양가 : 임금의 성덕과 나라의 태평을 칭송하는 노래. '고복격양'이라는 고사에 언급됨. / *수연 : 장수를 축하하는 잔치.
*헌수 : 환갑잔치 따위에서, 장수를 빌며 술잔을 올림. / *경과 : 나라에 경사가 있을 때 보는 과거 시험. / *목목하신 : 위엄 있는 모습이 가득하신.
*서일 : 상서로운 해. / *화상 : 화갑 상. / *심류청사 : 버드나무 푸른 가지. / *천봉수장 : 하늘을 헐어 내어 수놓아 펼쳐 놓은 장막.
*길일양사 : 일을 벌이기에 좋은 날. / *염오일 : 이십오 일. / *청명시절 : '청명'은 춘분과 곡우 사이에 있는 24절기의 하나. '청명'이 있는 시기.
*응장성식 : 호화로운 장식. / *선빈 : 고운 머리채. / *상연 : 심신이 다 상쾌한 모양. / *모연 : 저녁 안개. / *숙조 : 잠을 자러 가는 새.
*시화세풍 : 나라 안이 태평하고, 또 풍년이 듦. / *창안백발 : 늙은이의 쇠한 얼굴빛과 하얗게 센 머리털.

OX문제

01 화자는 '손꼽고 바라'던 날이 오자 '노소 없이 다 모'여 '하루 놀음'을 즐기려 하고 있다. (O / X)
02 대상을 의인화하여 화자와 자연의 유대감을 나타내고 있다. [2025학년도 9월] (O / X)
03 유사한 문장 구조를 반복적으로 제시하며 시상을 전개한다. [2024학년도 수능] (O / X)
04 음성 상징어를 활용하여 상상 세계의 경이로움을 나타내고 있다. [2023학년도 6월] (O / X)
05 화자는 '서산에 지는 해'를 보고 '흥'이 나지 않아 '마지못해 일어나' 돌아갔다. (O / X)

STEP 02 지문 분석

[EBS에 나오지 않은 파트까지 모두 넣은 전문 분석]

어와 여종들아 이내 말삼 들어 보소
　　　말을 건네는 방식

⇒ 어와 여종들아 이내 말씀 들어 보소

「 」: 자문자답

「이해가 어떤 해뇨 우리 임금 화갑(華甲)이라」
　　　　60세가 되는 해. 또는 그 나이

⇒ 이 해가 어떤 해인가 우리 임금님의 화갑이라

오래 살기를 빎.

화봉의 축원(祝願)으로 우리 임금 축수(祝手)하고
↳ '화'라는 벼슬아치가 요임금의 장수를 기원하며 축원했다는 고사

⇒ 화봉의 축원으로 우리 임금님이 오래 살기를 빌고

임금의 성덕과 나라의 태평을 칭송하는 노래

강구(康衢)의 격양가(擊壤歌) 우리 여인 화답하네
번화한 거리　　　노래에 응하여 대답하네

⇒ 번화한 거리의 격양가에 우리 여인들이 응하여 대답하네

: 공간적 배경　　　연회나 의식에 쓰는 물건을 차려 놓으니

인정전 높은 전 수연(壽宴)을 배설하니
창덕궁의 정전　　장수를 축하하는 잔치

⇒ 인정전(궁궐) 높은 정전에서 잔치를 벌이니

세상의 모든 사람

백관(百官) 헌수(獻壽)하고 창생(蒼生)은 고무(鼓舞)한다
모든 벼슬아치　↳장수를 빌며 술잔을 올림.　북을 치고 춤을 춤.

⇒ 모든 벼슬아치들은 (임금님의) 장수를 빌며 술잔을 올리고 모든 백성들은 북을 치고 춤을 춘다

창덕궁 안에 과거 시험을 보던 곳

춘당대 넓은 땅에 경과(慶科)를 보이시니
　　　　나라에 경사가 있을 때 보는 과거 시험

⇒ 춘당대 넓은 땅에 과거 시험을 보이시니

목목(穆穆)하신 우리 임금 서일(瑞日)같이 임하시고
위엄 있는 모습이 가득하신　　상서로운 해

⇒ 위엄있는 모습이 가득하신 우리 임금님이 상서로운 해같이 임하시고

빈빈(彬彬)한 명유(名儒)들은 화상(華床)에 분주하다
흘륭하고 이름난 선비　　　　화갑 상

⇒ 훌륭하고 이름난 선비들은 화갑 상 (앞에서) 분주하다

서사 : 화갑을 맞은 임금에 대한 축원

「이렇듯이 좋은 해에 이때가 어느 때뇨
　　　　　현재에 대한 만족감을 드러냄.

⇒ 이렇게 좋은 해에 이때가 어느 때인가

「 」: 자문자답

불한불열(不寒不熱) 삼춘(三春)이라」
춥지도 덥지도 않음.　봄의 석 달

⇒ 춥지도 덥지도 않은 봄이라

심류청사(深柳靑絲) 드린 곳에 황앵(黃鶯) 편편(片片)하고
버드나무 푸른 가지

⇒ 버드나무 푸른 가지 드리운 곳에 노란 꾀꼬리가 날아다니고

천붕수장(天崩繡帳) 베푼 곳에 봉접(蜂蝶)이 분분(紛紛)하다
하늘을 헐어 내어 수놓아 펼쳐 놓은 장막　벌과 나비

⇒ 수놓아 펼쳐 놓은 장막이 있는 곳에 벌과 나비가 어지럽게 날고 있다

우리 황앵 아니로되 꽃은 같이 얻었으니

⇒ 우리가 노란 꾀꼬리는 아니지만 꽃은 같이 얻었으니

우리 비록 여자라도 이러한 태평세(太平世)에 아니 놀고 무엇 하리

⇒ 우리가 비록 여자라도 이러한 태평성대에 아니 놀고 무엇을 하겠는가

백만 년을 다 버리고 하루 놀음 하려 하고

⇒ 온갖 일을 다 버리고 하루 놀이를 하려 하고

과외식 해설

어와 여종들아~우리 임금 화갑이라 → 화자가 청자인 '여종들'에게 말을 건네며 작품을 시작하고 있다. 그리고 '이해'가 '임금'의 '화갑'임을 밝히며, 자신들이 화전놀이를 가게 된 배경에 대해 설명하고 있다. 참고로, 「화전가」의 '화전'은 꽃을 넣어 부친 음식을 말하는데, 조선 시대 부녀자들은 봄날에 산에서 화전을 부쳐 먹으며 화전놀이를 즐겼다. 이를 고려하면, 화자가 '여종들'에게 건네는 말이 화전놀이와 관련이 있을 것임을 짐작할 수 있다.

화봉의 축원으로~우리 여인 화답하네 → '화봉의 축원'은 '화'라는 벼슬아치가 요임금의 장수를 기원하며 축원했다는 고사와 관련된 표현이며, '강구의 격양가'는 요임금의 치세(잘 다스려져 화평한 세상)에 백성들이 격양가를 부르며 태평성대를 즐겼다는 고사와 관련된 표현이다. 화자는 이를 활용하여 '임금'의 '화갑'을 진심으로 축하하는 백성들의 모습을 드러내고 있다.

인정전 높은 전~화상에 분주하다 → '고무한다', '분주하다'에서 현재형 어미를 사용하여 임금의 회갑 잔치 분위기를 생동감 있게 전하고 있다. 또한 벼슬아치들과 백성들이 기뻐하는 모습을 통해 임금의 '화갑'을 관리와 백성 모두 한마음으로 축하하고 있음을 알 수 있다. 한편, 임금을 '서일(해)'에 빗대어 표현함으로써 임금의 덕과 위엄을 높이고 있으며, 이름난 선비들의 분주한 모습을 통해 임금의 덕으로 인해 나라가 활기를 띠고 있음을 드러내고 있다.

심류청사 드린 곳에~봉접이 분분하다 → 대구법을 사용하여 봄날의 분위기를 환기하고 있다. 이때 '황앵'과 '봉접'은 화자에게 감흥을 주는 자연물로, 화전놀이를 하기에 좋은 시기임을 드러낸다.

우리 황앵 아니로되~아니 놀고 무엇 하리 → 화자가 화전놀이를 떠나는 것에 대한 당위성을 드러내고 있다. 화자와 다른 여인들이 '황앵'은 아니지만 '꽃'을 즐길 수 있는 좋은 시기가 찾아왔으며, 자신들이 비록 '여자'인 몸이지만 시절이 '태평세'이기에 화전놀이를 즐기기에 충분하다는 것이다. 즉, 화자는 임금님의 '화갑'이 있는 해가 '태평세'임을 칭송하고, 이를 기회 삼아 봄날에 꽃을 즐기러 가고 싶은 화자의 마음을 드러낸 것이다.

「일자를 정차 하니 길일양사(吉日良事) 언제런고
　　　　　　　　　일을 벌이기 좋은 날

　　　　　'청명'은 춘분과 곡우 사이에 있는 24절기의 하나
이월이라 염오일(念五日)은 청명시절(淸明時節) 제때로다」
　　　　이십 오 일
　　　　　　　　　　　「 」: 자문자답

손꼽고 바라더니 어느덧에 다 닫고야

　　　본사 1 : 태평성대의 좋은 봄날에 화전놀이를 갈 날을 정함.
아이종 급히 불러 앞뒷집 서로 일러

소식하고 가사이다 노소 없이 다 모이어
　　　　　　　　늙은이와 젊은이

차차로 달아나니 응장성식(應粧盛飾) 찬란하다
　　　　　　　　　호화로운 장식

『원산(遠山) 같은 눈썹이랑 아미(蛾眉)로 다스리고
　　　　　　　　　미인의 눈썹

　『 』: 대구법, 비유법 → 화전놀이를 가기 위해 단장하는 모습 묘사
횡운(橫雲) 같은 귀밑일랑 선빈(鮮鬢)으로 꾸미도다』
　떠 있는 구름　　　　　　고운 머리채

동해에 고운 명주 잔줄 지어 누벼 입고

추양(秋陽)에 바랜 베를 연반물 들여 입고
가을철에 내리쬐는 햇볕　연한 반물(반물은 거무스름한 남빛)

선명하게 나와 서서

좋은 풍경 보려 하고 가려강산(佳麗江山) 찾았으되
　　　　　　　　　아름다운 강과 산

용산을 가려느냐 매봉으로 가려느냐

산명수려(山明秀麗) 좋은 곳은 소학산이 제일이라
산과 물이 맑고 깨끗하다는 뜻　　　화전놀이를 즐길 장소
→ 아름다운 자연의 경치
어서 가자 바삐 가자 앞에 서고 뒤에 서고

　　　본사 2 : 곱게 단장하고 화전놀이를 나감.
태산(泰山) 같은 고봉준령(高峯峻嶺) 허위허위 올라가서
　　　　　높이 솟은 산봉우리와 험준한 산마루　→ 힘에 겨워 힘들어하는 모양
　　　　　　　　　　　　　　　　　　(음성 상징어)

승지(勝地)에 다닫거다
경치가 좋은 곳

좌우(左右) 풍경 둘러보니 수양(首陽) 같은 금오산(金鰲山)
　　　　　　　　　중국의 수양산

충신(忠臣)이 멀었거늘 어찌 저리 푸르렀으며

⇒ 날짜를 정하려고 하니 일을 벌이기 좋은 날이 언제인가

⇒ 이월 이십오 일은 청명이 있는 시기로 알맞은 때로구나

⇒ 손꼽아 (그날을) 바라더니 어느덧 (그날에) 이르렀구나

⇒ 어린 종을 급히 불러 앞뒷집에 서로 일러

⇒ 소식을 전하고 가자 늙은이와 젊은이 (구분) 없이 다 모여

⇒ 차례로 걸어가니 호화롭게 단장한 모습이 아름답다

⇒ 먼 산 같은 눈썹은 미인의 눈썹처럼 (아름답게) 다스리고

⇒ 떠 있는 구름 같은 귀밑머리는 고운 머리채로 꾸미도다

⇒ 동해에 고운 명주를 잘게 그은 줄로 지어 누벼 입고

⇒ 가을 햇볕에 바랜 천을 연한 남색 물을 들여 입고

⇒ 선명하게 나와 서서

⇒ 좋은 풍경을 보려 하고 아름다운 강과 산을 찾았으되

⇒ 용산으로 갈 것이냐 매봉으로 갈 것이냐

⇒ 자연의 경치가 좋은 곳은 소학산이 제일이라

⇒ 어서 가자 바삐 가자 앞에 서고 뒤에 서고

⇒ 태산 같은 높이 솟은 산봉우리와 험준한 산마루를 허위허위 올라가서

⇒ 경치가 좋은 곳에 이르렀다

⇒ 좌우 풍경을 둘러보니 수양산 같은 금오산은

⇒ 충신이 멀리 있는데도 어찌 저리 푸르렀으며

백만 년을 다 버리고~어느덧에 다 닫고야 → '하루 놀음'은 화전놀이를 의미한다. 이 부분에서는 화자가 화전놀이를 떠나기 위해 날짜를 정하고, 그날을 손꼽아 기다려 마침내 화전놀이를 갈 날이 되었음을 드러내고 있다.

아이종 급히 불러~노소 없이 다 모이어 → 늙은이와 젊은이의 구분 없이 화전놀이를 함께 준비하는 모습이 드러나 있다. 이를 통해 화전놀이는 나이를 구분하지 않고 이웃들과 함께 즐기는 행사임을 알 수 있다.

원산 같은 눈썹이랑~연반물 들여 입고 → 대구법을 사용하여 화전놀이를 가기 위해 눈썹과 귀밑머리를 정리하고 신경 써서 옷차림을 갖춘 모습을 표현하고 있다. 이러한 외양 묘사를 통해 화전놀이에 대한 기대감이 고조되는 모습을 보여 준다.

어서 가자 바삐 가자~승지에 다닫거다 → 유사한 문장 구조의 반복을 통해 바쁘게 '소학산'을 오르고 있는 모습을 요약적으로 제시하여 시상을 속도감 있게 전개하고 있다. 또한 '허위허위'라는 음성 상징어를 사용하여 '소학산'으로 올라가는 과정을 생동감 있게 드러내고 있다.

좌우 풍경 둘러보니~어찌 저리 맑아 있노 → 화자는 '금오산'을 중국의 유명한 충신인 '백이와 숙제'가 머물렀던 수양산과 같다고 하고, '낙동강'을 100년에 한 번 맑아지면 성인이 난다는 '황하'와 같다고 표현하고 있다.

참고로 '백이와 숙제'는 서로 왕위를 양보한 우애로운 형제로, 훗날 사람들이 '상나라'를 반역하고 '주나라'를 세우자 두 임금을 섬길 수 없다며 '수양산'에 들어가 고사리를 캐먹으며 살다가 죽은 충신으로 유명하다.

또한 중국의 '황하강'은 누런 흙탕물이 특징인데, 이 강이 맑아지면 성인이 나온다는 시구가 유명하다.

이를 통해 화전놀이를 나간 화자가 주변 경치를 시선의 이동에 따라 관람하며, 그와 관련된 고사나 시구를 인용하여 그 아름다움을 높이 평가하고 있음을 확인할 수 있다.

황하(黃河) 같은 낙동강(洛東江)은 성인(聖人)이 나시려나
　　　　　　　　　지혜와 덕이 매우 뛰어나 길이 우러러 본받을 사람

⇒ 황하 같은 낙동강은 성인이 태어나려는지

어찌 저리 맑아 있노

⇒ 어찌 저리 맑은가

구경(求景)을 그만하고 화전(花煎)터로 내려와서

⇒ 구경을 그만하고 화전 터로 내려와서

무쇠그릇이야 솥이야 시냇가에 걸어놓고

⇒ 무쇠 그릇과 솥을 시냇가에 걸어 놓고

맑은 기름과 흰 가루로 화전(花煎)을 지져 놓고

⇒ 맑은 기름과 흰 가루로 화전을 지져 놓고

화간(花間)에 가족들을 웃으며 불렀으되

⇒ 꽃 사이에서 가족들을 웃으며 불렀으되

어서 오고 어서 오소 집에 앉아 수륙진미(水陸珍味)
　　　　　　　　　산과 바다에서 나는 온갖 진귀한 물건으로 차린, 맛이 좋은 음식

⇒ 어서 오고 어서 오소 집에 앉아 (있으면)
　맛 좋은 음식들을

보기는 하려니와 우리 가족 동환(同歡)하기
　　　　　　　　　함께 즐거워함.

⇒ 보기는 하겠지만 우리 가족이 함께 즐거워
　하기가

이에서 더할소냐

⇒ 지금보다 더 하겠는가

송하에 늘어앉아 꽃가지로 찍어올려
소나무 아래

⇒ 소나무 아래 늘어앉아 꽃가지로 찍어 올려

춘미를 쾌히 보고 남은 흥을 못 이기어

⇒ 봄의 아름다움을 유쾌하게 즐기고 남은 흥
　을 이기지 못하여

상상봉 치어달아 한없이 좋은 경치

⇒ 상상봉으로 달려가 한없이 좋은 경치를

일안에 다 들이니 저 높은 백운산은
　한눈

⇒ 한눈에 다 담으니 저 높은 백운산은

적송자의 노던 덴가 반석 위에 바둑판은
옛날 중국의 신선 이름

⇒ 적송자가 놀던 곳인가 넓고 평평한 큰 돌
　위에 있는 바둑판은

　　　　　　　　　　깊숙하고 그윽한
낙서격을 벌려있고 유수한 황학동은
중국 하나라의 우왕이 홍수를 다스릴 때,
낙수의 거북이 등에 새겨진 45개의 점으로 된 아홉 개의 무늬

⇒ 낙서격처럼 벌여 있고 깊숙하고 그윽한 황
　학동은

서왕모 있던 덴가
중국 신화에 나오는 신녀의 이름

⇒ 서왕모가 있던 곳인가

청계변에 복성꽃은 무릉원(武陵源)이 의연(毅然)하다
　　　　　　　　　　　　　　자연에 대한 예찬

⇒ 맑고 깨끗한 시냇가에 핀 복숭아꽃은 무릉
　도원이 끄떡없다

이러한 좋은 경개 흠 없이 다 즐기니
　산이나 들, 강 따위의 자연이나 지역의 모습

⇒ 이렇게 좋은 경치를 흠 없이 다 즐기니

소선(蘇仙)의 적벽(赤壁)인들 이에서 더할손가
중국 송나라 때의 문호 소동파가 놀면서 「적벽부」를 지은 적벽강

⇒ 소동파가 놀던 적벽강인들 이보다 더 아름
　답겠는가

구경을 그만하고~이에서 더할소냐 → 화전놀이를 나가 자연의 경치를 구경하던 화자가 화전을 지져 먹는 모습이 제시되고 있다. 화자는 '화전을 지져 놓고' 가족들을 불러 화전을 함께 먹으며 즐거워하고 있다. 이때 '수륙진미'는 산과 바다에서 나는 온갖 진귀한 물건으로 차린, 맛이 좋은 음식을 의미한다. 화자는 이러한 맛이 좋은 음식을 집에서도 먹을 수 있지만, 화전놀이에 나와 가족들과 다함께 먹는다면 즐거움이 더욱 클 것이라며 화전놀이에 대한 만족감을 드러내고 있다.

상상봉 치어달아~서왕모 있던 덴가 → '소학산'의 '상상봉'에 올라 바라본 주변 경치에 대한 느낌을 드러내고 있다. 화자는 널리 알려진 중국의 신선들을 언급하여 산의 아름다움을 표현하고 있다. 또한 의문형 어미를 사용하여 산에 대한 감흥을 강조하고 있다.

청계변에 복성꽃은~채석인들 이에서 나을손가 → 화자는 '청계변'에 복숭아꽃이 활짝 핀 모습을 무릉도원과 견줄 만하다고 표현하여, 아름다운 봄의 풍경을 강조하고 있다. 한편, '소선의 적벽', '이백의 채석'에서 중국 고사에 등장하는 명승지를 인용하여 현재 자신이 보고 있는 경치에 대한 극찬과 자연 친화적 태도를 드러내고 있다.

이백(李白)의 채석(采石)인들 이에서 나을손가
당나라 시인의 이태백이 뱃놀이를 하면서
강물에 뜬 달을 잡으려다가 빠져 죽은 채석강

⇒ 이백이 놀던 채석강인들 이보다 더 낫겠는가

본사 3 : 소학산에서 즐기는 화전놀이와 아름다운 자연의 경치

화간(花間)에 벌여 앉아 서로 보며 이른 말이
꽃과 꽃 사이

⇒ 꽃 사이에 벌여 앉아 서로 보며 이르는 말이

'애'나 '마음'을 비유적으로 이르는 말
규중(閨中)에 썩힌 간장 오늘이야 쾌(快)한지고
부녀자가 거처하는 곳   병이 다 나은 상태에 있구나

⇒ 규중에서 상한 마음이 오늘에서나 낫는구나

흉금(胸襟)이 상연(爽然)하고 심신이 호탕하여
심신이 다 상쾌한 모양   기세 있고 힘참.

⇒ 마음속이 상쾌하고 마음과 몸이 씩씩하여

장장춘일(長長春日) 긴긴날을 긴 줄도 잊었더니
기나긴 봄날

⇒ 기나긴 봄날이 긴 줄도 있었더니

여러 골짜기
서산에 지는 해가 구곡을 재촉하여
의인법 → 시간의 흐름

⇒ 서산에 지는 해가 여러 골짜기를 재촉하여

층암고산(層岩高山)에 모연(暮煙)이 일어나고
저녁 안개

⇒ 바위가 겹겹이 쌓인 높은 산에는 저녁 안개가 일어나고

벽수동리(碧樹洞裏)에 숙조(宿鳥)가 돌아든다
잠을 자러 가는 새

⇒ 푸른 나무들이 우거진 골짜기에는 잠을 자러 가는 새가 돌아든다

흥(興)대로 놀려 하면 인간의 자연취객(自然醉客)이

⇒ 흥이 나는 대로 놀고 싶지만 인간은 자연에 취한 사람이

아닌 고로 마지못해 일어나니
화전놀이를 마쳐야 하는 아쉬움

⇒ 아니기 때문에 마지못해 일어나니

암하(岩下)야 잘 있거라 강산아 다시 보자
돈호법, 의인법 → 자연에 대한 애정

⇒ 바위 아래야 잘 있거라 강산아 다시 보자

시화세풍(時和歲豊) 하거들랑 창안백발(蒼顏白髮) 흩날리고
나라 안이 태평하고, 또 풍년이 듦.   늙은이의 쇠한 얼굴빛과 하얗게 센 머리털

⇒ 나라 안이 태평하고 풍년이 들게 되면 나이가 들어서라도

고향산천 찾아오마

⇒ 고향의 산천을 (다시) 찾아오마

결사 : 화전놀이를 마치며 다시 찾아올 것을 기약함.

화간에 벌여 앉아~오늘이야 쾌한지고 → '규중에 썩힌 간장'은 당대에 규방에서 지낼 수밖에 없었던 부녀자들의 답답한 마음을 드러낸 표현이다. 여인들이 화전놀이를 나가 있는 동안에 규방에서 억압되었던 마음이 조금이나마 해소되고 있는 모습이 나타나고 있다.

장장춘일 긴긴날을~숙조가 돌아든다 → 화전놀이의 즐거움으로 인해 기나긴 봄날이 긴 줄도 모를 만큼 시간이 빠르게 흘러갔음을 나타내고 있다. 한편, 의인법을 활용해 '소학산'의 주변 풍경을 묘사하여 시간의 경과를 드러내고, 이를 통해 화전놀이를 마칠 시간이 다가왔음을 나타내고 있다.

흥대로 놀려 하면~마지못해 일어나니 → 화자는 인간이 영원히 자연 속에 취해 지낼 수 없다는 한계를 인식하여 '마지못해 일어나'고 있다. 이는 화전놀이의 즐거움이 끝나는 것에 대한 아쉬움을 표현한 것으로 볼 수 있다.

암하야 잘 있거라 강산아 다시 보자 → '암하'는 화전놀이를 하던 여인들이 놀던 바위 아래를 가리킨다. 화자는 자연물인 '암하'와 '강산'에 인격을 부여하여 말을 건네며 화전놀이를 마쳐야 하는 아쉬운 마음을 드러내고 있다.

시화세풍 하거들랑~고향산천 찾아오마 → 화자는 화전놀이를 마치며 후에 늙어서라도 다시 찾아오겠다는 다짐을 드러내고 있다. 또한 화자가 화전놀이를 나간 '소학산'을 '고향산천'을 찾아가듯 '찾아오'겠다고 말하는 것을 통해, 화전놀이의 장소를 '고향처럼 정겨운 곳으로 인식하고 있음을 알 수 있다.

STEP 03 작품 해제

01 | 주제

임금의 장수를 축하하는 기쁨과 봄날에 즐기는 화전놀이에 대한 즐거움

02 | 특징

① 화갑을 맞은 임금에 대한 축수와 화전놀이에 대한 즐거움을 드러낸 화자 중심의 시
② 설의적 표현을 통해 화자의 심리를 드러냄.
③ 다양한 비유법을 사용하여 대상의 속성을 강조함.
④ 대구법을 사용하여 운율을 형성함.

03 | 작품 해제

　「화전가」는 영남 지역의 내방 가사로 알려진 화전가(봄날에 여성들이 시집살이의 굴레에서 벗어나 경치 좋은 곳을 찾아 화전놀이를 하며 즐기는 것을 노래한 가사)의 하나로, 창작 연대와 작가는 미상이다. 꽃을 넣어 부치는 '화전'은 조선 시대 부녀자들이 봄에 산에서 '화전놀이'를 즐길 때 먹던 음식이다. '화전놀이'는 시집살이의 굴레에 갇혀 살던 여인들에게 잠시나마 쉴 수 있는 기회를 주었다. 대부분의 화전가는 화전놀이를 준비하는 과정과 하루를 즐기는 모습, 하산하여 집으로 돌아가는 과정과 도착한 뒤의 감회 등으로 구성된다. 이 작품은 서사 부분에서 '화갑'을 맞은 임금에 대한 축수와 그것을 축하하는 당시 사람들의 모습들을 자세하게 그려 낸 것이 특징이다.

STEP 04 논문으로 만나는 출제자의 시선

나BS 수능특강 | 고전문학

▶ 화전가에 드러난 소통 방식

　화전놀이는 여성들의 놀이 문화로서 그 전통이 매우 오래되었다. 「화전가」는 기본적으로 화전놀이라는 문화적 배경 속에서 향유된 텍스트로, 이 속에는 어떤 형태로든 화전놀이를 통해서 표출하고자 했던 여성들의 사회적 욕망과 경험들이 반영되어 있다.
　「화전가」에서는 작자들이 무리들을 부르는 표현이 많이 나타나는데, 작품의 서두에서 함께하고 있는 무리들을 부르면서 노래를 시작하는 것에서도 알 수 있다. 이때 사대부 가사에서 '어와 벗님네야'라며 불특정한 청자를 설정하는 관습적인 표현은 전언(말을 전함)의 효과를 기대하는 방법이지만, 「화전가」서는 직접적인 창작 환경에서 비롯되는 표현이라고 할 수 있다. 전체든 개인이든 항상 나타나는 이러한 주변 사람들에 대한 관심과 애착은 「화전가」에서 주목해야 할 부분이다. 남성 위주의 생활 방식 속에서 늘 배제될 수밖에 없었던 여성들이 자연스레 같은 처지의 여성들에게 강한 친밀감을 느끼게 마련이었던 모습은, 「화전가」 속에서 여성들끼리 서로의 존재를 부르며 관계를 확인함으로써 연대감을 형성하고자 했던 것에서 확인할 수 있다.
　「화전가」가 여성들만의 독자적 모임이라는 집단적 공간에서 창작·향유된다는 점, 창작의 주체는 개인 또는 집단이지만 청자는 늘 집단을 향하고 있다는 점을 볼 때, 「화전가」는 그 놀이로서의 쾌락적 기능과 함께 여성들에게 있어 의사소통의 한 방식으로서 기능했던 것으로 볼 수 있다. 따라서 화전가가 대체로 개인 대 집단 또는 집단 대 집단의 형태로 소통되는 특징을 가지는 것은 그 집단적 창작 환경과 관련된다고 할 수 있다. 화전가의 작자들은 반드시 특정한 청자들을 상정하고 전달을 전제로 하여 창작하는데, 이러한 특징들이 바로 가장 이른 시기부터 가장 최근에 이르기까지 많은 지역에서 향유되는 전파력의 계기가 되고 있다.

▶▶ 수능특강 258page

26 박죽서, 병에서 일어난 후

수능 국어 대비
실전 국어 전형태

STEP 01 OX 문제를 통한 지문 이해 훈련

나BS 수능특강 | 고전문학

앓고 나니 어느새 살구꽃 피는 날도 저물어	病餘已度杏花天
마음은 **흔들흔들 매지 않은 배**와 같네	心似搖搖不繫船
일없어 다만 초목과 어울릴 뿐	無事只應同草木
그윽한 생활은 신선을 배우자는 게 아니네	幽居不是學神仙
상자 속의 시구절 누가 화답해 주랴	篋中短句誰相和
거울 속의 파리한 얼굴 내 보기도 가엾구나	鏡裏癯容却自憐
스물세 해 동안 한 일이 무엇인가	二十三年何所業
절반은 바느질로 절반은 시를 쓰며 보냈지	半消針線半詩篇

OX문제

01	계절적 배경을 제시해 화자의 처지를 부각하고 있다. [2022학년도 수능]	(O / X)
02	'흔들흔들 매지 않은 배'는 불안정한 화자의 심리를 나타낸다.	(O / X)
03	과거 회상을 통해 반성적으로 화자 자신을 바라보고 있다. [2014학년도 9월]	(O / X)
04	'신선'의 '그윽한 생활'은 화자가 바라는 이상적인 삶을 의미한다.	(O / X)
05	반어적 표현을 활용하여 미래에 대한 기대감을 드러내고 있다. [2025학년도 6월]	(O / X)

나BS 수능특강 | 고전문학

STEP 02 지문 분석

앓고 나니 어느새 살구꽃 피는 날도 저물어   病餘已度杏花天
<small>투병 생활을 보낸 화자   계절적 배경 → 늦봄</small>

마음은 흔들흔들 매지 않은 배와 같네   心似搖搖不繫船
<small>'마음'의 보조 관념(직유) → 불안정한 심리 상태</small>

기 : 병을 앓은 후의 불안정한 심리 상태

일없어 다만 초목과 어울릴 뿐   無事只應同草木
<small>풀과 나무</small>

그윽한 생활은 신선을 배우자는 게 아니네   幽居不是學神仙
<small>탈속적이고 유유자적한 삶을 사는 대상</small>

<small>화자는 시를 지어 상자에 보관함.</small>

승 : 그윽한 생활은 화자가 진심으로 바라는 삶이 아님.

상자 속의 시구절 누가 화답해 주랴   篋中短句誰相和
<small>설의법 → 시를 지어도 화답해 줄 이가 없음을 강조함.</small>

<small>몸이 마르고 낯빛이나 살색이 핏기가 전혀 없는</small>

거울 속의 파리한 얼굴 내 보기도 가엾구나   鏡裏癯容却自憐
<small>병을 앓아 초췌한 화자의 모습   자신의 처지에 대한 안타까움</small>

전 : 자신의 초라한 처지에 대한 안타까움

스물세 해 동안 한 일이 무엇인가   二十三年何所業
<small>지금까지의 삶에 대한 성찰</small>

절반은 바느질로 절반은 시를 쓰며 보냈지   半消針線半詩篇
<small>여성으로서의 삶과 시인으로서의 삶</small>

결 : 바느질과 시 짓기만 해 온 자신의 삶을 돌아봄.

과외식 해설

앓고 나니 어느새~매지 않은 배와 같네 → 병을 앓고 난 후 어느새 봄이 다 지나갔음을 알게 된 화자의 상황이 드러난다. 화자는 봄이 '저물어' 버린 계절의 변화에서 느끼는 불안정한 마음을 '흔들흔들 매지 않은 배'에 빗대어 표현하고 있다.

일없어 다만~배우자는 게 아니네 → 화자는 자신의 일상을 '일없어 다만 초목과 어울'리는 '그윽한 생활'이라고 평가하고 있다. 이때 '신선을 배우자는 게 아니'라는 것을 통해, 화자가 '신선'과 같은 삶을 바라지 않음을 알 수 있다. 즉, 화자는 '초목'에 묻혀 '그윽한 생활'을 하는 '신선'과 같은 삶을 지향하고 있지 않은 것이다.

상자 속의 시구절~내 보기도 가엾구나 → '시구절'을 써도 이에 대해 화답해 줄 이가 없어 '상자'에 넣어 놓을 수밖에 없는 화자의 상황이 드러난다. 화자는 병을 앓고 나서 파리해진 자신의 모습이 가엾다며 자신의 처지에 대한 안타까움을 드러내고 있다.

스물세 해 동안~시를 쓰며 보냈지 → 화자는 '스물세 해 동안'의 '절반은 바느질로 절반은 시를 쓰며 보'낸 자신의 삶을 성찰하고 있다. 그리고 지난 삶을 회상하며 자신의 능력을 제대로 펼치지 못하고, 지난 세월을 '바느질'과 '시를 쓰며 보'낸 것에 대한 허무함, 무상함을 드러내고 있다.

STEP 03 작품 해제

01 | 주제

병을 앓고 난 후에 깨달은 여성 시인으로서의 삶이 가지는 한계

02 | 특징

① 병을 앓고 난 후 자신의 삶을 돌아보며 느낀 허무함을 노래한 화자 중심의 시
② 직유법, 설의법 등의 표현법을 사용하여 화자의 상황을 강조함.
③ 감각적 이미지를 활용하여 계절감을 드러냄.

03 | 작품 해제

병을 앓고 일어난 뒤 파리해진 자신의 모습을 바라본 여성 화자의 마음을 드러낸 한시이다. 화자는 자신이 병을 앓는 동안 살구꽃 피는 봄날이 끝나가고 있음을 깨닫는다. 화자는 뜰과 나무를 감상하는 그윽한 생활을 하고 있지만, 이러한 삶은 자신이 진정 원했던 삶이 아니었음을 드러낸다. 화자는 스물세 해에 이르는 자신의 삶을 돌아보면서 바느질과 시 짓기만 하며 보낸 시간의 무상함을 깨닫고 있다.

STEP 04 논문으로 만나는 출제자의 시선

여성 시인 박죽서

박죽서는 여성의 학문이 자유롭지 못하고 적서 차별(첩이나 후실에게서 나온 서자는 본처의 아이와 같은 혜택을 누리지 못하는 차별)이 있던 시대에 첩의 딸로 태어났으며, 첩으로 살아갔다. 그녀는 어려서부터 영특하여 일찍부터 시와 글을 지을 정도이며 166편이나 되는 한시를 지어 문집으로 남겨졌지만, 순탄하지 않았던 삶으로 인해 그녀의 많은 시에는 첩으로서 겪어야 했던 슬픔과 외로움 등이 묻어난다.

출생과 출가에서 비롯된 그녀의 애상적 정서가 병약한 몸과 함께 평생 그녀의 작품 속에 스며들어 쓸쓸함과 그리움이 그의 시 곳곳에 나타나고 있다. 그녀는 송호 서기보의 첩으로 들어간 이후 길지 않은 생애를 병으로 고생하면서 한시를 평생의 낙으로 삼았다. 『죽서시집』은 죽서가 죽은 뒤 그녀의 시 166편을 수습하여 남편의 친척인 서돈보가 서문을 붙여 간행한 시집이다. 그 서문에 의하면 "어렸을 때부터 영특하여 곁에서 장난치고 놀면서 강습하는 이야기를 듣고, 빠뜨리는 것 없이 암송했다. 자라서는 바느질을 하는 틈틈이 「소학」, 「경사」 및 옛 작가들의 시문을 더욱 탐독하였다."라고 하였으니 박죽서는 정식으로 글을 배우지는 않았던 것으로 보인다. 다만 워낙 영특한 데다 죽서 자신이 시를 좋아하여, 그의 시집 첫머리에 실려 있는 「십세작」이라는 오언 절구로 미루어 보았을 때 죽서의 한시 창작은 어려서부터 이미 시작되었으며, 그때부터 이미 시 짓기를 생활화한 것으로 짐작할 수 있다.

비록 하층민이었지만 시인으로서의 자아 정체성을 자각하고 자신의 존재감을 드러내기 위해 꿈을 가졌던 박죽서의 삶은 당대를 살아 냈던 여성으로서 문학사에서 중요한 의미를 지닌다.

27 조우인, 출새곡

STEP 01 OX 문제를 통한 지문 이해 훈련

나BS 수능특강 | 고전문학 ●

북방 이십여 주에 경성(鏡城)이 접경인데
치병(治兵) 목민(牧民)*을 내게 맡겨 보내시니
망극한 성은을 갚을 일이 어렵구나
서생의 일은 한묵(翰墨)*인가 여겼더니
늙은이의 변방 부임 진실로 뜻밖이로다
임금께 절 올리고 칼을 짚고 돌아서니
만리 밖 국경에 이 한 몸 다 잊었어라
흥인문 내달아 녹양에서 말 갈아타니 / 은한 옛길을 다시 지나간단 말인가
회양 옛 사실* 기별로만 들었더니 / 대궐을 홀로 떠나 적객*은 무슨 죄인고
높고 험한 철령을 험하단 말 전혀 마오
세상살이에 비겨 보면 평지인가 여기노라
눈물을 거두고 두어 걸음 돌아서니 / 한양은 어디오 대궐이 가려졌도다
안변 북쪽은 저기쯤이 오랑캐 땅이러니
비린내 노린내 일소*하여 천리 밖 몰아내니
윤관* 김종서*의 큰 공적을 초목이 다 알도다
용흥강 건너 들어 정평부 잠깐 지나 / 만세교 앞에 두고 낙민루에 올라앉아
옥저* 땅 산하 하나하나 돌아보니
천년 풍패*에 가득한 맑은 기운 어제인 듯하구나
　　　　　　　　(중략)
군영에 일이 없고 막사 한가한 때
기녀와 함께 산에 올라 술동이를 기울이려
꽃 피는 춘삼월에 원수대에 올라가니
춘풍이 화창하여 맑은 경치 부쳐 내니
빼곡한 수풀은 붉은 비단 되어 있고

구름인 양 눈인 양 파도는 하늘을 끝을 삼아
솟구치고 흩어지며 대 앞에 물러가니
은빛 산이 걷히는가 눈가루가 날리는가
비단 같은 잔디에 백운 같은 천막 치고
버들잎 쏘는 묘기로 승부를 다투거든
무리 지은 미녀들 좌우에 벌여 있어
아쟁이며 비파를 타거니 켜거니 / 아리따운 여인들 추거니 부르거니
봄 경치도 끝이 없고 풍경이 끝없으니
한바탕 봄놀이 싫증남 직하다마는
고향을 바라보니 험한 고개 가려 있고
객지의 산천은 곳곳이 육진(六鎭)이로다
태평 시절 적객은 도처에 군은(君恩)이로되
대궐에서 멀어진 몸 뉘 아니 슬퍼하며
대궐로 돌아갈 일 어떻게 기약할까
평생 먹은 뜻이 전혀 없다고 할까마는
시운(時運)의 탓이런가 운명에 매였는가
진대* 백수(白首)에 세월이 쉬이 가니 / 초택 청빈*은 원망도 많은지고
이 잔 가득 부어 이 시름 잊자 하니
동해를 다 퍼낸들 이내 시름 어이할꼬
어부 이 말 듣고 낚싯대 둘러메고 / 뱃전 두드리고 노래를 부르니
세상일 잊은 지 오래니 몸조차 잊었노라
갖가지 세상살이에 낚싯대 하나뿐이로다
갈매기는 나와 벗이라 오며 가며 하는구나

*치병 목민 : 군대나 군인을 관리하고 훈련하는 것과 백성을 다스리는 것을 이름.
*한묵 : 문한과 필묵이라는 뜻으로, 글을 짓거나 쓰는 것을 이름.
*회양 옛 사실 : 한나라 무제 때 급장유가 선정을 베풀었던 일. 회양은 강원도 북부에 있는 고을로 급장유가 태수를 지낸 회양과 이름이 같음.
*적객 : 귀양살이를 하는 사람. 경성 판관으로 부임하는 작가의 신세를 일컬음.
*비린내 노린내 일소 : 비린내와 노린내를 물 뿌리고 쓸어 냄. 오랑캐를 정벌한다는 뜻으로 쓰임.
*윤관 : 고려 예종 때의 문신. 여진을 정벌하고 함경도 지방에 구성을 개척함.

*김종서 : 조선 세종 때 무신. 육진을 개척해 국토를 넓히는 데 큰 공을 세움.
*옥저 : 함경도 함흥 일대에 위치했던 고대 국가.
*풍패 : 천 년 전 한나라를 건국한 유방의 고향에 빗대어 조선을 건국한 이성계의 고향인 함흥을 가리킴.
*진대 : 초나라 희왕과 무산신녀가 밀회를 즐기던 누대.
*초택 청빈 : 초나라 연못 푸른 마름. 초나라 굴원이 유배지에서도 변치 않은 충절을 지녔던 사실을 의미함.

OX문제

01 공간의 이동을 통해 시상을 전개하고 있다. [2015학년도 9월B]   (O / X)

02 설의적 표현을 사용하여 인물의 정서를 강조하고 있다. [2024학년도 9월]   (O / X)

03 '안변'으로 이동한 화자는 그곳에 있던 '오랑캐'들을 '천리 밖'으로 '몰아'냈다.   (O / X)

04 '파도'를 '눈가루'에 빗대어 대상에서 느낄 수 있는 자연의 영속성을 표현하였다.   (O / X)

05 계절적 배경을 활용하여 향토적 분위기를 조성하고 있다. [2025학년도 6월]   (O / X)

STEP 02 지문 분석

[EBS에 나오지 않은 파트까지 모두 넣은 전문 분석]

북방 이십여 주에 **경성(鏡城)**이 접경인데
　　　　　□ : 화자의 부임지
　　　　　　　■ : 화자를 가리키는 시어

⇒ 북쪽 지방 이십 여 주 중에서 경성이 (외부와 연결되는) 경계인데

치병(治兵) 목민(牧民)을 **내게** 맡겨 보내시니
군사를 다스리고 백성을 돌봄. → 무관의 일

⇒ (임금께서) 군대를 관리하고 백성을 다스리는 일을 내게 맡겨 보내시니

망극한 성은을 갚을 일이 어렵구나

⇒ 끝없는 임금의 은혜를 갚을 일이 어렵구나

유학을 공부하는 사람
서생의 일은 한묵(翰墨)인가 여겼더니
글을 짓거나 쓰는 것 → 문관의 일

⇒ 선비의 일은 글을 짓는 것인가 여겼더니

늙은이의 변방 부임 진실로 뜻밖이로다
늙은 나이에 변방 지역으로 부임될 것을 예상하지 못함.

⇒ 늙은이의 변방 부임이 진실로 뜻밖이로다

임금께 절 올리고 칼을 짚고 돌아서니
　　　　　　무관의 임무를 맡게 됨.

⇒ 임금께 절 올리고 칼을 집고 돌아서니

만리 밖 국경에 이 한 몸 다 잊었어라
　　　■ : 공간의 이동　　　　서사 : 북방의 관리로 부임하게 됨.

⇒ 만 리 밖 국경(을 다스릴 일)에 이 한 몸 다 잊었어라

흥인문 내달아 **녹양**에서 말 갈아타니

⇒ 흥인문을 내달려 녹양에서 말을 갈아타니

은한 옛길을 다시 지나간단 말인가

⇒ 은하수 옛 길을 다시 지나간단 말인가

회양 옛 사실 기별로만 들었더니
강원도 지명 → 한나라 무제 때 급장유가 선정을 베풀었던 고을과 지명이 같음.

⇒ 회양 옛 사실을 소식으로만 들었더니

대궐을 홀로 떠나 **적객**은 무슨 죄인고
　　　　귀양살이를 하는 사람
　　　　→ 변방으로 떠나야 하는 자신의 처지를 비유한 표현

⇒ 대궐을 홀로 떠나 귀양살이하는 사람은 무슨 죄인고

「높고 험한 **철령**을 험하단 말 전혀 마오
　「」 : 험준한 '철령'과 비교하여 '세상살이'의 어려움을 강조함.

⇒ 높고 험한 철령을 (보고) 험하단 말 전혀 마오

세상살이에 비겨 보면 평지인가 여기노라」

⇒ 세상살이에 비교해 보면 평지인가 여기노라

눈물을 거두고 두어 걸음 돌아서니
변방으로 향해야 하는 처지에 대한 슬픔, 비애

⇒ 눈물을 거두고 두어 걸음 돌아서니

한양은 어디오 대궐이 가려졌도다
임금이 계신 곳과 멀어지는 것에 대한 안타까움

⇒ 한양은 어디오 대궐이 가려졌도다

안변 북쪽은 저기쯤이 오랑캐 땅이러니

⇒ 안변의 북쪽 저기쯤이 오랑캐 땅이러니

　　　오랑캐를 정벌하여
비린내 노린내 일소하여 천리 밖 몰아내니

⇒ 오랑캐를 정벌하여 천리 밖으로 몰아내니

북방 이십여 주에~진실로 뜻밖이로다 → '북방'의 '경성'으로 부임하게 된 화자의 상황이 제시되고 있다. '치병 목민'이라는 임무를 맡게 된 화자는 '북방' 지역을 자신에게 '맡겨 보내시'는 임금의 은혜에 감사함을 표현하면서도, '진실로 뜻밖'이라며 예상치 못한 부임이 썩 내키지 않음을 표현하고 있다. 이는 '한묵'의 일을 하는 '서생'이라는 화자의 정체성과 북방 지역의 '치병 목민'을 책임져야 한다는 의무감이 상반되기 때문이라 볼 수 있다.

회양 옛 사실~적객은 무슨 죄인고 → 강원도 '회양'에 이른 화자가 같은 이름의 고을에 선정을 베풀었다고 알려진 한나라 때의 급장유에 대해 떠올리고 있다. 급장유는 성격이 강직하여 직언을 잘하기로 유명했는데, 황제에게까지 직설적으로 간언하여 좌천을 당하기도 하였다. 화자는 이러한 급장유의 고사를 인용하여 변방으로 떠나야 하는 답답한 마음을 토로하고 있다. 이는 자신을 '적객', 즉 귀양살이를 하는 사람이라고 표현한 것을 통해서도 알 수 있다.

높고 험한 철령을~대궐이 가려졌도다 → 부임지인 '경성'을 향해 가고 있는 화자의 모습이 나타나 있다. 화자는 '높고 험한 철령'은 '세상살이'의 험준함에 비하면 '평지'인 수준이라며 '세상살이'의 어려움을 강조하고 있으며, 임금이 있는 '한양'의 '대궐'과 점점 멀어지고 있는 것에 대해 슬픔과 안타까움을 드러내고 있다.

안변 북쪽은 저기쯤이~초목이 다 알도다 → '안변'에 이른 화자는 멀리 보이는 '오랑캐 땅'을 바라보며, 여진족을 정벌한 '윤관'과 육진을 설치하여 국경을 넓힌 '김종서'의 '공적'에 대해 예찬하고 있다.

윤관 김종서의 큰 공적을 초목이 다 알도다
고려 예종 때 문신   여진을 몰아내고 국경을 넓힘.

⇒ 윤관과 김종서의 큰 공적을 풀과 나무가 다 알도다

용흥강 건너 들어 정평부 잠깐 지나

⇒ 용흥강 건너 들어 정평부를 잠깐 지나

만세교 앞에 두고 낙민루에 올라앉아

⇒ 만세교를 앞에 두고 낙민루에 올라앉아

산과 내라는 뜻으로, '자연'을 이르는 말
옥저 땅 산하 하나하나 돌아보니
함경도의 함흥 일대에 있던 고대 국가

⇒ 옥저 땅 산과 강을 하나하나 돌아보니

천년 풍패에 가득한 맑은 기운 어제인 듯하구나
조선을 건국한 이성계의 고향인 '함흥'을 의미함.

⇒ 이성계의 고향인 함흥에 가득했던 맑은 기운이 어제인 듯하구나

〈함관령(咸關嶺) 저문 날에 말은 어찌 병들었는가
　〈 〉: 부임지로 향하는 과정에서 마주한 고난 / 설상가상의 상황

⇒ 함관령 저문 날에 말은 어찌 병들었는가

모래바람 자욱한데 갈 길이 멀었구나〉

⇒ 모래바람이 자욱한데 갈 길이 멀었구나

홍원(洪原) 옛 고을의 천도를 바라보고
　　　　　　　　홍원 앞바다에 있는 바위섬

⇒ 홍원 옛 고을의 천도를 바라보고

대문령(大門嶺) 넘어서 청해진에 들어오니

⇒ 대문령 넘어서 청해진에 들어오니

지세가 군사적으로 아주 중요한 곳(=요충지)
함경도의 요해지(要害地)요, 남북의 요충지라
　　　　대구법 → '청해진'의 특징 강조

⇒ 함경도의 요해지요, 남북의 요충지라

충신과 정예병사 무기를 늘어놓고

⇒ 충신과 용맹스러운 병사들 무기를 늘어놓고

강한 활과 쇠뇌로 요충지를 지키는 듯
　　　　쇠로 된 발사 장치가 달린 활

⇒ 강한 활과 쇠뇌로 요충지를 지키는 듯

『태평세월 백 년 동안 전쟁을 잊으니

⇒ 태평세월 백 년 동안 전쟁을 잊으니

철통같은 방어를 일러 무엇하리오』
　『 』: 설의법 → '청해진'의 견고한 방비에 대한 화자의 긍정적 인식 강조

⇒ 철통같은 방어를 일러 무엇하리오

거산역(居山驛) 지나서 시중대(侍中臺) 올라앉아

⇒ 거산역을 지나서 시중대에 올라앉아

부상에서 돋은 해를 굽어보고
해가 뜨는 동쪽 바다

⇒ 동쪽 바다에서 돋은 해를 굽어보고

솔 우거진 십릿길에 말을 다시 재촉해

⇒ 소나무 우거진 십 리 길에 말을 다시 재촉해

단천(端川)을 곁에 두고 사지헌을 찾아가니

⇒ 단천을 곁에 두고 사지헌을 찾아가니

백기의 맑은 바람 다시 본 듯하구나
중국 한나라의 재상 양진을 가리킴. → 청렴한 관리를 상징함.

⇒ 백기의 맑은 바람을 다시 본 듯하구나

마운령(磨雲嶺) 재촉하여 마곡역(麻谷驛) 말을 쉬고

⇒ 마운령에서 (말을) 재촉하여 마곡역에서 말을 쉬게 하고

용흥강 건너 들어~어제인 듯하구나 → '용흥강'과 '정평부'를 거쳐 '낙민루'에 이른 화자가 과거 '옥저 땅'이었던 함흥 일대를 내려다보고 있다. 화자는 조선을 건국한 이성계의 고향인 '함흥'에 '맑은 기운'이 가득하다며 함흥 일대의 모습에 감탄하고 있다. 참고로 '풍패'는 조선을 건국한 이성계의 고향인 함흥을 천 년 전 한나라를 건국한 유방의 고향에 빗대어 표현한 것이다.

함관령 저문 날에~갈 길이 멀었구나 → '경성'으로 가는 과정에서 겪게 된 시련들을 제시하여 부임지로 가는 길이 험난하고 고달픈 여정임을 드러내고 있다.

청해진에 들어오니~일러 무엇하리오 → 대구법과 설의법을 사용하여 군사적 요충지이자 견고한 방비가 갖추어진 곳인 '청해진'의 모습에 대한 화자의 긍정적 인식을 강조하고 있다. 이는 지역의 실정을 살펴봐야 하는 직무를 착실히 수행하고 있는 화자의 모습을 드러낸 것이라 할 수 있다.

거산역 지나서~다시 본 듯하구나 → '거산역→시중대→사지헌'으로의 공간 이동이 제시되고 있다. 한편, '백기'는 중국 후한 양제 때의 재상이었던 양진을 가리킨다. 양진은 왕밀이 밤에 몰래 자신을 찾아와 뇌물을 건네자 "하늘이 알고 귀신이 알며, 내가 알고 그대가 안다.(天知 神知 我知 子知)"라며 이를 거절했다는 일화가 전해지는데, 이를 '사지(四知)'라 한다. 이와 같은 한자를 지닌 '사지헌'에 도착한 화자가 청렴함의 대명사인 '백기'를 떠올리며 자신도 청렴한 관리가 되겠다는 포부를 드러낸 것이라 할 수 있다.

눈 쌓인 **마천령(磨天嶺)**을 허위허위 넘어 드니
　　　손발 따위를 이리저리 내두르는 모양 (음성 상징어)
　　한·당나라의 수도 장안이던 중국의 관중 지방을 가리킴.
진관이 어디인가 **촉잔**이 여기로다
　　중국 촉나라로 가는 잔도 → 매우 험하고 드센 길을 의미함.
　　　　　　기운차게 뻗치는 모양이나 상태
성진의 진(鎮) 설치가 형세(形勢)는 좋지만
　　한 지역을 편안하게 진정시키는 군대

전란 후 변방 백성 피와 살이 말랐으니
　　임진왜란

조정의 신하들은 아는가 모르는가

《백두산 한 줄기 장백산 되어 있어
　　　함경도와 만주 사이에 있는 산

천 리를 가로막아 **강토(疆土)**를 나눴거든
　　　　　나라의 경계 안에 있는 땅

진(鎮)이 펼쳐지고 고을이 벌였으니

안팎의 험한 땅은 장하기도 끝이 없다》
　　《 》: 함경도의 험준한 지세와 견고한 방비에 대한 감탄

하늘에 닿은 푸른 바다 눈바람이 섞어 치는데

험한 곳을 두루 다녀 **목랑성**에 들어오니

천 길 성곽은 공중에 비껴 있고

백 길 깊은 해자는 사면에 둘렀으니
　　　성 주위에 둘러 판 못

인화는 얻을지언정 지리야 부족할까

　　　　　　　　본사 1 : 한양에서 경성까지의 이동 과정
　　　군인들이 주둔할 수 있도록 만든 건물
군영에 일이 없고 막사 한가한 때
　군대가 주둔하는 곳

기녀와 함께 산에 올라 술동이를 기울이려

꽃 피는 춘삼월에 **원수대**에 올라가니
　　　　　　시간적 배경 (봄)

「춘풍이 화창하여 맑은 경치 부쳐 내니
　「 」: 비유법과 감각적 이미지를 사용하여
　　　'원수대'에서 바라본 풍경을 생생하게 드러냄.
빼곡한 수풀은 붉은 비단 되어 있고

⇒ 눈 쌓인 마천령을 허위허위 넘어 드니

⇒ 진관이 어디인가 촉잔이 여기로다

⇒ 성진의 군대 설치가 형세는 좋지만

⇒ 전쟁 후 변방 백성들의 피와 살이 말랐으니

⇒ 조정의 신하들은 아는가 모르는가

⇒ 백두산 한 줄기 장백산 되어 있어

⇒ 천 리를 가로막아 땅의 경계를 나눴거든

⇒ (군대의) 진영이 펼쳐지고 고을이 벌여져 있으니

⇒ 안팎의 험한 땅이 장하기도 끝이 없다

⇒ 하늘에 닿은 푸른 바다에 눈바람이 섞어 치는데

⇒ 험한 곳을 두루 다니다 목랑성에 들어오니

⇒ 천 길이나 되는 성곽은 공중에 비껴 있고

⇒ 백 길이나 깊은 연못은 사면에 둘러 있으니

⇒ 인심을 얻을지언정 지리야 부족하겠는가

⇒ 군영에 일이 없고 막사가 한가한 때에

⇒ 기녀와 함께 산에 올라 술동이를 기울이려

⇒ 꽃 피는 봄 삼월에 원수대에 올라가니

⇒ 봄바람이 화창하여 맑은 경치를 부쳐 내니

⇒ 빼곡한 수풀은 붉은 비단처럼 되어 있고

마운령 재촉하여~촉잔이 여기로다 → '허위허위'라는 음성 상징어를 사용하여 험준한 산길을 넘어 들며 힘겹게 부임지로 가고 있는 상황을 보여 주고 있다. 이때 '진관'은 중국의 수도 장안이 있던 관중 지방을 가리키는데, 여기서는 수도인 한양에 대한 그리움을 나타내기 위해 사용한 표현이라고 볼 수 있다. 한편 '촉잔'은 촉나라로 가는 잔도를 의미하는데, 사방이 산악으로 둘러싸여 있어 길이 험하기로 유명하다. 자신이 지나는 길을 '촉잔'과 같다고 표현하여 여정의 험난함을 부각하고 있는 것이다.

성진의 진 설치가~아는가 모르는가 → 화자는 '성진'에 설치된 군대의 모습이 좋다고 칭찬하면서도 임진왜란 이후 피폐해진 변방 백성들에 대해 안타까워하고 있다. 또한 '조정의 신하들은 아는가 모르는가'에서 설의적 표현을 사용하여 현실 정치에 대한 비판 의식을 드러내고 있다.

백두산 한 줄기~장하기도 끝이 없다 → 화자는 백두산 한 줄기가 뻗어 나와 국토를 나누고 있고, 진영과 '고을'이 국경을 따라 펼쳐져 있는 모습을 바라보며 '장하기도 끝이 없다'고 칭찬하고 있다. 함경도의 지세와 방비가 굳건한 것에 대한 화자의 감탄이 드러나 있는 부분이다.

하늘에 닿은 푸른 바다~지리야 부족할까 → '눈바람'이 불고 지형이 '험한 곳'들을 거쳐 '목랑성'에 도착한 화자의 모습이 나타나 있다. 화자는 '목랑성'의 '천 길 성곽'과 이를 둘러싼 '깊은 해자'를 보며 인심을 얻는다 하더라도 지리상으로 부족할 것이 없음을 의문형 종결 어미를 사용하여 강조하고 있다. 이때 '인화'를 얻는다는 것은 성곽과 해자와 관련된 백성들의 노역을 줄인다는 것으로 이해할 수 있다.

군영에 일이 없고~원수대에 올라가니 → '군영에 일이 없고 막사 한가한 때'라는 이유를 들어 '꽃 피는 춘삼월'에 '기녀'와 풍류를 즐기기 위해 '원수대'로 향한 화자의 모습이 나타나고 있다. '꽃 피는 춘삼월'에서 봄이라는 계절적 배경이 드러나고 있다.

구름인 양 눈인 양 파도는 하늘을 끝을 삼아

⇒ 구름인 듯 눈인 듯한 파도는 하늘을 경계 삼아

솟구치고 흩어지며 대 앞에 물러가니

⇒ 솟구치고 흩어지며 대 앞에 물러가니

은빛 산이 걷히는가 눈가루가 날리는가 」
파도가 부서지는 모습을 비유적으로 표현함.

⇒ 은빛 산이 걷히는가 눈가루가 날리는가

〈비단 같은 잔디에 백운 같은 천막 치고

⇒ 비단 같은 잔디에 흰 구름 같은 천막 치고

〈 〉: '원수대'에서 봄의 흥취와 풍류를 즐기는 모습 묘사

버들잎 쏘는 묘기로 승부를 다투거든

⇒ 버들잎 쏘는 묘기로 승부를 다투거든

무리 지은 미녀들 좌우에 벌여 있어

⇒ 무리 지은 미녀들이 좌우에 벌여 서 있어

아쟁이며 비파를 타거니 켜거니

⇒ 아쟁이며 비파를 타거니 켜거니

아리따운 여인들 추거니 부르거니〉

⇒ 아리따운 여인들은 (춤을) 추거니 (노래를) 부르거니

봄 경치도 끝이 없고 풍경이 끝없으니

⇒ 봄 경치도 끝이 없고 풍경이 끝없으니

한바탕 봄놀이 싫증남 직하다마는
봄날의 흥을 제대로 즐기지 못하는 화자의 모습

⇒ 한바탕 봄놀이가 싫증난 듯하다마는

고향을 바라보니 험한 고개 가려 있고
고향이 보이지 않도록 하는 장애물

⇒ 고향을 바라보니 험한 고개에 가려져 있고

객지의 산천은 곳곳이 육진(六鎭)이로다
여진족의 침입에 대비하여 함경도 북부에 설치한 여섯 진

⇒ 낯선 땅의 산과 내에는 곳곳이 육진이로다

태평 시절 적객은 도처에 군은(君恩)이로되

⇒ 태평한 시절에 귀양살이하는 사람은 여기 저기에 임금의 은혜가 있으나

대궐에서 멀어진 몸 뉘 아니 슬퍼하며

⇒ 대궐에서 멀어진 몸을 누가 아니 슬퍼하며

대궐로 돌아갈 일 어떻게 기약할까

⇒ 대궐로 돌아갈 일을 어떻게 기약할까

평생 먹은 뜻이 전혀 없다고 할까마는

⇒ 평생 먹은 뜻이 전혀 없다고 할까마는

시운(時運)의 탓이런가 운명에 매였는가

⇒ 시대의 운수의 탓이런가 운명에 매었는가

임금의 총애를 받으며 늙는 줄을 모른다는 말
진대 백수(白首)에 세월이 쉬이 가니

⇒ 임금의 총애를 받으며 늙는 줄 모를 정도로 세월이 빨리 가니

중국 초나라의 재상 굴원의 고사 → 변치 않는 충성심을 상징함.
초택 청빈은 원망도 많은지고

⇒ 초나라 연못의 푸른 개구리밥은 원망도 많은지고

이 잔 가득 부어 이 시름 잊자 하니

⇒ 이 잔 가득 부어 이 시름을 잊자 하니

춘풍이 화창하여~눈가루가 날리는가 → '원수대'에서 마주한 봄 풍경을 비유적 표현과 감각적 이미지를 사용하여 생생하게 그려 내고 있다. 특히 화자는 '파도'가 '솟구치고 흩어지'는 모습이 마치 '은빛 산이 걷히는' 듯하고, '눈가루가 날리는' 듯하다고 표현하고 있는데, 정철의 「관동별곡」에서도 파도를 은산에 비유한 부분을 찾을 수 있다는 점에서 「출새곡」이 「관동별곡」의 영향을 받았음을 알 수 있다.

봄 경치도 끝이 없고~육진이로다 → 봄날의 흥취를 즐기던 화자는 문득 '고향'을 떠올리며 '객지'에 있는 자신의 처지에 대한 서글픔을 드러내고 있다. '육진'은 윤관이 함경도 북부를 개척해 설치한 여섯 진인데, 화자는 이러한 지형을 언급하여 자신이 고향으로부터 멀리 떨어져 있음을 부각하고 있다.

태평 시절 적객은~어떻게 기약할까 → 화자는 이르는 곳마다 임금의 은혜가 임금에 대한 충성심을 드러내면서도, '적객'과 같은 처지로 '대궐'에서 멀어진 자신의 처지에 대해 탄식하고 있다. 또한 설의적 표현을 통해 다시 한양으로 돌아가 관직 생활을 하기는 어려울 것임을 나타내고 있다.

동해를 다 퍼낸들 이내 시름 어이할꼬
　　　　　과장법
　　　　　　본사 2 : 경성에서의 생활과 소회

⇒ 동해를 다 퍼낸들 이내 시름을 어찌할꼬

어부 이 말 듣고 낚싯대 둘러메고
시름에 빠진 화자에게 위로를 건네는 인물

⇒ 어부 이 말 듣고 낚싯대를 둘러메고

뱃전 두드리고 노래를 부르니

⇒ 배의 양쪽 가장자리를 두드리고 노래를 부르니

세상일 잊은 지 오래니 몸조차 잊었노라

⇒ 세상일 잊은 지 오래니 몸조차 잊었노라

갖가지 세상살이에 낚싯대 하나뿐이로다

⇒ 갖가지 세상살이에 (남은 것은) 낚싯대 하나뿐이로다

갈매기는 나와 벗이라 오며 가며 하는구나
　　　자연과 동화되어 살아가는 삶의 태도
　　　　　　결사 : 어부와의 대화

⇒ 갈매기는 나와 벗이라 오고 가고 하는구나

진대 백수에~원망도 많은지고 → '진대'는 초나라 희왕과 무산신녀가 밀회를 즐기던 누대를 말하는데, 여기서는 임금의 총애를 받는다는 뜻을 나타내기 위해 쓰인 것이라 볼 수 있다. 또한, '초택 청빈'은 중국 초나라의 재상 굴원을 가리키는데, 굴원은 모함을 받아 유배를 가게 된 후 나라를 걱정하며 시를 지으며 지내다 스스로 생을 마감한 인물로 변치 않는 충성심을 나타낼 때 자주 인용된다. 즉, 화자는 '진대'와 '초택 청빈'과 같은 고사를 인용하여 변방에서도 임금에 대한 충성심이 변함없음을 드러내고 있는 것이다.

이 잔 가득 부어~이내 시름 어이할꼬 → 화자는 동해를 다 퍼내어도 자신의 시름을 어찌할 수 없다며 변방에서 느끼는 소회(마음에 품고 있는 회포)를 토로하고 있다. 이때의 '시름'은 임금과 고향에 대한 그리움, 임무에 대한 부담감 등으로 인한 내적 갈등을 의미한다.

어부 이 말 듣고~오며 가며 하는구나 → 화자의 탄식을 들은 '어부'가 노래를 부르며 화자에게 위로를 건네고 있다. '세상일 잊은' 채로 '갈매기'와 '벗'하며 사는 삶의 방식이 어부의 노랫말을 통해 나타나는 것으로 보아, 화자가 주어진 현실을 받아들이고 유유자적하게 살 것임을 짐작할 수 있다.

STEP 03 작품 해제

LIBS 수능특강 | 고전문학

01 | 주제

변방으로의 부임 과정과 부임지 생활에서의 소회

02 | 특징

① 함흥 판관으로 임명되어 변방 생활을 하며 느끼는 애환에 대해 노래한 화자 중심의 시
② 공간의 이동에 따라 시상을 전개하고, 구체적인 지명을 제시하여 이동 과정을 보여 줌.
③ 설의적 표현을 통해 화자의 정서를 강조함.
④ 여정과 관련된 인물들을 언급하고 이들의 업적을 서술함.

03 | 작품 해제

「출새곡」은 조선 후기에 조우인이 지은 기행 가사로, 서울에서 경성으로 향하는 과정에서 마주한 풍물과 부임지 생활의 애환을 읊고 있는 작품이다. 조우인이 함경도 경성 판관에 부임되어 떠날 때, 정철의 「관동별곡」, 백광홍의 「관서별곡」과 같은 가사를 지어오라는 권고를 받아 창작되었다고 알려져 있으며, 함경도 지방에 대한 첫 기행 가사라는 점에서 의의가 있다. 전반부에서는 부임지로 향하는 여정은 물론 역사와 현실에 대한 화자의 감회를 생생하게 그려 내고 있으며, 후반부에서는 한가하게 봄놀이를 하는 모습을 제시하고 있다. 또한 부임지에 대한 기대감, 책임감보다는 변방 생활에서의 애환이 작품의 주된 정서로 나타나고 있다는 점이 특징이다.

 작품론

「출새곡」과 함께 전하는 「출새곡서」에 따르면, 「출새곡」은 작자의 나이 56살이던 해(1616) 가을 함경도 경성 판관에 제수되어 떠날 때 친척 형 조탁이 지역 특유의 풍경을 노래한 백광홍의 「관서별곡」이나 정철의 「관동별곡」처럼 북쪽 변방을 대상으로 한 작품을 지어 달라는 부탁을 해 창작되었다고 한다. 부임지로 향하는 여정과 함께 이듬해 봄 부임지 주변의 경치를 유람하는 즐거움을 노래하고 있는 것을 보아 1617년 무렵에 지은 것으로 추정된다.

「출새곡」은 함경도 지방의 산수와 풍물을 노래하는 내용이 중심을 이루는 기행 가사다. 진술하고자 하는 내용에 초점을 맞출 때 크게 네 부분으로 나눌 수 있다. ① 부임지인 경성으로 떠나는 심정, ② 부임 여정에서 마주친 풍물과 소회, ③ 부임지에서 누리는 풍류의 흥취, ④ 변방 목민관의 처지를 진술한 부분이 그것이다. 각 부분의 특징적 면모를 살펴보면 다음과 같다.

작품의 첫 대목에서는 함경도 경성 판관에 제수되어 부임지로 떠나는 심정을 진술하고 있다. 작자는 먼저 '망극한 성은'을 외치며 목민관으로서의 소임을 상기한다. 여기에는 본분에 충실해야 하는 사대부의 이념이 투영되어 있다. 그러나 곧바로 '진실로 뜻밖'이라는 말을 통해, 붓으로 보필하는 서생의 직무가 아니라 지긋한 나이에 칼을 차고 만 리 밖 변방으로 나아가는 처지가 마땅치 않다는 속내를 드러낸다. 하지만 곧이어 왕명이라 도리 없는 일이니, 직분을 수행하는 관리로서 한 몸의 안위를 모두 잊겠노라고 이야기한다.

이어지는 대목에서는 한양을 출발하여 부임지에 이르는 긴긴 여정과, 그 과정에서 마주친 지세·유적·풍물 등에 대한 감상 및 몸소 경험하는 변방의 분위기를 유장하게 진술한다. 부임지 경성으로 떠나는 여정은 험난하고도 고달프기에 작자는 스스로를 '적객', 즉 죄를 입고 귀양살이 가는 처지로 여긴다. 작자는 긴긴 여정을 생생하게 묘사하면서, 지역에 따라 시선이 머무는 역사적 유적이며 풍물 등을 들어 변방 목민관으로서 직접 경험하는 정경들에 대한 소회를 탄식하듯 서술한다. 물론 그러면서도 변방이 지리적 요충지임을 새삼 깨달으며 강토를 수호하고 직분 수행에 충실할 것을 다짐하기도 한다. 이 또한 유가 사대부로서 경세제민(세상을 다스리고 백성을 구제함)의 이념에 충실하고자 하는 의식이 투영되어 있다고 할 수 있다.

함경도 안변에서 육진을 개척한 윤관과 김종서를 칭송하는 대목, 이성계의 고향 함흥에서 태조의 건국을 기리는 대목, 함경 남북의 요충지인 청해진을 방어하는 군사들의 노고를 칭찬하는 대목 등은 역사에 대한 회고이면서 작자의 현실에 대한 인식과 감회가 담겨 있는 부분이다. 특히 '전란 후 변방 백성 피와 살이 말랐으니 / 조정의 신하들은 아는가 모르는가'와 같은 대목은 작자의 현실 비판 의식이 드러난 대목이자 개성적 시각이 두드러진 단면이라 할 수 있다.

이어지는 대목에서는 경성에 부임한 이후 봄을 맞은 감회와 자연을 유람하는 흥취를 진술하고 있다. 변방일망정 또 변방 목민관의 직무 수행이 고달플망정, 정겨운 봄의 흥취와 풍류를 빠뜨릴 수는 없다는 의식이 드러난 것으로 보인다. 작자는 '군영에 일이 없고 막사 한가한 때'를 내세워 유람의 명분을 드러낸 다음, 음주·여인·가무가 어우러진 봄놀이를 즐긴다. 이는 자신의 처지가 유배나 다름없다고 여기는 변방 관리의 심리적 갈등 해소일 수도 있고, 암울한 일상에서 누리는 잠시의 여유일 수도 있을 것이다. 그러나 작품 앞부분으로부터 진술해 온 분위기가 이 대목에 이르러 확연히 달라지는 것이 사실이다. 그래서인지 작자는 이 같은 춘흥 풍류의 끄트머리 대목에서 '고향'으로 시선을 돌린다. 그러면서 현재 자신이 놓여 있는 곳이 '육진'으로 에워싸인 이역만리 산천임을 상기한다. 자신의 처지에 대한 현실적 각성이 이루어지는 대목인 셈이다. 그리하여 이후에는 다시금 제자리로 돌아와 변방 목민관으로 나앉은 자신의 처지에 대한 한탄과 함께, 세상사 모두 잊고 다만 낚싯대 하나로 갈매기와 벗하며 오가는 어부의 노랫가락에 부쳐 자신의 시름과 원망을 달래는 것으로 작품을 마무리하고 있다.

Memo

다음 글을 읽고 물음에 답하시오. [교육청 기출 변형]

(가)

구렁에 서 있는 나무 우뚝하기도 하구나
풍상(風霜)을 실컷 겪고 **독야청청(獨也靑靑)**하구나
져근덧 베지 말고 두면 **동량재(棟梁材)**[*] 되겠구나

〈제1수(소나무[松])〉

꼬리치고 휘파람 불며 기염(氣焰)[*]도 **황홀**하구나
이 뫼에 들어온 지 몇 해나 되었나니
진실로 네 잠깐 떠나면 **호리종횡(狐狸縱橫)**[*]하겠구나

〈제11수(호랑이[虎])〉

⊙ 오리마 적표마[*]들이 관단 노태[*]와 같겠느냐
바람에 슬피 울며 네 굽을 허위치니
아무리 **천리지(千里志)**[*] 있은들 알 이 없어 서러워라

〈제15수(말[馬])〉

- 권섭, 「십육영(十六詠)」 -

*동량재 : 기둥과 들보로 쓸 만한 재목. 한 집안이나 나라를 떠받치는 중대한 일을 맡을 만한 인재를 이르기도 함.

*기염 : 불꽃처럼 대단한 기세.

*호리종횡 : 여우와 살쾡이가 이리저리 날뜀. 여우와 살쾡이는 도량이 좁고 간사한 사람을 비유적으로 이르는 말이기도 함.

*오리마 적표마 : 오리마는 온몸의 털이 검은 말, 적표마는 붉은색을 가진 명마.

*관단 노태 : 관단과 노태로 모두 걸음이 느린 말을 의미함.

*천리지 : 천리를 달리고자 하는 뜻.

(나)

북방 이십여 주에 경성이 문호인데
군사 백성 다스리기를 나에게 맡기시니
망극한 임금의 은혜 갚을 길이 어렵구나
ⓒ 서생의 일은 글쓰기인가 여겼더니
늙은이의 변방 부임 진실로 뜻밖이로다
임금께 절하고 칼을 짚고 돌아서니
만 리 밖 국경에 내 한 몸 다 잊었다
흥인문 내달아 녹양평에 말 갈아타고
은하수 옛길을 다시 지나간단 말이냐
┌ 회양 옛 사실[*] 소문만 들었더니
└ 대궐을 홀로 떠나는 적객[*]은 무슨 죄인가
[A]

┌ 높고 험한 철령을 험하단 말 전혀 마오
└ 세상살이에 비하면 평지인가 여기노라
눈물을 거두고 두어 걸음 돌아서니
서울이 어디요 대궐이 가렸도다
안변 북쪽은 저쯤에 오랑캐 땅인데
오랑캐를 정벌하여 천 리 밖 몰아내니
윤관 김종서의 큰 공적 초목이 다 알도다
용흥강 건너와 정평부 잠깐 지나
만세교 앞에 두고 낙민루에 올라앉아
옥저[*]의 산하 하나하나 돌아보니
천년의 풍패[*]에 상서로운 기운 어제인 듯하구나
함관령 저문 날에 말은 어찌 병들었는가
ⓒ 모래바람 자욱한데 갈 길이 멀었구나
홍원 옛 고을의 천관도를 바라보고
대문령 넘어서 청해진에 들어오니
함경도의 요해지요 남북의 요충지라
충신과 정예 병사 무기를 늘어놓고
강한 활과 쇠뇌로 요충지를 지키는 듯
태평세월 백 년 동안 전쟁을 잊으니
철통같은 방어를 일러 무엇하리오

- 조우인, 「출새곡(出塞曲)」 -

*회양 옛 사실 : 중국 한나라 무제(武帝) 때 급장유(汲長孺)가 회양 태수로 선정을 베풀었던 일.

*적객 : 귀양살이를 하는 사람. 여기서는 임금 곁을 떠나 경성 판관으로 부임하는 자신의 신세를 말함.

*옥저 : 함경도 함흥 일대에 위치했던 고대 국가.

*풍패 : 천 년 전 한나라를 건국한 유방의 고향에 빗대어 조선을 건국한 이성계의 고향인 함흥을 가리킴.

(다)

태안사 가는 길에 물이, 보성강 물이 있습니다. 그 물길이 끝나는 지점이 태안사 들어가는 입구지요. 아닙니다. 물길은 끝나지 않고 다만 태안사 들어가는 입구가 그 물길의 중간에 나 있을 따름이지요. ② 물길이 끝났다고 슬퍼할 필요는 없습니다. 곧이서 숲이, 숲길이 시작될 테니까요.

┌ 여름 숲도 좋지만 겨울 숲은 또 나름대로 외로워서 좋습니다. 높아서
│ 좋습니다. 야위어서 좋습니다. 여름 숲의 무성함, 풍성함, 윤택함에 한
│ 동안 외로움을 잊고 살았습니다. 외롭지 않을 때는 외롭지 않아서 좋
[B] 았고 외로울 때는 또 외로워서 좋았습니다. 올해는 유난히 눈이 안 내
│ 리는 겨울입니다. 높고 푸른 하늘이 외로운 나무 끝에 펼쳐져 있습니
└ 다.

(중략)

거기에서 그 노인을 보았습니다. 노인은 절 부엌에서 나오는 음식을 고양이에게 먹이고 있었습니다. 내가 빙긋 웃자 노인의 얼굴이 한순간 붉어졌습니다. 노인은 소년의 얼굴을 가졌더군요. 아닙니다. 아기의 얼굴이었습니다. 절 사람들이 다 싫어하는 도둑고양이를 아기 얼굴을 가진 태안사 불목하니* 그 노인 혼자 숨어서 돌보고 있었습니다. 사람들이 많이 모여 있으면 다람쥐처럼 어딘가로 숨어 버리는 그를 보러 나는 태안사에 가곤 합니다. 고양이, 해탈이는 잘 크고 있는지도 궁금하고요. 절 사람들은 노인을 이 처사라고 불렀습니다. 내가 그를 보면 바짝 반가워하는데도 그는 반가운 내색을 할 줄 모릅니다. 내가 그와 헤어지는 게 못내 섭섭해 작별 인사가 길어지는데도 그는 그저 가라고 손짓 한번 해 주고 그만입니다. 그것이 처음에는 굉장히 서운했는데 이제 그조차 익숙해졌습니다.

태안사 가는 길은 참 좋습니다. 물이 있고 곧이어 숲이 있고 해탈이가 있고 다람쥐보다 더 빠르게 달릴 줄 아는 그가 있기 때문입니다. 나는 그와 어떤 특별한 말을 주고받은 적도 없습니다. 그래도 그는 나에게 커다란 위로가 됩니다. 그는 내 속의 부처가 되었습니다. 그는 아마 그것도 모를 테지요. 자신이 누군가의 마음속에 들어가 커다란 위로가 되고 부처가 되었다는 사실을. 나는 또한 누군가의 가슴속에 들어가 위로가 되고 부처가 될 수는 없을까요. 좀 더 가난해지고 좀 더 외로워지면 그럴 수 있을는지요. 하기사 태안사의 그는 가난과 외로움조차도 스스로 느끼지 않는 그저 '그'일 따름이었습니다. ⓜ 가난과 외로움조차도 때로는 거추장스런 장신구일 수도 있겠습니다.

- 공선옥, 「태안사 가는 길에서」 -

*불목하니 : 절에서 밥을 짓고 물을 긷는 일을 맡아서 하는 사람.

01. (가)~(다)에 대한 설명으로 가장 적절한 것은?

① (가)와 (나)는 모두 영탄적 어조를 통해 화자의 정서를 강조하고 있다.
② (가)와 (다)는 모두 시간 표현을 활용하여 대상에 대한 인식 변화를 제시하고 있다.
③ (나)와 (다)는 모두 계절적 배경을 제시하여 분위기를 환기하고 있다.
④ (가)~(다)는 모두 대상과의 문답을 통해 주제 의식을 드러내고 있다.
⑤ (가)~(다)는 모두 반어적 표현을 사용하여 대상이 지닌 의미를 부각하고 있다.

02. [A]와 [B]에 대한 설명으로 가장 적절한 것은?

① [A]와 [B]에는 모두 자연의 섭리에 담긴 가치가 나타난다.
② [A]와 [B]에는 모두 변화하는 자연에서 얻는 즐거움이 나타난다.
③ [A]에는 이상적 세계를 동경하는 삶이, [B]에는 자연에 동화되는 삶이 나타난다.
④ [A]에는 자연을 보며 떠올린 삶의 고단함이, [B]에는 자연에서 느끼는 만족감이 나타난다.
⑤ [A]에는 자연물에서 연상된 대상에 대한 경외감이, [B]에는 자연을 거닐며 느끼는 쓸쓸함이 나타난다.

03. 〈보기〉를 참고하여 (가)를 감상한 내용으로 적절하지 않은 것은?

─── 〈보기〉 ───

권섭의 「십육영(十六詠)」은 열여섯 개의 중심 소재를 통해 현실에 대한 인식을 드러낸 작품이다. (가)의 각 수의 초장과 중장에는 소재로 쓰인 대상의 특성이나 상징적 의미가 강조되어 있고, 종장에는 부조리한 현실에 대한 부정적인 시각이 표출되어 있다.

① 〈제1수〉에서 '풍상'을 이겨 낸 소나무를 '독야청청'한 모습으로 그리며 소나무의 지조 있는 모습을 드러내고 있군.
② 〈제1수〉에서 '베지' 않으면 '동량재'가 될 수 있다고 한 것은 인재가 되기 위해서 시련을 겪어야만 하는 현실에 대한 한탄을 드러낸 것이군.
③ 〈제11수〉에서 호랑이의 기세를 '황홀'하다고 표현하며 호랑이의 위엄 있는 모습을 그리고 있군.
④ 〈제11수〉에서 호랑이가 사라지면 '호리종횡'할 것이라고 한 것은 소인배들이 힘을 얻게 될 수도 있는 현실에 대한 우려를 표현한 것이군.
⑤ 〈제15수〉에서 '천리지'를 알아주는 이가 없다고 한 것은 인재가 뜻을 펼칠 수 없는 안타까운 현실을 드러낸 것이군.

04. 〈보기〉를 바탕으로 (나), (다)를 이해한 내용으로 적절하지 않은 것은?

─── 〈보기〉 ───

문학 작품에는 여정 가운데 만나게 되는 상황과 그에 따른 감회, 그 여정이 자신의 삶에 끼친 영향 등이 드러나기도 한다. (나)에는 화자가 부임지인 경성으로 가는 도중에 보게 된 변방의 경치와 회포 등이 드러나며, (다)에는 글쓴이가 태안사를 다녀온 경험과 이를 통해 얻은 깨달음이 드러난다.

① (나) : 화자는 경성으로 떠나면서 관원의 임무를 맡게 된 것을 임금의 은혜로 여기고 있군.
② (나) : 화자는 낙민루에 올라 산하를 둘러보며 자연에서 느껴지는 기운에 감탄하고 있군.
③ (나) : 화자는 청해진에서 전쟁이 없어 오랑캐를 방어하는 일을 잊고 있는 병사들의 모습을 비판하고 있군.
④ (다) : 글쓴이는 태안사에서 고양이에게 먹이를 주는 노인의 모습을 따뜻한 시선으로 바라보고 있군.
⑤ (다) : 글쓴이는 태안사에서 만난 노인처럼 자신도 다른 사람들에게 위로가 되는 존재가 되고 싶어 하고 있군.

05. ㉠~ⓜ에 대한 설명으로 적절하지 않은 것은?

① ㉠ : 오리마와 적표마가 뛰어난 능력을 지닌 존재라는 화자의 인식을 드러내고 있다.
② ㉡ : 화자가 자신이 변방의 임무를 맡을 것이라고 예상하지 못했음을 드러내고 있다.
③ ㉢ : 모래바람으로 인해 부임지로 가는 길이 험난할 것이라는 걱정을 드러내고 있다.
④ ㉣ : 물길이 끝나더라도 숲길이 시작된다는 것을 긍정적으로 여기고 있음을 드러내고 있다.
⑤ ⓜ : 가난과 외로움을 느끼며 살아가야 했던 노인의 삶에 대한 연민을 드러내고 있다.

28 이별, 장육당육가

수능 국어 대비
실전 국어 전형태

STEP
01 OX 문제를 통한 지문 이해 훈련

나BS 수능특강 | 고전문학 ●

내 이미 **백구** 잊고 백구도 나를 잊네
둘이 서로 잊었으니 누군지 모르리라
언제나 해옹을 만나 이 둘을 가려낼꼬

〈제1수〉

붉은 잎 산에 가득 빈 강에 쓸쓸할 때
가랑비 낚시터에 낚싯대 제 맛이라
세상에 득 찾는 무리 어찌 알기 바라리

〈제2수〉

내 귀가 시끄러움 네 바가지 버리려믄*
네 귀를 씻은 샘에 내 소는 못 먹이리
공명(功名)은 해진 신이니 **벗어나서** 즐겨 보세

〈제3수〉

옥계산 흐르는 물 못 이뤄 달 가두고
맑으면 갓을 씻고 흐리면 발을 씻네
어떠한 세상 사람도 청탁(清濁)을 모르래라

〈제4수〉

*내 귀가~버리려믄 : 허유와 소부의 일화와 관련됨. 허유는 요임금이 천하를 주겠다고 하자 더러운 소리를 들었다며 강물에 귀를 씻었고, 소부는 그 이야기를 듣고 귀
씻은 물을 소에게 먹일 수 없다고 하였음. 화자는 공명에 대한 제안을 받은 귀와 그 귀를 씻을 물을 담은 바가지를 언급함.

OX문제

01	색채어를 활용하여 공간적 배경이 만들어 내는 분위기를 드러내고 있다. [2022학년도 6월]	(O / X)
02	화자는 자신과 '백구'가 '서로 잊'어 '누군지 모르'겠는 상황에 대해 안타까움을 드러내고 있다.	(O / X)
03	현실에 대한 부정적 인식을 바탕으로 앞날에 대한 회의를 드러내고 있다. [2022학년도 수능]	(O / X)
04	화자는 '공명'에 대한 추구에서 '벗어나' 자연에서 즐기는 삶을 지향하고 있다.	(O / X)
05	자연물을 소재로 하여 서로 대립하던 것들이 타협에 이른 모습을 제시하고 있다. [2016학년도 9월AB]	(O / X)

STEP 02 지문 분석

「내 이미 백구 잊고 백구도 나를 잊네」
　　갈매기

「　」: 대구법

둘이 서로 잊었으니 누군지 모르리라
　　'나'와 '백구'가 서로 구분되지 않음.
　　→ 물아일체의 경지에 이른 화자의 모습

언제나 해옹을 만나 이 둘을 **가려낼꼬**
　　바다에 사는 늙은이

■ : 설의법 → 의미 강조

제1수 : 자연과 물아일체가 되어 살아가는 삶

〈제1수〉

붉은 잎 산에 가득 빈 강에 쓸쓸할 때
　단풍 → 계절적 배경(가을)　　　화자의 정서

가랑비 낚시터에 낚싯대 제 맛이라
　　　　공간적 배경

세상에 **득 찾는 무리** 어찌 알기 **바라리**

■ : 세속의 가치를 추구하는 사람들

제2수 : 자연 속에서 낚시를 즐기며 살아가는 삶

〈제2수〉

『내 귀가 시끄러움 네 바가지 버리려믄

네 귀를 씻은 샘에 내 소는 못 먹이리』

『　』: 소부와 허유의 고사가 활용된 부분 : 자연에 은거하던 허유는 요임금이 천하를 주
겠다고 하자 더러운 소리를 들었다며 강물에 귀를 씻었고, 같이 자연에 은거하던
소부는 그 이야기를 듣고, 더러운 귀 씻은 물을 소에게 먹일 수 없다고 하였음.
→ 세속적 가치에서 벗어난 삶을 살고 싶은 마음을 드러냄.

공명(功名)은 해진 신이니 벗어나서 즐겨 보세
　세속적 가치　　닳아 떨어진 신발 → '공명'을 비유한 표현

제3수 : 공명을 멀리하며 살아가는 삶

〈제3수〉

　　　넓고 오목하게 팬 땅에 물이 괴어 있는 곳
옥계산 흐르는 물 못 이뤄 달 가두고
　화자가 위치한 공간

「맑으면 갓을 씻고 흐리면 발을 씻네」
　　　　　　　　　　　　「　」: 굴원의 「어부사」가 인용된 부분
　　　　　　　　　　　　→ 분별 있게 삶을 살겠다는 의지를 드러냄.

어떠한 **세상 사람**도 청탁(淸濁)을 모르래라
　　　　　　옳고 그름을 비유적으로 이르는 말

제4수 : 분별 있게 살아가는 삶

〈제4수〉

내 이미 백구 잊고~누군지 모르리라 → 대구법을 통해 화자와 '백구'가 서로를 잊은 상황임을 제시하고 있다. 이는 자연에 은거하고 있는 화자가 '백구'와의 구분이 없어질 정도로 자연과 한 몸이 되었음을 강조한 것으로 볼 수 있다. 즉, 화자는 자신과 '백구'가 서로 구분이 되지 않는다고 표현함으로써 자연에 동화되어 물아일체의 경지에 이른 자신의 모습을 나타낸 것이다.

언제나 해옹을 만나 이 둘을 가려낼꼬 → '해옹'은 바다에 사는 늙은이라는 의미로, 자연의 가치를 아는 자연 친화적 존재이다. 이때 '이 둘을 가려낼꼬'는 '해옹'을 통해 화자와 '백구'가 구분되기를 바라는 마음을 드러낸 것이 아니라, 자연 친화적 삶을 살고 있는 화자의 상황에 대한 만족감을 설의법을 통해 강조한 것으로 볼 수 있다.

붉은 잎 산에 가득~어찌 알기 바라리 → 단풍이 물든 '산'이 보이는 한적한 '낚시터'에서 낚시를 하고 있는 화자의 모습이 나타나 있다. 작가가 정치적 사건에 휘말려 귀양을 다녀온 후 어쩔 수 없이 자연에 은거하게 되었음을 고려해 볼 때, '빈 강에 쓸쓸할 때'는 정계에서 밀려난 자신의 착잡한 심정을 표현한 것이라 할 수 있다. 한편, 화자는 세속적 가치를 추구하는 존재들을 '득 찾는 무리'로 표현하여 자연에서 낚시를 하는 자신과 구분하고 있는데, 이는 현실 정치에 참여하고 있는 사람들에 대한 화자의 부정적 태도를 보여 주는 것으로 볼 수 있다. 또한 설의법을 통해 자연에서의 만족감을 '득 찾는 무리'가 아닌, 자신만 누리기 바라는 화자의 태도를 강조하고 있다.

공명은 해진 신이니 벗어나서 즐겨 보세 → '공명'을 '해진 신'에 빗대어 표현함으로써 공명에 대한 부정적 인식을 드러내고 있다. 이를 통해 세속적 가치에 미련을 두지 않고 자연에 은거하여 살아가려는 화자의 삶의 자세를 알 수 있다.

맑으면 갓을 씻고~청탁을 모르래라 → 굴원의 「어부사」가 인용된 부분이다. 굴원은 혼탁한 조정을 떠나 낙향했다가 물에 빠져 죽은 초나라의 충신이다. 굴원은 「어부사」에서 '맑으면 갓을 씻고 흐리면 발을 씻네'라는 구절을 통해 세속이 맑으면 나가서 뜻을 펼치고 그렇지 않으면 숨어 살 것이라는 의도를 전달하였다. 화자는 이를 인용하여 자신도 분별 있게 삶을 살아가겠다는 의지를 표현하고 있으며, '청탁', 즉 옳고 그름을 판단하지 못하는 '세상 사람'들에 대한 비판적 태도를 드러내고 있다.

01 | 주제

세속적 가치에 대한 비판과 자연 친화적 삶에 대한 지향

02 | 특징

① 세속적 가치에 대한 부정적 인식을 바탕으로 자연에서의 삶에 대한 만족감을 드러낸 화자 중심의 시
② 속세와 자연을 이분법적으로 대비하여 주제 의식을 효과적으로 전달함.
③ 자연물을 통해 자연과 합일된 화자의 만족감을 드러냄.
④ 고사를 인용하여 화자의 인식을 드러냄.

03 | 작품 해제

　　이 작품은 조선 중기의 문인인 이별이 지은 총 6수의 연시조로, 현재는 4수만 한역되어 전해지고 있다. 작가는 정치적 사건에 휘말려 귀양을 다녀온 후 황해도 평산에 위치한 옥계산에 은거하였다. 현실 정치의 풍파로 작가가 자신의 뜻을 펴지 못하게 되었다는 점에서, 세상에 나아가는 것에 관심을 두지 않으며 세상에 안주하는 사람들에 대한 비판적 태도가 드러남과 동시에 자연과의 물아일체를 지향하는 삶의 태도가 드러난다.

작가의 배경을 통한 다른 해석

　　이별의 「장육당육가」는 갑자사화(연산군이 일으킨 대규모 숙청 사건)로 인해 유배된 작가가 옥계산에 은거하며 쓴 작품으로, 이별의 증손자 이광윤의 『양서집』에 한역되어 전하는데, 2수는 잃어버리고 4수만 한역되어 있다. 이 작품은 이별의 정치적 절망을 작품 속으로 옮긴 것이다. 특히 〈제2수〉와 〈제4수〉에서 이런 정황이 잘 나타나 있다.
　　〈제2수〉는 '낚시터'에서 세상 사람들에게 자신의 태도를 밝히고 있다. 세상 일에 초연하면서도 스스로 자연을 즐기기 위해 물러난 가어옹(가짜 어부 : 생계를 목적으로 하는 직업적 어부가 아닌, 자연을 즐기는 사람)이 아니라, 지배 계급의 피라미드에서 밀려나 자연에 은거하게 된 자신의 착잡한 심정을 쓸쓸한 낚시터로 제시하고 있는 것이다.
　　〈제4수〉는 시인이 은거하던 '옥계산'이라는 지명에서부터 강한 암시를 내포하고 있다. 스스로 원해서 물러난 경우와 세상의 대열에 낄 수 없어서 밀려난 경우는 인식이 다르게 나타난다. 이별에게 있어서 '옥계산'은 자연 대상으로서의 산이 아니라, 자신의 가슴속의 한을 구슬로 모아서 이룬 산으로 볼 수 있다. 종장에서는 세상을 향한 태도를 드러내는데, 세상의 대열에 참여할 수 없어서 옥계산으로 밀려난 시인은 세상의 청탁을 알고 있지만, 세상의 대열에 끼어 있는 사람들은 세상의 청탁을 구별하지 못한다며 이를 질책하고 있다. 그러나 사실 내면에는 세상에 대한 강한 관심이 자리 잡고 있었으며, 자신과 정치적 견해가 다른 세상 사람들에 대한 비판적 태도를 드러내고자 한 것으로 볼 수 있다.

다음 글을 읽고 물음에 답하시오. [교육청 기출 변형]

(가)

백성들의 어려움이여, 백성들의 어려움이여	蒼生難蒼生難
흉년 들어 ① 너희들은 먹을 것이 없구나	年貧爾無食
ⓒ 나는 너희들을 구제할 마음이 있어도	我有濟爾心
너희들을 구제할 힘이 없구나	而無濟爾力
백성들의 괴로움이여, 백성들의 괴로움이여	蒼生苦蒼生苦
날이 추워 네가 이불이 없을 때	天寒爾無衾
ⓒ 저들은 너희들을 구제할 힘이 있어도	彼有濟爾力
너희들을 구제할 마음이 없구나	而無濟爾心
원컨대, 잠시라도 소인배의 마음을 돌려서	願回小人腹
군자의 생각을 가져 보게나	暫爲君子慮
군자의 귀를 빌려	暫借君子耳
백성의 말을 들어 보게나	試聽小民語
백성은 할 말 있어도 임금은 알지 못하니	小民有語君不知
오늘 백성들은 모두 살 곳을 잃었구나	今歲蒼生皆失所
궁궐에서는 매양 백성을 걱정하는 조서 내리는데	北闕雖下憂民詔
지방 관청에 전해져서는 한갓 헛된 종이 조각	州縣傳看一虛紙
서울에서 관리를 보내 백성의 고통을 물으려	特遣京官問民瘼
역마로 날마다 삼백 리를 달려도	馹騎日馳三百里
백성들은 문턱에 나설 힘도 없어	吾民無力出門限
어느 겨를에 마음속 일을 말이나 하겠소	何暇面陳心內事
비록 한 고을에 한 서울 관리 온다고 해도	縱使一郡一京官
서울 관리는 귀가 없고 백성은 입이 없다네	京官無耳民無口
급회양* 같은 착한 관리를 불러다가	不如喚起汲淮陽
아직 죽지 않은 백성을 구해봄만 못하리라	未死子遺猶可救

– 어무적, 「유민탄(流民歎)」 –

*급회양 : 중국 한나라 때 선정(善政)을 베푼 것으로 유명한 태수.

(나)

내 이미 **백구** 잊고 백구도 **나**를 잊네
둘이 서로 잊었으니 누군지 모르리라
언제나 해옹을 만나 이 둘을 가려낼꼬

붉은 잎 산에 가득 **빈 강**에 쓸쓸할 때
가랑비 낚시터에 낚싯대 제 맛이라
세상에 **득 찾는 무리** 어찌 알기 바라리

내 귀가 시끄러움 네 바가지 버리려믄

네 귀를 씻은 샘에 내 소는 못 먹이리*
공명은 해진 신이니 벗어나서 즐겨보세

옥계산 흐르는 물 못 이루어 **달** 띄우네
맑으면 갓끈 씻고 흐리거든 발 씻으리
어찌타 **세상 사람 청탁(淸濁)*** 있는 줄 모르는고

– 이별, 「장육당육가(藏六堂六歌)」 –

*네 귀를~못 먹이리 : 벼슬 제안을 듣고 귀가 더럽혀졌다며 영수에 귀를 씻은 허유와 그 물을 소에게도 먹이지 않으려 했다는 소부의 고사에서 차용한 것임.
*청탁 : 맑음과 흐림을 아울러 이르는 말.

01. (가)와 (나)에 대한 설명으로 가장 적절한 것은?

① (가)는 (나)와 달리 색채어를 사용하여 시적 분위기를 환기하고 있다.
② (가)는 (나)와 달리 선경후정의 방식을 통해 시상을 전개하고 있다.
③ (나)는 (가)와 달리 대구적 표현을 사용하여 시적 운율감을 형성하고 있다.
④ (가)와 (나) 모두 설의적 표현을 활용하여 시적 의미를 부각하고 있다.
⑤ (가)와 (나) 모두 자연물에 인격을 부여하여 화자의 정서를 드러내고 있다.

02. ①~ⓒ에 대한 설명으로 적절하지 않은 것은?

① ①은 자신들의 삶을 돌보지 않는 ⓒ을 원망하고 있다.
② ⓒ은 ①을 구제하지 못하는 것에 안타까움을 느끼고 있다.
③ ⓒ은 ⓒ이 군자와 같은 생각을 갖기를 바라고 있다.
④ ⓒ은 ①의 삶을 구제할 힘을 지니고 있다.
⑤ ⓒ은 ①이 겪고 있는 문제를 해결하지 않고 있다.

03. ⟨보기⟩를 참고하여 (나)를 감상한 내용으로 적절하지 <u>않은</u> 것은?

<보기>

(나)는 갑자사화로 인해 유배되었다 풀려난 작가가 옥계산에 은거하며 쓴 작품이다. 이 작품을 통해 작가는 세속적 가치를 멀리하고 자연 속에서 자연과 하나 되어 풍류를 즐기는 삶을 추구하고 있음을 보여 주고 있다. 또한 옳고 그름을 분간하지 못하는 사람들을 비판하면서 분별 있는 삶의 자세에 대한 의지도 드러내고 있다.

① '백구'와 '나'가 서로 잊어 누군지 모른다는 것에서 화자가 자연과 하나가 된 삶을 살고 있음을 보여 주는군.
② '빈 강'에서 쓸쓸해 하는 모습에서 유배되었다 풀려나도 '득 찾는 무리'로부터 벗어나기 어려운 화자의 현실이 드러나는군.
③ '공명'을 '해진 신'에 비유한 것에서 화자가 세속적 삶의 가치를 멀리하고 있음이 드러나는군.
④ '옥계산'에서 '물', '달'과 함께 지내는 모습에서 화자의 자연 친화적 삶의 태도가 드러나는군.
⑤ '세상 사람'을 '청탁'을 모르는 사람들로 여기는 것에서 맑고 탁함을 분간할 수 있어야 한다는 화자의 인식이 드러나는군.

다음 글을 읽고 물음에 답하시오. [교육청 기출 변형]

(가)

수만호 빛이라야 할 내 고향이언만
노랑나비도 오잖는 무덤 위에 이끼만 푸르리라.

슬픔도 자랑도 집어삼키는 검은 꿈
파이프엔 조용히 타오르는 꽃불도 향기론데

연기는 돛대처럼 날려 항구에 들고
옛날의 들창마다 눈동자엔 짜운 소금이 저려

바람 불고 **눈보라** 치잖으면 못살리라
매운 술을 마셔 돌아가는 그림자 발자취 소리

숨 막힐 마음속에 어데 강물이 흐르뇨
달은 강을 따르고 나는 차디찬 강맘에 들리라

수만호 빛이라야 할 내 고향이언만
노랑나비도 오잖는 무덤 위에 이끼만 푸르리라.

            - 이육사, 「자야곡(子夜曲)」 -

(나)

나도 봄산에서는
나를 버릴 수 있으리
솔이파리들이 가만히 이 세상에 내리고
상수리나무 묵은 잎은 저만큼 지네
봄이 오는 이 숲에서는
지난날들을 가만히 내려놓아도 좋으리
그러면 지나온 날들처럼
남은 생도 벅차리
봄이 오는 이 **솔숲**에서
무엇을 내 손에 쥐고
무엇을 내 마음 가장자리에 잡아두리
솔숲 끝으로 해맑은 햇살이 찾아오고
박새들은 솔가지에서 솔가지로 가벼이 내리네
삶의 근심과 고단함에서 돌아와 거니는 숲이여 거기 이는 바람이여
찬 서리 내린 실가지 끝에서
눈뜨리
눈을 뜨리
그대는 저 수많은 새 잎사귀들처럼 푸르른 눈을 뜨리
그대 생의 이 고요한 솔숲에서

            - 김용택, 「그대 생의 솔숲에서」 -

(다)

내 이미 백구 잊고 백구도 나를 잊네
㉠ 둘이 서로 잊었으니 누군지 모르리라
언제나 해옹을 만나 이 둘을 가려낼꼬

붉은 잎 산에 가득 빈 **강**에 쓸쓸할 때
㉡ 가랑비 낚시터에 낚싯대 제 맛이라
㉢ 세상에 득 찾는 무리 어찌 알기 바라리

내 귀가 시끄러움 네 바가지 버리려면
네 귀를 씻은 샘에 내 소는 못 먹이리*
㉣ 공명은 해진 신이니 벗어나서 즐겨보세

옥계산 흐르는 물 못 이뤄 **달** 가두고
맑으면 갓을 씻고 흐리면 발을 씻네

ⓜ 어떠한 세상 사람도 청탁(淸濁)을 모르래라

- 이별, 「장육당육가(藏六堂六歌)」 -

*네 귀를 씻은 샘에 내 소는 못 먹이리 : 벼슬 제안을 들은 귀를 영수에 씻은 허유와 그 물을 소에게 먹이지 않은 소부의 고사에서 차용한 것임.

04. (가)와 (나)의 표현상 특징에 대한 설명으로 적절하지 <u>않은</u> 것은?

① (가)는 (나)와 달리, 어순을 도치하여 시적 긴장을 높이고 있다.
② (가)는 (나)와 달리, 처음과 끝을 대응시켜 화자의 정서를 부각하고 있다.
③ (나)는 (가)와 달리, 유사한 시구를 변주하여 시적 정서를 강화하고 있다.
④ (가)와 (나)는 직유를 통해 시각적 인상을 구체화하고 있다.
⑤ (가)와 (나)는 특정 종결 어미를 반복하여 운율을 형성하고 있다.

05. (가)~(다)의 시어를 비교하여 이해한 내용으로 가장 적절한 것은?

① (가)의 '노랑나비'와 (나)의 '박새'는 화자가 부정적으로 여기는 대상이다.
② (가)의 '눈보라'와 (나)의 '찬 서리'는 화자의 심리적 갈등이 해소되는 계기가 된다.
③ (가)의 '달'과 (다)의 '달'은 화자가 자신의 삶을 성찰하는 매개가 된다.
④ (나)의 '솔이파리들'과 (다)의 '붉은 잎'은 화자의 처지와 대비되는 소재이다.
⑤ (나)의 '솔숲'과 (다)의 '강'은 화자의 구체적 체험이 이루어지는 공간이다.

06. 〈보기〉를 바탕으로 (가)를 감상한 내용으로 적절하지 <u>않은</u> 것은?

─〈보기〉─

「자야곡」에서는 밤이라는 시간적 배경을 통해 일제 강점 하의 냉혹한 현실을, 항구라는 공간적 배경을 통해 고향을 떠나 타향을 유랑하고 있는 시인 자신의 처지를 드러내고 있다. 이 시의 시적 상황을 도식화하면 아래와 같이 나타낼 수 있다.

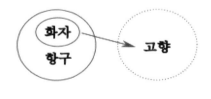

① '이끼'만 푸를 '무덤'을 떠올리는 화자의 모습에서 고향의 현재 상황에 대해 안타까워하는 시인의 마음이 느껴져.
② '검은 꿈'이 '슬픔'과 '자랑'을 집어삼킨다는 표현에는 일제 강점 하의 현실을 이겨내려는 시인의 의지가 드러나 있어.
③ '매운 술'을 마시고 '돌아가는 그림자'에는 고통스러운 현실에 대한 시인의 의식이 드러나 있어.
④ '숨 막힐 마음속'에는 고향을 떠나 타향을 유랑하던 시인의 답답한 마음이 담겨 있어.
⑤ '강맘'을 '차디찬'으로 수식한 것으로 보아 시인은 자신이 처한 냉혹한 현실에 주목하고 있어.

07. (나)에 대한 설명으로 적절하지 <u>않은</u> 것은?

① '내리고', '지네' 등에 드러난 하강 이미지는 '삶의 근심과 고단함'에서 벗어나려는 화자의 태도와 관련된다.
② '묵은 잎'은 화자가 지나온 삶을, '새 잎사귀'는 화자가 기대하는 삶을 함축한다.
③ '이 세상', '이 고요한 솔숲' 등에서처럼 시적 공간을 한정하는 지시어를 사용하여 공간이 지닌 의미에 주목하게 한다.
④ '내 마음 가장자리', '솔숲 끝으로'에는 소외된 삶에 대한 외로움이 부각되어 있다.
⑤ '봄산' → '봄이 오는 이 숲' → '봄이 오는 이 솔숲'으로 시상을 구체화하면서 화자가 지향하는 삶의 모습을 보여 주고 있다.

08. 〈보기〉를 참고하여 ㉠~㉤을 이해한 내용으로 적절하지 <u>않은</u> 것은?

─〈보기〉─

이별은 갑자사화로 인해 유배되었다가 풀려난 후 옥계산에 은거하였다. 그는 속세의 명리를 버리고 자연 속에 은거한 은일지사(隱逸之士)의 정신을 지향했다. 이 시에서는 현실 세계를 혼탁한 세상으로 여긴 반면, 자연을 친화적 공간으로 생각하며 그 속에서 삶을 즐기려는 태도가 드러난다.

① ㉠ : 혼탁한 세상에서 멀어져 자연에 친화된 화자의 모습을 엿볼 수 있다.
② ㉡ : 은일의 공간에서 풍류를 즐기는 삶의 모습이 드러나고 있다.
③ ㉢ : 화자와는 달리 세속적 가치를 추구하는 사람들로 볼 수 있다.
④ ㉣ : 속세의 명리를 중시하지 않는 화자의 가치관을 보여 준다.
⑤ ㉤ : 세상의 청탁을 구분할 수 없는 자신의 능력에 대한 아쉬움이 담겨 있다.

29 신지, 영언십이장

STEP 01 OX 문제를 통한 지문 이해 훈련

나BS 수능특강 | 고전문학

청계상 반구정(伴鷗亭)에 극목소쇄* 풍경일다
무심한 백구들은 자거자래* 무삼 일고
백구야 날지 마라 네 벗인 줄 모를쏘냐

〈제1수〉

백로주 돌아들어 반구정을 돌아가니
장연은 일공한데* 호월(皓月)*은 천리로다
아이야 풍광이 이러하니 아니 놀고 어찌하리

〈제2수〉

연하로 집을 삼고 구로(鷗鷺)*로 벗을 삼아
팔 베고 물 마시고 **반구정에 누웠으니**
세상의 부귀공명은 헌 신인가 하노라

〈제6수〉

맑으나 맑은 **창랑파(滄浪波)**에 태을 연엽* 띄웠는데
탁영가* 한 곡조에 잠든 날 깨우거든
유자(孺子)야 **청탁자취**를 나는 몰라 하노라

〈제7수〉

청산은 만고청(萬古靑)이요 유수는 주야류(晝夜流)라
산청청 수류류 그지도 없을시고
우리도 그치지 말아 산수같이 하오리라

〈제11수〉

*극목소쇄 : 시선이 미치는 곳까지의 맑고 깨끗한 아름다운 경치. / *자거자래 : 제멋대로 왔다가 제멋대로 감.
*장연은 일공한데 : 길게 드리운 저녁연기는 텅 빈 것 같은데. / *호월 : 밝은 달.
*연하 : 안개와 노을. / *구로 : 갈매기와 백로.
*태을 연엽 : 신선이 타는 배. / *탁영가 : 갓끈을 씻으며 부르는 노래.
*청탁자취 : 깨끗하고 더러움 가운데 어느 것을 택할지 스스로 결정하는 것.

OX문제

01 〈제2수〉에서 자연 속에서 즐기는 삶의 가치를 부각하여 화자가 즐기는 흥취를 강조하고 있다. [2022학년도 6월] (O / X)

02 '연하'를 집으로 삼아 '반구정에 누운' 화자의 모습에서 자연 친화적 태도가 드러난다. (O / X)

03 인격화한 대상을 통해 화자의 심리를 내포하고 있다. [2025학년도 6월] (O / X)

04 '창랑파'에 배를 띄운 화자는 '유자'에게 '청탁자취'를 모른다며 신세 한탄을 하고 있다. (O / X)

05 자연물을 소재로 하여 서로 대립하던 것들이 타협에 이른 모습을 제시하고 있다. [2016학년도 9월AB] (O / X)

STEP 02 지문 분석

[EBS에 나오지 않은 파트까지 모두 넣은 전문 분석]

右十二章盖和 陶山十二章之遺意

⇒ 오른쪽의 열두 수는 대개 도산십이곡에서 남긴 뜻에 화합하여 지은 것이라

而文拙調荒 必招外人之譏議 覽者絮之

⇒ 그렇기에 글은 질박하고 곡조는 거칠다. 반드시 다른 사람들이 헐뜯어 평가하리니 읽는 이들의 용서를 구한다

〈서문〉

시선이 미치는 곳까지의 맑고 깨끗한 아름다운 경치
청계상 반구정(伴鷗亭)에 극목소쇄 풍경일다
맑고 깨끗한 시내 ↘ 공간적 배경

⇒ 맑고 깨끗한 시내 위의 반구정에 눈길 닿는 먼 곳까지 깨끗한 경치로다

무심한 백구들은 자거자래 무삼 일고
■ : 설의적 표현

⇒ 욕심이 없는 백구들은 제멋대로 왔다가 제멋대로 가니 무슨 일인가

백구야 날지 마라 네 벗인 줄 모를쏘냐
돈호법

⇒ 백구야 날지 마라 (내가) 네 벗인 줄 모르겠느냐

제1수 : 자연을 벗 삼아 살아가는 삶 〈제1수〉

물가에 퇴적된 땅
백로주 돌아들어 반구정을 돌아가니
여기저기 돌다가 일정한 곳으로 들어가

⇒ 백로가 노니는 물가를 돌아들어 반구정을 돌아가니

장연은 일공한데 호월(皓月)은 천리로다
밝은 달

⇒ 길게 드리운 저녁 연기는 텅 빈 것 같은데 밝은 달은 천 리를 비추는구나

산이나 들, 강, 바다 따위의 자연이나 지역의 모습
아이야 풍광이 이러하니 아니 놀고 어찌하리
돈호법   '반구정' 주변의 풍경을 바라보며 느낀 흥취

⇒ 아이야 자연의 모습이 이러하니 아니 놀고 어찌하리

제2수 : 자연으로부터 느끼는 흥취 〈제2수〉

굽어보니 천심녹수(千尋綠水) 앙대(仰對)하니 만척 단애
깎아 세운 듯한 낭떠러지

⇒ 내려다보니 천 길의 푸른 물이요 올려보니 만 길의 낭떠러지라

「붉게 물든 벼랑에는 붉은 꽃 피어 있고 푸른 물엔 백구가 나는구나」
「 」: 대구, 색채 대비 → 자연의 모습을 감각적으로 묘사함.

⇒ 붉게 물든 가파른 언덕에는 붉은 꽃 피어 있고 푸른 물에는 백구가 나는구나

붉은 꽃 피고 백구가 날아가니 한흥(閒興)겨워 하노라
직접적인 정서 표출

⇒ 붉은 꽃 피고 백구가 날아가니 한가한 흥취를 참지 못해 하노라

제3수 : 자연 속에서 느끼는 한흥 〈제3수〉

넘실대는 물 가운데 새는 떠서 날갯짓하고 정자 위를 돌아보니 호호지옹(皓皓之翁)이로다
머리 센 늙은이 → 화자

⇒ 넘실대는 물 가운데 새는 떠서 날갯짓하고 정자 위를 돌아보니 머리가 허연 늙은이로다

특심(特心)코 다정(多情)한 이 우리 둘 쑨이로쇠
'새'와 화자

⇒ 특별히 다정한 이가 우리 둘 뿐이로세

과외식 해설

〈서문〉 → 「영언십이장」은 이황의 「도산십이곡」에 화합하여 지은 노래이다. 이때 '영언'은 길게 끌면서 하는 말이라는 뜻으로, 시와 노래를 이르는 말이다. 작가는 글을 시작하기 전 〈서문〉을 제시하여 해당 글의 내용이 질박, 즉 꾸민 데가 없이 수수하고 곡조는 거칠다며 겸손한 태도를 보이고 있다.

청계상 반구정에 극목소쇄 풍경일다 → 여러 번 과거를 보았으나 급제하지 못한 작가 신지는 노년기에 고향 문경으로 내려와 '반구정'을 짓고 그곳에서 여생을 보냈다. 작가가 '반구정'에 머물며 그곳의 자연 풍경과 흥취를 작품에 담아내었음을 고려해볼 때, 〈제1수〉의 '반구정'은 화자가 위치한 공간임을 알 수 있다.

무심한 백구들은~네 벗인 줄 모를쏘냐 → 시각적 이미지를 사용하여 '반구정' 주변의 모습을 제시하고 있다. 또한 화자는 욕심이 없는 '백구'에게 말을 건네며 '백구'의 벗인 자신도 '무심'하다는 것을 강조하고 있다. 이는 '백구'와 같이 자연 친화적인 삶을 살아가고자 하는 화자의 마음을 드러낸 것으로 이해할 수 있다.

백로주 돌아들어~아니 놀고 어찌하리 → 화자는 '반구정' 주변에 펼쳐진 자연의 풍경을 묘사하고, 그곳의 '풍광'이 아름다워 '아니 놀' 수 없다며 자연 속에서 살아가는 삶에 대한 만족감을 강하게 드러내고 있다.

굽어보니 천심녹수~한흥겨워 하노라 → 대구법과 색채 대비를 사용하여 '반구정'에서 바라본 자연의 모습을 감각적으로 드러내고 있다. 또한 선경후정의 방식을 사용하여 초장과 중장에서 자연의 모습을 묘사한 후 종장에서 화자의 정서를 드러내고 있다. 참고로, 선경후정이란 시상을 전개할 때에 먼저 자연이나 사물을 그대로 묘사한 후 화자의 감정이나 생각을 읊는 표현 기법이다.

넘실대는 물 가운데~널로조차 늘그리라 → 화자는 자연에서 '특심코 다정한 이'가 자신과 '새밖에 없다고 표현하여 자연과 더불어 살아가는 모습을 드러내고 있다. 이때 '이제난 날 차지리 업스니'는 자연에 묻혀 사는 화자를 찾을 사람이 없다는 의미로,

이제난 날 차지리 업스니 널로조차 늘그리라
　　　　　　　자연에서 살고자 하는 다짐

　　⇒ 이제는 날 찾을 이가 없으니 너와 함께 늙으리라

속세와의 인연을 끊고 자연 속에서의 삶을 지향하는 태도를 드러낸 것으로 볼 수 있다. 즉, 화자는 자신을 찾는 사람이 없는 자연에서 '새'와 함께 늙어 갈 것이라는 다짐을 드러내고 있는 것이다.

　　　　제4수 : 새와 함께 자연에서 살고자 함. 〈제4수〉

이백(李白)은 영시어여산(詠詩於廬山)하고 소부(巢父)난 세이어영수(洗耳於潁水)로다

사람이 고금(古今)인들 지취야 다를쏘냐
　　　　　　의지와 취향 → 품은 뜻

우리도 영수여산(潁水廬山)에 한 무리 되어리라

　　⇒ 이백은 여산에서 시를 읊고 소부는 영수에서 귀를 씻었도다

　　⇒ 사람이야 예전과 지금이 (다르겠지만) 의지와 취향이야 다르겠느냐

　　⇒ 우리도 영수와 여산에서 (이백, 소부와) 한 무리가 되겠노라

이백은 영시어여산~한 무리 되어리라 → 이백과 소부의 고사가 인용된 부분이다. 이백은 당나라 시인으로, 중국의 명산인 여산에 올라 시를 지었다. 또한 소부는 중국의 기산 속에 은거하던 사람으로, 요 임금이 허유에게 임금의 자리를 주겠다고 하자, 허유는 더러운 말을 들었다며 영수에 귀를 씻었고, 소를 끌고 온 소부는 허유가 귀를 씻은 물을 소에게 먹이지 않겠다고 하였다. 화자는 이를 인용하여 이백, 소부와 같이 속세를 벗어나 '지취'를 가진 무리로 살겠다는 다짐을 드러내고 있다.

　　　제5수 : 이백과 소부처럼 속세를 벗어난 삶을 살고자 함. 〈제5수〉

연하로 집을 삼고 구로(鷗鷺)로 벗을 삼아

　　⇒ 안개와 노을로 집을 삼고 갈매기와 백로로 벗을 삼아

연하로 집을 삼고~반구정에 누웠으니 → '연하'를 '집'으로 삼고 '구로'를 '벗'으로 삼아 '반구정'에서 여유롭게 지내는 화자의 모습을 통해 자연 속에서 안빈낙도의 삶을 사는 화자의 자연 친화적 태도를 확인할 수 있다.

팔 베고 물 마시고 반구정에 누웠으니

　　⇒ 팔 베고 물을 마시고 반구정에 누웠으니

세상의 부귀공명은 헌 신인가 하노라
　　세속적 가치　　　낡은 신발
　　　　　　　　→ '부귀공명'을 비유한 표현

　　⇒ 세상의 부귀공명은 헌 신인가 하노라

세상의 부귀공명은 헌 신인가 하노라 → '부귀공명'을 '헌 신'에 빗대어 표현하여 세속적 가치에 대한 화자의 부정적 인식을 드러내고 있다. 이를 통해 세속적 가치에 미련을 두지 않고 자연에 은거하여 살아가려는 화자의 삶의 자세를 알 수 있다.

　　　　제6수 : 부귀공명을 멀리하고 자연에서 살고자 함. 〈제6수〉

맑으나 맑은 창랑파(滄浪波)에 태을 연엽 띄웠는데
　　　　　푸른 물결

　　⇒ 맑디맑은 푸른 물결에 신선이 타는 배를 띄웠는데

탁영가 한 곡조에 잠든 날 깨우거든

　　⇒ 갓끈을 씻으며 부르는 노래 한 곡조에 잠든 날 깨우거든

맑으나 맑은~나는 몰라 하노라 → 푸른 물결에 배를 띄우고 풍류를 즐기는 화자의 모습이 나타나 있다. 이때 '탁영가'는 굴원과 관련된 고사를 인용한 것이다. 굴원은 「어부가」에서 '물이 맑으면 갓끈을 씻고, 더러우면 발을 씻네'라는 구절을 통해 세속이 맑으면 나가서 뜻을 펼치고 그렇지 않으면 숨어 살 것이라는 의도를 전달하였다. 화자는 굴원의 고사를 인용하여 시세(당시의 형세나 세상의 형편)에 맞추지 않고 '청탁' 중 '청', 즉 깨끗하게만 살고자 하는 의지를 드러내고 있다. 이는 자연 속의 삶을 지향할 것이라는 화자의 달관(사소한 일에 얽매이지 않고 세속을 벗어난 활달한 식견이나 인생관에 이름)적 태도를 드러낸 것이라 볼 수 있다.

나이 어린 남자
유자(孺子)야 청탁자취를 나는 몰라 하노라
　　돈호법

　　⇒ 아이야 깨끗하고 더러움 가운데 어느 것을 택할지 스스로 결정하는 것을 나는 몰라 하노라

　　　　　　　　제7수 : 삶에 대한 달관적 태도 〈제7수〉

인적적(人寂寂) 야심심(夜深深)데 반구정(伴鷗亭)에 누었시니

　　⇒ 사람은 드물고 밤은 깊고 깊었는데 반구정에 누웠더니

천심(天心)에 월도(月到)하고 수면(水面)에 풍래(風來)한다
눈에 보이는 하늘의 한가운데

　　⇒ 하늘의 한가운데에 달이 뜨고 물 위로 바람이 불어온다

인적적 야심심데~나뿐인가 하노라 → 화자는 밤이 되어 사람의 왕래가 없는 자연 속에서 홀로 '반구정'에 누워 자연을 감상하고 있다. 자연의 흥취를 즐기고 있는 모습을 통해 화자가 현재의 삶에 만족감을 느끼고 있음을 확인할 수 있다.

아마도 일반청의미(一般淸意味)를 얻은 이 나뿐인가 하노라
　　누구나 아는 맑고 깨끗한 자연의 흥취　　자연 속에서 느끼는 만족감

　　⇒ 아마도 풍경의 맑은 뜻을 얻은 이는 나뿐인가 하노라

　　　　　　제8수 : 자연에서 느끼는 일반청의미의 삶 〈제8수〉

앙관(仰觀)하니 연비려천(鳶飛戾天) 부찰(俯察)하니 어약우연(魚躍于淵)

　　⇒ 우러러보니 솔개가 하늘을 날고 내려다보니 물고기가 연못 위로 뛰어오르네

이제야 보아하니 상하리(上下理)도 분명(分明)하다
　　　자연의 이치에 대한 화자의 깨달음

하물며 광풍제월(光風霽月) 운영천광(雲影天光)이야 어느 끝
이 있으리 ⌐ 비가 갠 뒤의 맑게 부는 바람과 밝은 달

　　　제9수 : 자연의 아름다움에 대한 깨달음 〈제9수〉

심사(心事)난 청천백일(靑天白日) 생애(生涯)난 명월청풍
마음속으로 생각하는 일. 또는 그 생각

올바른 자세로 행대도(行大道)하니 그 아니 대장부인가

이밧게 부귀빈천위무(富貴貧賤威武)인들 이 마음 요동하랴
　　　　　　　　세속적 가치

　　　제10수 : 속세의 가치를 멀리하며 살고자 함.〈제10수〉

청산은 만고청(萬古靑)이요 유수는 주야류(晝夜流)라
풀과 나무 무성한 푸른 산　　　　흐르는 물

산청청 수류류 그지도 없을시고

우리도 그치지 말아 산수같이 하오리라
　　　산수같이 도의 실행을 그치지 않겠다는 다짐

　　　제11수 : 청산과 유수를 본받아 살고자 함.〈제11수〉

봄철에 흐르는 물
춘수(春水)난 만사택(滿四擇)이오 하운(夏雲)은 다기봉(多寄峯)
이라　　　　　　　여름철의 구름

가을밤에 뜬 달
추월(秋月)은 양명휘(揚名揮)오 동령(冬嶺)에 수고송(秀孤松)이
라

아마도 사시가흥(四時佳興)이 사람과 한가진가 하노라
　　　'반구정'에서 느끼는 사계절의 흥취

　　　제12수 : 사계절의 아름다움에 대한 예찬〈제12수〉

⇒ 이제야 보아 하니 하늘과 땅의 이치도 분명하다

⇒ 하물며 비가 갠 뒤의 맑게 부는 바람과 밝은 달, 구름의 그림자와 맑게 갠 하늘의 빛이 어찌 끝이 있으리

⇒ 마음은 하늘이 맑게 갠 대낮처럼 (깨끗하고) 내 삶은 밝은 달과 맑고 시원한 바람처럼 (한가롭구나)

⇒ 올바른 자세로 도를 행하니 그 아니 대장부인가

⇒ 이밖에 부귀와 빈천, 위세와 무력인들 이 마음이 흔들리겠느냐

⇒ 풀과 나무가 무성한 푸른 산은 만고에 푸르르고 흐르는 물은 밤낮으로 흐르네

⇒ 산은 푸르고 푸르고 물은 흐르고 흘러 끝이 없구나

⇒ 우리도 그치지 마라 산수같이 하오리라

⇒ 봄철에 흐르는 물은 사방의 연못에 가득하고 여름 구름은 신기하게 생긴 수많은 봉우리처럼 떠 있네

⇒ 가을 달은 밝은 빛을 비추고 겨울 산마루에는 외로운 소나무가 빼어남이라

⇒ 아마도 사계절의 흥취가 사람과 한가지인가 하노라

앙관하니 연비려천~어느 끝이 있으리 → 시선의 이동에 따라 주변 경치를 감상하는 화자의 모습이 제시되고 있다. 화자는 자연의 이치에 따라 살아가는 솔개와 물고기를 보면서 그러한 모습들이 '상하리', 즉 자연의 이치라는 깨달음을 얻고 있다. 한편 '광풍제월'과 '운영청광'은 아름다운 자연의 이치를 드러낸 것으로, 자연에 대한 화자의 예찬적 태도를 확인할 수 있다.

심사난 청천백일~이 마음 요동하랴 → 화자는 자신의 삶을 자연물에 비유함으로써, '올바른 자세'로 도리를 지키며 살아가는 삶에 대한 자부심을 드러내고 있다. 또한 설의법을 사용하여 세속적 가치를 멀리하고 자연을 지향하는 삶을 살 것이라는 의지를 강조하고 있다.

청산은 만고청이요~산수같이 하오리라 → 시각적 이미지를 통해 자연의 영속성(영원히 계속되는 성질)을 강조한 부분이다. 화자는 자연의 영속성을 본받아 자신도 도의 실행을 그치지 않겠다는 다짐을 드러내고 있다.

춘수난 만사택이오~사람과 한가진가 하노라 → 사계절의 특징을 열거하여 '반구정'에서 화자가 지켜본 계절의 변화를 나타내고 있다. '반구정'에서 모든 계절을 겪으며 자연을 즐기고 있는 화자의 모습을 통해, 자연에 동화된 삶과 자연의 아름다움에 대한 예찬을 드러내고 있다.

01 | 주제

자연과 합일하는 삶에 대한 지향과 즐거움

02 | 특징

① 반구정에서 자연과 조화를 이루며 유유자적하게 살아가는 삶을 노래한 화자 중심의 시
② 특정 공간을 배경으로 설정하여 자연물을 감각적으로 묘사함.
③ 현재의 삶에 대한 만족감과 자연 친화적 삶에 대한 지향을 보여 줌.
④ 고사를 인용하여 자연과 조화를 이루며 사는 삶에 대한 다짐을 드러냄.

03 | 작품 해제

   이 작품은 송호강 절벽 위에 반구정을 짓고 처사(벼슬을 하지 아니하고 초야에 묻혀 살던 선비)로서의 삶을 살았던 작가의 생활을 노래한 연시조이다. 작품에는 주로 반구정 주변의 풍광과 흥취가 드러나며, 향촌에 머물며 살아가는 작가의 삶을 나타내고 있다. 작가는 작품을 통해 속세를 멀리하고 자연에서 유유자적한 삶을 즐기는 모습을 드러내고 있다.

논문으로 만나는 출제자의 시선

「영언십이장」에 드러난 기승전결 구조

신지(1706~1780)는 숙종 32년(1706)에 태어나서 정조 4년(1780)까지 살았던 인물이다. 몇 차례 과거에 응시한 적이 있으나 합격하지 못한 채 평생을 강호의 처사(벼슬을 하지 아니하고 초야에 묻혀 살던 선비)로 지냈다. 그는 67세 때 점촌읍 창리동 동쪽 송호강 절벽 위에 반구정이라는 정자를 짓고 세월을 보냈으며, 그의 문집에 「영언십이장」 12수와 그 밖에 시조 2수 등 총 14수의 시조를 수록하였다. 「영언십이장」은 전6수와 후6수가 각각 기승전결의 구조로 구성되어 있으며, 정리하면 아래와 같다.

	전6수		후6수
〈제1수〉	기 : 맑고 깨끗한 반구정을 바라보면서 백구와 벗이 됨.	〈제7수〉	기 : 세상의 청탁에 맞추지 않고 청하게만 사는 삶
〈제2수〉	승1 : 반구정에서 본 장연의 일공 및 호월의 천리와 그로 인한 즐거움	〈제8수〉	승1 : 자연에서의 득도와 도의 실행을 화자가 인지함.
〈제3수〉	승2 : 반구정에서 본 풍경과 그로 인한 한흥	〈제9수〉	승2 : 자연에서의 득도와 도의 실행을 시적 화자가 즐김.
〈제4수〉	전1 : 이제 백구와 짝을 하여 살면서 늙겠다는 다짐	〈제10수〉	전1 : 흔들리지 않고 도를 실행하겠다는 다짐
〈제5수〉	전2 : 우리도 이백 및 소부와 같은 지취를 갖은 무리로 살겠다는 결심	〈제11수〉	전2 : 득도와 도의 실행을 산수와 같이 그치지 않고 지속하겠다는 다짐
〈제6수〉	결 : 반구정에서 안빈낙도하는 삶의 즐거움	〈제12수〉	결 : 반구정에서 자연과 합일된 사시가흥의 즐거움

두 기승전결에 포함된 승1과 승2는 점층적 구조이고, 전1과 전2도 점층적 구조를 이룬다. 결국 이 작품은 두 기승전결이 합쳐진 구조임을 알 수 있다. 물론 후6수의 기승전결도 전6수의 기승전결에 점층된 것으로 볼 수 있다. 즉, 후6수의 기승전결이 보인 자연과 합일된 사시가흥의 즐거움은, 전6수의 기승전결이 보인 안빈낙도하는 삶의 즐거움에 점층된 구조인 것이다. 이 점층적 구조는 「영언십이장」이 모방한 이황의 「도산십이곡」의 전6곡('언지')과 후6곡('언학')이 보인 병렬적 구조나, 장경세의 「강호연군가」의 전6곡('애군우국지성')과 후6곡('성현학문지정')이 보인 병렬적 구조와는 구별된다. **전6수의 주제는 [반구정에서 안빈낙도하는 삶의 지향과 즐거움]이고, 후6수의 주제는 [반구정에서 자연과 합일하는 삶의 지향과 사시가흥의 즐거움]이다.** 이를 종합하면, 이 12수 텍스트의 주제는 [반구정에서 안빈낙도하고 자연과 합일하는 삶에 대한 지향과 즐거움]으로 묶을 수 있다.

나 없이
EBS
풀지마라

EBS 수특 국어
완벽 대비!

정답과
해설

나 없이
EBS
풀지 마라

Part 1. 고전시가 　01 | 매화 옛 등걸에, 녹양이, 사랑

O/X 정답

| 01. X | 02. O | 03. X | 04. X | 05. X |

1. (다)는 '끝 간 데를 몰라 하노라'에서 영탄적 표현을 통해 영원한 임의 사랑을 예찬하고 있다. 하지만 (가)는 '필동 말동 하여라'에서 영탄적 표현을 통해 봄이 왔음에도 꽃을 피우지 못하는 매화나무에 대한 안타까움을 드러내고 있을 뿐, 대상의 속성을 예찬하고 있지는 않다.
2. (가)는 '춘설'이라는 봄의 계절을 나타내는 어휘를 활용해 꽃을 피우지 못하는 매화나무에 대한 애달픈 정서를 부각하고 있으므로 선지의 내용은 적절하다.
3. (나)의 '녹양이 천만사인들~꽃을 어이하리'에서 화자는 '녹양'의 가지가 아무리 많더라도 '가는 춘풍'을 '잡아'맬 수는 없다고 하였으므로 선지의 내용은 적절하지 않다.
4. (나)는 '녹양이 천만사인들~꽃을 어이하리'에서 대구를 사용하여 자연의 이치를 제시하고 있을 뿐, 대조적 대상의 속성을 드러내고 있지는 않다.
5. (다)에서 '온 바다를 두루 덮는 그물'과 '골골이 뻗어 가는' 넝쿨과 같은 사랑을 하는 주체는 화자가 아닌 '임'이다. 즉, (다)의 화자는 '온 바다를 두루 덮는 그물'과 '골골이 뻗어 가는' 넝쿨과 같이 넓고 끝없는 '임의 사랑'을 예찬하고 있는 것이므로 선지의 내용은 적절하지 않다.

Part 1. 고전시가 　02 | 득오, 모죽지랑가

O/X 정답

| 01. X | 02. X | 03. X | 04. O | 05. O |

1. '낭이여'에서 '낭'을 한 번 호명하였을 뿐, 대상을 반복적으로 호명하지는 않았으므로 선지의 내용은 적절하지 않다.
2. '낭이여~잘 밤이 있으리이까'에서 영탄적 어조를 사용하고 있으나, 이를 통해 시적 대상에 대한 화자의 깨달음이 부정되고 있음을 나타내고 있지는 않다.
3. '주름살'이 생긴 것은 화자가 아닌 시적 대상인 '낭'이며 '아름다움'의 대상 또한 '봄'이 아닌 '낭'이다. 화자는 '낭'과 함께 했던 '봄'을 그리워하며 '낭'의 모습에 대해 회상하고 있는 것이므로 선지의 내용은 적절하지 않다.
4. '그리운 마음의 가는 길'은 '낭'을 향한 화자의 그리움을 '길'로써 구체적으로 형상화한 표현이므로 선지의 내용은 적절하다.
5. '잘 밤이 있으리이까'에서 설의적 표현을 사용하여 '낭'에 대한 화자의 그리움을 강조하고 있으므로 선지의 내용은 적절하다.

Part 1. 고전시가 　03 | 이익, 화왕가

O/X 정답

| 01. X | 02. X | 03. X | 04. O | 05. O |

1. '화왕이 봄 나라를 다스리고 있으니', '진홍색 연자색 꽃이~온갖 교태 생겨나니' 등 의인화된 대상(꽃)이 제시되고 있으나, 이들을 청자로 설정하여 말을 건네고 있지는 않다.
2. '화왕'과 '머리 허연 백두옹'의 이야기가 담긴 '화왕가'를 들은 '신라의 임금'이 '계림(신라)'에 선정을 베푼 것이지, '화왕'이 '계림'에 선정을 베푼 것이 아니다.

3. '진홍색', '연자색'과 '허연'의 색채 대비를 통해 '간신'과 '충신'이라는 대조적 인물상을 강조하고 있을 뿐, 새롭게 나타난 것들의 가치를 강조하고 있지는 않다.
4. 화자는 '보물 피리 소리'와 같은 '설총'의 '화왕가' 덕분에 나라의 위기를 의미하는 '온갖 풍파'가 멎었다고 하였으므로 선지의 내용은 적절하다.
5. '훌륭해라 당시의 설총 스승이여 / 보물 피리 소리에 온갖 풍파가 멎었구나'에서 영탄적 표현을 통해 나라의 위기를 극복할 수 있게 한 설총을 예찬하고 있다.

Part 1. 고전시가 　04 | 정서, 정과정곡

O/X 정답

| 01. O | 02. X | 03. O | 04. O | 05. X |

1. 화자는 '접동새'에 감정을 이입하여 임을 향한 그리움과 한의 정서를 드러내고 있으므로, 화자의 애상감(슬퍼하거나 가슴 아파하는 감정)이 심화된다고 볼 수 있다.
2. 화자가 자신의 결백을 주장하며 '임'에 대한 변함없는 애정을 드러내고 있는 것은 맞다. 하지만 '잔월효성'은 화자의 결백을 알고 있는 초월적 존재, 즉 천지신명에 해당하며 '임'을 비유한 표현이 아니므로 선지의 내용은 적절하지 않다.
3. '임아 돌이켜 들어서 사랑해 주소서'에서 화자는 말을 건네는 방식을 사용하여 임에게 자신을 다시 사랑해 줄 것을 애원하고 있으므로 선지의 설명은 적절하다.
4. '우기던 이 누구였습니까', '임이 나를 하마 잊으셨나이까'에서 의문형 어미를 활용하여 화자의 원망의 정서를 강조하고 있으므로 선지의 내용은 적절하다.
5. 화자는 자신에게 '허물'이 없다고 결백함을 주장하고 있을 뿐, '우기던 이'가 가진 '허물'을 지적하고 있지는 않다.

나BS 실전 문제 정답

| 01. ④ | 02. ⑤ |

01.

(가)는 화자가 모함을 받아 '님'과 이별한 상황을, (나)는 유배지에서의 힘겨운 생활을 하고 있는 화자의 상황을 드러내므로, 모두 현재의 상황에 만족하지 못하고 있다고 볼 수 있다.

오답 풀이

① (가) X, (나) X / '냉소'란 비웃음을 의미하는 것으로, 어떤 상황이나 대상에 대한 비판이 담긴 웃음이다. (가)와 (나)의 화자 모두 현실에 대한 비판이 섞인 비웃음을 드러내고 있지 않다. ② (가) O, (나) X / (가)의 '니미 나를 ᄒ마 니즈시니잇가'에서 임에 대한 화자의 원망이 드러나고 있다. 그러나 (나)에서는 임에 대한 원망이 나타나지 않는다. ③ (가) △, (나) X / (가)의 화자는 자신을 모함한 세력이 존재하는 부당한 현실에 항의하고 있다고 볼 여지가 있다. 하지만 (나)의 화자는 부당한 현실에 대해 항의하고 있지 않다. ⑤ (가) X, (나) O / (가)에서는 화자가 과거를 돌아보며 반성하는 부분이 나타나지 않는다. 반면 (나)는 '공명을 탐치 말고 농사에 힘쓸 것을'에서 화자가 자신의 과거를 돌아보며 반성하고 있음을 확인할 수 있다.

02.

〈보기〉에 따르면 유배 가사는 작가가 유배지에서 풀려날 목적으로 임금에게 자신의 목소리가 전달되기를 기대하며 지은 것이 대부분이다. 이를 고려할 때, '공명을 탐치 말고 농사에 힘쓸 것을'이라는 구절은 과거 공명을 탐하다 유배지에 오게 된 자신의 과실을 후회하는 것으로 볼 수 있으므로 선지의 내용은 적절하지 않다.

오답 풀이

① 〈보기〉에 따르면 (나)는 작가가 유배지에서 풀려날 목적으로 임금에게 자신의 목소리가 전달되기를 기대하며 지은 작품이다. 따라서 공명을 탐하다 유배지에 오게 된 화자를 '꽃'을 '탐'하는 본능을 지닌 '벌나비'에 빗댄 것은 자신이 지은 죄를 유혹에 약한 인간 본성의 탓으로 돌리려는 것으로 볼 수 있다. ② 화자는 유배지에서 풀려날 목적으로 '남방염천~내음새는 어찌하리' 등에서 유배지에서의 비참한 생활을 과장되게 표현하여 죄에 대한 벌을 충분히 받고 있다는 점을 전달하고자 했으므로 선지의 설명은 적절하다. ③ 화자는 '한숨 끝에 눈물 나고~미친 사람 되겠구나'에서 너무 괴로운 나머지 자신의 상황에 대한 헛웃음이 나오는 지경을 드러내고 있으므로, 유배로 인한 심리적 고통을 전달하려 했을 것으로 볼 수 있다. ④ '그물에 걸렸'다는 것은 의도하지 않게 덫에 걸려 죄를 짓게 되었다는 의미로, 유배지에서 풀려나기 위한 의도로 사용된 표현이라고 볼 수 있다. 따라서 죄를 지으려는 의지가 없었다는 점을 강조한 것으로 볼 수 있다.

Part 1. 고전시가   05 | 민사평, 소악부

O/X 정답

01. X   02. X   03. X   04. O   05. O

1. '거미야'에서 '거미'를 의인화하고 있으나, 이를 통해 세태(사람들의 일상생활, 풍습 따위에서 보이는 세상의 상태나 형편)를 비판하고 있지는 않다.
2. '거미', '꽃', '나비'와 같은 자연물이 나타나고 있으나, 이에 빗대어 화자의 움직임을 드러내고 있지는 않다.
3. '거미야, 부탁하고 부탁하노니 / 앞길에 거미줄을 쳐 두었다가'에서 화자는 '거미'에게 '앞길에 거미줄을 쳐' 줄 것을 부탁하고 있으므로 선지의 내용은 적절하지 않다.
4. '나를 등지고 날아가는 꽃 위의 저 나비 / 거미줄에 걸리게 해 제 허물을 뉘우치게 해 다오'에서 확인할 수 있다.
5. '거미'라는 명시적 청자에게 말을 건네는 방식으로 떠난 임에 대한 화자의 원망을 드러내고 있으므로 선지의 내용은 적절하다.

Part 1. 고전시가   06 | <보기> 작품 모음

O/X 정답

01. O   02. X   03. X   04. O   05. O

1. (가)에서 화자는 자신의 인식을 '접동새'에 투영하여 '임'과의 이별에 따른 한의 정서를 환기하고 있다.
2. (가)의 화자는 '잔월효성'이 자신의 결백을 증명해 줄 것이라고 여기고 있을 뿐, '잔월효성'에게 '임'과의 재회를 기원하고 있지는 않다.
3. '긴장감'은 독자들의 집중도를 의미하며, 어조가 변하면 긴장감은 자연스럽게 올라가므로 선지의 앞부분만 확인하면 된다. (가)는 '-네', '-오', '-리라'와 같이 다양한 어미가 사용되고 있으므로 어조의 변화를 허용할 수 있다. 하지만 (나)는 '-네'의 동일한 어미를 사용하고 있으므로 어조의 변화를 허용할 수 없다.
4. (나)는 '원했다네.'와 '했네.'에서, (다)는 '시집보내졌네.'와 '알아보았네.'에서 과거 시제를 사용하여 「심청가」의 서사적 사건을 들려주는 형식을 취하고 있으므로 선

지의 내용은 적절하다.
5. (다)에서 '효성스런 딸'은 '하늘이 보호하여 황후가 되고 / 잔치'에서 '아비'를 만나게 되었다고 하였으므로 선지의 내용은 적절하다.

Part 1. 고전시가   07 | 귀거래, 강산 좋은 경을, 공명을

O/X 정답

01. O   02. O   03. X   04. X   05. X

1. (가)는 '전원이 장무하니 아니 가고 어쩔고'에서 설의법을 통해 자연으로 돌아가 전원생활을 즐기고자 하는 태도를, (다)는 '이같이 즐거움을 무엇으로 대할쏘니'에서 설의법을 통해 자연에서의 한가로운 삶을 살고자 하는 태도를 제시하고 있으므로 선지의 내용은 적절하다.
2. (가)의 '초당에 청풍명월이 나명 들명 기다리나니'에서 의인법을 사용하여 자연물인 '청풍명월'이 '초당'에서 화자를 기다린다고 표현하고 있으므로, 화자와 자연의 유대감을 나타내고 있다고 볼 수 있다.
3. (나)의 '강산 좋은 경을 힘센 이 다툴 양이면 / 내 힘과 내 분으로 어이하여 얻을쏘니'에서 화자는 '강산 좋은 경'을 두고 '힘센 이'와 다툰다면 자신의 힘과 분수로는 이길 수 없음을 나타내고 있으므로 선지의 내용은 적절하지 않다.
4. (다)의 화자는 '동문에 괘관하'여 '전려에 돌아'온 것에 대한 만족감을 드러내고 있을 뿐, '동문에 괘관'한 것에 대해 후회하고 있지 않으므로 선지의 내용은 적절하지 않다.
5. (다)의 화자는 자연으로 돌아와 전원생활을 하는 현재 상황에 대한 만족감을 드러내고 있다. 하지만 이를 바탕으로 자연물에 대한 연민을 드러내고 있지는 않으므로 선지의 내용은 적절하지 않다.

Part 1. 고전시가   08 | 이신의, 사우가

O/X 정답

01. X   02. X   03. O   04. X   05. O

1. '귀한 줄을 누가 아나'에서 설의적 표현이 나타나고 있으나, 이는 '국화'가 가진 덕성을 예찬하는 화자의 태도를 강조하기 위함이지 현실에 대한 화자의 안타까움을 드러내기 위한 것이 아니다.
2. '찬 서리에 혼자 피는 '국화'를 통해 식물의 연약한 속성이 아닌 강인한 속성을 드러내고 있다. 또한 화자의 위태로운 상황은 제시되지 않았으므로 선지의 내용은 적절하지 않다.
3. '찬 서리'는 차가운 이미지로, 따뜻한 '봄볕'과 대조되는 시어이다. 이는 '국화'가 피어날 때 겪는 혹독한 환경, 즉 시련과 고난을 상징하므로 선지의 내용은 적절하다.
4. 화자는 '봄볕을 마다하고 찬 서리' 속에서 피어나는 '국화'를 귀하게 여기며 예찬하고 있으므로 선지의 내용은 적절하지 않다.
5. 화자는 '국화'를 '내 벗'이라고 하며 '너'라고 칭하고 있으므로 선지의 내용은 적절하다.

나BS 실전 문제 정답

01. ①	02. ⑤	03. ③	04. ⑤	05. ⑤
06. ①	07. ④	08. ①		

01.

(가)는 새로운 도성인 한양과 개국 군주인 태조에 대해, (나)는 '사우(소나무, 국화, 매화, 대나무)'에 대해, (다)는 문화유산인 석굴암에 대해 예찬하는 태도를 나타내고 있다.

오답 풀이

② (가) X, (나) X, (다) O / (가)와 (나)에는 공간의 이동이 드러나지 않는다. 반면 (다)에서는 '석굴암 앞 → 돌층대 → 문 안 → 굴문 밖'의 공간의 이동이 드러나며, 이를 통해 대상의 면모를 드러내고 있다. ③ (가) X, (나) X / (가)와 (나) 모두 이상과 현실 사이의 괴리감은 나타나지 않는다. ④ (가) O, (다) X / (가)에서는 새롭게 건설된 한양의 모습에 대한 위용(위엄찬 모양이나 모습)이 드러나고 있다. 반면 (다)에는 새로운 문물과 제도에 대한 위용이 드러나지 않는다. ⑤ (나) X, (다) X / (나)와 (다) 모두 사라져 가는 대상에 대한 화자의 안타까움은 드러나지 않는다.

02.

'청빈한 삶'은 재물에 대한 욕심 없이 가난하게 지내는 삶을 의미한다. (나)의 '청풍을 반겨'와 (다)의 '상쾌한 맑은 기운이 심신을 언급하여'는 모두 '청빈한 삶'과는 관련이 없으므로 선지의 내용은 적절하지 않다.

오답 풀이

① (나)의 '늠연한 줄 반가온뎌'는 자연물인 '솔'의 위엄 있는 모습에 대한 감탄을, (다)의 '정말 찬란하다 할밖에 없다'는 인공물인 석굴암 천장 장치의 예술미에 대한 감탄을 표현한 것이다. ② (나)의 '여위는 줄 전혀 업다'는 '솔'의 불변성을 강조하는 것이고, (다)의 '지금 손질이 많았지만'은 석굴암 앞문에 변화가 있었음을 밝히는 것이다. ③ (나)의 '그윽한 향기'는 '매화'에 대한, (다)의 '어여쁜 파란 산들'은 석굴암 밖에 있는 산에 대한 호감을 드러낸 것이다. ④ (나)의 화자는 대나무를 '보려'고 창을 연 후 '대숲이 푸르러셰라'라고 하였으므로, 이는 화자가 원하는 사물을 본 상황임을 알 수 있다. 한편 (다)의 화자는 동해의 일출 광경을 보지 못한 아쉬움을 자신에게 '그런 선연(신선과의 인연)이 있을 턱이 없다.'라고 표현하였으므로, 이는 글쓴이가 원하는 광경을 보지 못한 상황을 표현한 것임을 알 수 있다.

03.

〈보기〉에 따르면 정도전은 「신도가」를 지어 개국을 송축하였다. 따라서 'ㄱ국셩왕이 셩ㄷ를 니르어샷다(개국성왕이 태평성대를 이룩하셨도다)'는 화자가 임금의 성덕을 예찬하여 조선의 개국을 송축하는 내용으로 볼 수 있다. 그러나 임금의 말씀을 전하고 있는 것은 아니므로 선지의 내용은 적절하지 않다.

오답 풀이

① '녜ㄴ 양쥬ㅣ 쇼올히여(옛날에는 양주 고을이여)'는 한양의 과거 지명이 양주임을 밝히는 것이고, '당금셩(지금의 경치)'은 한양의 현재 풍경을 가리키는 것이다. 이는 '녜ㄴ'이 과거의 표지, '당금'이 현재의 표지인 점을 통해 확인할 수 있다. ② 〈보기〉에 따르면 도성 건설을 주관한 정도전은 「신도가」를 지어 개국을 송축하고 새로운 도성을 만들었다는 자부심을 나타내었다. 따라서 '신도형승이샷다(새 도읍의 뛰어난 경치로다)'에서 영탄적 표현을 통해 새로운 도성 건설을 주관한 작가의 자부심을 드러내고 있음을 알 수 있다. ④ 〈보기〉에 따르면 조선의 개국 주도 세력은 건국 후 한양이 풍수지리상 배산임수(지세가 뒤로는 산을 등지고 앞으로는 물에 면하여 있음)의 조건을 갖춘 지덕이 성한 터라고 주장하였다. 따라서 '알ㅍ 한강슈여 뒤흔 삼각산이여(앞은 한강수요 뒤는 삼각산이여)'는 풍수지리상 지덕이 성한 터임을 알려 주고

있는 표현이라 할 수 있다. ⑤ 〈보기〉에 따르면 이 작품에는 과거, 현재, 미래에 대한 화자의 인식이 담겨 있다고 볼 수 있다. 따라서 '만셰를 누리쇼셔(만세를 누리소서)'는 임금의 만수무강을 바라며 궁극적으로 미래를 염두에 두고 조선 왕조의 무궁한 번영을 기원하는 것이라 볼 수 있다.

04.

(나)의 〈제1수〉에서는 '풍상(바람과 서리)'과 '봄빛'을 통해 각각 가을과 봄의 계절감을, 〈제2수〉에서는 '춘광(봄볕)'과 '엄상(된서리)'을 통해 각각 봄과 가을의 계절감을, 〈제3수〉, 〈제4수〉에서는 각각 '눈'과 '백설'을 통해 겨울의 계절감을 드러내고 있다. 또한 〈제1수〉부터 〈제4수〉까지 모두 시련의 계절을 맞아도 의연하게 지조를 지키는 '사우'의 모습을 제시하여 '사우'에 내재된 긍정적 속성을 드러내고 있으므로 선지의 내용은 적절하다.

오답 풀이

① 〈제1수〉에는 음성 상징어가 사용되지 않았다. 반면 〈제4수〉에서는 '흔덕흔덕'이라는 음성 상징어를 활용해 '사우'인 '대'의 동작을 묘사하고 있다. ② 〈제2수〉와 〈제3수〉는 모두 상승과 하강의 이미지를 교차하고 있지 않다. ③ 〈제3수〉에는 색채 대비가 사용되지 않았다. 한편 〈제4수〉에서는 '백설(흰색)'과 '청풍(푸른색)'의 색채 대비가 드러나나, 이를 통해 '사우'의 장점을 제시하고 있을 뿐 단점을 제시하고 있지는 않다. ④ 〈제1수〉부터 〈제4수〉까지 반어적 표현은 나타나지 않는다.

05.

(다)에서 글쓴이는 석굴암을 둘러보고 밖으로 나와 주위의 절경을 '선경(신선이 산다는 곳)'으로, 동해의 일출 광경을 '선경 중에서도 선경'으로 비유하였다. 하지만 동해의 일출 광경을 보지 못한 아쉬움을 드러내면서 자신을 '속인(일반의 평범한 사람)'이라고 표현하였으므로, (다)의 글쓴이가 자신이 신선이 된 것 같다고 느꼈다고 볼 수는 없다.

오답 풀이

① '인왕과 사천왕이 흡뜬 눈과 부르걷은 팔뚝으로 나를 위협한다.~사지는 울퉁불퉁한 세찬 근육!'에서 인왕과 사천왕의 생생한 이미지를 확인할 수 있다. ② '석련대 위에 올라앉으신 석가의 석상은~불심을 불러일으킨다.'에서 석가상의 온화한 얼굴을 묘사하며 이를 바라볼 때 생기는 효과까지 제시하고 있음을 확인할 수 있다. ③ '좌우 석벽의 허리는 열다섯 간으로 구분되었고,~신품이란 말은 이런 예술을 두고 이름이리라.'에서 글쓴이는 석벽의 보살과 나한 입상에 대한 감동을 '신품(가장 신성한 품위)'이라는 하나의 단어로 집약하고 있다. ④ '더구나 천장의 장치에 이르러서는 정말 찬란하다 할밖에 없다.~동양, 서양의 건축사에 가장 영광스러운 한 장을 점령할 것이다.'에서 석굴암 천장 장치의 예술적 기교를 건축사의 위대한 업적으로 평가하고 있다.

06.

(가)의 〈제2수〉에서 '국화'를 '내 벗', '너'라고 의인화하였으며, 〈제4수〉에서 '대숲'이 '청풍을 반'긴다며 의인화하였다. 한편 (나)에서는 '나무'를 '덕을 지'니고 '주어진 분수에 만족'하는 존재 등으로, '달'을 '의리 있고 다정한 친구' 등으로, '바람'을 '아주 변덕 많고 수다스럽고 믿지 못할 친구'로 의인화하였다. (가)와 (나) 모두 자연물을 의인화하여 지향하는 가치를 드러내고 있으므로 선지의 내용은 적절하다.

오답 풀이

② (가) X, (나) X / (가)와 (나)는 모두 점층적 표현이 사용되지 않았다. ③ (가) X, (나) X / (가)와 (나)는 모두 반어적 표현이 사용되지 않았다. ④ (가) O, (나) X / (가)의 '귀한 줄을 뉘 아나니' 등에서 설의적 표현을 통해 '사우'에 대한 관심을 드러내고 있다. 반면 (나)에는 설의적 표현이 사용되지 않았다. ⑤ (가) X, (나) X / (가)와 (나)는 모두 과거를 회상하는 표현을 통해 현재 상황에 대한 아쉬움을 드러내고 있

있지 않다.

07.

〈보기〉에 따르면 이 작품은 당시 정치 상황에 굴복하고 자신의 뜻을 바꾸는 속된 선비들과는 달리 시류에 영합하지 않겠다는 화자의 고고한 정신을 드러내고 있다. 〈제3수〉에서 '눈 속'에 핀 '매화'가 눈과 '한 빛'이라고 표현한 것은 '매화'가 시련과 고난을 의미하는 '눈'과 같이 흰색을 띠고 있지만, 고매한 인물과 지조를 지니고 있음을 드러낸 것이다. 이때 당대의 정치 현실에 변화의 조짐이 드러난다는 단서는 확인할 수 없으므로 선지의 내용은 적절하지 않다.

오답 풀이

① 〈제1수〉의 '풍상', 즉 바람과 서리는 '솔'의 시련을 의미하므로 〈보기〉를 고려할 때 '솔'이 '풍상'을 겪는 모습은 정치적 시련을 겪는 작가의 상황으로 볼 수 있다. ② 〈제1수〉의 '봄 빛'을 가진 소나무는 불변성을 상징하므로, 이는 뜻을 바꾸는 속된 선비와는 다른 작가의 삶의 자세로 볼 수 있다. ③ 〈제2수〉에서 편안한 삶을 의미하는 '춘광'을 마다하고 '국화'를 벗으로 삼는 것은 시류에 영합하지 않겠다는 작가의 고고한 정신을 드러낸 것으로 볼 수 있다. ⑤ 〈제4수〉의 '대'나무는 '백설이 잦은 날', 즉 한겨울의 매서운 바람을 '청풍'이라 여기고 반기고 있다. 〈보기〉를 고려할 때 이는 유배지의 힘겨움을 이겨 내는 작가의 씩씩한 기상을 표현한 것으로 볼 수 있다.

08.

〈보기〉에 제시된 「오우가」는 화자가 자연물을 자신의 벗이라고 칭하며, 이들이 지닌 속성을 예찬하고 그 속에 담긴 유교적 도리를 강조하는 작품이다. 그 중 〈보기〉에 제시된 제3수는 가변적이고 세속적인 꽃이나 풀과 달리, 변함이 없는 군자의 모습과 같은 바위를 예찬하고 있다. 즉, (가)의 ㉠(온갖 꽃)은 겨울이 되면 사라지는 가변성을 지닌 존재이고, 〈보기〉의 ㉡(바회)은 가변적인 꽃과 풀과 대비되는 불변성을 지닌 존재이므로 선지의 내용은 적절하다.

오답 풀이

② ㉠ X, ㉡ X / ㉠은 겨울이 되면 사라지는 대상으로 강한 생명력과 무관하며, ㉡은 단단하고 강한 성질을 지닌 존재이다. ③ ㉠ X, ㉡ X / ㉠은 그리움을 불러일으키는 존재가 아니며, ㉡은 고독을 느끼게 하는 존재가 아니다. ④ ㉠ X, ㉡ X / ㉠은 겨울에도 푸른 '대'나무와 대비되는 가변성을 지닌 부정적 대상이다. 한편 ㉡은 가변적인 꽃과 풀과 대비되는 불변성을 지닌 긍정적 대상이다. ⑤ ㉠ X, ㉡ X / ㉠은 현재를 성찰하게 하는 존재가 아니며, ㉡은 과거 회상과 무관하다.

Part 1. 고전시가 | 09 | 거문고 술, 어화 세상 벗님네야

O/X 정답

01. X   02. O   03. X   04. O   05. X

1. (가)의 화자는 '거문고 술 꽂아 놓고 호젓이 낮잠'을 자다가 개가 짖는 소리를 듣고 '벗'이 온 것을 알았으므로 '거문고'를 연주하고 있다는 선지의 내용은 적절하지 않다.
2. (가)는 '아이야 점심도 하려니와 외상 탁주 내어라'라며 청자에게 말을 건네는 방식으로 '벗'과 즐거움을 함께하려는 화자의 생각을 드러내고 있다. 한편 (나)는 '어화 세상 벗님네야 부귀공명 한을 마소'라며 청자에게 말을 건네는 방식으로 부귀공명에 미련을 두지 않아야 한다는 화자의 생각을 드러내고 있다.
3. (나)의 화자는 '부귀도 뜬구름이요 공명은 풍진이라'며 '부귀공명', 즉 권력과 명예(세속적 가치)가 허망하다는 것을 강조하고 있으며, '공도라니 백발이요'라며 인간이 늙는 것은 '공도(당연한 이치)'임을 드러내고 있다. 즉 '공도'는 인간이 노화

하는 것이 당연한 순리임을 나타내는 것이므로, '부귀공명'을 통해 이룰 수 있는 가치를 의미한다고 볼 수 없다. 화자는 '부귀공명'이 덧없음을 강조하며, 결국 즐겁게 사는 것이 중요하다는 가치를 전달하고 있다.

4. (가)의 '아이야 점심도 하려니와 외상 탁주 내어라'에서 명령형 어조를 활용하여 '아이'에게 '외상'으로 탁주를 내어 오도록 하고 있다. 한편 (나)는 '부귀도 뜬구름이요 공명은 풍진이라' 등에서 단정적 어조를 활용하여 부귀공명은 헛되므로 현재를 즐기며 사는 것이 더 나은 삶의 태도라는 주제 의식을 드러내고 있다.
5. (나)는 '어화~풍진이라'에서 영탄적 표현을 통해 세속적 가치인 '부귀공명'에 미련을 두지 말아야 한다는 점을 강조하며 인생의 무상함을 나타내고 있다. 반면 (가)는 '사립문에 개 짖으니 반가운 벗 오는구나'에서 영탄적 표현을 사용하고 있으나, 이를 통해 벗을 반기는 화자의 정서를 강조하고 있을 뿐 삶의 무상함을 드러내고 있지는 않다.

Part 1. 고전시가 | 10 | 박선장, 오륜가

O/X 정답

01. X   02. X   03. X   04. O   05. O

1. '이웃을 미워하지 마라'에서 명령적 어조를 사용하고 있음을 확인할 수 있다. 하지만 이를 통해 이웃을 사랑해야 한다는 교훈을 전달하고 있을 뿐, 현실에 대한 비판 의식을 드러내고 있지는 않다.
2. '이 임이 먹이시고 이 임이 입히시니' 등에서 대구를 사용하고 있으나, 이를 통해 대조적 대상의 속성을 드러내고 있지는 않다.
3. '한 마디도 못 될 풀'이 '봄 이슬 맞은 후'에 성장한 것에 빗대어 예찬한 것은 임금의 은혜가 아닌 부모님의 은혜이다. 임금의 은혜에 대해서는 〈제2수~군신〉에서 다루고 있으며, 〈제1수〉는 '부자'에 대한 내용이므로 선지의 내용은 적절하지 않다.
4. 화자는 '천지'가 '오래'되어 '세상 도리'가 '아니 변할' 수 없다고 이야기하면서도 '일곱 구멍'을 가지고 태어났다면, 즉 사람으로 태어났다면 '오륜'을 알아야 한다고 이야기하고 있으므로 선지의 내용은 적절하다.
5. '잊을러냐', '다르랴', '있느냐' 등에서 설의적 표현을 통해 오륜의 가치를 알고 따라야 한다는 교훈적 의미를 전달하고 있다.

Part 1. 고전시가 | 11 | 김진형, 북천가

O/X 정답

01. O   02. X   03. O   04. O   05. X

1. '칠보산 유산 때는~지휘하라'에서 화자는 말을 건네는 방식을 통해 '수노'에게 기생이 다시는 자신의 곁에 못 오도록 할 것을 요구하고 있으므로 선지의 내용은 적절하다.
2. 화자는 '죄 없이' '유배'를 왔다며 '악공 기생'을 불러 자신을 위로하려는 '본관'의 호의를 '일일이 물리치'며 거절하였으므로 선지의 내용은 적절하지 않다.
3. '칠보산 → 절집 → 지내던 곳'으로의 공간의 이동이 나타나며, 이를 통해 칠보산 풍경에 대한 감탄, 풍류를 즐긴 것에 대한 불안감 등 화자의 정서를 다양하게 드러내고 있으므로 선지의 내용은 적절하다.
4. '실낱같은 이내 목숨', '이 몸이 이른 곳이 신선의 동굴이라' 등 빗대어 표현하는 방식으로 화자의 인식을 드러내고 있으므로 선지의 내용은 적절하다.

5. 화자는 '매향'이 아닌, '군산월'이 '거문고에 금실로 줄을 매어 / 대쪽으로 타는 모습'을 보고 '반할 뻔'했다며 '군산월'에게 호감을 보였으므로 선지의 내용은 적절하지 않다.

Part 1. 고전시가   12 | 작자 미상, 용부가

O/X 정답

01. X	02. O	03. X	04. O	05. X

1. 말을 건네는 방식으로 시상이 전개되고 있을 뿐, 대상과의 문답을 통해 주제 의식을 부각하고 있지는 않다.
2. '무식한 창생들아~행하기를 위주하소'에서 명령형 어조를 활용하여 그른 일은 고치고 옳은 일은 행하라는 화자의 요구를 전달하고 있다.
3. 화자가 '뺑덕어멈'을 부정적 시선으로 바라보고 있는 것은 맞다. 하지만 '시집 흉'을 보며 '반분대로 일을 삼'은 인물은 '뺑덕어멈'이 아닌 '저 부인'이므로 선지의 내용은 적절하지 않다.
4. '긴 장죽이 벗님이요'에서 담뱃대를 의인화하여 담배를 피우는 일로 시간을 보내는 '저 부인'에 대한 비판적 태도를 드러내고 있으므로 선지의 내용은 적절하다.
5. 화자가 '뺑덕어멈'이 '관비 정속'이 된 것을 보고 '흐뭇'한 것은 맞다. 그러나 '관비 정속'은 '간부'를 '달고 달아나'던 '뺑덕어멈'이 받게 된 벌에 해당하므로 선지의 내용은 적절하지 않다.

Part 1. 고전시가   13 | 홍정유, 동유가

O/X 정답

01. O	02. X	03. X	04. O	05. O

1. '철원 → 이리 → 장오고개 → 바위 → 금강문 → 절 → 극락고개 → 주막'으로의 공간의 이동을 통해 '두메산골', '수십여 간 다리', '큰 폭포' 등 다양한 대상의 면모를 드러내고 있으므로 선지의 내용은 적절하다.
2. '쌍겨리', '관솔', '아궁이' 등의 시어를 통해 향토적 분위기를 조성하고 있을 뿐, 계절적 배경을 활용하여 이를 조성하고 있지는 않다. 참고로 '흰 눈'은 폭포가 떨어지면서 생긴 물방울을 빗댄 표현이므로, 겨울의 계절적 배경을 드러내는 시어로 볼 수 없다.
3. '하류 얕은 곳에~건네준다네'는 '장마에 다리'가 떠내려갈 때 '하류 얕은 곳'에 매어 둔 '거룻배'로 '행인을 건네준다'는 말을 들었음을 소개하고 있는 부분이다. 화자가 직접 '거룻배'를 타고 이동한 것이 아니므로 선지의 내용은 적절하지 않다.
4. '비 온 후 성난 폭포~흰 눈이 날리니'에서 자연물인 '폭포'를 대상화하고, '폭포'가 떨어져 물방울이 날리는 모습을 묘사하여 '폭포'에 역동성을 부여하고 있으므로 선지의 내용은 적절하다.
5. 화자와 '일행들'은 '만물초 가는 길이~분하지 않겠는가'라며 '만물초 구경'을 만류하는 '지로승과 주막부인'의 말을 듣고 '만물초 구경'을 포기하였으므로 선지의 내용은 적절하다.

Part 1. 고전시가   14 | 작자 미상, 나물 캐는 노래

O/X 정답

01. O	02. X	03. X	04. O	05. X

1. '남산 밑에 남 도령아 서산 밑에 서 처녀야'에서 청자를 명시적으로 드러내고 있으며, 청자인 '남 도령'과 '서 처녀'에게 '강원도 금강산 유람 가자'라며 화자의 바람을 표출하고 있으므로 선지의 내용은 적절하다.
2. '첫닭 울어 → 두 홰 울어 → 점심때 되어'에서 시간의 흐름이 드러나나, 이는 이른 새벽에서 점심으로의 시간 변화를 나타낸 것이다. 또한 시간 변화를 통해 대상의 이면을 보여 주고 있지도 않으므로 선지의 내용은 적절하지 않다.
3. '서 처녀'와 '남 도령'이 '금강산'에서 나물을 캤다는 점에서 '금강산'은 생계를 위한 노동의 공간으로 볼 수 있다. 그러나 '물도 좋고 경치도 좋'은 '금강산'의 풍경을 '유람'하러 간 공간이기도 하므로 선지의 내용은 적절하지 않다.
4. '여우 같은', '수박씨 같은'에서 직유적 표현을 사용하여 각각 '쌀밥'과 '꽁보리밥'의 속성을 선명하게 제시하고 있다.
5. '서 처녀'와 '남 도령'이 '서로서로 교환하여 / 점심 식사'를 한 것은 맞으나, 이후에 함께 '큰 산'을 내려왔다는 내용은 제시되지 않았으므로 선지의 내용은 적절하지 않다.

Part 1. 고전시가   15 | 사랑을 찬찬, 모시를 이리저리

O/X 정답

01. X	02. X	03. X	04. O	05. X

1. (가)의 '그 모른 벗님네'는 '태산준령'으로 넘어가는 화자에게 '사랑'을 '그만하여 버리고 가라'고 권유하였으나, 화자는 '가다가 자질려 죽을망정 나는 아니 버리리라'라며 그 권유를 거절하였으므로 선지의 내용은 적절하지 않다.
2. (나)의 '호치단순으로 홈빨며 감빨아~이으리라 저 모시를'에 도치법이 사용되었으나, 이는 종장이 아닌 중장 부분이므로 도치된 문장으로 시상을 마무리하고 있다고 볼 수 없다. 또한 이를 통해 상황의 긴박성을 강조하고 있지도 않으므로 선지의 내용은 적절하지 않다.
3. '모시'를 삼는 것은 노동에 해당한다. 하지만 (나)의 화자는 모시를 길게 잇는 행위를 통해 사랑이 지속되었으면 하는 마음을 노래하고 있을 뿐, 노동을 통해 얻을 수 있는 삶의 보람을 이야기하고 있지는 않다.
4. (가)의 '아니 버리리라'와 (나)의 '이으리라'에서 단정적 어조로 사랑을 향한 화자의 의지를 나타내고 있다.
5. (가)는 사랑을 '찬찬 얽동여 뒤섞어' 질 수 있는 짐에 빗대어 표현하고 있으며, (나)는 사랑을 다시 이어 붙일 수 있는 '모시'에 빗대어 표현하고 있다. 하지만 (가)와 (나) 모두 이를 통해 화자의 심리 변화를 드러내고 있지는 않으므로 선지의 내용은 적절하지 않다.

Part 1. 고전시가   16 | 작자 미상, 초한가

O/X 정답

01. O	02. O	03. X	04. X	05. O

1. '계명산 추야월', '구추삼경 깊은 밤'에서 계절적 배경(가을)을 소재로 하여 애상적

분위기를 고조하고 있으므로 선지의 내용은 적절하다.

2. '한패공의 백만대병~두루두루 매복이랴'에서 전쟁 장면을 구체적으로 묘사하고 있으며, 이를 통해 사건의 긴박감을 고조하고 있으므로 선지의 내용은 적절하다.

3. '초패왕'이 군사들에게 '매복'되어 위기에 처한 것은 맞다. 하지만 '장자방'이 '옥통소를 슬피' 분 것은 옥통소를 통해 항우의 군사들의 사기를 꺾어 항복을 유도하기 위함이었으므로 선지의 내용은 적절하지 않다.

4. '오강은 일천 리요~두루두루 매복이랴' 등에서 대구적 표현을 사용하고 있다. 하지만 이를 통해 새로운 계책을 마련한 기쁨을 드러내고 있지는 않으므로 선지의 내용은 적절하지 않다.

5. '초진중 장졸들아~날마다 기다릴 제'에서 돌아오지 않는 '초진중 장졸들'을 간절한 마음으로 기다리는 '부모님'과 '처자들'의 모습을 제시하고 있으므로 선지의 내용은 적절하다.

Part 1. 고전시가   17 | 정철, 장진주사

O/X 정답

01. O   02. X   03. X   04. X   05. O

1. 수사법이 활용되면 주제는 당연히 부각되므로 선지의 앞부분만 확인하면 된다. '어욱새 속새 덥가나무 백양 숲', '누른 해 흰 달 가랑비, 굵은 눈, 쇼소리바람'에서 열거의 방식이 활용되고 있다.

2. 화자는 '죽은 후'의 상황을 가정하고 있으므로 과거와 현재가 아닌, 현재와 미래를 대비하고 있다고 볼 수 있다. 또한, 작품에서 미래에 대한 전망은 드러나지 않는다.

3. 화자는 죽은 뒤 장례를 치르는 상황을 '지게 우혜 거적 더퍼' 가는 모습과 '유소보장의 만인'이 뒤따라가는 모습으로 제시하고 있다. 하지만 화자가 장례의 모습을 대조적으로 제시한 것은 장례의 모습이 어떠하든 죽은 후에는 술을 마시자고 할 사람이 없다는 것을 보여 줌으로써 인생의 허무함을 드러내고자 한 것이므로 선지의 내용은 적절하지 않다.

4. 화자는 자신이 죽은 후 묻힌 '무덤 위'에서 '잔나비'가 '휘파람'을 부는 상황을 가정하여 죽은 후에 지난날을 후회해도 소용없음을 드러내고 있는 것이므로 선지의 내용은 적절하지 않다.

5. '누른 해 흰 달', '굵은 눈'에서 시간적 배경이 나타난다. 해당 시어들에 화자가 죽은 뒤 화자의 무덤을 아무도 찾지 않는 시간이라는 의미를 부여하여 삶의 무상감을 드러내고 있으므로 선지의 내용은 적절하다.

Part 1. 고전시가   18 | 임제, 잠령민정

O/X 정답

01. X   02. X   03. X   04. O   05. O

1. '동쪽의 바다'의 '큰 고래'는 왜구(일본)를, '서쪽의 국경'의 '멧돼지'는 여진족을 상징하는 시어이다. 즉, 화자는 이들을 실제로 바라보고 있는 것이 아니며, 자연과 유대감을 쌓고 있지도 않으므로 선지의 내용은 적절하지 않다.

2. 화자가 '강목에는 패잔병만 울고 있으며 / 해안에는 굳센 보루 전혀 없는' 국경의 허술한 경비와 같은 현실을 통찰하고 있는 것은 맞으나, 관용적(남의 잘못 따위를 너그럽게 받아들이거나 용서하는 것) 삶에 대한 지향을 보여 주고 있지는 않다.

---

3. '몸보신만 꾀한다면 대장부이랴'는 위기의 상황에서 책임을 지고 나라를 이끌어야 할 조정 사람들이 사리사욕에만 관심을 두고 있음을 비판하는 표현이다. 반면 '베옷 입은 이 사람'은 능력을 인정받지 못한 인재를 뜻한다. 이때 '베옷 입은 이 사람'이 '웅대한 뜻'을 펼치지 못하는 이유는 인재를 알아보는 '한풍자'와 같은 존재가 없기 때문이지, '몸보신'을 꾀하는 '대장부' 때문이 아니므로 선지의 내용은 적절하지 않다.

4. '대장부이랴', '누가 알리'라는 설의적 표현으로 위태로운 나라에 대한 화자의 비판적 인식을 드러내고 있다.

5. '조정에선 좋은 계책 아니 세우나 / 몸보신만 꾀한다면 대장부이랴'에서 화자는 '좋은 계책'을 세우지 못하는 조정의 무능함을 직접적으로 비판하고, '몸보신만 꾀'하며 몸을 사리고 있는 사람들에 대한 비판적 인식을 드러내고 있다. 따라서 비판적 태도로 현실의 부정적 측면을 부각하고 있다고 볼 수 있다.

Part 1. 고전시가   19 | 이덕일, 우국가

O/X 정답

01. X   02. X   03. X   04. O   05. X

1. 화자가 '학문'을 그만두고 '반무'를 하게 된 것은 맞다. 하지만 '반무'를 하여 '진심 보국'을 하려 했으나 한 가지 일도 성취하지 못하여 '눈물겨워'한 것이지, '반무'를 하게 되어 '눈물겨워'한 것은 아니다.

2. 화자는 '도적'으로부터 나라를 지킬 사람이 없는 현실, '대신네'가 나랏일을 제대로 돌보지 않는 현실 등을 비판하고 있다. 그러나 이를 통해 좌절을 극복하려는 의지를 부각하고 있지는 않다.

3. '베 나아 공부 대답 쌀 찧어 요역 대답', '이라 다 옳으면 제라 다 그르랴'에서 유사한 문장 구조의 반복이 나타날 뿐, 동일한 시구 반복은 사용되지 않았다. 참고로 '시구'는 단어 두 개 이상으로 이루어진 구를 의미한다.

4. '두 편이 같아서 이 싸움 아니 마네'는 '두 편'이 서로 옳다고 주장하기 때문에 '싸움'이 끝나지 않는다는 의미이다. 이때 '성군이 준칙이 되시면 절로 말까 하노라'에서 '성군'이 '준칙'을 세우면 '두 편'의 '싸움'이 '절로' 멈출 것이라는 화자의 생각이 드러나고 있으므로 선지의 내용은 적절하다.

5. '더럽힌고', '뉘 막으리' 등에서 물음의 방식을 활용하고 있으나 이를 통해 화자의 정서를 강조하여 표현하고 있을 뿐, 대상에 대한 친밀감을 표현하고 있지는 않다.

나BS 실전 문제 정답

01. ⑤   02. ③   03. ①   04. ①

01.

3문단의 "사대부들은 '처'의 삶을 살면서도~우국충정을 드러내는 것으로 자신의 본분을 지키려 하였다."에서 확인할 수 있다.

> **오답 풀이**

① 3문단의 "사대부들은 자신들이 직면한 시대의 상황에 따라~'처'를 선택하기도 한 것이다."에서 사대부들은 경제적인 상황이 아닌, 자신들이 직면한 시대 상황에 따라 '출' 혹은 '처'를 선택하였음을 알 수 있다. ② 4문단에서 '영달과 부귀는 고위 관직에 올라 자신의 뜻을 펼칠 수 있는 삶을 의미한다'고 했으므로 선지의 내용은 적절하지 않다. ③ 2문단에서 사대부의 삶은 관직의 유무에 따라 '출'과 '처'로 구분되는데, 이때 '출'은 '유교적 가르침을 부단히 수양한 사대부가 관직에 나아가 사대부로서 품었던 정치적 포부를 펼치는 이상적인 삶의 형태'라고 하였다. 한편 4문단에서 '빈궁'과 '빈천'을 의미하는 '궁'은 '처'와 비슷한 맥락을, '영달'과 '부귀'를 의미하는 '달'은 '출'

과 비슷한 맥락을 지닌다고 하였다. 따라서 '빈궁'을 사대부들이 관직에 나아간 삶('출')로 보는 것은 적절하지 않다. ④ 4문단에서 '궁'은 '빈궁'과 '빈천'을 의미하는 것이며, 이는 '혼탁한 세상으로 인해 자신의 정치적 포부를 펼치지 않는 삶'을 의미한다고 하였으므로 선지의 내용은 적절하지 않다.

02.

> [B]의 '빈천을 사양 마라'는 '빈천'을 거절하지 말라는 의미이다. 이때 (가)의 3문단에서 유교적 가치관이 바로 서지 못해 나라가 혼란스러운 상황에 처했을 때, 사대부들은 의로움을 지키기 위해 '출'을 거부하고 관직에 나아가지 않는 '처'의 삶을 선택하는 것을 이상적으로 여긴다고 하였으며, 4~5문단을 통해 '빈천'은 '처'와 비슷한 맥락을 지녔음을 알 수 있으므로 선지의 내용은 적절하지 않다.

오답 풀이

① [A]의 '출하면 치군택민'은 '출'이 곧 목숨을 바쳐 임금을 섬기고 백성에게 은덕이 미치게 한다는 의미이다. (가)의 2문단에서 '출'은 '사대부가 관직에 나아가~자신들의 이상으로 여긴 것이다.'라고 하였으므로 선지의 내용은 적절하다. ② (가)의 4문단에서 '빈궁'과 '빈천'은 혼탁한 세상으로 인해 사대부가 자신의 정치적 포부를 펼치지 않는 삶을 의미하며, 이는 '처'와 비슷한 맥락을 지닌다고 하였다. 따라서 [A]의 '빈천거'는 '처'의 삶으로 이해할 수 있고, '하오리라'에서 그러한 삶을 살겠다는 화자의 의지가 나타나 있으므로 선지의 내용은 적절하다. ④ (가)의 3~5문단을 통해 나라가 혼란스러운 상황일 때 사대부들은 의로움을 지키기 위해 '출'을 거부하고 '처'를 선택하는 것을 이상적이라고 여겼으며, '부귀'는 '출'의 삶을 의미함을 알 수 있다. 또한 6문단에서 [B]에는 '혼탁한 정치 현실에서 벼슬길에 나아가는 것이 위기라는 인식이 잘 드러나 있다.'라고 하였으므로, [B]의 '신명을 못느이라'는 '위기'인 '부귀', 즉 '출'을 선택했을 때 초래될 결과를 의미한다고 볼 수 있다. ⑤ [A]의 종장, [B]의 초장과 종장에서 [A], [B]의 화자는 모두 '부귀'의 삶을 지향하지 않음을 알 수 있다. (가)의 4~5문단을 통해 '부귀'가 '출'의 삶을 의미함을 알 수 있으며, 6문단에서 [A]와 [B]에는 '혼탁한 정치 현실에서 벼슬길에 나아가는 것이 위기라는 인식이 잘 드러나 있다.'라고 하였으므로 선지의 내용은 적절하다.

03.

> (나)의 〈제14수〉에서 '싸움뿐'인 당대의 시대에 '님'이 '고립무조'의 상태에 처해 있음을 알 수 있다. 즉, 화자가 '고립무조'를 선택한 것이 아니므로 선지의 내용은 적절하지 않다.

오답 풀이

② (나)의 〈제25수〉에서 화자는 싸우기만 할 뿐 공평하고 바른 도리를 따지지 않아 '환난'이 길어지는 '세상 형편'을 비판하고 있다. (가)의 3문단을 고려할 때 이는 유교적 가치관이 바로 서지 못해 정치가 순리대로 실현되지 않는 당대 현실을 비판한 것으로 볼 수 있으므로 선지의 내용은 적절하다. ③ (나)의 화자는 〈제26수〉에서 '집만 돌아보고 나라 일 아니 하'는 당대 사대부들의 모습을 비판하고 있다. (가)의 2문단에 따르면 (나)에서 '나라 일 아니 하'는 사대부의 모습은 유교적 가치를 바르게 실천하지 않은 사대부들의 모습으로 이해할 수 있으므로 선지의 내용은 적절하다. ④ (가)의 5문단에서 관직의 유무에 따른 사대부의 처지와 그와 관련된 그들의 삶의 태도는 '출-달-부귀'와 '처-궁-빈천'이라는 대조적 맥락을 통해 설명할 수 있다고 하였다. 따라서 (나)의 〈제28수〉에서 '공명'과 '부귀'를 바라지 않는 화자의 모습을 통해 화자가 '달'의 삶을 지향하지 않음을 알 수 있으므로 선지의 내용은 적절하다. ⑤ (나)의 화자는 〈제28수〉에서 공명과 부귀를 바라지 않으며 '초가 한 간'에서 '우국상시'를 느끼고 있다. (가)의 4~6문단에 따르면 이는 화자가 '처', '궁'의 삶을 선택한 것으로 이해할 수 있다. 즉 화자는 '궁'의 상황에서 혼란스러운 세상에 대해 근심을 드러낸 것으로 볼 수 있으므로 선지의 내용은 적절하다.

04.

> [B]는 '부귀', '탐', '빈천', '절로' 등의 시어들을 반복하여 의미를 강조하고 있다. 한편 (나)는 〈제14수〉에서 '외다', 〈제25수〉에서 '시비', 〈제26수〉에서 '나라'와 '집' 등의 시어를 반복하여 의미를 강조하고 있으므로 선지의 내용은 적절하다.

오답 풀이

② [B] X, (나) X / [B]와 (나) 모두 청자를 호명하고 있지 않다. ③ [B] X, (나) X / 점층적 표현은 의미의 비중이나 정도를 점차 강하게, 높게, 깊게 이루어 독자의 감정을 자연스럽게 이끌어 올리는 표현 방법이다. 그러나 [B]와 (나) 모두 점층적 표현이 아닌 시어의 반복을 통해 화자의 태도를 부각하고 있으므로 선지의 내용은 적절하지 않다. ④ [B] X, (나) O / [B]에 설의적 표현은 사용되지 않았다. 반면 (나)는 '되었는고', '굳으리오', '바랄소냐'의 설의적 표현을 활용하여 화자의 정서를 강조하고 있다. ⑤ [B] X, (나) X / [B]와 (나) 모두 상승 이미지를 사용하고 있지 않다.

Part 1. 고전시가   20 | 이규보, 한계사의 노스님에게

O/X 정답

01. O	02. X	03. X	04. X	05. X

1. '스님의 눈빛이 한계보다 더 푸르니 다시는 한계를 그리워하지 않아도 되리'의 어순을 바꾸어 도치의 방식으로 시상을 마무리하고 있다. 이를 통해 한계사의 노스님을 만나 깨달음을 얻은 경험을 드러내고 있으므로 선지의 내용은 적절하다.

2. '원결'이라는 역사적 인물이 제시되고 있으나, 이를 호명하고 있지는 않으므로 선지의 내용은 적절하지 않다.

3. 화자가 '원결을 본받아' '한계로 떠나'고자 했던 것은 맞다. 하지만 '옥 새장에 금 자물쇠도' '잡아 두지 못'한 것은 '원결'이 아니라 화자인 '나'이므로 선지의 내용은 적절하지 않다.

4. 화자가 '한계사의 스님을 우연히' 만나 '즐거워' 한 것은 맞으나, 그 장소가 '한계'인 것은 아니다. 화자는 '우연히 여기서' '한계사의 스님'을 만난 후 '다시는 한계를 그리워하지 않아도' 될 것 같다고 하였으므로, 화자와 스님이 만난 곳을 '한계'라고 보기는 어렵다.

5. '푸른', '푸르니' 등에서 색채어를 활용하고 있으나, 이를 통해 신화적 세계에 대한 동경을 드러내고 있지는 않다.

Part 1. 고전시가   21 | 작자 미상, 임계탄

O/X 정답

01. X	02. X	03. X	04. X	05. O

1. 관조적 태도는 화자가 어떤 대상에 대하여 자신의 느낌과 의견을 배제하고, 관찰자 입장에서 대상을 있는 그대로 담담하게 표현하는 태도를 가리킨다. 이 시의 화자는 '슬프다', '가소롭다' 등과 같이 백성들이 고통받는 현실에 대한 자신의 감정과 태도를 직접적으로 드러내고 있으므로 관조적 태도를 허용할 수 없다.

2. '기민아 네 죽거라'에서 '진감색'의 말을 직접 인용하고 있다. 그러나 '진감색'은 성현(지혜와 덕이 매우 뛰어나 길이 우러러 본받을 만한 사람)이 아니라 자신의 이익만을 채우는 관리이다. 또한 이를 통해 풍자의 효과를 높이고 있지도 않으므로 선지의 내용은 적절하지 않다.

3. '석서가 일어난들', '인명이 철석인들'에서 가정의 진술을 활용하고 있으나, 이를

통해 현실에 대한 긍정적 인식을 이끌어 내고 있지는 않다.

4. 화자는 '관인들'에게 올해가 아무리 '식년'이라지만 '신호적(새 호적)'을 추진하는 것이 '무슨 일'이냐며 이러한 상황이 옳지 않다는 뜻을 전하고 있으므로 선지의 내용은 적절하지 않다.

5. '이 살세 살아내셔 이 낙세 볼동말동(볼 듯 말 듯)'에서 화자는 '살세'가 지나가고 '낙세'를 볼 수 있을지 확신하지 못하고 있으므로 선지의 내용은 적절하다.

Part 1. 고전시가   22 | 이매창, 새장 속의 학

O/X 정답

01. X   02. X   03. X   04. O   05. X

1. 화자는 자유롭지 못한 삶에 대한 슬픔을 드러내고 있을 뿐, 삶의 태도에 대한 경계(타일러서 잘못을 저지르지 않게 함)와 권고(어떤 일을 하도록 권함)의 의도를 드러내고 있지는 않다.

2. 화자는 자신의 처지를 '새장'에 갇혀 '홀로 서 있는' 존재에 빗대어 표현하고 있다. 따라서 '새장'에 갇혀 '홀로 서 있는' 대상을 화자가 바라보고 있다고 볼 수 없다.

3. '깃털 긴 날개'는 '온 숲이 떠들썩' 할 정도로 즐거워하는 '까마귀 떼'와 대비되는 화자를 의미한다. 따라서 '까마귀 떼'가 '깃털 긴 날개'를 가졌다는 선지의 내용은 적절하지 않다.

4. '새장'과 '곤륜산', '청전', '구령', '옛 언덕'의 대비를 통해 화자가 자유로운 삶을 지향하고 있음을 드러내고 있으므로 선지의 내용은 적절하다.

5. '떠들썩', '슬픈 울음'의 표현에서 청각적 이미지를 확인할 수 있으나, 이를 통해 자연에 대한 두려움을 표현하고 있지는 않다.

Part 1. 고전시가   23 | 박인로, 선상탄

O/X 정답

01. O   02. O   03. O   04. X   05. X

1. '어리석은 섬 오랑캐들아'에서 명시적 청자에게 말을 건네는 방식을 사용하여 왜적에 대한 화자의 적개심을 드러내고 있으므로 선지의 내용은 적절하다.

2. '헤치리라'에서 왜적을 두려워하지 않고 물리치겠다는 강한 의지를, '보려 하노라'에서 왜적과도 평화롭게 공존하는 태평성대에 대한 소망을 드러내고 있으므로 선지의 내용은 적절하다.

3. '어리석은 섬 오랑캐들아 어서 항복하려무나 / 항복한 자 안 죽이는 법 너를 굳이 섬멸하라'에서 확인할 수 있다.

4. '낙엽같이', '일월 광화', '파도 없는 바다' 등에서 비유적 표현을 사용하고 있다. 하지만 이를 통해 자신의 행동을 돌아보는 화자의 상태를 부각하고 있지는 않으므로 선지의 내용은 적절하지 않다.

5. '파도 없는 바다'는 전란이 일어나지 않는 세상을 의미한다. 즉, 화자는 왜적과도 평화롭게 공존하고자 하는 염원과 태평성대에 대한 소망을 '파도 없는 바다'에 비유하여 드러낸 것이므로 선지의 내용은 적절하지 않다.

나BS 실전 문제 정답

01. ②   02. ④   03. ②   04. ④

01.

화자는 배를 만든 '헌원씨', 불사약을 찾기 위해 일본에 사람들을 보낸 '진시황'을 전쟁이 일어나게 된 원인이라고 생각하고 이들을 원망하고 있다. 즉, [B]에서 화자는 배를 만들어 왜적이 침범하는 수단을 제공한 '헌원씨'를 원망하고 있을 뿐, 추모하고 있지는 않으므로 선지의 내용은 적절하지 않다.

오답 풀이

① [A]에서 화자가 '주사'의 직책을 맡아 '진동영'에 내려온 상황임이 제시되었다. ③ [C]에서 화자는 왜에 사람이 없었으면 왜적이 침입하지도 않았을 것이라고 생각하여 '왜'에 '동남동녀'를 보내 왜구의 시초를 만든 '진시황'에 대한 원망을 드러내고 있다. ④ [D]에서 화자는 '한당송'에 뒤지지 않는 '문물'을 가진 우리나라의 문화에 대한 자부심을 드러냄과 동시에 우리나라가 '왜적'들의 흉악한 꾀에 넘어가 임진왜란을 겪으며 오랜 기간 씻을 수 없는 치욕을 겪은 상황에 대한 원통함을 드러내고 있다. ⑤ [E]의 '우국단심'은 나랏일을 근심하고 염려한다는 의미이다. 따라서 '신하'로서 나라에 대한 걱정과 임금을 향한 충성을 드러내는 화자의 모습을 확인할 수 있다.

02.

ⓔ에서 백성들이 고통을 받고 있는 상황에서 어떤 일도 하지 못하는 '어진 이'와 비방만 일삼는 '소인배'를 대비하여 현실을 한탄하고 있다. 즉 백성들이 모두 죽어 가는 상황에서 호소할 곳도 없고, 도와줄 이도 없음을 드러낸 것이므로 선지의 내용은 적절하지 않다.

오답 풀이

① ㉠은 기근, 추위, 전염병, 가혹한 착취를 열거하여 백성들이 겪었던 고통의 상황을 나타내고 있다. ② ㉡은 '존재가 아니랴'라는 설의적 표현을 사용하여 파리를 기근과 혹독한 추위, 전염병, 가혹한 착취로 인해 죽게 된 백성들의 분신으로 인식하는 필자의 태도를 드러내고 있다. ③ 의인법을 사용하여 파리를 '그대'라고 표현하고 그가 마른 목을 적시고 타는 속을 축일 수 있게 음식을 준비해 준 것에서 굶주려 죽은 백성들을 위로하고자 하는 화자의 마음을 드러내고 있다. ⑤ '번개처럼 우레처럼'이라는 비유를 통해 선정을 베풀어 백성들의 현실을 개선해 줄 임금의 모습을 나타내고 있다.

03.

(가)에서 화자는 '배'가 전쟁이 일어난 원인이라고 여기고 있으므로, (가)의 '배'는 화자에게 시름을 불러일으키는 대상이다. 한편, (나)에서 '빈 배'는 달빛만 가득 싣고 돌아오는 화자의 무욕의 정서를 드러내는 대상이다.

오답 풀이

① (가) X, 〈보기〉 O / (가)의 '일장검 비스듬히 차고 병선에 감히 올라'를 통해 '배'는 화자가 머물러 있다가 떠나온 공간이 아닌, 현재 머무르고 있는 공간임을 알 수 있다. 반면, 〈보기〉에서는 화자가 '빈 배'에서 풍류를 즐기고 있으므로, '빈 배'는 화자가 머무르고 있는 공간으로 볼 수 있다. ③ (가) X, 〈보기〉 X / (가)의 '배'와 〈보기〉의 '빈 배' 모두 과거에 대한 그리움을 드러내고 있지 않다. ④ (가) X, 〈보기〉 O / 〈보기〉의 '빈 배'는 자연 속에서 풍류를 즐기는 이상적인 삶의 모습을 나타내고 있다. 반면 (가)의 '배'는 '풍파 만 리 밖'의 왜적이 조선을 엿보게 하는 수단에 해당하므로, 이상적인 삶의 모습을 나타내고 있다고 볼 수 없다. ⑤ (가) X, 〈보기〉 O / 〈보기〉의 '빈 배'는 '추강'이라는 계절적 배경과 어울려 풍류적 분위기를 드러내고 있다. 하지만 (가)의 화자는 '배'를 통해 왜적에 대한 적개심을 드러내고 있으므로 풍류적 분위기가 드러난다고 볼 수 없다.

04.

(가)의 화자는 전운이 감도는 상황에서 '주사'로 임명받아 '진동영'으로 내려와 배

위에서 '우국단심'을 다짐하고 있다. 그러나 왜적을 이기기 위한 구체적인 방안을 마련하거나, 이를 실행할 것을 다짐하고 있지는 않으므로 선지의 내용은 적절하지 않다.

😊 오답 풀이

① (가)의 화자는 '주사'로서의 충성심을 바탕으로, (나)의 필자는 고통 속에서 죽어가는 백성에 대한 애정을 바탕으로 현실을 바라보고 있다. ② (가)의 화자는 전쟁이 일어나게 된 원인을 '헌원씨', '진시황'과 같은 과거의 인물과 관련지어 생각하고 있다. ③ (나)의 '슬프게도 작년에 큰 기근~수많은 사람이 죽었다.'에서 필자는 기근, 혹독한 추위, 전염병, 가혹한 착취 등으로 백성들이 죽음에 이르렀다고 생각하고 있음을 알 수 있다. ⑤ (나)의 마지막 문단에서 필자는 해와 달이 빛을 비추듯이 임금이 백성에게 선정을 베풀어 백성이 굶주리지 않기를 바라고 있다.

Part 1. 고전시가   24 | 윤선도, 몽천요

O/X 정답

01. O	02. X	03. O	04. X	05. O

1. '어느 겨를에 물으리'에서 의문형 어미를 활용하여 자신의 뜻이 좌절된 현실에 대한 화자의 안타까움을 강조하고 있으므로 선지의 내용은 적절하다.
2. '옥황상제는 반기시나 신선들이 꺼리도다' 등에서 대구적 표현이 드러나지만, 이를 활용하여 인물에 대한 태도의 변화를 드러내고 있지는 않다.
3. '내적 갈등'은 이상과 현실의 괴리로 인한 불만족이 드러날 때 허용할 수 있다. 화자가 '십이루'라는 초월적 공간을 통해 백성을 어질게 잘 다스리려는 자신의 포부가 '신선들'로 인해 좌절되었음을 드러내고 있으므로 선지의 내용은 적절하다.
4. 화자가 '오호연월'을 자신의 '분수'로 여긴 것은 맞으나, 이러한 화자의 선택에 대해 '옥황상제'가 옳다고 여기지는 않았으므로 선지의 내용은 적절하지 않다.
5. 화자는 '신선들'의 꾸짖음으로 인해 '옥황상제'에게 '백만억 창생의 일'을 묻지 못하였다고 하였으므로 선지의 내용은 적절하다.

나BS 실전 문제 정답

01. ①	02. ④	03. ③	04. ①	05. ③
06. ⑤	07. ①			

01.

(가)는 '옥황은 반기시나 뭇신선이 꺼리는구나' 등에서, (나)는 '단단 환선으로 긴 바람 부쳐 내어~일천 장 비를 매어 저 구름 다 쓸과다.' 등에서 대구의 방식을 활용하고 있다.

😊 오답 풀이

② (가) X, (나) O / (가)는 감각적 이미지를 활용하여 계절감을 드러내고 있지 않다. 반면, (나)는 '매화 한 가지~날 따라 근심한다.'에서 감각적 이미지를 활용하여 봄의 계절감을 드러내고 있다. ③ (가) X, (나) X / (가)와 (나) 모두 대화의 형식을 활용하고 있지 않다. ④ (가) X, (나) X / (가)와 (나) 모두 인간과 자연을 대비하고 있지 않다. ⑤ (가) X, (나) X / (가)와 (나) 모두 명령적 어조가 나타나지 않는다.

02.

ⓔ(백만억 창생)은 화자가 걱정하는 마음으로 '옥황'에게 물어보고자 한 대상으로, 현실 속 백성들이라고 할 수 있다. 따라서 ⓔ은 작가가 올바른 정치를 실현하려

는 대상으로 볼 수 있으나, 화자가 임금을 떠나는 계기는 ⓔ이 아닌 '뭇신선'이므로 선지의 내용은 적절하지 않다.

😊 오답 풀이

① ⓐ(뭇신선)은 화자를 꺼리고 꾸짖는 대상이므로, 현실 속에서 작가를 질시하는 세력으로 볼 수 있다. 〈보기〉에 따르면 작가는 자신을 질시하는 세력들을 의식하여 임금의 지극한 부름을 사양했으므로, ⓐ은 작가가 임금의 부름을 사양한 원인에 해당한다고 볼 수 있다. ② ⓑ(강호)에 있음을 '내 분수에 옳도다.'라고 하였으므로, ⓑ은 작가가 현실 정치를 떠나 은거하고 있는 삶의 공간을 의미한다고 볼 수 있다. ③ ⓒ (천상십이루)는 '옥황'이 머물고 있는 공간으로, 현실 속 임금이 있는 궁궐을 비유한 표현이다. 〈보기〉에서 임금이 작가를 불렀다는 내용을 확인할 수 있으므로 선지의 내용은 적절하다. ⑤ ⓓ(목수)는 '백옥루'를 '중수'하는 주체로, 작가 자신과 같이 부정적인 현실을 바로잡을 수 있는 인재를 비유한 표현으로 볼 수 있다.

03.

〈보기〉에 따르면 작가는 피란길에 오른 임금을 달에 비유하였다. '제몸만' 비추고 '남'을 비출 수 없는 '금작경'은 달이 아닌, 화자가 자신의 방에서 닦고 있는 거울을 의미하므로 선지의 내용은 적절하지 않다.

😊 오답 풀이

① 〈보기〉에 따르면 작가는 임진왜란 당시의 혼탁하고 암담한 시대 현실 속에서 신분의 제약으로 인해 자신이 할 수 있는 것이 없음을 안타까워했다. 이를 고려할 때, 화자가 '사뢰려'는 '마음에 먹은 뜻'은 혼탁하고 암담한 시대 현실과 관련된 것이라고 할 수 있다. ② 〈보기〉에 따르면 작가는 피란길에 오른 임금을 달에 비유하여 임금에 대한 걱정을 드러내고 있다. 이를 고려할 때, 임금을 상징하는 달이 구름에 가려져 '옛빛'이 '점점 아득하'다는 것은 임금이 처한 상황이 점점 부정적으로 변하고 있음을 나타낸 것으로 볼 수 있다. ④ 화자가 '단단 환선'으로 '바람'을 일으키려는 것은 부정적 대상인 '구름'을 걷어내고자 함이므로, 이는 부정적인 현실을 바꾸고 싶은 소망을 드러낸 것으로 볼 수 있다. ⑤ 〈보기〉에 따르면 작가는 임진왜란 당시의 혼탁하고 암담한 시대 현실 속에서 신분의 제약으로 인해 자신이 할 수 있는 것이 없음을 안타까워했다. 이를 고려할 때, '이 몸은 진토(티끌과 흙)니'는 신분적 제약이 있는 화자가 자신을 미미한 '진토'에 빗댄 것으로 볼 수 있다. 또한 자신이 '진토'이기에 자신의 뜻은 '허사'라고 하였으므로 선지의 내용은 적절하다.

04.

(가)에는 해방이 되어 고향으로 돌아왔으나 여전히 고통스럽기만 한 현실에서 이를 해결할 수 없는 참담한 상황이, (나)에는 이별의 슬픔을 밀어내 보지만 이별한 대상에 대한 그리움이 남아 그를 떠나보내지 못하는 상황이, (다)에는 정치적 이상을 펼쳐보고자 하였으나 이룰 수 없는 현실에 대한 실망과 좌절감이 나타나 있다. 따라서 (가)~(다) 모두 화자로서는 어찌할 수 없는 상황이 나타나 있음을 알 수 있다.

😊 오답 풀이

② (가) X, (나) O, (다) X / (나)는 배를 미는 행위에서 이별의 의미를 유추하고 있다는 점에서 일상의 경험에서 대상의 의미를 새롭게 끌어내고 있다고 볼 수 있다. 반면, (가)와 (다)는 일상의 경험에서 대상의 의미를 새롭게 끌어내고 있지 않다. ③ (가) X, (나) X, (다) X / (가)~(다) 모두 대상의 존재를 부정하려는 화자의 의도는 드러나 있지 않다. ④ (가) X, (나) X, (다) O / (다)에서는 '백만억창생', 즉 백성을 어질게 잘 다스리려는 포부와 좌절이 드러난다는 점에서 이상과 현실 사이에서 고뇌하는 화자의 모습이 나타난다고 볼 수 있다. 반면, (가)와 (나)에는 이상과 현실 사이에서 고뇌하는 화자의 모습이 나타나 있지 않다. ⑤ (가) O, (나) X, (다) X / (가)는 '거북네'의 열악한 처지와 '혼자만' 고운 '하늘'과의 대비를 통해 현재의 삶에 대한 비극성을 부각하고 있으므로, 자연을 통해 현재의 삶에 대한 부정적 인식을 드

러낸다고 볼 수 있다. 반면, (나)와 (다)는 자연을 통해 현재의 삶에 대한 부정적 인식을 보여 주고 있지 않다.

05.

(가)는 수미상관의 방식으로 '거북이'의 참담한 처지를 반복, 변주하여 제시함으로써 시상을 심화하고 있다.

오답 풀이

① (가) X, (나) X / (가)와 (나) 모두 색채의 대비는 나타나지 않으며, 이를 통해 감정의 변화를 보여 주고 있지도 않다. ② (가) O, (나) O / (가)는 '혼자만 곱구나'에서, (나)는 '오'에서 영탄적 표현을 통해 시적 긴장감을 고조시키고 있다. ④ (가) O, (나) X / (가)는 '혹혹'이라는 의성어가 사용되고 있으나, (나)에는 의성어가 사용되지 않았다. ⑤ (가) X, (나) X / (가)의 '달디달구나'에서 반어적 표현이 드러난다. 하지만 이는 가난에 시달리는 힘겨운 '거북이'의 현실을 드러낸 것일 뿐, 현실에 대한 화자의 태도를 드러낸 것으로 보기는 어렵다. 한편, (나)에는 반어적 표현이 사용되지 않았으며, 이를 통해 현실에 대한 화자의 태도를 드러내고 있지도 않다.

06.

ⓒ에서는 가라앉은 줄 알았던 사랑의 감정이 화자의 마음속으로 다시 밀려들어오고 있음을 보여 주고 있다. 이는 화자가 '기대하던' 새로운 사랑이 시작됨을 표현한 것이 아니라 이별한 대상에 대한 그리움을 표현한 것으로, 화자가 아직 사랑을 떠나보내지 못했음을 보여 주는 것이므로 선지의 내용은 적절하지 않다. 참고로 ⓒ을 화자에게 새로운 사랑이 찾아왔음을 표현한 것이라 해석할 수도 있다. 하지만 이 경우에도 화자가 새로운 사랑을 '기대'했던 것이 아니라 예기치 않게 찾아온 것이므로 선지의 내용을 허용할 수 없다.

오답 풀이

① ⓐ은 배에서 손을 뗀 순간 허전함과 공허함을 느끼는 화자의 상황을 표현하고 있다. ② ⓑ은 배가 밀려가는 모습을 통해 사랑이 떠나갈 때의 느낌을 촉각적 이미지로 표현하고 있다. ③ ⓒ에는 배를 밀어내듯이 이별의 슬픔 역시 세게 밀어내고자 하는 화자의 모습이 드러나 있다. 이는 이별의 슬픔을 잊기 위한 화자의 의지를 표현한 것이라 할 수 있다. ④ '빈 물 위의 흉터'는 이별로 인한 상처와 아픔을 드러낸 것이므로, ⓓ은 사랑이 떠나가고 남은 화자의 마음속의 상처를 표현한 것이라 할 수 있다.

07.

[A]의 '거북이'는 고통스럽게 살아가는 유이민(타지로부터 흘러 들어온 사람)을 상징하며, [B]의 '백만억창생'은 화자가 벼슬길에 올라 살피고자 하는 백성을 의미한다. 이때 [A]와 [B]의 화자는 각각 '거북이'와 '백만억창생'의 삶에 대해 관심을 가지고 이들을 바라보고 있으므로, '거북이'와 '백만억창생'은 모두 화자가 애정을 가지고 있는 대상에 해당한다.

오답 풀이

② [A]의 '생각'은 '배추꼬리를 씹으며' '거북이'가 하는 행위를 드러낼 뿐, 화자와 대상 간의 갈등을 보여 주지는 않는다. 반면, [B]의 '꿈'에서 화자는 '군선'으로 인해 백성을 위해 바르고 어진 정치를 펼치고자 한 포부가 좌절되고 있다. 따라서 '꿈'은 화자와 '군선' 간의 갈등을 보여 준다고 할 수 있다. ③ [A]의 '첫눈'은 이미 내렸다고 했으므로 화자가 기다리는 대상으로 볼 수 없다. 한편, [B]의 '바치'는 화자 자신을 비롯한 충신을 가리키는 시어이므로 화자가 기다리는 긍정적 대상을 의미하지 않는다. ④ [A]의 '움'은 '거북네'가 살고 있는 공간적 배경을, [B]의 '백옥루'는 '옥황'이 살고 있는 공간적 배경을 나타낸다. 즉, '움'과 '백옥루'는 화자가 살고 있는 공간적 배경을 나타내는 것이 아니므로 선지의 내용은 적절하지 않다. ⑤ [A]의 '하늘'은 유이민의 처지와 대비를 이루는 자연물일 뿐, 이상적 세계를 나타낸다고 보기 어렵다.

한편, [B]의 '하늘'은 '이저신', 즉 한쪽 귀퉁이가 떨어져 없어진 불완전한 모습으로 그려지고 있으므로 이상적 세계를 나타낸다고 보기 어렵다.

Part 1. 고전시가 | **25 | 작자 미상, 화전가**

O/X 정답

| 01. O | 02. O | 03. O | 04. X | 05. X |

1. 화자는 '하루 놀음', 즉 화전놀이를 나갈 날을 '손꼽고 바랐으며, 그날이 오자 '아이종 급히 불러 앞뒷집 서로 일러 / 소식'한 뒤 '노소 없이 다 모여' 화전놀이를 떠났으므로 선지의 내용은 적절하다.
2. '암하야 잘 있거라 강산아 다시 보자'에서 대상을 의인화하여 화자와 자연의 유대감을 나타내고 있다.
3. '심류청사 드린 곳에 황앵 편편하고 / 천봉수장 베푼 곳에 봉접이 분분하다', '원산 같은 눈썹이랑 아미로 다스리고 / 횡운 같은 귀밑이랑 선빈으로 꾸미도다' 등에서 유사한 문장 구조를 반복적으로 제시하며 시상을 전개하고 있다.
4. '허위허위'라는 음성 상징어를 활용하고 있으나, 이를 통해 상상 세계의 경이로움을 나타내고 있지는 않다. 화자가 위치한 공간인 '소학산'은 상상 세계가 아닌 실제 공간이다.
5. 화자는 '서산에 지는 해'를 보고 화전놀이를 마쳐야 하는 아쉬움을 가지고 '마지못해 일어'난 것일 뿐, '흥'이 나지 않아 일어난 것이 아니다. '흥대로 놀려 하면 인간의 자연취객이 / 아닌 고로'는 영원히 자연 속에 취해 지낼 수 없다는 인간의 한계를 인식한 화자가 화전놀이의 즐거움이 끝나는 것에 대한 아쉬움을 강조하기 위해 사용한 표현이다.

Part 1. 고전시가 | **26 | 박죽서, 병에서 일어난 후**

O/X 정답

| 01. O | 02. O | 03. O | 04. X | 05. X |

1. '살구꽃 피는 날도 저물어'에서 늦봄의 계절을 제시하여 병을 앓고 일어났더니 봄이 다 지나갔음을 알게 된 화자의 처지를 드러내고 있으므로 선지의 내용은 적절하다.
2. 화자는 봄이 '저물어' 버린 계절의 변화에서 느끼는 불안정한 마음을 '흔들흔들 매지 않은 배'에 빗대어 표현하고 있으므로 선지의 내용은 적절하다.
3. 화자는 '스물세 해'의 '절반은 바느질로 절반은 시를 쓰며 보냈다'며 과거 회상을 통해 반성적으로 자신을 바라보고 있다.
4. 화자는 '일없어 다만 초목과 어울'리는 자신의 일상을 '그윽한 생활'이라고 하며, 이러한 생활이 '신선을 배우자는 게 아니라'고 하였다. 즉, 화자는 '신선'과 같은 '그윽한 생활'을 지향하고 있지 않으므로 선지의 내용은 적절하지 않다.
5. 반어적 표현은 사용되지 않았으며, 미래에 대한 기대감을 드러내고 있지도 않다.

Part 1. 고전시가 | **27 | 조우인, 출새곡**

O/X 정답

| 01. O | 02. O | 03. X | 04. X | 05. X |

1. '흥인문', '녹양', '회양' 등 공간의 이동을 통해 시상을 전개하고 있다.
2. '지나간단 말인가', '무슨 죄인고' 등에서 설의적 표현을 사용하여 변방으로 부임된 상황에 대한 화자의 한탄을 강조하고 있다.
3. '안변 북쪽은~초목이 다 알도다'에서 화자는 '오랑캐'들을 '천리 밖'으로 '몰아'낸 '윤관'과 '김종서'의 '공적'에 대해 이야기하고 있다. 화자가 직접 '오랑캐'들을 '천리 밖'으로 '몰아'낸 것이 아니다.
4. '파도'가 부서지는 모습을 '눈가루가 날리는' 듯하다고 표현했을 뿐, '파도' 자체를 '눈가루'에 빗댄 것은 아니다. 또한 이를 통해 자연의 영속성(영원히 계속되는 성질이나 능력)을 표현하고 있지도 않다.
5. '춘삼월(봄)'이라는 계절적 배경을 활용하고 있으나, 이를 통해 향토적 분위기를 조성하고 있지는 않다.

나BS 실전 문제 정답

| 01. ① | 02. ④ | 03. ② | 04. ③ | 05. ⑤ |

01.

(가)는 '하구나', '되겠구나' 등에서 영탄적 어조를 사용하고 있으며 이를 통해 독야청청한 소나무에 대한 감탄과 천리마에 대한 안타까움을 강조하여 드러내고 있다. 한편, (나)는 '어렵구나', '뜻밖이로다' 등에서 영탄적 어조를 사용하고 있으며 이를 통해 임금의 은혜에 대한 감사와 여정의 고됨을 강조하여 드러내고 있다.

🔎 오답 풀이

② (가) X, (다) X / (가)는 '몇 해', (다)는 '여름', '겨울', '올해'와 같은 시간 표현을 활용하고 있다. 그러나 (가)와 (다) 모두 이를 통해 대상에 대한 인식 변화를 제시하고 있지는 않다. ③ (나) X, (다) O / 계절적 배경을 제시하면 작품의 분위기는 자연스레 환기되므로 선지의 앞부분만 확인하면 된다. (나)는 계절적 배경을 제시하고 있지 않다. 반면, (다)는 '올해는 유난히 눈이 안 내리는 겨울입니다.'에서 '겨울'이라는 계절적 배경을 제시하여 분위기를 환기하고 있다. ④ (가) X, (나) X, (다) X / (가)~(다) 모두 대상과의 문답은 나타나지 않는다. ⑤ (가) X, (나) X, (다) X / (가)~(다) 모두 반어적 표현을 사용하고 있지 않다.

02.

[A]에서 화자는 높고 험한 철령을 바라보며 변방으로 떠나는 자신의 신세와 세상살이가 철령보다 더 고되다고 느끼고 있다. 한편, [B]에서 글쓴이는 '여름 숲도 좋지만 겨울 숲은 또 나름대로 외로워서 좋'다며 자연에서 느끼는 만족감을 드러내고 있으므로 선지의 내용은 적절하다.

🔎 오답 풀이

① [A] X, [B] O / [B]에서는 '여름 숲의 무성함, 풍성함, 윤택함'을 자연의 섭리에 담긴 가치가 나타난 것으로 볼 수 있으나, [A]에서는 자연의 섭리에 담긴 가치가 나타나 있지 않다. ② [A] X, [B] O / [B]에서는 '여름 숲의 무성함, 풍성함, 윤택함'도 좋지만 '겨울 숲'은 '나름대로 외로워서 좋'고 '높고' '야위어서 좋'다며 변화하는 자연에서 얻는 즐거움을 나타내고 있다. 반면, [A]에서는 변화하는 자연에서 얻는 즐거움이 나타나고 있지 않다. ③ [A] X, [B] O / [A]에는 이상적 세계를 동경하는 삶이 나타나고 있지 않다. 한편, [B]에서 글쓴이는 '여름 숲과 '겨울 숲의 즐거움을 드러내고 있으므로 자연에 동화되는 삶이 나타난다고 볼 수 있다. ⑤ [A] X, [B] X / '경외감'은 공경하면서 두려워하는 감정을 뜻하는데, 대자연이나 신 혹은 자연의 섭리에 대한 존경, 놀라움, 긍정적 태도가 복합적으로 드러날 때 허용할 수 있다. [A]에는 자연물에서 연상된 대상에 대한 경외감이 나타나 있지 않다. 한편, [B]에서도 자연을 거닐며 느끼는 쓸쓸함이 나타나 있지 않다.

03.

〈제1수〉에서 '베지' 않으면 '동량재'가 될 수 있다고 한 것은 인재가 되기 위해서 시련을 겪어야만 하는 현실에 대한 한탄을 드러낸 것이 아니라, 쓸 만한 인재가 되기 전에 싹을 자르는 부정적 현실을 비판하고 있는 것이므로 선지의 내용은 적절하지 않다.

🔎 오답 풀이

① 〈제1수〉에서 '풍상'이라는 시련을 이겨 낸 소나무를 '독야청청'한 모습으로 그려 내고 있는 것은 소나무의 지조 있는 모습을 드러내기 위함이라 볼 수 있다. ③ 〈제11수〉에서 '꼬리치고 휘파람 불며' 불꽃 같은 기세를 보이는 호랑이를 보고 '황홀'하다고 표현한 것은 호랑이의 위엄 있는 모습을 그려 내기 위함이라 볼 수 있다. ④ 〈제11수〉에서 호랑이가 사라지면 '호리종횡'할 것이라고 표현한 것은 호랑이가 '뫼'에서 사라진다면 여우와 살쾡이가 이리저리 날뛰게 될 것이라는 추측을 드러낸 것이다. 이는 힘 있는 존재가 없을 때 도량이 좁고 간사한 소인배들이 힘을 얻게 될 수도 있는 현실에 대한 우려를 표현한 것이라 볼 수 있다. ⑤ 〈제15수〉에서 '천리지'를 알아주는 이가 없다고 한 것은 '오리마'나 '적표마'와 같은 말이 천리를 달리고자 하는 뜻이 있어도 이를 알아주는 이가 없음을 표현한 것이다. 이는 인재가 뜻을 펼치지 못하는 현실에 대한 안타까움을 드러내고 있는 것이라 볼 수 있다.

04.

(나)에서 '청해진'에 도착한 화자는 '충신과 정예 병사'가 '무기를 늘어놓고' '강한 활과 쇠뇌로 요충지를 지키는' 덕에 '백 년 동안 전쟁을 잊'을 만큼 '태평'하다며 '청해진'의 굳센 방비를 지키는 병사들에 대한 긍정적 인식을 드러내고 있다. 병사들이 오랑캐를 방어하는 일을 잊은 것이 아니며, 화자가 병사들의 모습을 비판하고 있지도 않으므로 선지의 내용은 적절하지 않다.

🔎 오답 풀이

① '북방 이십여 주에~망극한 임금의 은혜 갚을 길이 어렵구나'에서 확인할 수 있다. ② '낙민루에 올라앉아 / 옥저의 산하 하나하나 돌아보니~상서로운 기운 어제인 듯하구나'에서 확인할 수 있다. ④ (다)의 글쓴이는 '절 부엌에서 나오는 음식을 고양이에게 먹이고 있는 '노인'을 보고 '빙긋 웃'으며 '아기의 얼굴'을 가지고 있었다고 말하였다. 또한 이후 그 '노인'이 자신에게 '커다란 위로'가 되었다고 하였으므로 선지의 내용은 적절하다. ⑤ '그는 나에게 커다란 위로가 됩니다.~나는 또한 누군가의 가슴속에 들어가 위로가 되고 부처가 될 수는 없을까요.'에서 확인할 수 있다.

05.

(다)의 글쓴이는 '가난과 외로움조차도 스스로 느끼지 않는' '태안사'의 '노인'을 보며 가난과 외로움을 느끼지 않고 살아갈 수 있다는 것을 깨닫고 위로를 받고 있다. 따라서 가난과 외로움을 느끼며 살아가야 했던 노인의 삶에 대한 연민을 드러내고 있다는 선지의 내용은 적절하지 않다.

🔎 오답 풀이

① ㉠에서 화자는 '오리마'와 '적표마'를 걸음이 느린 말과 비교할 수 없음을 드러내어 '오리마'와 '적표마'가 뛰어난 존재라는 인식을 드러내고 있다. ② ㉡에서 화자는 '늙은이의 변방 부임'이 '진실로 뜻밖'이라며 자신이 변방의 임무를 맡을 것이라고 예상하지 못했음을 드러내고 있다. ③ ㉢에서 화자는 '모래바람 자욱한데' 부임지로 '갈 길이 멀었'다며 부임지로 가는 길이 험난할 것이라는 걱정을 드러내고 있다. ④ ㉣에서 글쓴이는 '물길이 끝났다고' 해도 '곧이서 숲이, 숲길이 시작'되니 '슬퍼할 필요'가 없다며 긍정적 인식을 드러내고 있다.

Part 1. 고전시가   28 | 이별, 장욱당육가

O/X 정답

| 01. O | 02. X | 03. X | 04. O | 05. X |

1. '붉은'이라는 색채어를 활용하여 공간적 배경인 '낚시터'가 만들어 내는 쓸쓸한 분위기를 드러내고 있으므로 선지의 내용은 적절하다.
2. '내 이미 백구 잊고 백구도 나를 잊네 / 둘이 서로 잊었으니 누군지 모르리라'는 자연에 은거하고 있는 화자가 '백구'와의 구분이 없어질 정도로 자연과 한 몸이 된 것에 대한 만족감을 드러낸 것이므로 선지의 내용은 적절하지 않다.
3. '세상에 득 찾는 무리 어찌 알기 바라리', '공명은 해진 신이니', '어떠한 세상 사람도 청탁을 모르래라'에서 옳고 그름을 분별하지 못하는 속세의 현실에 대한 부정적 인식이 드러나는 것은 맞다. 하지만 이를 바탕으로 앞날에 대한 회의를 드러내고 있지는 않으므로 선지의 내용은 적절하지 않다.
4. '공명은 해진 신이니 벗어나서 즐겨 보세'에서 화자는 세속적 가치인 '공명'에 미련을 두지 않고 자연에 은거하여 즐기는 삶을 지향하고 있으므로 선지의 내용은 적절하다.
5. '백구', '붉은 잎', '가랑비', '옥계산' 등의 자연물을 소재로 하여 시상을 전개하고 있으나, 이를 통해 서로 대립하던 것들이 타협에 이른 모습을 제시하고 있지는 않다.

나BS 실전 문제 정답

| 01. ④ | 02. ① | 03. ② | 04. ① | 05. ⑤ |
| 06. ② | 07. ④ | 08. ⑤ | | |

01.

(가)는 '어느 겨를에 마음속 일을 말이나 하겠소'에서 설의적 표현을 통해 자신의 고통을 말조차 할 수 없는 백성들의 안타까운 처지를 부각하고 있다. 또한 (나)는 '언제나 해옹을 만나 이 둘을 가려낼꼬', '세상에 득 찾는 무리 어찌 알기 바라리'에서 설의적 표현을 통해 세속적 가치를 추구하지 않고 자연 속에서 청탁을 분간하며 살고자 하는 화자의 의지를 부각하고 있다.

오답 풀이

① (가) X, (나) O / (가)는 색채어가 사용되지 않았다. 반면 (나)는 '백구', '붉은' 등에서 색채어를 활용하여 시적 분위기를 조성하고 있다. ② (가) X, (나) X / 선경후정이란, 시상을 전개할 때에 먼저 자연이나 사물을 그대로 묘사한 후 화자의 감정이나 생각을 읊는 표현 기법이다. (가)와 (나) 모두 선경후정의 방식을 사용하여 시상을 전개하고 있지 않으므로 선지의 내용은 적절하지 않다. ③ (가) O, (나) O / (가)는 '서울 관리는 귀가 없고 백성은 입이 없다네'에서, (나)는 '내 이미 백구 잊고 백구도 나를 잊네' 등에서 대구적 표현을 사용하여 시적 의미를 부각하고 있다. ⑤ (가) X, (나) O / (나)는 '백구'에 인격을 부여하여 자연 친화적 삶에 대한 화자의 만족감을 드러내고 있으나, (가)는 자연물에 인격을 부여하지 않았으므로 선지의 내용은 적절하지 않다.

02.

ⓒ(나)이 백성들을 구제하고 싶어도 구제할 힘이 없다는 것에 대한 안타까움이 드러날 뿐, ㉠(너희들)이 ⓒ을 원망한다는 내용은 제시되지 않았다.

오답 풀이

② '나는 너희들을 구제할 마음이 있어도 / 너희들을 구제할 힘이 없구나'에서 ⓒ은 능력이 되지 않아 ㉠을 구제하지 못하는 것에 대한 안타까움을 드러내고 있다. ③

'군자의 생각을 가져 보게나', '군자의 귀를 빌려'를 통해 ⓒ은 ⓒ(저들)이 군자와 같은 생각을 갖기를 바라고 있다는 것을 알 수 있다. ④ '저들은 너희들을 구제할 힘이 있어도 / 너희들을 구제할 마음이 없구나'를 통해 ⓒ은 ㉠의 삶을 구제할 힘을 지니고 있으나, 구제할 마음이 없다는 것을 알 수 있다. ⑤ ⓒ은 ㉠이 겪고 있는 어려움과 괴로움과 같은 문제를 '구제할 마음이 없'다고 하였으므로 선지의 내용은 적절하다.

03.

'빈 강'에서 낚시를 하며 풍류를 즐기고 있는 화자가 '득 찾는 무리'를 알기를 바라지 않는다고 말하는 것은 공명을 추구하는 세속의 사람들과는 거리를 두고 살겠다는 의지를 드러낸 것으로 볼 수 있다. 따라서 '득 찾는 무리'로부터 벗어나기 어려운 화자의 현실을 드러낸다는 선지의 내용은 적절하지 않다.

오답 풀이

① '백구'와 '나'가 서로 잊어 누군지 모른다는 것은 자연에 은거하고 있는 화자가 '백구'와의 구분이 없어질 정도로 자연과 하나가 된 삶을 살고 있음을 보여 주는 것이므로 선지의 내용은 적절하다. ③ '공명'을 '해진 신'에 빗대어 표현함으로써 세속적 가치에 미련을 두지 않고 자연에 은거하여 살아가려는 화자의 삶의 자세를 드러내고 있으므로 선지의 내용은 적절하다. ④ '옥계산'은 화자가 은거하고 있는 공간으로, '옥계산 흐르는 물'에 '달'을 띄워 지낸다는 모습에서 화자의 자연 친화적 삶의 태도를 확인할 수 있다. ⑤ '세상 사람'을 '청탁'을 모르는 사람들로 여기는 화자의 모습에서 맑고 탁함을 분간할 수 있어야 한다는 인식을 확인할 수 있다.

04.

(나)의 '그대는 저 수많은 새 잎사귀들처럼 푸르른 눈을 뜨리 / 그대 생의 이 고요한 솔숲에서'에서 어순을 도치한 표현이 사용되었으나, (가)에는 어순을 도치한 표현이 사용되지 않았다.

오답 풀이

② (가) O, (나) X / (가)는 처음 연과 마지막 연을 반복하여 대응시킴으로써 상황에 대한 화자의 정서를 부각하고 있으나, (나)는 처음과 끝이 서로 대응되지 않는다. ③ (가) X, (나) O / (나)는 '나도 봄산에서는 / 나를 버릴 수 있으리', '봄이 오는 이 숲에서는 / 지난날들을 가만히 내려놓아도 좋으리' 등에서 유사한 시구를 변주하고 있으나, (가)에서는 유사한 시구를 변주하지 않았다. ④ (가) O, (나) O / (가)의 '돛대처럼'에서, (나)의 '새 잎사귀들처럼'에서 직유를 통해 시각적 인상을 구체화하고 있다. ⑤ (가) O, (나) O / (가)는 종결 어미 '-리라'를, (나)는 종결 어미 '-(으)리', '-네'를 반복하여 운율을 형성하고 있다.

05.

(나)의 '솔숲'은 화자가 떨어지는 나뭇잎을 바라보며 자신의 삶에 대해 생각하는 구체적인 체험이 이루어지는 공간이며, (다)의 '강'은 화자가 낚시터에서 낚시를 하는 구체적인 체험이 이루어지는 공간이다.

오답 풀이

① (가)의 '노랑나비'는 고향의 황폐한 모습과 대비되는 시어로, 화자가 긍정적으로 여기는 대상이다. 한편 (나)의 '박새'는 새로운 희망을 찾을 수 있는 '솔숲'의 자연물로 화자가 부정적으로 여기는 대상이라고 볼 수 없다. ② (가)의 '눈보라'는 화자가 겪는 시련과 고난의 상황을 나타내므로, 화자의 심리적 갈등이 해소되는 계기가 된다고 볼 수 없다. 반면 (나)의 '찬 서리'는 화자의 '삶의 근심과 고단함'을 씻어 내는 기운으로, 화자의 심리적 갈등이 해소되는 계기가 된다고 볼 수 있다. ③ (가)의 '달'은 고향에 가지 못하는 현실에 대한 안타까움을 나타낸다는 점에서 화자가 자신의 삶을 성찰하는 매개가 된다고 볼 수 있다. 반면 (나)의 '달'은 자연 친화적 삶에 대한 태도를 드러낼 뿐, 화자의 삶을 성찰하는 매개가 되지 않는다. ④ (나)의 '솔이파리

들'과 (다)의 '붉은 잎' 모두 화자의 처지와 대비되는 소재가 아니다.

06.

> '검은 꿈'은 '슬픔'과 '자랑' 같은 인간의 기본적인 감정 표현조차 불가능하게 하는 대상으로, 절망적인 화자의 상황을 의미한다고 볼 수 있다. '검은 꿈'에 일제 강점 하의 현실을 이겨내려는 화자의 의지는 드러나 있지 않으므로 선지의 내용은 적절하지 않다.

오답 풀이

① 고향을 떠나 유랑하는 화자가 고향을 생각하며 '이끼'만 푸른 '무덤'을 떠올린다는 점에서 황폐한 고향의 현재 상황에 대한 시인의 안타까움이 드러난다고 볼 수 있다. ③ '매운 술'을 마시고 '돌아가는 그림자'에는 일제 강점 하의 냉혹한 현실 속에서 고향에 가지 못하는 화자의 상황에 대한 시인의 의식이 드러나 있다고 볼 수 있다. ④ 고향을 떠나 유랑하는 화자의 답답하고 절망적인 마음을 '숨 막힐 마음속'으로 표현한 점에서 타향을 유랑하던 시인의 답답한 마음이 담겨져 있다고 볼 수 있다. ⑤ '강맘'을 '차디찬'으로 수식한 것은 시인이 자신이 처한 냉혹한 현실에 주목하고 있음을 드러낸 것으로 볼 수 있다.

07.

> '내 마음 가장자리'는 화자의 마음 한 구석으로, 과거의 삶을 마음속에 잡아 두지 않겠다는 화자의 정서가 내포되어 있다. 한편 '솔숲 끝'은 해맑은 햇살이 찾아오는 밝은 이미지를 지니고 있는 곳이므로, 이 시구들에 소외된 삶에 대한 외로움이 담겨져 있다고 볼 수 없다.

오답 풀이

① 화자는 '솔이파리들이~지네'라며 봄의 숲속에서 '지난날들을 가만히 내려놓아도 좋'다고 하였으므로 '내리고', '지네' 등의 하강적 이미지는 '삶의 근심과 고단함'을 내려놓으려는 화자의 태도와 관련됨을 알 수 있다. ② '묵은 잎'은 지난 삶의 욕심이나 집착을 가졌던 지나온 삶을, '새 잎사귀'는 지난 삶에서 벗어난 기대하는 삶을 함축하는 시어로 볼 수 있다. ③ '이 세상', '이 고요한 솔숲'에서 시적 공간을 한정하는 지시어 '이'를 사용하여 '세상', '솔숲'이 지니는 의미에 주목하게 하므로 선지의 내용은 적절하다. ⑤ '봄산' → '봄이 오는 이 숲' → '봄이 오는 이 솔숲'으로 시상을 구체화하여 새로운 희망을 지향하는 화자의 삶의 모습을 보여 주고 있으므로 선지의 내용은 적절하다.

08.

> ⓔ은 혼탁한 세상에서 '청탁', 즉 옳고 그름을 판단하지 못하는 '세상 사람'을 비판하는 화자의 태도가 드러나 있을 뿐, 세상의 청탁을 구분할 수 없는 자신의 능력에 대한 아쉬움은 담겨 있지 않다.

오답 풀이

① 자연에 은거하고 있는 화자가 '백구'와의 구분이 없어질 정도로 자연과 한 몸이 되었음을 통해 혼탁한 세상에서 멀어져 자연에 친화된 화자의 모습을 확인할 수 있다. ② 은일의 공간인 '낚시터'에서 낚시를 즐기며 풍류를 즐기는 화자의 삶의 모습을 확인할 수 있다. ③ 세속적 가치를 추구하는 존재들을 '득 찾는 무리'로 표현하여 자연에서 낚시를 하는 자신과 구분하고 있으므로 선지의 내용은 적절하다. ④ '공명'을 '해진 신'에 빗대어 표현함으로써 속세의 명리(명예와 이익)를 중시하지 않고 자연에 은거하여 살아가려는 화자의 가치관을 드러내고 있으므로 선지의 내용은 적절하다.

| O/X 정답

01. O	02. O	03. O	04. X	05. X

1. 화자는 '반구정' 주변에 펼쳐진 자연의 풍경을 묘사하여 자연 속에서 즐기는 삶에 대한 가치를 부각하고 있으며, 이를 통해 화자가 즐기는 흥취를 강조하고 있으므로 선지의 내용은 적절하다.

2. '연하'를 집으로 삼아 '반구정에 누워 자연 속에서 여유롭게 생활하며 지내는 화자의 모습을 통해 자연 친화적 태도를 확인할 수 있다.

3. '백구'와 '구로'를 '벗'이라고 표현한 것은 대상의 인격화로 볼 수 있으며, 이를 통해 자연에 동화되어 살아가는 화자의 심리를 내포하고 있으므로 선지의 내용은 적절하다.

4. 화자가 '창랑파'에 배를 띄운 것은 맞다. 하지만 '창랑파'에 배를 띄우고 풍류를 즐기는 화자의 모습을 제시한 것일 뿐, '유자'에게 '청탁자취'를 모른다며 신세 한탄을 하고 있는 것이 아니다. '청탁자취를 나는 몰라 하노라'는 자연 속의 삶을 지향할 것이라는 화자의 달관(사소한 일에 얽매이지 않고 세속을 벗어난 활달한 식견이나 인생관에 이름)적 태도를 드러낸 것이다.

5. '반구정'에서 바라본 '백구', '호월', '연하' 등 다양한 자연물을 소재로 하고 있지만, 이를 통해 서로 대립하던 것들이 타협에 이른 모습을 제시하고 있지는 않다.